Marianne Leuzinger-Bohleber
Wolfgang Mertens
Martha Koukkou
(Hg.)

Erinnerung von Wirklichkeiten
Band 2

Marianne Leuzinger-Bohleber
Wolfgang Mertens
Martha Koukkou
(Hg.)

Erinnerung von Wirklichkeiten

Psychoanalyse und Neurowissenschaften im Dialog

Band 2:
Folgerung für die psychoanalytische Praxis

Verlag Internationale Psychoanalyse
Stuttgart

Verlag Internationale Psychoanalyse

Printed in Germany
Schutzumschlag: Philippa Walz, Böblingen
Gesetzt aus der 9 Punkt Janson Text
Auf holz- und säurefreiem Werkdruckpapier gedruckt
und gebunden von
Druckhaus Beltz, Hemsbach
Einbandstoff: Werreleinen

Die Deutsche Bibliothek – CIP-Einheitsaufnahme
Erinnerung von Wirklichkeiten :
Psychoanalyse und Neurowissenschaften
im Dialog. –
Stuttgart: Verl. Internat. Psychoanalyse
Bd. 2. Folgerung für die psychoanalytische Praxis /
Marianne Leuzinger-Bohleber ... (Hg.). – 1998
ISBN 3-608-91955-4

Inhalt

Marianne Leuzinger-Bohleber
Allgemeine Vorbemerkungen

Wissenschaftstheoretisch befindet sich die Psychoanalyse – als »Wissenschaft des Unbewußten« – im Spannungsfeld zahlreicher Gegensätze. Ist sie eine Kunst oder eine Wissenschaft? Fühlt sie sich in ihrer methodischen Zugangsweise einem hermeneutischen oder einem nomothetischen Wissenschaftsverständnis verpflichtet? Welche Kriterien »wissenschaftlicher Wahrheit« verwendet sie? Soll sie sich den Forderungen nach intersubjektiver Überprüfung ihrer Beobachtungen, Deutungen, Konzepte und Modelle beugen oder sich ihnen verweigern mit dem Hinweis, daß solche Überprüfungen ihrem Wissenschaftsverständnis und ihrer klinischen Praxis widersprechen?

Viele Autoren haben differenziert dargelegt, daß die Psychoanalyse eine Wissenschaft *sui generis*, eine »Wissenschaft zwischen den Wissenschaften«, darstellt, da sie sich jeder eindeutigen Zuordnung zu den »klassischen Wissenschaften« entzieht. Wissenschaftstheoretisch, in ihrer Metapsychologie und in ihrer klinischen Praxis, bleibt die Psychoanalyse von ihrer »Zwischenposition« geprägt: zwischen Natur- und Geisteswissenschaft, zwischen Biologie und Kultur, erklärender und verstehender Wissenschaft sowie einer philosophisch und einer metaphorisch-naturwissenschaftlich geprägten Theoriesprache (vgl. dazu unter anderem Habermas, 1968; Lorenzer, 1985; Ricœur, 1965; Modell, 1984; Leuzinger-Bohleber, 1997; Warsitz, 1997). Wie in jüngster Zeit André Green (1996) haben sich im Diskurs dieser Fragen immer wieder Autoren zu Wort gemeldet, die die Eigenständigkeit der Psychoanalyse als wissenschaftliche Methode betonen und als Hauptgefahr für die Weiterentwicklung der Psychoanalyse eine vorschnelle Anpassung an herrschende wissenschaftliche Institutionen und einen Verlust der »psychoanalytischen Substanz« betrachten. Nach gründlicher Überlegung, schreibt Green, sei er zu dem Schluß gelangt, »daß die größte Gefahr für die Zukunft der Psychoanalyse im Niedergang und möglicherweise im Zerfall des Geistes der Psychoanalyse besteht, des spezifischen inneren Zustandes, welcher der Arbeit und dem Denken des Psychoanalytikers innewohnt. Es ist unsere Aufgabe, diesen Geist lebendig zu halten. Es erscheint mir keineswegs sicher, daß diese moralische Aufgabe durch das, was man in der Psychoanalyse heutzutage als Forschung bezeichnet, besser gewährleistet ist. Ich hoffe sehr, mich zu irren« (S. 14). Angesichts der Beobachtung, daß gerade in den heutigen Zeiten des »Freud bashing« (Lear, 1997) zuweilen positivistische Wahrheitskriterien unreflektiert in die Forderungen nach einer »empirischen Fundierung« der Psychoanalyse eingehen und – im Sinne einer kaum bewußten Identifikation mit dem Aggressor – auch von Psychoanalytikern vertreten werden, scheint mir diese Sorge durchaus berechtigt. Andererseits führt Robert Wallerstein (1996) in seiner Entgegnung auf die Argumente Greens ebenso überzeugend an, daß ein selbstgenügsamer Rückzug der Psychoanalyse in ihren fachlichen Elfenbeinturm innovative und originelle wissenschaftliche Entwicklungen zum Erlahmen bringen könnte. Hält die Psychoanalyse an ihrem Anspruch fest, eine Wissenschaft zu sein, hat sie ihre in der klinisch-psychoanalytischen Forschungssituation gewonnenen Ergebnisse in der *scientific community* kritisch zur Diskussion zu stellen. Zudem ist der Dialog mit den Nachbarwissenschaften eine Herausforderung für die Kreativität und produktive Weiterentwicklung der Psychoanalyse.

Der interdisziplinäre Austausch, vor allem mit den Sozial- und Geisteswissenschaften, aber auch mit der Literaturwissenschaft, ist für viele Psychoanalytiker zu einer Bedürfnis und zur jahrelangen Praxis geworden. Eine Fülle von Literatur vor allem aus dem europäischen Sprachraum belegt inzwischen, wie fruchtbar dieser Austausch für beide Seiten sein kann (vgl. dazu unter anderem Arbenz und Hamburger in diesem Band; Bohleber, 1997; Brede und Karp, 1997; Mitscherlich, 1997; Vogt und Vogt, 1997; Mahler-Bungers, 1987; Schönau, 1991; Pietzcker, 1992; von Hoff und Leuzinger-Bohleber, 1997). Für die aktuelle Situation in den USA stellt Joel Whitebook (1996) fest:

»Ironischerweise scheint gerade zu einer Zeit, in der die organisierte Psychoanalyse sich von breiteren, kulturellen Fragen zurückgezogen hat, die Psychoanalyse – zumindest in den Vereinigten Staaten – heute eher in den akademischen Bereichen der Literatur, Philosophie und kulturellen Studien als in den eigenen Institutionen zu gedeihen. Wie man mit dieser Entwicklung auch umgeht, sie läßt das psychoanalytische Denken in zwei Richtungen verarmen. Klinische Fragen werden in relativer Isolation vom breiteren kulturellen Kontext angegangen, und kulturelle Fragen werden ohne die Vorteile der klinischen Erfahrung untersucht« (S. 878).

Weit weniger wird der interdisziplinäre Dialog zwischen Psychoanalytikern und Naturwissenschaftlern gepflegt. Wie wir im ersten der beiden hier vorgelegten Bände dokumentieren, empfanden wir auch aus diesem Grunde den Diskurs zwischen Psychoanalytikern und Neurowissenschaftlern zum Gedächtnis als eine außergewöhnliche Chance und Herausforderung. Zudem versprachen inhaltliche Überlegungen, daß dieser Dialog sich als lohnend erweisen würde.

Psychoanalyse und Neurowissenschaften beschäftigen sich teilweise mit ähnlichen Fragestellungen: Wie beeinflussen – bewußt und unbewußt – frühere Erfahrungen aktuelles Denken, Fühlen und Handeln? Wie kommt es in spezifischen Situationen zu Erinnerungsprozessen? Beinhalten Erinnerungen narrative oder historische Wahrheiten? Wie funktioniert das Gedächtnis? Warum führt Erinnern allein meist nicht zu einer Verhaltensänderung? Warum braucht es dazu das »Durcharbeiten« in der analytischen Beziehung? Kann der Traum immer noch als *via regia* zum Unbewußten definiert werden?

Mit diesen Fragen beschäftigten wir uns in unseren interdisziplinären Kolloquien. Wir haben im ersten Band einige Ergebnisse unserer theoretischen Diskussionen zusammengefaßt. In diesem zweiten Band berichten wir von unserer Erfahrung, daß der interdisziplinäre Dialog auch für die klinisch-psychoanalytische Praxis eine Bereicherung darstellen kann. Um unsere theoretischen Diskussionen nicht ins Uferlose wachsen zu lassen und im Auge zu behalten, daß es ein Ziel unserer Kolloquien war, einen Beitrag zur theoretischen und klinischen Weiterentwicklung der Psychoanalyse zu leisten, haben wir uns entschieden, die eben erwähnten Fragen anhand von Veränderungen von Träumen in Psychoanalysen zu diskutieren. Als klinische Grundlage wurden allen Teilnehmern des Kolloquiums das gleiche Fallmaterial aus einer fünfjährigen Psychoanalyse mit einem transvestitischen Patienten zugeschickt. Wir wählten dieses Datenmaterial zum einen aus Diskretionsgründen[1], zum anderen aber auch, weil dazu schon intensive klinisch- und empirisch-psychoanalytische Studien vorlagen (vgl. Leuzinger-Bohleber, 1984, 1987, 1989). Da der publizierte Fallbericht (Leuzinger-Bohleber, 1984) selbstverständlich wesentlich durch mein damaliges Verstehen des abgelaufenen psychoanalytischen Prozesses determiniert war, wollten wir den Kolloquiumsteilnehmern Datenmaterial zur Verfügung stellen, das weniger durch einen Selektions- und Interpretationsprozeß vorgeprägt war. Daher wurden den Teilnehmern die Tagebuchaufzeichnungen der ersten und letzten Traumerzählung des Analysanden, meine entsprechenden Stundenprotokolle sowie eine Zusammenfassung der vorangegangenen Analysestunden zugeschickt. Das Datenmaterial sollte die Teilnehmer zu eigenen Interpretationsversuchen anregen, die – je

1 Der transvestitische Analysand erleichterte mir das Forschen mit Materialien aus seiner Psychoanalyse insofern, als ein Ergebnis ebendieser Psychoanalyse darin bestand, daß sich sein ursprünglich pathologischer Exhibitionismus in eine kreative, künstlerische Persönlichkeit integrierte, zu deren ichsyntonen Befriedigungsquellen durchaus ein öffentliches Exhibitionieren gehörte: Er spielte mit viel Spaß Theater, schrieb Hörspiele und übergab mir nach Abschluß der Behandlung den ganzen Stapel seiner Tagebuchaufzeichnungen, unter anderem mit dem Wunsch, ich möge diese wissenschaftlich erforschen und ein Buch darüber schreiben. – Es ist auch selten, daß wir einem Analysanden nach Abschluß der Behandlung einen verschlüsselten Fallbericht über seine Psychoanalyse zu lesen geben können – dies war bei meinem Analysanden der Fall: Ich schickte ihm die Falldarstellung (drei Jahre nach Abschluß der Analyse), bevor ich sie bei der Zeitschrift *Psyche* einreichte. Er schrieb mir dazu einen langen Brief. Vor allem hatte ihn berührt, wie nahe ich ihm während der Behandlung innerlich war. – Dies alles erleichterte mir die Verarbeitung des Intimitätsbruchs, den die Publikation einer klinischen Behandlung für mich immer bedeutet.

nach theoretischen Präferenzen – für die Pluralität theoretischer Ansätze in der heutigen Psychoanalyse sensibilisieren konnten. Zudem wollten wir vor allem verfolgen, ob und wie der Verstehensprozeß des klinischen Materials durch den interdisziplinären Dialog mit den Neurowissenschaftlern beeinflußt wird. Das Produkt dieses Bemühens versuchen wir im folgenden zu dokumentieren.

Außerdem kommt dem interdisziplinären Dialog wissenschaftshistorisch eine große Bedeutung zu. Wie ich weiter unten kurz diskutieren werde, kann die heutige wissenschaftliche Situation der Psychoanalyse als eine von »multiple theories« charakterisiert werden. Cooper (1991) betrachtet diesen Theoriepluralismus als Ausdruck der gereiften theoretischen Diskussion innerhalb der psychoanalytischen *community*, da sie eine differenzierte, mehrdimensionale theoretische Annäherung an die Komplexität psychoanalytischer Prozesse ermögliche. Doch hat Iran Nydad (1987) kürzlich darauf hingewiesen, daß – wissenschaftshistorisch – eine Situation eintreten kann, in der sich die Pluralität von Modellen in einer wissenschaftlichen Disziplin als kontraproduktiv erweist. Verkürzt und überspitzt zusammengefaßt: Entsteht zum Beispiel in der Psychoanalyse eine Situation, in der »jeder Psychoanalytiker seine idiosynkratische Theorie entwickelt« oder aber die existierenden Theorien sich bezüglich ihrer Vorhersagegenauigkeit und ihrer begrifflichen und logischen Präzision oder anderer wissenschaftlicher Kriterien kaum unterscheiden, kann sich deren Konkurrenz bei der Erklärung komplexer klinischer Phänomene als nicht mehr produktiv erweisen. In diesem Falle sei, so Nydad, der Versuch angezeigt, sich um ein »interlevel-constraint« zu bemühen, das heißt, die Modelle auf einer anderen Ebene der Daten nochmals miteinander in Beziehung zu setzen.

Für die psychoanalytischen Modelle könnte dies bedeuten, daß geprüft werden sollte, welche der rein psychologischen Theorien (zum Beispiel das Triebabfuhrmodell, die Objektbeziehungstheorie oder die Selbstpsychologie) sich mit neurophysiologischen Daten, die psychologische Prozesse begleiten, am ehesten als kohärent erweist. Wie wir in unserem Beitrag in

Band 1 (Leuzinger-Bohleber, Pfeifer und Röckerath) schon erwähnt haben, geht es dabei allerdings nicht um eine Neuauflage des von Freud in seinem *Entwurf einer Psychologie* (1895) formulierten Versuchs, psychische Prozesse auf neurophysiologische zu reduzieren, den Jürgen Habermas (1968) bekanntlich in Zusammenhang mit dem szientistischen Selbstmißverständnis der Psychoanalyse gebracht hat, sondern um einen Versuch, sich im Sinne Carlo Strengers (1991) um externale Kohärenz psychoanalytischer Konzepte mit jenen der Neurowissenschaften zu bemühen. Ziel unseres interdisziplinären Kolloquiums ist es, einen solchen Brückenschlag zwischen der Psychoanalyse und den Neurowissenschaften zu versuchen und die dabei gewonnenen Erkenntnisse zu dokumentieren und kritisch zu diskutieren.

Allerdings ist dabei zu bedenken, daß auch die Neurowissenschaften nicht »Wahrheiten an sich«, das heißt Daten und Beobachtungen präsentieren, die für sich selbst sprechen, sondern – wie alle Wissenschaften – Modelle und Konzepte formulieren, die diese Beobachtungsdaten möglichst adäquat interpretieren und erklären (vgl. unten). Mit anderen Worten, der interdisziplinäre Dialog zwischen der Psychoanalyse und den Neurowissenschaften besteht bei näherem Hinsehen aus einem kritischen Austausch von Modellen – Modellen, die psychoanalytische Daten abzubilden versuchen, einerseits und Modellen, die von Beobachtungen in den Neurowissenschaften ausgehen, andererseits. Daher stellte sich auch in unserem interdisziplinären Diskurs immer wieder die Frage nach Qualität und Brauchbarkeit der theoretischen Modelle, eine Frage, auf die wir teilweise schon im ersten Band eingegangen sind, die wir aber einleitend zu diesem zweiten Band nochmals kurz diskutieren und anhand der Anwendung verschiedener psychoanalytischer und neurowissenschaftlicher Modelle auf dasselbe klinische Material illustrieren möchten. Daß dabei die Autoren zu teilweise analogen, teilweise aber auch stark kontrastierenden Einschätzungen kommen, zeigt, daß die Brücke zwischen Psychoanalyse und Neurowissenschaften erst im Bau ist und daß zur Zeit noch recht unterschiedliche Konstruktionspläne vorgelegt und diskutiert werden. Dies führte auch in den Kolloquien immer wieder zu Mißverständnissen und Kontroversen, die wir in dieser Publikation nicht negieren oder verbergen wollen. Ohne Dispute und kritische Auseiandersetzungen kann kein differenziertes Verständnis für das Fremde an der anderen wissenschaftlichen Disziplin entstehen, das die Voraussetzung für seine »objektale« Wertschätzung darstellt und erste Ansätze zu einer Integration ermöglicht, die diese Bezeichung verdienen. Wir hoffen, daß solche Integrationsansätze in den folgenden Beiträgen zu erkennen sind, die dokumentieren, daß der interdisziplinäre Dialog sowohl uns psychoanalytische Kliniker als auch unsere neurowissenschaftlichen Gesprächspartner ein Stück weit verändert und befruchtet hat.

Dieter Bürgin
Einleitung

In diesem Band wird zuerst eine kurze Zusammenfassung des klinischen Fallmaterials vorgelegt. Eine vollständige Zusammenfassung des Fallberichts kann man in der *Psyche* nachlesen (Leuzinger-Bohleber, 1984). Das Datenmaterial zu den Traumdeutungsstunden ist im Anhang aufgeführt. In einem ersten Beitrag fragt sich die behandelnde Analytikerin *Marianne Leuzinger-Bohleber*, ob der interdisziplinäre Dialog mit den Neurowissenschaften zu einer Erweiterung des klinisch-psychoanalytischen Verstehens führe. Sie bezieht in ihre Überlegungen aktuelle Ergebnisse der Neurowissenschaften und der modernen Säuglingsforschung mit ein und reflektiert das »klinische Material« des Anfangs- und des Endtraums der Psychoanalyse in differenzierter Weise aus der Sicht der Objektbeziehungstheorie, der Selbstpsychologie, der psychoanalytischen Konflikttheorie und der Entwicklungspsychologie.

Vorab lenkt die Autorin die Aufmerksamkeit darauf, wie wichtig es ist, sich bewußt zu machen, wozu ein bestimmtes Modell dienen soll, denn klinische Wahrnehmung und therapeutisches Handeln werden stets, implizit oder explizit, bewußt oder unbewußt, durch theoretische Modelle beeinflußt. So führt sie in einem Anhang zu ihrer Arbeit aus, daß es von großer Relevanz bei einer Diskussion ist, ob eine Modellvorstellung als Top-down-Vorgehen die Wahrnehmung und Gliederung der Phänomene strukturiert oder – aus einer Bottom-up-Bewegung entstanden – die Synthese und Abstraktion der erfaßten Phänomene darstellt. Die Autorin stellt höchst relevante Fragen nach den Gütekriterien von Modellen theoriegeleiteter empirischer (Top-down-) und abstraktiv verfahrender (Bottom-up-) Studien (zum Beispiel Validität, Originalität etc. versus Integrationskraft von Erklärungen empirischer Detailbefunde). Wiederum andere Gütekriterien gelten für Modelle der klinisch-psychoanalytischen Praxis (zum Beispiel die Nützlichkeit für das Verständnis der intersubjektiven Abläufe, die

Nähe zum klinischen Material etc). Nochmals andere Gütekriterien sollten für metatheoretische Aspekte der Psychoanalyse im wissenschaftlichen Diskurs verwendet werden (zum Beispiel die theoretische, logische und begriffliche Präzision, die innere Konsistenz etc.). Für den interdisziplinären Dialog gesellen sich schließlich noch weitere Kriterien dazu (zum Beispiel Transparenz, Vermittelbarkeit und Attraktion).

Die Frage, ob der Traum ein Indikator für Veränderungen im Umgang mit Unbewußtem darstellt, wird anhand der Analyse des manifesten Trauminhalts und dessen Veränderung als Beispiel eines nachträglichen, modellzentrierten Erkenntnisprozesses zu klären versucht. Dies geschieht insbesondere durch ein sorgfältiges Reflektieren der Beziehungsstrukturen in beiden manifesten Träumen und in der Übertragung/Gegenübertragung mittels selbst- und objektbeziehungstheoretischer Vorstellungen sowie anhand des psychoanalytischen Konflikt- und Strukturmodells (Affekte). Schließlich werden die Ergebnisse beider Traumanalysen miteinander verglichen.

Bei diesem Vorgehen, das auf der zumeist impliziten Annahme beruht, die Entwicklung eines Analysanden manifestiere sich auch in seinen Träumen und im Umgang mit ihnen, erscheint der psychoanalytische Prozeß als eine Art Nachentwicklung oder -reifung, die zu einer (Re-)Integration traumatisierender frühkindlicher Erfahrungen führt. Die von U. Moser und I. von Zeppelin sowie von B. van der Kolk vorgelegten Konzepte der Speicherung normaler und traumatischer Erfahrungen erweisen sich als hilfreich zum Verständnis. Durch traumatisch erlebte Ereignisse ausgelöste Affekte werden subkortikal gehalten, bleiben isoliert, können nicht mit den kognitiven Wahrnehmungen zu einem Ganzen integriert werden, sind zumeist einer Symbolisierung und Versprachlichung nicht zugänglich, erscheinen wie zeitlos und unzerstörbar, haben aber – als ungebundene Affekte, die auch keiner Umsetzung in Phantasien zugänglich sind – eine Tendenz zur fragmentarischen und flashback-artigen, repetitiven Aktivierung in strukturell ähnlichen situativen Kontexten. Als Beziehungsrepräsentanzen im Sinne von Stern verharren sie in mehr oder weniger unveränderter Form. Neu eingeschrieben in die Übertragungsbeziehung und damit innerhalb des Systems von Selbst- und Objektrepäsentanzen wiederbelebt, werden sie sensomotorisch-affektiver, symbolischer, sprachlich-narrativer und damit kognitiver Integration zugänglich, wird die ungebundene Affektivität in gebundene zurückverwandelt.

Natürlich kommt in solchen Modellen den frühkindlichen Erfahrungen für die psychische Strukturbildung eine beachtliche Relevanz zu. Obwohl Erinnern sich als eine Konstruktion narrativer Wahrheit in aktualisierten Beziehungen darstellt, schlagen sich auch wesentliche Sozialisationserfahrungen neurobiologisch und psychologisch nieder. Dies wird ganz besonders deutlich bei Säuglingen von depressiven Müttern, die keine angemessene Gefühlseinstimmung durch die Mutter erleben und in ihrer frühen Selbstentwicklung in der basalen Besetzung ihres Körpers und ihrem Vermögen zur Regulation aggressiver und libidinöser Impulse beeinträchtigt werden. Sie vollziehen pathologische Ganzidentifikationen mit wiederholten eigenen Mikrodepressionen, entwickeln ein falsches Selbst oder identifizieren sich mit der Rolle eines ewigen Simulanten.

Da das Erinnern früher Beziehungsgeschehnisse mitsamt ihrer nachträglichen Bearbeitung von einem inneren oder äußeren Dialog mit einem relevanten Gegenüber abhängig, also auf einen intersubjektiven Prozeß angewiesen ist, kann das klassische Triebabfuhrmodell in der heutigen Psychoanalyse kaum noch aufrechterhalten werden.

Eine weitere psychoanalytische Interpretation des Fallmaterials legt *Andreas Hamburger* in dem anschließenden Beitrag mit dem Titel »Solo mit Dame. Traumgeschichten einer Psychoanalyse« vor. Vor dem Hintergrund seiner im ersten Band dargestellten Theorie von Traumnarrativ und Gedächtnis – und der daraus resultierenden Auffassung des psychoanalytischen Prozesses – rekonstruiert er den Initial- und den Schlußtraum, die der Gruppe als Diskussionsmaterial dienten. Er stellt dabei die vom Analysanden niedergeschriebenen Traumprotokolle synoptisch den Protokollen der Analytikerin gegenüber und interpretiert beide in einem minutiösen Satz-für-Satz-Vergleich. Den Duktus beider Erzählungen vergleichend, beschreibt er die Szene der Traummitteilung: den jähen Traumabbruch als Signal der Überforderung des Träumers durch sein eigenes Thema und den Aufforderungscharakter des Initialtraums als Wunsch, die Analytikerin möge dem Träumer in seine Welt, in seine Geschichte hinein folgen.

Die nach derselben Methode vorgenommene Analyse des Endtraums zeigt eine veränderte Szene. Zwischen Patient und Analytikerin ist ein traumhafter Dialog zustande gekommen. Die stärkeren Abweichungen der Protokolle zeigen, daß die Einfälle der Analytikerin nun nicht mehr stören, daß abweichende Erinnerungen zulässig sind.

Hamburger kommt zu der Ansicht, daß sehr wohl ein Unterschied zwischen dem Initial- und dem Schlußtraum bestehe. Letzterer enthalte die gesamte psychoanalytische Arbeit, die von den beiden Beteiligten geleistet worden sei. Sie zeige sich darin, daß aus dem »spröden Solotänzer des Initialtraums« im Schlußtraum ein »recht passabler Partner« geworden sei.

Die nächste Autorin, *Rosemarie Kennel*, beginnt zuerst mit einigen Überlegungen zum Dialog zwischen Psychoanalyse und Neurowissenschaften. Sie fragt sich, ob die Psychoanalyse, wie sie bei Klein/Bion, und die Neurosciences, wie sie bei Edelman entwickelt wurden, eine Mesalliance oder eine »göttliche Verbindung« darstellten. Nachdem sich die Psychoanalyse über Jahrzehnte von den übrigen Wissenschaften weitgehend abgeschottet habe, sei die Notwendigkeit für den interdisziplinären Dialog – gerade unter dem Druck konkurrierender, auf anderen methodischen und theoretischen Prinzipien beruhender Beobachtungs- und Erklärungsweisen des Psychischen – deutlicher geworden. Der Versuch, psychoanalytische Gegebenheiten mit neurobiologischen zu parallelisieren, zu korrelieren oder auf ihre Kompatibilität hin zu überprüfen, werde zwar kaum das Leib-Seele-Problem lösen, die Psychoanalyse aber vielleicht ihrem organischen Fundament, von dem schon Freud sprach, etwas näherbringen.

Die Autorin stellt in ihrer Arbeit zuerst in sehr kondensierter Form die Grundkonzepte von Klein und Bion dar, geht dann auf Edelmans Modelle ein, vergleicht schließlich die Denkweisen der Klein/Bion-Schule und der Neurowissenschaften und nimmt dann zu dem Fallmaterial, das der Gruppe zur Verfügung stand, aus ihrer Sicht Stellung.

Obwohl Neurowissenschaften und Psychoanalyse verschiedene Sprachen sprechen, lohnt es sich nach Auffassung von Kennel, zwischen beiden Bereichen nach Entsprechungen zu suchen. In Zukunft sei es wohl kaum vertretbar, psychologische Modelle zu entwerfen, die neurowissenschaftlichen Befunden zuwiderlaufen oder mit ihnen unvereinbar erscheinen. Edelmans dynamisches Modell des menschlichen Gehirns geht von einem Zentralnervensystem aus, das stets in Aktion und in ständiger Wechselwirkung mit sich selbst wie auch der Außenwelt steht. Es ist nur in Teilen festgelegt, ein flexibles und reagibles System, störanfällig, aber auch korrigierbar und lebenslang lernfähig. In diesen biologischen Funktionsprinzipien lassen sich wesentliche Grundelemente der Klein/Bionschen Theorie wiedererkennen.

Für die psychische Strukturierung eines Menschen sind Austauschprozesse mit anderen erforderlich, die asymmetrisch verlaufen, da die eine Person schon eine Geschichte hat, die andere sie erst entwickeln muß. Die aus der frühen Selektion heraus sich manifestierenden einfachen Gestaltungen und Musterbildungen scheinen gut zum rudimentären Ich Kleins und den Präkonzepten Bions zu passen. Auch der ständige Signalaustausch zwischen den Mehrfachkartierungen auf der neurologischen Ebene (nach Edelman) findet seine Entsprechungen in den Funktionskreisen Bions, in denen psychische Elemente mit basalen Emotionen besetzt, ständig um- und neukategorisiert, vereinheitlicht oder auch fragmentiert werden. Ein Neben- und Ineinanderwirken von Emotion und Kognition, von Präsymbolischem und Symbolischem, von Reflexion und Selbstrefexion und damit von subkortikalen und kortikalen Bereichen findet sich sowohl bei Edelman als auch bei Bion. Der einheitlichen inneren Wahrnehmungskategorisierung kann das psychoanalytische Ich gegenübergestellt werden. Auch bezüglich des primären Bewußtseins und des Bewußtseins höherer Ordnung von Edelman lassen sich Entsprechungen in Form der paranoid-schizoiden und der depressiven Position im kleinianisch-bionschen Denken beschreiben. Welche seelischen Inhalte gedächtnisfähig sind, hängt nach Bion von der jeweiligen psychischen Organisationsform ab. Beta-Elemente können nicht in Gedächtnis bewahrt werden, erst Alpha-Elemente sind gedächtnisfähig. Auch dieses psychoanalytische Konzept fügt sich nach Meinung der Autorin gut in das dynamische Gedächtnismodell von Edelman ein. Die vielen Entsprechungen, aber auch gewisse Divergenzen bieten auf jeden Fall genügend Anregung, um den begonnenen Dialog weiterzuführen.

In einem letzten Abschnitt wird das Fallmaterial, das der Gruppe zur Verfügung stand, aus kleinianischer Perspektive betrachtet. Für die Aufschlüsselung der Übertragungsprozesse stellen die Gegenübertragungsprozessse einen zentralen Zugang dar. Die Notizen der Analytikerin und das Tagebuch des Analysanden bilden zwei Texte über einen Prozeß, die beide fürs erste geheimgehalten wurden. Sie gelten der Autorin, wie viele andere Details, als Indikatoren für die im Patienten liegende Spaltung. Vor allem via projektive Identifikation finde eine untergründige, aber höchst wirksame Kommunikation statt. Erst die offene Wahrnehmung dieser Gegenübertagungsgefühle eröffne Entwicklungsperspektiven. Diese ermöglichten schließlich, daß sich Analytikerin und Patient in weiten Teilen der Analyse getroffen und in ihrer Arbeit einen gemeinsamen Text entworfen hätten, der zwar nicht veröffentlicht worden sei, aber als Basis für eine weitere Neuentwicklung gedient habe.

Die nächsten Autoren, *Martha Koukkou und Dietrich Lehmann*, betrachten das klinische Datenmaterial, das der Gruppe vorlag, aus der Sicht des Zustandswechsel-Modells der Funktionen des menschlichen Gehirns. Sie haben es 1980 zuerst auf das Träumen angewendet. Es wurde im Band 1 in seiner heutigen Form ausführlich dargestellt. Die Lektüre des Artikels in Band 1 ist aber nicht Voraussetzung zum Verständnis des hier vorliegenden Beitrags, da die Autoren die Grundthesen des Modells, die zum Nachvollziehen der klinischen Überlegungen absolut notwendig sind, noch einmal verkürzt und vereinfacht darstellen.

Der Text beginnt mit der Beschreibung des verwendeten wissenschaftstheoretischen Rahmens (Systemtheorie) und des daraus resultierenden Menschenbildes: Der Mensch als lebendes System und Teil der Natur bildet eine psychobiologische Einheit; er befindet sich mittels der Funktionen seines Nervensystems in einer ständigen Interaktion mit seiner internen und externen Umgebung. Ein Kind verfügt spätestens von der Geburt an über ein Set von Fähigkeiten, das ihm erlaubt, mit den relevanten Personen seiner Umwelt in Kommunikation zu treten. Durch diese Interaktionen wird im Gehirn ›Wissen‹ erworben. Als ›interne Realität‹ gilt einerseits der jeweilige Funktionszustand der verschiedenen Organe und andererseits die Summe des im Gehirn eines Individuums erworbenen und erarbeiteten Wissens über sich selbst, seine Umwelt und die Qualität der Beziehungen zwischen diesen beiden Entitäten. Dieses Wissen wird mit Hilfe der synthetisierenden Funktion von assoziativen Rindenfeldern des Kortex geschaffen. Ontogenese wird als Ergebnis der Zusammenhänge schaffenden Funktion des Neokortex verstanden, Verhalten als Ergebnis der fortwährenden Interaktionen von Subjekt und Umwelt konzipiert.

Die kurze Rekapitulation ermöglicht es dem Leser, den interdisziplinären neuro- und humanwissenschaftlichen Ansätzen über die Funktionen des Gehirns, die einer psychobiologisch gesunden Entwicklung zugrunde liegen, und über diejenigen Eigenschaften der externen Realität, in die ein Mensch hineingeboren wird und die die Voraussetzung für eine gesunde Entwicklung sind, zu folgen. Im Modell der Autoren steht die »Erhaltung oder Wiederherstellung des psychobiologischen Wohlbefindens« als zentrale Regulationsgröße zwischenmenschlicher Interaktion und Kommunikation, mittels welcher Wissen erworben und damit progredient auch Gedächtnis aufgebaut wird, im Zentrum der Überlegungen.

Das Gehirn, ein dynamisches, sich durch die Ereignisse der Biographie eines Menschen allmählich selbst organisierendes System, gestaltet anhand der Menge, Qualität und momentanen Aktivierbarkeit seines erworbenen Wissens Verhalten. Es bildet zudem – durch den Aufbau kooperativer neuronaler

Netzwerke (mittels chemischer, elektrischer und struktureller Veränderungen) und durch die Aktivierung verschiedener Hirnfunktionszustände – im Gedächtnis gespeicherte Repräsentanzen dieses Wissens aus. Die für ein Kind bedeutungsvollen Erwachsenen bringen notwendigerweise – und zum Teil nicht bewußt gesteuert – die in ihrem eigenen Entwicklungsprozeß aufgebauten Wissensstrukturen (zum Beispiel über Bedürfnisse und Signalsysteme von Säuglingen, Kindern oder Adoleszenten) in die kommunikativen und interaktiven Abläufe mit dem Kind ein. Wissensrepräsentationen werden sowohl in verbalen als auch in nicht-verbalen Symbolen kodiert, Perzeptionen sind untrennbar mit Emotionen verknüpft, und auch Beziehungsabläufe erhalten bei der Speicherung eine emotionale Konnotation. Wiederholtes Erleben führt zu Automatisierung und Generalisierung der Ereignisabläufe im mnestischen Bereich. Präattentiv wird andauernd entschieden, welche Repräsentationen aufgrund der ihnen zugewiesenen Bedeutungszusammenhänge aktiviert bzw. gehemmt werden.

Was in der Interaktion zwischen Kind und Erwachsenem das psychobiologische Wohlbefinden aufrechterhält oder fördert, wird als kooperatives oder emotional positives, was es stört oder vermindert, als unkooperatives bzw. maladaptives Wissen bezeichnet. Die Interaktion eines wachsenden Individuums mit externen und internen Realitäten produziert eigenes Wissen, das sich in seiner Summe begrifflich mit dem »psychischen Apparat« der Psychoanalyse gleichstellen läßt. Das Ausmaß an »Kooperativität« wie auch die Qualität der Kommunikation in den Interaktionen wirken sich somit auf das psychobiologische Wohlbefinden des Kindes (und zugleich des jeweiligen Erwachsenen) aus. Beides findet seinen Niederschlag in der Qualität des Wissens des Kindes über sich selbst und über seine externen Realitäten, in seinen Kommunikationsfähigkeiten, den auftretenden Konflikten und damit in seiner gesamten Entwicklung.

Aus der Sicht der Autoren setzt die psychobiologisch gesunde Entwicklung des Menschen somit einen bestimmten Grad kooperativer Interaktion des Kindes mit seinen sozialen Partnern voraus. Wenn die soziale Realität des Kindes nicht in der Lage ist, für die alters- und zustandswichtigen psychobiologischen Prioritäten und Bedürfnisse des Kindes zu sorgen, ohne andere psychobiologische Prioritäten zu verletzen, wird im Assoziationskortex des wachsenden Individuums maladaptives Wissen kreiert. Psychische Störungen werden als Folge von Hirnprozessen verstanden, denen vor allem maladaptives Wissen zur Verfügung stand. Verletzungen des Individuations- und Sozialisationsprozesses tragen mit den von ihnen nachfolgend mitgestalteten sozialen Realitäten zu weiterem Aufbau von maladaptiven Erfahrungen und entsprechendem Wissen bei. Das gespeicherte maladaptive Wissen wird vom betroffenen Individuum in vergleichbaren oder ähnlichen Situationen automatisiert aufgerufen und bewirkt ein situationsinadäquates Verhalten. Intrapsychischen Konflikten, die zu neurotischen Symptomen Anlaß geben, liegt somit ein maladaptives Wissen zugrunde, das mittels normaler Lernfunktionen als die ehemals bestmögliche Verhaltensweise zur Konfliktreduktion erworben, sekundär generalisiert und schließlich automatisiert wurde.

Im Modell von Koukkou und Lehmann ist der intrapsychische Konflikt somit weder als Folge einer angeborenen Aggression des Kindes, die konflikthafte Interaktionen mit seiner sozialen Realität erzeugt, noch als Versagen einer angeborenen Fähigkeit von Eltern, für die psychobiologisch gesunde Entwicklung der eigenen Kinder zu sorgen, konzipiert. Die Autoren gehen vielmehr davon aus, daß viele bestehende Theorien der allgemeinen menschlichen Natur irrtümliche Annahmen über die primären Lebensmotive enthalten. Solche irrtümlichen Annahmen erschweren die Kommunikation der Erwachsenen mit ihrem Nachwuchs so sehr, daß daraus eine »Erziehung zum Konflikt mit der eigenen Natur« entsteht.

Vor dem Hintergrund dieser Annahmen über die Entstehung neurotischer Symptome nehmen die Autoren anhand des vorliegenden Datenmaterials (Initial- und Terminaltraum) zur Entstehung der transvestitischen Problematik Stellung. Mittels der Inhalte des Initialtraums und der nachfolgenden Assoziationen illustrieren sie die »Entdeckung« des maladaptiven Konfliktreduktionsverhaltens des Patienten. Sie vertreten die

Meinung, daß diese »Entdeckung« (auf der Basis früherer Verletzungen der Geschlechtsidentität und anderer Verletzungen der Individuation) als Effekt einer Generalisierung zu den transvestitischen Symptomen und ihren Folgen geführt hat. Der Initialtraum enthält ihrer Ansicht nach die Symptomentwicklung, der Schlußtraum stellt die veränderte Beziehung des Patienten zu seiner eigenen Biographie dar. Dieser Vorgang wäre auf der subjektiven Ebene durch eine Reorganisation seines Wissens im analytischen Prozeß erklärbar.

Das dargestellte Modell geht davon aus, daß das Träumen, wie alle mentalen Vorgänge, ein kontinuierlicher Vorgang ist. »Träume sind die in der Wachheit erinnerbaren Ergebnisse der aktiven und selektiven Interaktion des Individuums während des Schlafes mit seinen externen und internen Realitäten.« Im Schlaf, in einem veränderten Funktionszustand des Gehirns, können Erinnerungsspuren (mnemonische Repräsentationen) sowohl auf dem Komplexitätsniveau früherer Entwicklungsphasen als auch auf dem des jetzigen Erwachsenen aktiviert werden. In früheren Entwicklungsphasen erworbenes Wissen kann mittels der stets fortlaufenden informationsverarbeitenden Hirnprozesse mit dem gegenwärtigen verglichen und damit zu neuen Erlebniseinheiten zusammengesetzt werden. Infolge dieser Neuordnung von Zusammenhängen steht dem Individuum im Schlaf somit ein breiteres Spektrum an Wissen für die Organisation seines Verhaltens zur Verfügung.

Im letzten Abschnitt wird das Modell im Hinblick auf die Wirkungsweise der psychoanalytischen Technik (definiert als interaktionales Geschehen zwischen Analytiker und Analysand) erläutert. Während des psychoanalytischen Prozesses gestalten Analytiker und Analysand im Verlauf ihrer Kommunikationsvorgänge zunehmend ein gemeinsames Wissen, das beiderseits einer anhaltenden Reorganisation unterliegt. Zusammen sind sie auf der Suche und bei der Entdeckung von Ähnlichkeiten und Unterschieden zwischen jetzigen und früheren Ereignissen und Situationen, wodurch – in der geschützten Beziehung zum Analytiker – eine progrediente Umstrukturierung des Wissens des Analysanden über seine Biographie erfolgt. Diese Reorganisation des biographischen Wissens auf seiten des Analysanden wird als der zentrale Heilungsfaktor verstanden. Freuds »talking cure« erscheint gerade deshalb als eine geniale Entdeckung, da sie die basalen Funktionen des Gehirns nutzt, um eine Reorganisation der Biographie des Patienten in Gang zu bringen.

Der Text streift immer wieder die Grundfrage, ob die menschliche Natur per se konflikthaft ist oder ob sämtliche Konflikte nur aus dem frühkindlichen Interaktions- und Erfahrungsbereich stammen. Er baut mittels des Zustandswechsel-Modells viele interessante Brückenköpfe in Richtung auf vertraute psychoanalytische Konzeptionen (zum Beispiel was die Traumtheorie angeht), vermag bei konservativem analytischen Verständnis aber auch immer wieder Widerspruch hervorzurufen (zum Beispiel durch die kategorische Verwerfung triebtheoretischer Aspekte oder die unvermittelte Einführung eines nicht definierten Traumakonzepts). Gerade diese Fähigkeit, eine gemischte Resonanz zustande zu bringen, macht ihn besonders anregend und in gutem Sinne provokativ.

Eine weitere, vorwiegend theoretische Perspektive wählt *Doris Pouget-Schors* in ihrem Beitrag. Sie vertritt darin eine objekbeziehungstheoretische Sicht. Anhand der Begriffe »Erinnern, Wiederholen und Durcharbeiten« geht sie der Frage nach, wie psychoanalytische Gedächtnismodelle den Zugang zum Patienten bestimmen. Sie stellt sich dabei zwei grundsätzliche Fragen, nämlich über welche Gedächtnismodelle die Psychoanalyse verfügt und ob für Patienten mit entwicklungsbedingt unvollständig ausgebildeter psychischer Struktur (Frühstörungen) andere Gedächtnismodelle benötigt werden als für solche mit reifer neurotischer Persönlichkeitsstruktur. Sie diskutiert das Fallmaterial (die beiden Träume) sowohl unter psychoanalytischen Gesichtspunkten als auch vor dem Hintergrund des Zustandswechsel-Modells von Koukkou und Lehmann. Schließlich wägt sie die Vor- und Nachteile des letzteren ab und setzt sich mit einigen Widersprüchen zwischen diesem Modell und psychoanalytischen Auffassungen auseinander.

Bei der Frage nach der Zugänglichkeit der im Gedächtnis gespeicherten Erinnerungen stößt man bald auf die Frage, wie die Persönlichkeit denn organisiert ist. Dazu werden Gedächtnismodelle der psychoanalytischen Strukturtheorie sowie vor allem der objektbeziehungstheoretischen Schulen eingehend analysiert und einander gegenübergestellt. Während das Modell der Strukturtheorie etwas Statisches, monadisch auf die Einzelperson Ausgerichtetes hat, können auf die Dyade ausgerichtete Modelle wie das der Objektbeziehungstheorie die interaktive Entstehung der das Gedächtnis strukturierenden Repräsentanzen der Person (Selbst) und des Gegenübers (Objekt) samt den damit verbundenen beziehungsrelevanten Affekten berücksichtigen. Für die gedächtnispsychologischen Aspekte erscheint nämlich die aus der Klinik deduzierte Annahme als bedeutungsvoll, daß es in Zusammenhang mit frühkindlichen Entwicklungsstörungen und Träumen Teilrepräsentanzen von Selbst und Objekt gibt, die aufgrund ihrer übermäßig affektiven Besetzung vom Rest des Ichs (und damit der Person) abgespalten bleiben und sich damit einer weiteren Strukturierung und Entwicklung entziehen.

Pouget-Schors vertritt aufgrund ihrer Überlegungen die Ansicht, daß für Patienten, deren Störungen in frühen Entwicklungsphasen angelegt sind, eindeutig andere Gedächtnismodelle nötig sind als die von der Strukturtheorie zur Verfügung gestellten. Im Repräsentanzenmodell der Objektbeziehungstheorie interessieren hier vor allem die affektgesteuerten Verknüpfungen der Repräsentanzen von Selbst und Objekt, die Verfügbarkeit stabiler Repräsentanzen in Belastungssituationen, der Mehr-Personen-Ansatz und – im Hinblick auf Vergessen oder Erinnern – die Unterschiede zwischen der Abwehrleistung der Verdrängung und den die Gedächtnisfunktionen schwerer beeinträchtigenden Spaltungen bzw. Dissoziationen.

Bei der Diskussion des Fallmaterials weist die Autorin darauf hin, daß Erinnern mehr als Mittel zum Zweck denn als Hauptziel der Analyse zu verstehen ist. Vielmehr bringen die in der Übertragung des analytischen Prozesses zustandekommenden Restrukturierungen durch Integration abgespaltener Teilrepräsentanzen für den Patienten Distanz zu quälenden oder traumatischen Erinnerungen. Dies läßt sich mittels des dargestellten objektbeziehungstheoretischen Modells der Teilrepräsentanzen und ihrer gelungenen Integration im Verlauf der Analyse zeigen.

Im letzten Teil der Arbeit wird darauf eingegangen, ob ein und, falls ja, welcher zusätzliche Erkenntnisgewinn durch die Anwendung des Zustandswechsel-Modells gegenüber psychoanalytischen Theorieansätzen erzielt wird. Günstig beim Zustandswechsel-Modell erscheint, daß es nicht primär anatomische Strukturen, sondern funktionale Ablaufe beschreibt und daß gerade dadurch eine gewisse Parallelität und Vergleichbarkeit mit psychoanalytischen Vorgängen erkennbar wird. Hierbei dürfen allerdings weder die Funktionen des Kommunikationskreises psychologisiert noch die Prinzipien der Psychoanalyse nivelliert werden. Vorläufig bleibt der Entwurf eines gemeinsamen Grundmodells von Neurowissenschaften und Psychoanalyse für Gedächtnis und Traumentstehung aber noch eine Utopie, obwohl bereits in diese Richtung gehende Ansätze erkennbar werden.

Vielleicht könnte die weitere Erforschung der Herstellung oder Unterbrechung von Referenzverbindungen zwischen verschiedenen Gedächtnisinhalten im verbalen symbolischen bzw. subsymbolischen nonverbaler Format, wie sie die *multiple code theory* von Wilma Bucci beschreibt, weitere Anstöße geben, insbesondere zu der für die Frühstörungsfrage relevanten Unterscheidung, ob eine Referenzverbindung funktionell unterbrochen oder überhaupt nie anglegt wurde.

Theres Arbenz-Hutter setzt sich einerseits mit dem Wahrnehmen als einem theoriebildenden Prozeß auseinander und konzipiert andererseits das Gedächtnis als »agent provocateur auf der Suche nach einem passenden Verhältnis zwischen Traum und Wirklichkeit«. In der Auseinandersetzung mit dem Leib-Seele-Problem gilt ihr das Wecken der Erwartung, man werde mit apparativen Techniken dereinst die wahre Formel für die Natur des Menschen finden, als Neuromythologie. Der Funktionsweise und den Strukturen des Gehirns kann nicht alle Verantwortung für die menschliche Existenz zugesprochen werden. Arbenz-Hutters Kritik richtet sich darauf, daß die Modelle der Neurobiologie die Intaktheit der menschlichen

Ausstattung beschwören und alles Unschöne ins Reich des Vergessen sinken lassen.

Dem gegenüber versteht sie das ›Ich‹ der Psychoanalyse als eine »schielende« Instanz, die sowohl auf das gerichtet ist, was sich bei idealen Verhältnissen an Wünschbarem entfalten könnte, als auch objektivierbares Geschehen mit den Wahrnehmungsfunktionen innerlich »wahr macht«. Dieses Ich bezieht seine Wirkungskraft aus der Spannung zwischen zwei Bereichen, nämlich dem der Welt, wie sie ist, und dem, wie sie sein könnte. Es steht im Dienst nicht nur des »reinen Traums«, sondern auch der »reinen Fakten«. Sein geistiges Gestaltungsvermögen wird durch Gegensätzlichkeiten wie Traum und Wirklichkeit oder Subjektivität und Objektivität aktiviert und sucht diese in immerwährender Bewegung aufzuheben. Die psychoanalytische Reflexion hat sich, vor dem Hintergrund rekonstruierter Vergangenheit, vor allem dem Wachstum und der Entwicklung von Wahrnehmung verschrieben, das heißt, sie versucht diese in Gang zu bringen. Das Ich, mit seinen Suchtendenzen eigenen Werdens, wird dadurch zum Schöpfer seiner Wirklichkeiten, bringt im Laufe der persönlichen Lebensgeschichte eine entsprechende Varietät eigenen Existierens hervor und bildet frisches Bewußtsein durch Imagination von Alternativen.

Wie Geist im Körper entsteht, bleibt von seiten der Neurobiologie wie auch der Psychoanalyse bislang ohne Antwort. Wenn Wahrnehmen heißt, Empfundenes und Gedachtes zu Mustern und Figuren zu formen, es in geregelte Anordnung mit gesetzmäßigem Verlauf zu bringen, so stellt sich die Frage, was mit den Figuren geschieht, die sich nicht in ein narrativ-sequentielles Muster zwingen lassen. Jeder Wunsch – auftauchend aus der Widersprüchlichkeit des Subjekts – entsteht in einer intersubjektiven Situation und zielt auf Realisierung in der Außenwelt. Er gelangt deshalb notwendigerweise in Konfrontation mit den festgefügten Gesetzen, Regeln und Normen der äußeren Realität, da er das Narrativ anders schreiben möchte, als die Außenwelt es ihm möglich macht. Während die Gegebenheiten der Außenwelt sich ändern, bekommt der Wunsch für das Subjekt die Qualität des Konstanten, verbindet der Traum die momentane subjektive Wirklichkeit mit den Gegebenheiten der gegenwärtigen objektiven Realität.

Die Autorin erwähnt den Literaturprofessor Peter von Matt, der das narrative Element just aus dem Spannungsbogen zwischen Traum und Gesetz hervorgehen sieht. Sie postuliert dementsprechend, daß das Gedächtnis vor allem vom Wunschgeschehen geleitet werde: »die Vision will immer wieder neu Erzählung werden«. Die Übermacht subjektiver Wirklichkeit mit der gewaltigen Dynamik des Träumens bedarf der Bremsung durch das Ich, das durch das Erzählen Ausgleich schafft, aber stets auch fürchten muß, in der Außenrealität keinen Raum dafür mehr zu finden.

Das Gedächtnis enthält nicht nur den wiederkehrenden »Wunsch«, sondern auch die Bilder der »Welt«, oszilliert somit zwischen der Welt, wie sie ist, und der Welt, wie sie sein könnte. Es erweist sich damit als ein provokantes Agens im Dienste einer schöpferischen Evolution und leitet Suchprozesse in Richtung auf geeignetere Beziehungen zwischen subjektiver und objektiver Wirklichkeit ein. Die Wahrnehmung entspricht nach dieser Sichtweise einem subjektiven Theoriebildungsprozeß, der nach Möglichkeiten ein kreatives evolutionäres Verhältnis zwischen Wunsch/Traum und äußerer Wirklichkeit anstrebt und das Ergebnis in optimalen Momenten zu einer passenden Lebensgeschichte zusammenschmelzen läßt. Der beste Ausgang für den Kampf, »den der Aneignungshunger mit der Welt ausficht«, ist die Neuschöpfung als ein geglücktes Ganzes. Veränderung tritt im Ereignisbogen zwischen Selbst und Objekt, zwischen dem Hunger/Wunsch des Ich und der objektiven Realität des Gegenübers zutage. Sie vermag durch Handlung aber auch den Umschlag von Glück in Unglück zustande zu bringen.

In ihrer kritischen Auseinandersetzung mit dem Zustandswechsel-Modell weist Arbenz-Hutter darauf hin, daß die dort hervorgehobenen »irrtümlichen Annahmen über die menschliche Natur« gerade auch ein Teil der menschlichen Natur sind. Wie aber wird in diesem Modell eines grundsätzlich störungs- und konfliktfreien Werdens – das im übrigen auch Machleidt (in seinem Beitrag im ersten Band) teilt – bewirkt, daß solche ›falschen Gedanken‹ »keine Chance mehr haben, den Weg in die Speicher unseres Gehirns zu finden?« Das, was sich der erwarteten Wahrnehmung entgegenstellt, das Unvorhergesehene, kann möglicherweise nicht akzeptiert werden, wird ins Nicht-Wahrgenommene verwiesen. Das homöostaseregulierende Prinzip begünstigt somit auf spezifische Weise die Produktion von Unbewußtheit. Das Gedächtnis ermöglicht es dabei, daß immer wieder Bilder in die bewußte Erinnerung gelangen, aus denen sich das Unerwünschte, Unangepaßte, Widersprüchliche zurückmeldet, die Homöostase gestört und Konflikt unabweisbar wird. Versuch, Irrtum, Täuschung und Ent-täuschung sind Bestandteile eines weiteren Regulierungsprinzips des Ich, das Erfahrungslernen ermöglicht, Störungen auszuhalten verlangt und im Dienste schöpferischer Weiterentwicklung steht. Irrtum in entscheidenden Lebensbelangen bedeutet allerdings grundsätzliche Diskontinuität des Seins und bewirkt stets heftige Erschütterung. Am Primat des »richtigen Wissens« meldet Arbenz-Hutter deshalb Zweifel an, denn Idylle und Häßlichkeit seien zugleich zu würdigen.

Wenn das Erleben den Menschen immer wieder zu konkretem Handeln treibt, so schafft dieses aber auch neue Wirklichkeit. Beide Haltungen, das Wahr-nehmen des Perzipierten mit dem Entstehen neuen Bewußtseins und die Produktion von Unbewußtheit, stehen dem Menschen offen. Die Fortschreibung gleichbleibender Verhältnisse mit der Bewahrung von Wohlbefinden oder die Wandlung durch Erleben von Irrtum und Konflikt sind potentielle Wege. Dem entsprechen auch zwei Schöpfungsmythen: einerseits der ungebrochene Vollzug auf ein einzig geglücktes Ganzes hin, wobei sich die paradiesischen Verhältnisse nur unter der Bedingung eines Wahrnehmungstabus haben aufrechterhalten lassen; andererseits eine Schöpfung, die an das Prinzip des Erfahrungslernens gebunden ist, bei der das Noch-nicht zum Antrieb des Ganzen wird und die Differenz in der Vielfalt das Spiel schöpferischer Evolution weiter treibt.

Das Ich mit seiner Fähigkeit, sich zu zwei verschiedenen Welten in Beziehung zu setzen, übt sich in seiner Zwischenposition darin, mögliche Erklärungsgeschichten zu erfinden, tut das eine und läßt das andere nicht. Drei Prinzipien, in lebendiger Interaktion, scheinen somit gleichzeitig am Werk zu sein: das homöostaseregulierende, das schöpferische und dasjenige des Erfahrungslernens.

Schließlich geht die Autorin auf das klinische Material ein, das der Gruppe zur Verfügung stand, und beschreibt – als Ergebnis des abgelaufenen psychoanalytischen Prozesses und als Zeichen der Souveränität des Träumers – die Unterschiede in der Problemlösung zwischen Initial- und Endtraum. Um das Risiko einer erneuten Verletzung zu minimieren, sucht das Traum-Ich des Patienten, in vorsichtigem Vortasten auf der Achse Befriedigung-Anerkennung, nach neuen Lösungen für seine Konfliktkonfigurationen. Der Analysand besetzt am Schluß die Möglichkeit der Bewegung, das Unterwegssein, als den Ort im Leben, an dem er aufgehoben ist. Seine Wahrnehmungsorganisation hat sich dadurch umstrukturiert. Er wertet den Weg mehr als das Erreichen des Ziels. Die Sehnsuchtsstrecke ist bedeutungsvoll, und sein totgeglaubter Lebenstraum ist wieder lebendig geworden.

Marianne Leuzinger-Bohleber
Das klinische Datenmaterial

Zusammenfassung

Der 25jährige Analysand indizierte selbst eine Psychoanalyse, da er unter dem zwanghaften Impuls litt, Frauenkleider zu tragen und zu stehlen, was in Verbindung stand mit einer völligen sozialen Isolation und einer Anorgasmie. Weitere Symptome waren gravierende Arbeitsstörungen, Ekzeme und psychosomatische Magenbeschwerden. Anfänglich wurde die Diagnose »narzißtische Persönlichkeitsstörung« gestellt.

Kurz zu den lebensgeschichtlichen Daten, wie sie im Laufe der fünfjährigen Psychoanalyse sukzessiv gewonnen wurden: Der Analysand war der jüngere von zwei Söhnen eines Maschineningenieurs, der sich sowohl in seinem Beruf als auch zu Hause eher passiv verhielt und sich von Chef bzw. Ehefrau stark dominieren ließ. Die Mutter erschien in der Wahrnehmung des Analysanden als kalt, intropressiv und stark kontrollierend und litt vermutlich an einem schwachen Selbstwertgefühl. So war sie enttäuscht, daß der Analysand, als er nach einem vier Jahre älteren Bruder geboren wurde, nicht das ersehnte Mädchen war. Im zweiten Lebensjahr des Analysanden wurde sie nach einer Totgeburt schwer depressiv. Es kam zu einer längeren, für den Analysanden vermutlich traumatischen Trennung von ihr. Mit dreieinhalb Jahren wurde der Analysand von seiner Mutter als Mädchen verkleidet und photographiert. Mit fünf Jahren erlebte er eine weitere traumatische Trennungssituation nach einem schweren Verkehrsunfall (Contusio, Beinbruch) und näßte nachher wieder ein. Nach dieser Erfahrung entwickelte sich erstmals sein transvestitisches Symptom: Wenn die Eltern abends weggingen, wurde er ins elterliche Schlafzimmer eingeschlossen. Dabei entdeckte er Mutters Unterwäsche, zog sie an, fühlte sich dadurch geborgen und sexuell stimuliert. In der Latenz war er zuerst ein guter Schüler und hatte Freunde, doch zog er sich zwischen dem achten und zehnten Lebensjahr immer mehr in seine Phantasie zurück und versuchte sich oft in Mädchenunterwäsche oder Wäsche der Mutter zu trösten. In der Pubertät versagte er zunehmend in der Schule und isolierte sich fast völlig. Nun bildete sich sein transvestitisches Symptom aus: Er onanierte in Frauenkleidern, die er oft auch stahl. – Während seiner Lehre und der Vorbereitung des Abiturs auf dem zweiten Bildungsweg unternahm er verschiedene psychotherapeutische Versuche, die ihm nicht die ersehnte Erleichterung brachten und ihn schließlich zu einer Psychoanalyse motivierten.

Die psychoanalytische Behandlung wurde unter dem Gesichtspunkt des sukzessiven Verständnisses des transvestitischen Symptoms und deren unbewußter Bedeutung zusammengefaßt (vgl. dazu Leuzinger-Bohleber, 1984). Im ersten Jahr der Psychoanalyse entfaltete sich die narzißtische Abwehr des Analysanden: Er fühlte sich grandios verschmolzen mit einer als omnipotent erlebten Analytikerin, die ihm den Zugang zu einer vollkommenen Phantasiewelt bot, in der er der »beste Analysand«, sie die »beste Analytikerin« war. Analog dazu wurde deutlich, daß der Analysand in seiner Onanietechnik einen omnipotenten Koitus mit sich selbst symbolisch darstellte (er konnte nur zum Orgasmus kommen, wenn er seinen Penis zwischen seine Schenkel preßte und rieb und dazu Damenstrümpfe und -kleider trug). Er fühlte sich – in dieser unbewußten Phantasie – sowohl als Mann als auch als Frau – als eine grandios verschmolzene Einheit, von keinem Objekt getrennt und abhängig. Im zweiten Analysejahr konnte verstanden werden, daß die Frauenkleider einen Schutz vor »Verletzen und Verletztwerden« darstellten. Vor allem anhand von Traumanalysen wurde sichtbar, daß die Kleider sowohl einen Schutz vor den traumatischen Erfahrungen des Getrenntseins vom Liebesobjekt symbolisierten (über die Kleider war der Analysand symbolisch mit dem Primärobjekt verbunden) als auch als neurotischer Versuch zu verstehen waren, die durch den schweren Unfall im fünften Lebensjahr überstimulierten Kastrationsängste zu bewältigen (»Ich kann meinen Penis nicht mehr verlieren, ich bin schon eine Frau!«). Die Durcharbeitung der mit diesen Abwehrformationen verbundenen unbewußten Phantasien in der Übertragung ermöglichten dem Analysanden, sukzessiv aus seiner sozialen Isolation herauszukommen, Kontakt zu Freunden und Freundinnen aufzunehmen und seine Kreativität im Beruflichen und Privaten vermehrt zu entfalten.

Noch weitere unbewußte Bedeutungen des Transvestitismus wurden in der folgenden analytischen Arbeit erkannt: Anhand einer Traums – ausgelöst durch die Geburt eines Neffen – wurde erkennbar, daß der damals knapp Zweijährige vermutlich phantasiert hatte, daß der zweite Bruder die Geburt nicht überlebte, weil er wieder kein Mädchen, sondern ein Junge war. Daher schützten die Mädchenkleider den Analysanden unbewußt auch vor phantasierten mütterlichen Todeswünschen. Schließlich verfestigte sich die narzißtische Abwehr in der Adoleszenz nach weiteren Erfahrungen der Kränkung und der Verletzung: Die Onanietechnik bildete sich aus, unter anderem mit der Bedeutung einer unantastbaren, omnipotenten Einheit, die die Abhängigkeit des Selbst vom Objekt, eines Mannes von einer Frau verleugnete. Im Zusammenhang mit seiner Anorgasmie und der unbewußten Phantasie, seiner Partnerin keine sexuelle Befriedigung zu gönnen, stellte sich heraus, daß das Tragen von Frauenkleidern auch Ausdruck einer unbewußten »Rache an der Mutter« war.

Die analytische Bearbeitung dieser psychodynamischen Hintergründe des Transvestitismus in der Übertragungsbeziehung zur Analytikerin führte allmählich zum Verschwinden des Symptoms und dazu, daß der Analysand aus seiner sozialen Isolation herauskam und konstante und intensive Beziehungen zu Männern und Frauen aufnehmen konnte. Er beendete sein Studium erfolgreich und konnte sich beruflich und in seiner Freizeit kreativ entfalten. Allerdings überwand er seine Anorgasmie erst nach Abschluß der Analyse: Im zweiten Katamnesegespräch, eineinhalb Jahre nach Abschluß der Analyse, berichtete er, daß er Vater werde.

Die Veränderungen des Analysanden waren übrigens auch Gegenstand einer empirischen Untersuchung seines Analysetagebuchs (vgl. Leuzinger-Bohleber, 1987, 1989). In unseren Kolloquien untersuchten wir, wie erwähnt, den Anfangs- und den Endtraum des Analysanden und den psychoanalytischen Umgang damit nach Indikatoren für die Veränderungen, die im Verlauf der Analyse stattgefunden hatten.

Den Initialtraum erzählte der Analysand in der zehnten Stunde:

»Ich gehe durch eine Straße zwischen zwei roten Backsteinhäusern. In einem Haus wohne ich mit meiner zweiten Freundin Rahel. Ich gehe ins Haus, in dem Rahels Mutter wohnt, und sehe ein schiefes Bett. Es steht auf einem Heustock. Ich liege dann plötzlich in diesem Bett, und Rahels Mutter beugt sich über mich. Dann kommen viele Leute und lachen, ja, sie lachen Frau Weber aus, sie habe mit mir geschlafen. Dies ist mir sehr peinlich, wir verstecken uns beide unter der Decke. Ich rechtfertige mich dann, dies stimme nicht, stehe auf, bin aber ohne Kleider, gehe weg, ziehe Frauenkleider an und bin dann plötzlich auf dem Vorderdeck eines Mississippidampfers, auf dem alles so verschörkelt ist. Dort tanzen viele Leute. Ich muß demonstrieren, ›was ich kann, tanze auch und fliege dann davon‹« (Leuzinger-Bohleber, 1984, S. 826; Text des Initialtraums im Analysetagebuch des Analysanden: siehe Anhang).

In der 617. Stunde wurde der Beendigungstraum berichtet:

»Ich habe einen bedeutungsvollen Traum gehabt – ich glaub, das war in S., wo ich aufgewachsen bin. Ich habe in einem Lebensmittelladen ein Gestell angeschaut, in dem Strumpfhosen lagen. Ich habe nicht das gefunden, was ich gesucht habe. Ich habe dann gewußt – oder sind das zwei verschiedene Träume? –, daß ich eine Analysenstunde habe und noch eine dreiviertel Stunde Zeit habe, um zu Ihnen zu kommen. Das war es so ungefähr, stimmt, ja, und dann war ich mit dem Velo unterwegs. Die Praxis war in Kirchberg – oder Kirchheim. Ich dachte, in drei viertel Stunden könnte ich schon da sein, und bin weggefahren. Doch dann bin ich auf eine Brücke gekommen und habe gemerkt, etwas stimmt nicht. Ein Berg – Felsen – Höhle – ich bin durch den Fels geschlüpft und gut vorangekommen. Dann warten da plötzlich viele junge Leute. Ich konnte nicht durch, habe aber den richtigen Stadtteil schon aus der Ferne gesehen. Da fiel mir ein: Ich hatte die Stunde am Morgen schon verschlafen und Ihnen keinen Bescheid gegeben. Daher hatte ich den ganzen Tag ein schlechtes Gefühl und dachte, ich hätte Ihnen wenigstens Bescheid geben können, aber aus unerfindlichen Gründen war es mir nicht gelungen. Ja, und jetzt war es auch diesmal zu spät. Ich konnte mit dem Velo nicht durchkommen, es war zu gefährlich. Ich war ganz verzweifelt. Da habe ich einen etwa gleichaltrigen Mann gesehen mit langen Haaren, so einen Freak. Der Berg war nicht so hoch, und der hat sein Velo so hochgehalten. Da habe ich gedacht: Ich bin ungefähr gleich groß – ich könnte das auch – und habe mein Velo runtergehoben und bin zu der Hütte gefahren, in der er wohnte. Ich hatte das Gefühl, Kirchheim sei nur noch halbe Stunde weg – ich könnte es noch schaffen« (Text des Beendigungstraums im Analysetagebuch des Analysanden: siehe Anhang).

Marianne Leuzinger-Bohleber
Nachträgliches Verstehen eines psychoanalytischen Prozesses

Einige einführende Überlegungen zu einem pluralistischen, modellzentrierten Erkenntnisprozeß

1. Vorbemerkungen zur Bedeutung theoretischer Modelle für den klinischen Verstehensprozeß

Zu Recht wird die professionelle Haltung des Analytikers in der psychoanalytischen Kur eher mit einer Kunst als mit einer »Technik« verglichen: In jeder neuen Sitzung versucht der Analytiker mit dem Analysanden insofern einen kreativen Dialog aufzunehmen, als er – unvoreingenommen durch frühere Erfahrungen, theoretische Vorannahmen oder Einstellungen und darauf basierenden Erwartungen – ihm begegnen und ihn immer wieder neu verstehen möchte. Gelingt es ihm, sich in einen Zustand der »rêverie« (Bion) zu versetzen, wird er sich am ehesten seinen inneren Einfällen und Gegenübertragungsphantasien überlassen können, die ihn schließlich zu Indikatoren von aktuell ablaufenden unbewußten Prozessen beim Analysanden hinführen, die er anschließend im Sinne eines hypothesengenerierenden und -prüfenden Prozesses – meist gegen Ende der analytischen Sitzung – systematischer verfolgen und zu einem Deutungsangebot bündeln kann. Die Saiten seines Erkenntnisinstruments müssen daher möglichst rein gestimmt sein, damit sie – ungestört von Nebenfrequenzen – Schwingungen analoger Saiten des Instruments des Analysanden aufnehmen und erklingen lassen können, um die hervorgerufene Melodie der gemeinsamen Wahrnehmung zugänglich zu machen.

Dennoch scheint es uns ein Mißverständnis zu sein, aus dieser Kunst einen Gegensatz zwischen »Intuition« und »theoretischer Reflexion« abzuleiten. Intuition und differenzierte theoretische Reflexion stehen nämlich unseres Erachtens in einem engen inneren Zusammenhang. Durch anspruchsvolle, reiche »Theorien im Hinterkopf« des Analytikers wird die Wahrscheinlichkeit erhöht, die eben beschriebene »unvoreingenommene« klinisch-intuitive Haltung einnehmen zu können. Erst durch ein Wissen um Vielfalt und Vorläufigkeit psychoanalytischer Theorien, die immer nur eine Annäherung an die Komplexität unbewußter Prozesse darstellen, entsteht eine innere Distanz zu einem kognitivistischen Zugriff emotionaler Prozesse, die einen spielerischen Umgang mit theoretischen Annahmen im intermediären Raum (Winnicott), ein Pendeln zwischen primär- und sekundärprozeßhaftem Denken und dadurch einen vorsichtigen, tentativen Versuch klinischen Verstehens ermöglicht.[1] Wie ich im folgenden illustrieren möchte, kann der interdisziplinäre Dialog zu einem solchen spielerisch-produktiven Umgang mit den eigenen psychoanalytischen Theorien in der klinischen Situation selbst und dem anschließenden Nachdenken über die abgelaufenen Prozesse beitragen, denn der »fremde Blick auf das Eigene« kann im besten Falle eine kreative Relativierung und neue Integration und Weiterentwicklung theoretischer Vorannahmen bewirken.

In der internationalen psychoanalytischen *community* werden diese Fragen zur Zeit intensiv diskutiert. Zum Beispiel hat Arnold Cooper (1991), wie in der Einleitung zu diesem Band kurz erwähnt, einmal mehr die heutige Situation der Psychoanalyse als eine von »multiple theories« charakterisiert, was – wissen-

1 Jedem Kliniker wird die hier fokussierte Thematik aus der Frühzeit seiner psychoanalytischen Ausbildung bekannt sein. Befassen sich Anfänger zum Beispiel mit einen bestimmten Denkmodell der Psychoanalyse und lassen sich davon begeistern, werden sie vorerst einmal in jedem klinischen Material Bestätigungen für dieses Modell finden. Das heißt, die klinische Wahrnehmung eindimensional und dadurch eventuell massiv eingeschränkt. Ähnliches läßt sich mit Popularisierungen und Vereinfachungen mancher psychoanalytischer Konzepte beobachten (zum Beispiel bei einer allzu undifferenzierten Anwendung mancher »griffiger« Konzepte wie »schizoide Persönlichkeit«, »Übergangsobjekt«, »Container« etc.)

schaftlich gesehen – eine fruchtbare und wünschenswerte Situation sei. Auch für den einzelnen Kliniker stelle dies eine Chance dar, wenn es ihm gelinge, sie nicht als Überforderung zu erleben, sondern sie in der klinischen Situation produktiv umzusetzen. Ähnlich äußerte sich Fred Pine (1994), der darauf hinwies, daß wir in der klinischen Situation darüber hinauszuwachsen lernen müssen, einen einzigen theoretischen Gesichtspunkt oder eine schulspezifische Einzelperspektive zum Verständnis eines klinischen Phänomens heranzuziehen. Jede klinische Beobachtung verdiene es, sowohl von der Objektbeziehungstheorie, der Selbstpsychologie, der psychoanalytischen Konflikttheorie und einer Entwicklungsperspektive her reflektiert zu werden. Diese wissenschaftstheoretische Position ist nicht neu: Zum Beispiel hat Ulrich Moser in seinem wissenschaftlichen Werk deutlich gemacht, wie fruchtbar und intellektuell aufregend eine »multiple Anwendung« von theoretischen Modellen auf ein und dieselbe klinische Beobachtung sein kann. Das Entwickeln eines »opus analytique«, wie Moser (1989) es nennt, das »analytische Bild eines Patienten in unserem Kopf«, wird durch eine pluralistische Orientierung erweitert, verengende Wahrnehmungs- und Interpretationsmuster werden relativiert: Voraussetzung für ein intuitiv differenziertes klinisches Wahrnehmen, Denken und Handeln, das »opus thérapeutique«. Das Wissen, daß Theorien immer nur eine Annäherung an die klinische Wirklichkeit sind und es immer mehrerer Modelle bedarf, um der Komplexität einer Beoachtung gerecht zu werden, könnte eine analytische Haltung des Immer-wieder-neu-Beobachtens erleichtern, des Sich-leiten-Lassens von den Affekten in der psychoanalytischen Situation, vom Analysanden selbst, und zur Sensibilität für das Phänomen beitragen, daß wir unbewußt und vorbewußt immer mehr vom Analysanden wahrnehmen, als wir bewußt realisieren und mit (zu eindimensionalen) theoretischen Begriffen zu fassen versuchen. Sandler (1985) betont, daß es die Breite klinischer Erfahrungen von Psychoanalytikern auszeichnet, daß sie vor- bzw. unbewußt immer mehrere Theorien oder Theoriestücke auf das klinische Material anwenden, wobei sich diese durchaus – wie es unbewußten Wahrnehmungsprozessen entspricht – gegenseitig widersprechen können (vgl. dazu auch Dreher und Sandler, 1996). Daher ist die Qualität der klinischen Arbeit zum einen davon abhängig, wie reich diese unbewußten Modelle »in unserem Hinterkopf« sind, und zum zweiten, wie differenziert und sorgfältig wir – im Sinne der On-Line-Forschung nach Moser (1991) – anschließend den Einfluß solcher unbewußter und vorbewußter Modellanwendungen auf unsere Wahrnehmung und unsere klinische Urteilsbildung reflektieren und anhand des klinischen Materials nochmals kritisch überprüfen.

Bei der Lektüre von Coopers (1985) theoretischem Überblicks zur Entwicklung psychoanalytischer Paradigmen wird dem Leser bewußt, daß ein solcher Umgang mit theoretischen Modellen in der psychoanalytischen *community* immer noch selten ist und erst in den letzten 20 Jahren vermehrt öffentlich diskutiert wurde. Noch zu nahe war die Erfahrung, daß abweichende Meinungen Ausstoßungstendenzen aus der internationalen psychoanalytischen *community* provozierten bzw. Abspaltungen zur Folge hatten, meines Erachtens ein düsteres, wissenschaftshistorisches Kapitel der Psychoanalyse (vgl. dazu unter anderem Gay, 1989). Cooper zeigt, daß Freud selbst immer wieder durch die Flexibilität seines theoretischen Denkens beeindruckt und häufig in seinen Schriften den Modellcharakter seiner Konzeptualisierungen – und dadurch auch deren historische Vorläufigkeit – betont. Andererseits zeichnet Cooper nach, daß – wahrscheinlich aus machtpolitischen Gründen – in der Frühzeit der Psychoanalyse abweichende Modelle in der psychoanalytischen *community* nicht toleriert werden konnten und zu Abspaltungen führten. Nach Cooper war es aber eine der Leistungen Freuds, daß er die damit verbundenen wissenschaftlichen Kontroversen unter anderem dadurch kreativ verarbeitete, daß er wichtige Anliegen seiner Kontrahenten in neuere Modell einbezog. Zum Beispiel motivierte ihn die Kontroverse mit Adler, der Rolle der Aggression mehr Bedeutung beizumessen; die Auseinandersetzung mit Ranks Thesen zum Geburtstrauma brachte ihn dazu, sich der Rolle der Angst und ihrer frühen Vorläufer (etwa in frühinfantilen Traumatisierungen) zuzuwenden und die schwerwiegende Auseinandersetzung mit dem Mystizismus C. G. Jungs durch ein vertieftes Studium des Narzißmus wissenschaftlich zu beantworten. Daher sieht Cooper es als Ausdruck der gereiften psychoanalytischen Theoriediskussion an, daß heute mehrere konkurrierende theoretische Modelle für die klinische Arbeit zur Verfügung stehen und zwischen Präferenten des einen oder anderen Denkmodells wissenschaftliche Diskurse stattfinden:

»Die allmähliche Reifung des psychoanalytischen Denkens und der psychoanalytischen Bewegung führte zu einer Reduktion von Ängsten und des Kultdenkens und erhöhte die Bereitschaft, Schlagworte aufzugeben. Sie ermöglichte wiederholte Versuche, unsere klinische Erfahrungen vertiefend anzuschauen und die Daten von benachbarten Wissenschaften, zum Beispiel der Säuglingsforschung oder der Linguistik, heranzuziehen, um all das besser zu verstehen, worüber wir nachdenken und wie wir klinisch handeln sollten« (S. 12).

An anderer Stelle bezieht sich Cooper auch auf die Neurowissenschaften und deren Relevanz für die Weiterentwicklung der Psychoanalyse und skizziert damit den Rahmen, in dem unser interdisziplinäres Forschungsprojekt steht.

Die Anwendung verschiedener konkurrierender psychoanalytischer Modelle, die übrigens alle Teilaspekte des psychoanalytischen Forschungsparadigmas im Sinne von Thomas Kuhn – und keine neuen Paradigmata – darstellen, ist besonders im Kontext einer Forschungsarbeit angezeigt, in der es um das wissenschaftliche Verständnis therapeutischer Veränderungen (zum Beispiel im manifesten Trauminhalt im Laufe einer Psychoanalyse) geht. Doch kann sich die Umsetzung einer solchen nach Sandler (1985) vorwiegend unbewußten Orientierung an »multiple theories« für den praktizierenden Analytiker als lohnend erweisen, stellt ihn aber gleichzeitig vor hohe Anforderungen. So weist Cooper unter anderem darauf hin, daß es in der analytischen Situation, basierend auf verschiedenen theoretischen Konzeptualisierungen, gewisse Unverträglichkeiten in der Auswirkung der Behandlungstechnik geben kann.

»Ohne eine zumindest wohlwollende Einstellung zu Kohuts Theorien ist es angesichs der Regressionen, Aggressionen, Idealisierungen, Entwertungen usw. des Patienten nicht möglich, jahrelang eine nichtdeutende Haltung einzunehmen.«

Noch krasser ist der Unterschied in der Verwendung »tiefer«, früher Deutungen in den Anfangsphasen von Analysen, wie sie teilweise von kleinianischer Seite praktiziert wird, eine Behandlungstechnik, die Selbstpsychologen und Objektbeziehungstheoretiker strikt ablehnen und als kontraproduktiv für den analytischen Prozeß betrachten. Doch vermute ich auch in dieser Hinsicht, daß wir der Idiosynkrasie des Analysanden am adäquatesten begegnen können, wenn wir – aufgrund des Wissens um die Relativität schulspezifischer Behandlungsregeln – diese »in jeder Behandlung ein Stück weit neu entdecken«, das heißt die Art unserer psychoanalytischen Vorgehensweise, zum Beispiel das *timing* und die »Tiefe« der Deutungen, dem jeweiligen Analysanden bzw. dem aktuellen psychoanalytischen Dialog individuell anpassen.

In der Behandlung, die wir hier diskutieren, ließ ich mich, vielleicht bedingt durch die zögerliche analytische Haltung einer Anfängerin, von einer solchen Haltung des »trial and error« leiten und analysierte – wie ich im Behandlungsbericht geschildert – im ersten Behandlungsjahr am ehesten gemäß den Techniken Kohuts im Umgang mit der Spiegelübertragung bzw. idealisierenden Übertragungsanteilen. Doch diese Grundhaltung veränderte sich in den nächsten Behandlungsjahren und erinnerte eher an die Behandlungstechniken der Objektbeziehungstheorie (nach Winnicott oder Kernberg). Ist eine tentative Haltung – mit mehreren konkurrierenden theoretischen Modellen im Hinterkopf – ein Wunschdenken, oder zeigen sich darin künftige, weniger durch Ideologiestreite bedingte Behandlungskonzepte des Analytikers an, die in Ansätzen auch heute schon zu praktizieren sind, ohne dabei in seichten Eklektizismus abzusinken?

Ein Unterschied zwischen dieser Theorieorientierung – wir könnten sie die *pluralistische* nennen – und dem Eklektizismus zeigt sich darin, ob sich der Analytiker die einzelnen, intuitiv (das heißt unbewußt) in der Wahrnehmung des klinischen Materials verwandten theoretischen Modelle nachträglich bewußt macht und wie differenziert und sorgfältig er diesen Prozeß anschließend (zum Beispiel in Supervisionen oder aber auch in einem eigenen Reflexions- und Verstehensprozeß) reflektiert.

Dies scheint uns eine Voraussetzung für eine spielerische, »träumende« Haltung in psychoanalytischen Sitzungen, die einem solchen Reflexionsprozeß folgen.

Bezogen auf den theoretischen Diskurs berühren wir hier auch die Frage nach der Beliebigkeit der angewandten Modelle bzw. nach der Qualität dieser Modelle, ihrem Erklärungsgehalt, ihrer inneren Konsistenz und Kongruenz etc. sowie die Frage, welche Modelle sich für welche Patienten anbieten (zum Beispiel nach Modell, 1985, das Strukturmodell für »ödipale Neurosen«, Selbst- und Objektbeziehungspsychologie für prägenitale Störungen). Moser (1991, S. 41) hat verschiedene Methoden der Überprüfung theoretischer Modelle im folgenden Flußdiagramm kurz beschrieben. Er spricht von Instantiierung der Modelle:

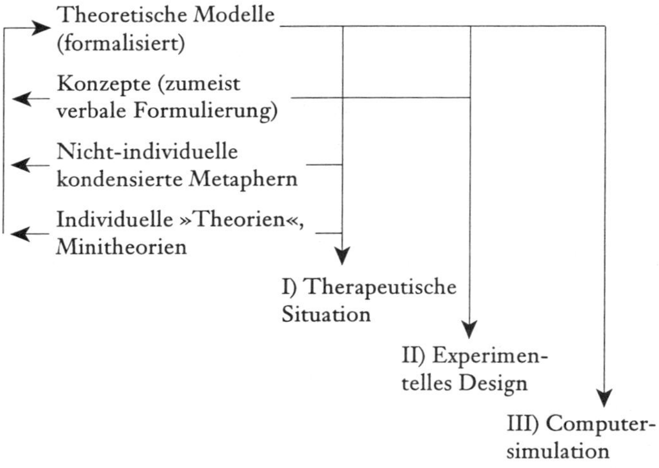

Abbildung 1: Wege der Instantiierung (Moser, 1991, S. 41). Zur Definition: »Top-down-Strategien wenden explizit Modelle in einem bestimmten Kontext an. Diesen Prozeß nennt man in der Modelltheorie Instantiierung.« In der folgenden Diskussion geht es vor allem um den ersten Kreis, die Beschreibung der Wechselwirkung zwischen theoretischen Modellen und der Wahrnehmung komplexer Informationen in der klinisch-psychoanalytischen Forschung.

In dieser Graphik wird die oben diskutierte These illustriert, daß Modelle immer die Wahrnehmung und das klinische Handeln beeinflussen – bewußt oder unbewußt. »Die Konzepte sind Praxis, sie werden zu ›Leitfäden‹ für gewisse Regulationen des psychoanalytischen Prozesses« (ebd.).

Die interdisziplinären Kolloquien dienten einmal der Sensibilisierung des Einflusses unserer Modellvorstellung auf die Wahrnehmung klinischer Phänomene und deren Interpretation. Darüber hinaus ermöglichte die Auseinandersetzung mit nichtpsychoanalytischen Modellen, zum Beispiel dem Zustandswechsel-Modell von Koukkou und Lehmann oder der Theorie der Selektion neuronaler Gruppen (TNGS) von Edelman, eine kritische Prüfung der eigenen Modellvorstellungen und der darin enthaltenen theoretischen Grundannahmen. Wie schon erwähnt, stießen wir in diesem Diskurs allerdings auch auf grundlegende wissenschaftstheoretische und methodologische Probleme, die wir in diesem Rahmen nur andeuten können. Ein solches Problemfeld betraf mögliche Gütekriterien von Modellen im interdisziplinären Dialog. Dazu haben wir in einem Anhang einige fragmentarische Bemerkungen angefügt, um den Fluß der Darstellungen hier nicht zu sehr zu unterbrechen.

2. Der Traum – ein Indikator für Veränderungen im Umgang mit Unbewußtem? Ein Vergleich zwischen Anfangs- und Endträumen als Beispiel eines nachträglichen modellzentrierten Erkenntnisprozesses

Im folgenden möchte ich versuchen, einen Teil meines persönlichen Erkenntnisprozesses transparent zu machen, der auf der einleitend beschriebenen tentativen, pluralistischen Theorieorientierung beruht und dem nachträglichen Verständnis des abgelaufenen psychoanalytischen Prozesses dienen soll. Mein Ziel ist es, durch eine Gegenüberstellung des Initialtraums und des Beendigungstraums des transvestitischen Analysanden sowie des therapeutischen Umgangs mit diesen beiden Träumen zu illustrieren, wie ein pluralistischer Umgang mit Modellvorstellungen im psychoanalytischen Verstehensprozeß aussehen könnte. Dabei werden zuerst drei der erwähnten theoretischen Perspektiven – der objektbeziehungstheoretische, der selbstpsychologische und der strukturtheoretische Ansatz – zum Verständnis des klinischen Materials im Zusammenhang mit dem Anfangstraum und anschließend, analog dazu, mit den Endtraum herangezogen. Die vierte Perspektive, den entwicklungspsychologischen Aspekt, werde ich zum Schluß im übergreifenden Zusammenhang mit dem Anfangs- und dem Endtraum diskutieren, da ich in diesem Rahmen am ehesten die hier zentrale Frage diskutieren kann, ob und wie mein Erkenntnisprozeß durch den Dialog mit den Neurowissenschaftlern beeinflußt wurde.[2]

2.1 Analyse des Anfangstraums und seiner psychoanalytischen Bedeutung[3]

A. Reflexion der Beziehungsstrukturen im manifesten Traum und in der Übertragung, sensibilisiert durch das objektbeziehungstheoretische Modell der Psychoanalyse

Welche Objektbeziehungen tauchen im manifesten Traum auf? – Wenden wir uns zuerst der Frage zu, welche Objektbeziehungen im manifesten Traum erscheinen, so fällt auf, daß der Träu-

2 Einen nachträglichen, sukzessiven klinischen Erkenntnisprozeß zu schildern ist nicht einfach, da er sehr komplex ist und zudem, wie erwähnt, nur teilweise bewußt und sekundärprozeßhaft abläuft, sich folglich einer sprachlich-wissenschaftlichen Schilderung zum großen Teil widersetzt. Daher befürchte ich, daß es mir besonders in diesem beschränkten Rahmen kaum gelingen wird, dem Leser im folgenden einen einigermaßen adäquaten und gut lesbaren Eindruck vom Einfluß der theoretischen Modelle auf die Wahrnehmung und das Verstehen der klinischen Daten zu vermitteln.

3 Bei den folgenden Ausführungen beschränke ich mich vorwiegend auf die Analyse des manifesten Trauminhalts und dessen Verände-

mer selbst im manifesten Traum vorkommt. Dies ist keinewegs immer der Fall, wie wir anhand anderer klinischer Beispiele diskutiert haben (vgl. zum Beispiel Leuzinger-Bohleber und Pfeifer, 1998). Auch wirkt der Traum meines transvestitischen Analysanden reich und kreativ, selbstverständlich aber auch durch eine sekundärprozeßhafte Verarbeitung geprägt. Welche Objektbeziehungen sind darin zwischen ihm und anderen Personen dargestellt? Wie können wir diese, Bezug nehmend auf die psychoanalytische Objektbeziehungstheorie[4], beschreiben (vgl. dazu auch die Beiträge von Pouget-Schors und Kennel in diesem Band)? Modell (1985) charakterisiert dieses Modell zusammenfassend wie folgt:

»Die Objektbeziehungstheorie – um mit dieser antiquierten Terminologie zu sprechen – deckt das Gebiet der Selbsterhaltungstriebe ab, indem sie die schützenden Primärobekte beschreibt oder die Objekte, die in der frühen Kindheit zwischen dem Selbst und der externen Welt stehen. Wir werden im Laufe unserer Entwicklung die Bedürfnisse nach einem beschützenden Objekt nie völlig hinter uns lassen, obschon wir wissen, daß ein solches Beschütztwerden illusorisch ist. Die zeitgenössische Biologie bietet nicht allzuviel Unterstützung für das Postulat von Trieben; statt dessen beschreibt sie das Bindungsverhalten (Bowlby, 1969), das konzeptuell als ein vom Sexualverhalten separates und getrenntes System verstanden wird« (S. 89).

Bezüglich der Objektbeziehungen im manifesten Traum ist zuerst einmal auffällig, daß nur Frauen und »Leute« vorkommen. Männer fehlen vollständig. Der Analysand ist zu Besuch bei einer Freundin, doch diese taucht ebenfalls nicht direkt auf, sondern nur ihre Mutter, die sich – gegen seinen Willen – zu

rung. Auch beziehe ich mich, vielleicht problematischerweise, meist auf Motive im manifesten Traum, die in den unterschiedlichen Modellen besonders beachtet werden (das Traumselbst in der Selbstpsychologie, die dargestellten Objekbeziehungen in der Objektbeziehungstheorie etc), ohne die damit verbundenen theoretischen Implikationen in diesem Rahmen diskutieren zu können.

4 Um Redundanzen zu vermeiden, gehe ich auf die kleinianische Richtung der Objektbeziehungstheorie hier nicht ein (eine ausgezeichnete Zusammenfassung der Konzepte von Melanie Klein und Wilfried Bion legt Kennel in diesem Band vor).

ihm ins Bett legt. Zu den weiteren Personen, den »Leuten«[5], besteht nur eine anonyme Beziehung: Sie beschimpfen und beschämen den Analysanden. Auch in den Assoziationen zum Traum taucht ausschließlich die Mutter seiner ersten Freundin auf, die ihn oft beschämte – zum Beispiel einmal, als er ein »schiefes Gartenbeet« umstach – und sich zwischen ihn und seine Freundin stellte (auch Zärtlichkeit und Sexualität verunmöglichte), so daß er schließlich den Kontakt zu ihr abbrach.

Aktuelle Objektbeziehung in der Übertragung. – Als der Analysand diesen Traum in der zehnten Stunde erzählt, ist aufgrund seiner Assoziationen und der aktuellen Übertragungssituation in dieser Stunde vorerst kaum eine unbewußte Bedeutung des Traums anzusprechen. In den darauffolgenden Stunden kann lediglich die Beschämung andeutungsweise thematisiert werden, die im Traum enthalten ist und die – allerdings sehr vorsichtig – auf die Beschämung bezogen wird, die er auch »auf dem Bett in der Analyse« befürchtet. In seinen Tagebuchaufzeichnungen schreibt er dazu:

»Früher hatte ich nie ein gutes Verhältnis zu A.s Mutter. Sie wollte schon nicht, daß ich einziehe, ich hatte kein eigenes Zimmer, sollte in Haushalt und Garten helfen, wurde von A. in all meinem Tun beobachtet, konnte also mich nicht mehr frei entfalten, ich hatte den Eindruck, daß sie mein Problem nicht annimmt. Sie verbot mir indirekt, indem sie sich verletzt zeigte und wir darauf dann eine Szene entwikkelten, das Tragen von Kleidern und die Selbstbefriedigung. So gut für mein Sprechen es auch war, daß wir viel diskutierten, so sehr hat mich das Streiten genervt« (S. 2).

In der analytischen Sitzung kannte ich diese Aufzeichnungen noch nicht, doch war für mich aufgrund des Trauminhalts wahrnehmbar, daß der Analysand darin auch die Ängste vor der

5 Zugunsten der besseren Lesbarkeit gehe ich hier nicht auf die Unterschiede zwischen meinen Aufzeichnungen und dem Text des Analysandentagebuchs ein (zum Beispiel spricht dieser von »Nachbarn« und nicht von »Leuten«). Die Unterschiede zwischen diesen beiden Datenquellen wäre eine interessante eigene Fragestellung einer wissenschaftlichen Studie (vgl. dazu auch den Beitrag von Hamburger in diesem Band).

sich anbahnenden analytischen Beziehung zu mir darstellt: Bedingt durch innere projektive Prozesse ist im manifesten Traum das »gute Objekt« nicht als eine Brücke zur Realität dargestellt und bietet daher weder Schutz noch eine haltende Beziehung, sondern überwältigt und mißbraucht den Träumer zur Erfüllung eigener Bedürfnisse. Aufgrund seiner inneren Objektwelt hatte der Patient vermutlich analoge Ängste, von mir in der psychoanalytischen Behandlung mißbraucht zu werden bzw. wie von einer mächtigen (präödipalen und ödipalen) Mutter überwältigt und verführt zu werden (»sie beugt sich über mich«, später übrigens ein sich immer wiederholendes Motiv in seinen Träumen; »mit mir unter der gleichen Decke stecken zu müssen«), was sowohl die Entwicklung eines autonomen Selbst als auch einer sexuellen Identität unmöglich macht. Aus dieser angstauslösenden, überwältigenden, beschämenden, grenzüberschreitenden und verführenden (frühen und nun inneren) Objektbeziehung zu einer Mutter gibt es nur einen Ausweg: die Flucht in Frauenkleider und in eine narzißtische Abwehr (tanzen, davonfliegen).

Zur Sukzession der Objektbeziehungen im manifesten Traum, im Assoziationsverlauf und in der neurotischen Symptombildung (zum Beispiel in der zentralen Onaniephantasie). – In der Sukzession der Objektbeziehungen im manifesten Traum ist die perverse Objektwahl gerafft dargestellt: Die Frauenkleider sind dabei – ähnlich wie ein Fetisch – Ersatz für eine befriedigende, Sicherheit spendende, frühkindliche Objektbeziehung, aber symbolisch eng mit ihr verbunden (vgl. Leuzinger-Bohleber, 1984, und Anhang). Den Frauenkleidern kommt eine ähnliche Funktion zu wie einem Übergangsobjekt: Sie dienen unter anderem der Sicherstellung der Selbst- und Objektgrenzen, können autonom manipuliert und kontrolliert werden, libidinöse und aggressive Triebwünsche – in berechenbarer Weise – auf sich vereinen; sie machen das reale Liebesobjekt ersetzbar, stellen aber gleichzeitig symbolisch die Verschmelzung mit diesem dar etc.

Die narzißtische Abwehr, die sich auch im transvestitischen Symptom manifestiert, scheint allerdings im manifesten Traum bedroht: Der Analysand befürchtet, er könnte abstürzen. Als ich diese Gefahr anspreche, reagiert der Analysand irritiert, das heißt mit Angst. Befürchtet er, daß die Analyse ihm die narzißtische Abwehrmöglichkeit nehmen wird? Oder erlebt er mich bei dieser Äußerung wie die ihn überwältigende Frau im Traum? Jedenfalls führen die weiteren Assoziationen zu der ödipalen Konstellation, die er bei jener Frau in Berlin angetroffen hat. Ihr Mann war gestorben: »Ich mußte in der Stube schlafen. Es war alles zu eng, und ich konnte ihr nichts recht machen.« (Auch hier taucht wieder das Motiv der fehlenden sicheren Intimschranke auf, die Sicherheit gewähren könnte). Darüber hinaus ist für mich in diesen Assoziationen sowohl der ödipale Wunsch enthalten, den toten »Vater/Mann« bei dieser Frau zu ersetzen, andererseits aber auch die damit verbundenen Konflikte: »Es war alles zu eng« (ein durchgehendes Motiv seiner Erfahrungen der inneren Beziehung zur Mutter während der Psychoanalyse) und: »Ich konnte nichts recht machen« (er war eben doch nicht der Vater/Mann, sondern eine »kleine« Ersatzperson, auch bei seiner Mutter).

Interessant scheint mir weiter, daß der Analysand zwar in der Analysestunde das sexuelle Problem direkt anspricht: »Wir haben nie miteinander geschlafen, ich hatte Angst vor Empfängnis. Sie überforderte mich, wollte immer, daß ich bei ihr bin – ich konnte nicht öffentlich leben ...« Aber nur im Tagebuch schreibt er, daß er aus dem Konflikt mit ihr in ein perverses Ritual flüchtete (»... wir dann daraus eine Szene entwickelten, das Tragen von Kleidern und die Selbstbefriedigung«). Bemerkenswert scheint mir in diesem Kontext, daß ich in der neunten Stunde die Gegenübertragungsphantasie habe, der Patient wolle mich ebenfalls zu seiner »transvestitischen, das heißt perversen Partnerin« machen.

Seine perverse Objektbeziehung drückt sich auch in seiner zentralen Onaniephantasie aus, die, nachträglich gesehen, in einem der Traumbilder des Initialtraums symbolisch dargestellt sein könnte (der Träumer geht durch eine Straße zwischen zwei roten Häusern und hat eine Decke in der Hand). In der neunten Stunde erzählt der Analysand erstmals Details dazu: Er kann nur zur Ejakulation kommen, wenn er in Frauenkleidern (Slip, Strumpfhosen) seinen Penis zwischen die Oberschenkel preßt und daran reibt. Viel später in der Analyse verstehen wir besser, daß er in dieser Szene unbewußt unter anderem die schweren Traumatisierungen im Bereich früher Objektbeziehungen darstellt: Es geht in seinen Phantasien um eine Verschmelzung von Mann und Frau sowie eine omnipotente Verleugnung des Geschlechtunterschieds. Unbewußt stellt er in seiner Onanietechnik einen Koitus mit sich selbst dar: Er ist gleichzeitig Frau und Mann. Die darin vollzogenen Verleugnungen dienen psychodynamisch der Abwehr traumatischer Abhängigkeitserlebnisse und der darin erfahrenen mangelhaften Abgrenzung zwischen dem Selbst und dem Objekt. Wie zum Beispiel auch an der Tagtraumphantasie des Dreiecks deutlich wird, das er während der zehnten Analysestunde an der Zimmerdecke phantasiert, verleugnete er wahrscheinlich die Funktion des »Dritten« sowohl in der frühen wie auch in der ödipalen Triangulierung.

Interessant ist, daß im Verlauf der Handlung des manifesten Traums diese Verleugnungen ebenfalls dargestellt sind: Er beginnt mit der Darstellung der omnipotenten narzißtischen Abwehr in der Traumszene (er ist mit der Decke sein alleiniger, sich-selbst-genügender Liebespartner). Darauf kommt es zu einer traumatischen Interaktion mit der überwältigenden und in diesem Sinne »schlechten/bösen« Mutter und den Zuschauern, woraus er wiederum in eine narzißtische Modalität (tanzen, fliegen), das heißt eine Interaktion mit sich selbst, flüchtet.

Struktur der Objektbeziehungen und archaische Ängste. – In der Struktur der inneren Objektbeziehungen (und deren Veränderungen in der Traumhandlung) im manifesten Trauminhalt des Initialtraums sind meines Erachtens die archaischen Ängste dargestellt, die der Analysand durch seine narzißtische Abwehr psychisch zu bewältigen versucht: extreme Schamangst, aber auch Leistungsangst (»ich muß zeigen, was ich kann ...«), Kastrationsängste (er zieht Frauenkleider an: wie sich später herausstellt, unter anderem eine unbewußte Darstellung seiner »Penislosigkeit« zum Schutz vor Kastrationsängsten) sowie Verschmelzungs- und Identitätsverlustängste. Das Symbol der »Decke«, das zweimal im manifesten Traum auftaucht, ist möglicherweise zudem ein Hinweis auf seine Todesangst: In der Analyse zeigt sich später, daß »mit der Mutter unter einer Decke stecken« nicht nur präödipale und ödipale Schuldgefühle evozierte, sondern darüber hinaus im Zusammenhang mit einer unbewußten Phantasie stand, die er zum Tod seines Bruders kurz nach dessen Geburt entwickelte: »Ist man nicht das von der Mutter ersehnte Mädchen, verliert man nicht nur seinen Penis, sondern auch sein Leben.« Er erzählt in einer späteren Analysestunde von der Phantasie, daß sein toter Bruder in eine Decke gewickelt und begraben wurde.

Diese Interpretationen mögen – so kurz zusammengefaßt – spekulativ wirken. Sie basieren auf den sukzessiven Erkenntnissen zur Psychodynamik dieses Analysanden, wie wir sie in den fünf Jahren der gemeinsamen analytischen Arbeit gewinnen konnten. Sie beruhen auf der ersten Form der Hypothesengenerierung und -abstützung in Mosers Diagramm in der therapeutischen Situation (vgl. Abbildung 1); das heißt, sie wurden durch *klinisch-psychoanalytische Forschung* gewonnen.

Hinweise auf frühinfantile, traumatisierende Objektbeziehungen. – Das objektbeziehungstheoretische Modell eignet sich in diesem klinischen Forschungsprozeß dazu, das Schicksal der frühen (inneren) und aktuellen Objektbeziehungen des Analysanden zu reflektieren. Mir scheint in den Traumbildern des Initialtraums unter anderem eine symbolische Darstellung der unbewußten Wahrnehmung des Analysanden seiner »alten, vergangenen« Objektbeziehungserfahrungen enthalten zu sein (vgl. auch die *älteren* Backsteinhäuser und den *Oldtimer*).

Beim Analysanden ließen sich im Laufe der Behandlung diese »alten« Traumatisierungen auch durch neu auftauchende Erinnerungen relativ gut belegen. Danach konnte zum Beispiel die Mutter nach dem Tod des Säuglings in ihrer schweren Depression nicht adäquat auf die Individuations- und Separationsprozesse des damals knapp zweijährigen Analysanden eingehen: Er wurde zum Ersatzobjekt für das ersehnte Mädchen, zum Beispiel als Mädchen angezogen und photographiert. Auch stand der von der Mutter entwertete und oft abwesende

Vater als »Dritter« in dieser frühen Triangulierungsphase wie auch später als ödipale Identifikationsfigur kaum zur Verfügung, was die unbewußte Phantasie einer mächtigen, überwältigenden präödipalen und ödipalen Mutter stimulierte. Zudem fanden wir viele Indikatoren dafür, daß der Analysand in der frühesten Kindheit wohl kaum die Erfahrung eines »good-enough mothering« machen konnte, sondern vermutlich für seine Mutter vorwiegend ein pathologisches Selbstobjekt darstellte, ein Grund für die ausgeprägte narzißtische Abwehr und die pathologische innere Objektwelt des Analysanden zu Beginn der Behandlung. Auf diesen Aspekt möchte ich nun kurz eingehen, da er mir vor allem durch die Auseinandersetzung mit der Selbstpsychologie verständlich wurde. Die Modellvorstellungen der Selbstpsychologie sensibilisieren besonders präzise und spezifisch für die Wahrnehmung und das Verständnis pathologischer Entwicklungen des Selbst.

B. Darstellung des Selbst und der Affekte im manifesten Traum unter Bezug auf selbstpsychologische Modellvorstellungen

Goldberg (1985) hat die psychoanalytische Selbstpsychologie wie folgt charakterisiert:

»Der Kernpunkt des selbstpsychologischen Modells ist die Konzeptualisierung des Selbstobjekts, was bedeutet, daß eine andere Person in funktionaler Weise als Teil des eigenen Selbst erlebt wird. Selbstobjekte entwickeln sich in einer Linie vom archaischen zum reifen psychischen Fuktionieren. Selbstobjekte sind universell, allgegenwärtig und beständig. Daher bilden die Selbstübertragungen einen Grundpfeilfer der klinischen Theorie« (S. 76).

Charakteristika des Selbst und der Selbstobjekte im manifesten Traum. – Die eben skizzierten lebensgeschichtlichen Hintergründe machten die Selbststörung des Analysanden, die ebenfalls schon im Initialtraum erkennbar ist, verständlicher. Das Traumselbst ist dem Mutterobjekt passiv ausgeliefert, wird überwältigt und beschämt, flüchtet aus der pathologischen Objektbeziehung in Frauenkleider, was ihm aber ebenfalls nicht vollends gelingt (er vergißt ein Kleidungsstück), rettet sich in eine autoerotisch-exhibitionistische Tätigkeit (tanzt allein) und fliegt schließlich »durch die Luft davon«. Das Traumselbst wird von der Mutter funktionalisiert, überwältigt und – gegen den eigenen Willen – verführt: Es ist für sie ein pathologisches (archaisches) Selbstobjekt und kann sich daher auch nur in grandioser Weise, durch Fliegen, aus ihrem Bannkreis retten.

Das Fliegen – als Flucht vor dem Objekt – ist ein Traumbild, das mir in Zusammenhang mit dem unbewußten Wunsch, dem latenten Traumgedanken (Freud), in Zusammenhang zu stehen scheint, von keinem menschlichen Objekt abhängig zu sein; eine Phantasie, die in der ersten zwei Jahren der Behandlung oft sichtbar wurde. Zum Beispiel lösten sich seine »Freundinnen« in seinem Erleben buchstäblich in Luft auf, wurden gewechselt wie Kleider, ohne sichtbare emotionale Reaktion. Es war beeindruckend, daß der Patient selbst im Laufe der Behandlung immer wieder auf das Traumbild des Fliegens zurückkam. Als er das erstemal unter der Trennung von einer Freundin während ihrer Abwesenheit litt, beklagte er sich zum Beispiel bitter, daß ich ihm seine ursprünglich gut funktionierende narzißtische Abwehr, »seine Fähigkeit zu fliegen, weggenommen habe«: für mich ein Indikator, daß seine äußeren und inneren Objekte nun nicht mehr ausschließlich (archaische) Selbstobjekte darstellten, sondern darüber hinaus auch als unabhängige, einzigartige (libidinöse und aggressive) Objekte bzw. als reifere Selbstobjekte wahrgenommen wurden. In derselben Zeit wurde ich in den Sitzungen immer mehr als ein von ihm abgetrenntes deutendes Gegenüber erlebt, von dem er sich – sowohl im Sinne eines reiferen Selbstobjekts als auch eines von ihm unabhängigen libidinösen Objekts – abhängig fühlte. Die sich gleichzeitig anbahnende innere und äußere Trennung von Selbst und Objekt löste in dieser Phase der Psychoanalyse erneut schwere Ängste und schmerzliche Gefühle aus.

Mangelhafte Trennung der Selbst- und Objektrepräsentanzen. – In vielen Traumdetails wird erkennbar, wie fragil die Trennung zwischen den Selbst- und Objektrepräsentanzen ist: Der Träumer ist unfähig, seine Intimsphäre zu schützen, pendelt zwischen dem Haus seiner Freundin und deren Mutter (hat folglich kein eigenes Haus), steckt mit der Mutter »unter einer Decke«, liegt und tanzt auf erhöhten Räumen, für die Leute ausgestellt, steht nackt da in einem Zimmer, dem eine Seite fehlt. Er rettet sich daher fliegend aus der unerträglichen Selbst- und Objektdiffusion.

Gegenübertragungsreaktionen als hypothetischer Hinweis auf pathologische, frühere Selbstobjekte des Analysanden. – Weitere Hinweise auf die Selbststörung des Analysanden ergeben sich aufgrund meiner Gegenübertragungsreaktionen. Sowohl in der neunten wie in der zehnten Stunde beobachtete ich bei mir die Schwierigkeiten, dem Patienten konzentriert zuzuhören, »obschon er mir Wichtiges erzählt«. Ich hatte Mühe, einen emotional differenzierten und interessierten inneren Dialog mit ihm aufzunehmen. Nachträglich verstehe ich solche Gegenübertragungsbeobachtungen als einen Hinweis auf eine damals für mich noch unverständliche Reaktion auf einen Teil der Mutterübertragung des Analysanden. In den Gegenübertragungsphantasien war das Desinteresse an der Idiosynkrasie des Patienten auffällig, die Einfühlungsverweigerung und die »kalte Aggressivität«, übrigens alles Merkmale von emotionalen Reaktionen depressiver Mütter im Umgang mit Kleinkindern (vgl unten). Jedenfalls scheint mir aufgrund aller in der Behandlung gewonnenen Daten plausibel, daß dieser Analysand in den ersten beiden Lebensjahren nicht jene interaktiven Bedingungen vorfinden konnte, die sowohl Narzißmustheoretiker (wie Kohut) oder Säuglingsforscher (Stern, Emde, Lichtenberg) für notwendig erachten, damit der Säugling ein stabiles Selbst entwickeln kann. Die Mutter war wahrscheinlich kaum zu den für diese Entwicklungsprozesse zentralen Spiegelungsreaktionen oder dem *affect-attunement* fähig. Nach Kohut sind Traumatisierungen in diesem Bereich dafür verantwortlich, daß sich bei solchen Patienten eine Spiegelübertragung (abwechselnd mit Formen der idealisierenden Übertragung) entwickelt, wofür sowohl in der zehnten Stunde (vgl. die Irritation auf meine nicht-spiegelnden Verbalisierungen) als auch in vorherrschenden Übertragungskonstellationen im ersten Jahr der Psychoanalyse Belege zu finden sind.

Extreme Einschränkung des affektiven Spektrums. – Vor diesem Hintergrund wird verständlicher, warum keine offenen Aggressionen im manifesten Trauminhalt (oder der analytischen Interaktion) zu beobachten sind: Vermutlich konnte der Analysand in seiner Frühsozialisation kaum eine gut integrierte Abgrenzungsaggression entwickeln, die ihm später zur Sicherung der Grenzen zwischen Selbst und Objekt, zwischen Innen und Außen und auch zwischen Libido und Aggression zur Verfügung gestanden hätte. Für das Schicksal der Aggression – und daher auch der Entwicklung stabilerer Selbstgrenzen – waren die »Messer-Träume« gleichsam ein Wendepunkt, wie ich im Behandlungsbericht beschrieben habe (vgl. dazu unter anderem Leuzinger-Bohleber, 1984, S. 831; zur Veränderung aggressiver Konflikte vgl. unten).

Doch fehlen nicht nur die aggressiven Affekte im manifesten Initialtraum: Das affektive Spektrum ist ganz allgemein extrem eingeschränkt. Nur Scham und Angst tauchen direkt auf. Positive Affekte fehlen vollständig. Diese extreme affektive Einschränkung des Patienten ist aus der Sicht der Selbstpsychologie charakteristisch für Patienten mit einer gravierenden Störung des Selbst.

C. Analyse des Traums anhand des psychoanalytischen Konfliktmodells (Strukturmodell)

Nun einige kurze Bemerkungen zu den Konflikten, wie sie im manifesten Traum erkennbar sind, das heißt zum Erklärungspotential des Strukturmodells, das sich nach Arlow (1985) besonders dafür eignet, sich im Widerspruch befindliche seelische Tendenzen zu konzeptualisieren und im klinischen Material der Patienten wahrzunehmen und zu verstehen:

»Die Strukturhypothese ist eine organische Entwicklung aus den grundlegenden Postulaten der Psychoanalyse. Die Grundpfeiler der

Psychoanalyse sind die Konzepte des psychischen Determinismus, des dynamischen Konflikts (des Zusammenspiels gegensätzlicher Tendenzen bzw. Impulse) und der unbewußten psychischen Prozesse. Die Vorstellung, daß der intrapsychische Konflikt die grundlegende Dimension von psychischem Funktionieren im allgemeinen und von Psychopathologie im besonderen darstellt, ist für mich zwingend und eindeutig« (S. 21).

Welche spezifischen Ergänzungen im Verstehen des klinischen Materials bietet uns die Fokussierung auf psychische Konflikte?

Zu den Charakteristika von Es, Ich und Überich und den strukturellen Konflikten im manifesten Traum. – Ich habe einige Konflikte schon erwähnt, vor allem wie sich im Bereich der Selbstentwicklung und der Objektbeziehungen manifestieren. Darüber hinaus scheint offensichtlich, daß die *Triebbedürfnisse*, etwa die genitale Sexualität, bei diesem Analysanden zu Beginn der Behandlung eine archaisch-bedrohliche Qualität haben und zu großer Angst, Beschämung und Flucht führen: *Sie können vom Traum-Ich nicht integriert werden*; da sie als stark konflikthaft erlebt werden. Daher findet keine aktive, innere Problemlösung im Umgang mit diesen Triebbedürfnissen statt. Der manifeste Trauminhalt weist auf ein breites Spektrum frühinfantiler Triebbedürfnisse und -modalitäten hin (vgl. die erwähnte Onaniephantasie; ödipale Wünsche und Konflikte: Er schläft auf dem Bett mit »Mutter«, Mutter wird »beschimpft«; Exhibitionswünsche und -konflikte: sich ankleiden und als Frau verkleiden, dabei betrachtet und ausgelacht werden, tanzen, fliegen; auch Wünsche nach Geborgenheit: »Decke«, Suche nach einem Haus etc.). Aggressive Triebimpulse scheinen mir weniger gut im manifesten Trauminhalt erkennbar (vgl. das Motiv des Überwältigtwerdens, Ausgelachtwerdens etc.).

Sprachliche Äußerungen wie »beschimpfen«, »rechtfertigen«, »ich muß demonstrieren, was ich kann« sind wie Indikatoren für die archaische Überichproblematik des Analysanden. Das Traum-Ich kann projektiv externalisierten Überich-Forderungen (dargestellt in den hämischen, beschämenden, anonymen Leuten) nichts entgegensetzen, sondern kann sich lediglich omnipotent, fliegend, entziehen: für mich eine symbolische Darstellung der gravierenden Ich-Schwäche des Analysanden.

Kreativität des Traumichs und Übertragung. – Vergleichen wir allerdings diesen Traum mit denen anderer schwer gestörter Patienten, fällt uns die Kreativität des Traum-Ichs dieses Analysanden auf: Er war ein auffällig begabter Träumer, der – natürlich – diese Begabung sowohl als Geschenk an mich und unsere analytische Arbeit, aber auch zugunsten seines Widerstands einsetzte und mich gelegentlich mit Traummaterial buchstäblich zudeckte! Glücklicherweise lernten wir allmählich mit dieser Form des Widerstands umzugehen und konnten zusammen darin seine »*via regia* zum Unbewußten« entdekken. Ich mußte oft an Morgenthalers Perversionsarbeiten (1974) denken, in denen er die These diskutiert, daß die Perversion eine kreative Leistung des Analysanden darstellt, eine »Plombe« in seiner psychischen Struktur, die ein Abgleiten in die Psychose verhindert. Das »perverse«, transvestitische Symptom beeindruckte mich durch das kreative Kaleidoskop seiner vielfazettierten und multideterminierten unbewußten Bedeutungen ebenso wie die Träume dieses Analysanden wegen der darin enthaltenen Kreativität des Traum-Ichs in der Gestaltung unbewußter Konflikte. Ich glaube, diese Begabung des Ichs, diese exzellent ausgebildete Ich-Funktion, war unser Potential, das zu der fruchtbaren analytischen Zusammenarbeit führte; ein Aspekt, auf den ich systematisch erst durch die Reflexion des Strukturmodells aufmerksam wurde.

Neurotische Symtombildung und Leiden an der Kultur. – In meinem Behandlungsbericht (vgl. Anhang) habe ich kurz erwähnt, daß in der neurotischen Überich-Problematik des Patienten für mich nicht nur sein persönliches Leiden enthalten war, sondern daß er darin seismographisch auf das sich verändernde Verhältnis der Geschlechter in unserer heutigen Kultur und die damit verbundenen Konflikte im Bereich der Sexualität und Identität reagierte. Die Möglichkeit, solche kulturspezifischen Anteile in der neurotischen Symptombildung unserer Analysanden zu erkennen, gehört für mich zum spezifischen Erklärungspotential des psychoanalytischen Strukturmodells, verglichen mit den anderen hier diskutierten Theorien.

Zusammenfassend möchte ich festhalten, daß in diesem Initialtraum sowohl die archaische Dimension der psychischen Konflikte (vor allem zwischen Es und Überich, aber auch die Schwächen und Begabungen des Ichs in seinem Kampf mit Überich, Es und Realität) als auch der Objektbeziehungen und der Selbststruktur sichtbar waren. Uns können sie als Hinweis dienen, daß dieser Analysand, wie die meisten unserer Patienten, gewisse traumatisierende Erfahrungen aus frühinfantiler Zeit nicht in die weitere psychische Entwicklung einschließen und daher modifizierend verarbeiten konnten (vgl. dazu auch 2.3). Die spezifischen traumatischen Erfahrungen werden im Traum teilweise wieder erkennbar und können darauf allmählich zum Gegenstand der analytischen Arbeit, also auch einer psychischen Weiterentwicklung werden.

Nun wird unter ähnlichen theoretischen Perspektiven der Endtraum betrachtet. Wir hoffen dadurch strukturelle Veränderungen, die eventuell stattgefunden haben, systematischer wahrnehmen und reflektieren zu können.

2.2 *Modellzentrierte Betrachtungen des »Endtraums«*

A und B. Selbst- und Objektrepräsentanzen: Sichtbare Veränderungen im Endtraum?[6]

Objektbeziehungen, Symptombildung und Übertragungsphänomene im manifesten Traum. – Die Assoziationen zum Endtraum zeigen, daß der bevorstehende Abschluß der Behandlung zum Ta-

6 Um den Rahmen hier nicht zu sprengen, diskutiere ich selbstpsychologische und objektbeziehungstheoretische Gesichtspunkte zusammen, wobei sich für eine solche Verbindung auch theoretische Überlegungen anführen lassen. »Obwohl Kohut immer großes Gewicht darauf gelegt hat, daß das Selbst eine eigenständige, abgesonderte Entität sei, ist die Selbstpsychologie dennoch ein Zweig der Objektbeziehungstheorie« (Modell, 1985, S. 98).

gesrest gehört; es geht um das Thema, die Analytikerin nicht (nicht mehr) erreichen zu können, sowie um den Ärger über das veränderte Setting (zwei Analysestunden am Tag). Als ich dazu sage: »Und Sie verpassen zwei Analysestunden im Traum – in Wirklichkeit haben Sie keine einzige Stunde in den fünf Jahren verpaßt ...« lacht der Analysand: »Ja, vielleicht würde ich das gern nochmals ausprobieren – und nicht so ein Musteranalysand sein!« Er erkennt, daß er sich schon während des Träumens mir gegenüber zur Wehr setzt: Er hat keine Lust, mich anzurufen, ich soll mir ruhig Sorgen um ihn machen! Für mich ist dies ein wichtiger Indikator, daß er im Gegensatz zu seinem Initialtraum mich und – metaphorisch – die sich um ihn »sorgende Mutter« nicht mehr bedingt durch projektive Verzerrungen seiner Wahrnehmung als derart überwältigend und verführend erlebt: Es existiert eine klare innere Grenze zwischen ihm und mir. Selbst- und Objektrepräsentanzen sind also klar und stabil voneinander getrennt. Der Analysand kann sich weigern und es sich leisten, eine Erwartung von mir (zur Analysestunde zu kommen bzw. mir telefonisch abzusagen) nicht zu erfüllen. Seine Autonomie ist gestärkt. Er stellt zwar immer noch im manifesten Traum seine Ängste dar, zum Beispiel in dem Bild, sein Fahrrad (bzw. seine Ich-Funktionen wie Zeitplanung etc.) könnten nicht gut genug funktionieren: Doch ist er schließlich im Traum selbst fähig, sein Fahrrad von dem »Hindernis – Berg« herunterzuholen, also das Hindernis aus eigener Kraft zu überwinden und weiterzufahren.

Die Szene mit dem Fahrrad interpretiert der Analysand selbst übrigens als Ausdruck seiner Zweifel, ob er fähig sein wird, sich auch ohne Analyse »weiterzubewegen«. Es beschäftigt ihn, ob die Analyse wirklich »etwas genützt hat« oder ob es sich beim nächsten Hindernis wieder herausstellen könnte, daß er nicht ohne fremde Hilfe weiterkommt. Es sind Zweifel, die während der letzten Wochen (übrigens auch in der vorangegangenen Analysestunde!) immer wieder auftauchten, wobei es meines Erachtens für den Analysanden wichtig war, damit verbundene positive und negative Gefühle mir gegenüber zuzulassen und in der aktuellen psychoanalytischen Objektbeziehung zu verbalisieren: Gefühle wie Dankbarkeit und Freude einerseits, aber auch Enttäuschung und Wut andererseits.

Dies illustriert auch die erste Szene im Traum: Ein zentrales Symptom des Analysanden taucht erstmals nach eineinhalb Jahren im manifesten Traum wieder auf (»Damenunterwäsche«). Der Analysand äußert sich besorgt darüber und erzählt in diesem Zusammenhang, daß er gestern wieder einmal seit langer Zeit den Impuls gespürt habe, sich selbst zu befriedigen, was ihn beunruhigte, da er dachte: »Hat die Analyse vielleicht doch nicht so viel gebracht, wie ich dachte ...« Er deutet selbst, daß er schon im Traum realisiere, daß er »nicht mehr die richtigen Strümpfe finden könne«, das heißt, daß sein Symptom kein wirklicher Ausweg mehr für ihn darstelle, auch nicht mehr einen Ausweg aus Enttäuschungen in Beziehungen. Das transvestitische Symptom werde ihm auch keinen Trost bei bevorstehenden Trennungen mehr bieten. Eine weitere Bedeutung des Symptoms klingt hier ebenfalls an: Das perverse Symptom stellt, wie Stoller (1979) es beschreibt, unter anderem eine »Rache an der Mutter« dar: »Wenn Du mich schon nicht als Junge haben wolltest, nun bitte – hier in den Frauenkleidern hast Du Dein gewünschtes Mädchen ...« Diese Rachephantasien werden durch die aktuellen Enttäuschungen an mir in der Endphase der Analyse wieder reaktiviert und mobilisieren das alte, zentrale Konfliktmuster.

Sukzession der Objektbeziehungen im Endtraum. – Verglichen mit der Sukzession der Objektbeziehungen im Initialtraum ist interessant, daß im Endtraum die perverse Objektbeziehung, wie sie im transvestitischen Symptom enthalten ist, nicht mehr am Schluß – als einziger Ausweg aus gravierenden Objektbeziehungskonflikten – erscheint, sondern zu Beginn des Traums (»Strumpfszene«). Diese Sequenz ist von der eigentlichen Traumhandlung getrennt und steht in Zusammenhang mit den eben erwähnten Zweifeln, ob er nach Abschluß der Analyse weitgehend auf die perverse Objektbeziehungsform und das transvestitische Symptom verzichten könne. Die eigentliche Traumhandlung beginnt gleich mit der Interaktion mit der Analytikerin, das heißt mit dem aktuellen Konflikt, der sich in der Traumhandlung entfaltet und schließlich insofern gelöst wird, als der Träumer es am Ende aus eigener Kraft (autonom) schafft, zur analytischen Sitzung zu kommen.

Reaktivierung und Gestaltung der traumatischen, frühinfantilen Trennungskonflikte vom Primärobjekt im Endtraum und in der Übertragung. – Weiter finde ich es bemerkenswert, daß in der Hintergrundszene des Traums der Ort der Kindheit des Analysanden (S.) erscheint. Dies ist für mich ein Indikator, daß die alten Traumatisierungen, die er mit seinen Primärobjekten, das heißt vor allem mit seiner Mutter, erlebte, in Trennungssituationen – angesichts der anstehenden Trennung von der Analytikerin – nun reaktiviert werden. Vor diesem Hintergrund verstehe ich die Schuldgefühle, die er mir gegenüber beobachtet und anspricht. Er stellt fest, daß er es »selbst schaffen möchte, meine volle Orgasmusfähigkeit zu gewinnen – auch ohne Sie ... Ich habe das Gefühl, ich muß dies selbst ausprobieren – aber dies macht mir auch ein schlechtes Gewissen Ihnen gegenüber – ich enthalte Ihnen etwas vor« (Stundenprotokolle, S. 5). In meiner daran anschließenden Deutung stelle ich den Bezug her zu seiner inneren Verarbeitung früher traumatischer Trennungskonflikte mit seiner Mutter, vor der er – in seiner Wahrnehmung – kaum etwas geheimhalten konnte, und signalisiere ihm damit indirekt auch mein Verständnis für seinen Wunsch, sich von mir zu trennen und allmählich das sichere Gefühl zu erwerben: »Ich schaffe das schon allein!« (vgl. auch Thema des Abschiedsfests im Traum der vorangegangenen Stunde!). Die alten Traumatisierungen aus den Erfahrungen mit den primären Objekten werden zwar in der strukturell analogen, aktuellen Problemsituationen wiederbelebt, aber gleichzeitig mit ihnen auch alle Erfahrungen der analytischen Objektbeziehung, die eine analoge Konfliktstruktur betreffen (vgl. die in Band 1 von uns beschriebenen Rekategorisierungsprozesse). Dies ermöglicht dem Analysanden im Hier und Jetzt der analytischen Beziehung einen psychischen Differenzierungsprozeß zwischen »Altem« und »Neuem« – einen Lernprozeß und dadurch eine Neuintegration traumatischer Erfahrungen bzw. eine psychische Weiterentwicklung (vgl. unten). Es geht, metaphorisch ausgedrückt, um einen Integrationsprozeß der Erfahrungen im alten »Heim« (S.) mit jenen des analytischen »Heims« (Kirch-Heim) und seinem »Heim« in der aktuellen Realität als selbstverantwortlicher Erwachsener.

Reife Selbstobjekte als männliche Identifikationsfiguren: Objekte im manifesten Traum und in einer Nebenübertragung. – Im folgenden Verlauf seiner Assoziationen finden sich meines Erachtens Hinweise, daß der Analysand – im Gegensatz zum Behandlungsbeginn – nun über reife Selbstobjekte verfügt, die er als Stütze bei seinem männlichen Identitätsfindungsprozeß einsetzen kann: Nach meiner Deutung zur intropressiven Mutter kommt er auf den Freak zu sprechen, dem es gelang, »das Unheimliche« zu überwinden, obschon es gefährlich war. Er befaßt sich daher mit männlichen Selbstobjekten und sucht darin die Identifikation mit Vorbildern, um von ihnen eine Unterstützung auf seinem Weg zu einer adäquaten männlichen Identität sowohl im beruflichen als auch im sexuellen Bereich zu erhalten (vgl. analoge Themen im manifesten Traum).

Daher scheint es mir nicht zufällig, daß – im Gegensatz zum Initialtraum – im manifesten »Endtraum« als eine der Hauptfiguren ein Mann auftaucht, der »Freak« mit den langen Haaren. Dieser hat zwar im Traum etwas mit dem »angstmachenden Felsen« zu tun, aber der Träumer kann ihm dennoch etwas Wichtiges »abgucken« und dadurch schließlich »sein Fahrrad« (Symbol für seine Autonomie) vom Felsen herunterheben. Er fühlt sich dem Vergleich mit dem Freak gewachsen (er ist ebenso groß wie dieser). Dadurch kann er im Traum die Hindernisse »auf dem Weg zur Frau« überwinden und sein Ziel erreichen.

Zu den »langen Haaren« fällt dem Analysand übrigens mein Mann ein (Nebenübertragungsfigur). Als er uns vor mehr als einem Jahr einmal zufällig auf der Straße gesehen hatte, löste dies, wie ich in meinem Behandlungsbericht berichtet habe, eine schwere Krise in der Behandlung aus. Wochenlang reagierte der Analysand wieder mit einem narzißtischen Rückzug aus der Behandlung, bis wir verstehen konnten, wie sehr er sich von uns als Paar ausgeschlossen und von mir verraten fühlte.

Erst zu diesem Zeitpunkt wurden in der Behandlung die ödipalen Phantasien und Konflikte zugänglich. Das transvestitische Symptom stellte auch, wie wir nun verstanden, eine phantasierte sexuelle Verbindung mit der ödipalen Mutter dar. Beeindruckend war schließlich seine große Sehnsucht, eine Vaterfigur möge ihm zeigen, »wie man es als Mann mit den Frauen anstellt«. Dieses Motiv ist im Traum deutlich zu erkennen. Die in seiner Lebensgeschichte weitgehend fehlenden tragenden Identifikationen mit dem Vater während der frühen Triangulierungsphase wie auch während des ödipalen Konfliktes waren für ihn wie ein »harter Berg«, das heißt eine harte Wahrheit, die er immer wieder negierte, und stellten ein schwieriges Hindernis besonders in seiner sexuellen Identität dar.[7]

Diese wenigen Beispiele mögen als Illustration dafür genügen, daß sich – verglichen mit dem Initialtraum – sowohl im Bereich der Objektbeziehungen wie auch des Selbst – im Endtraum wesentliche Veränderungen feststellen lassen. Wir interpretieren sie als Indikatoren für eine strukturelle Veränderung des Analysanden bezüglich der Selbst- und Objektrepräsentanzen im Laufe seiner psychoanalytischen Behandlung.

7 Auf diese Problematik verweisen übrigens auch seine Assoziationen zum Fahrrad. Sie führen zu einer wichtigen Sequenz in der Analyse: Er konnte nicht glauben, daß der nette, warmherzige Mann, der ihn mit dem Motorrad umgefahren hatte, wirklich die Schuld an dem Unfall hatte, sondern interpretierte dies als »Beweis«, daß er für seine schlimmen ödipalen Phantasien eine Strafe verdient hatte. In der Realität verzichtete er nach dem Unfall vermehrt auf Ansätze einer männlichen Identität, wie er sie vorher via Identifikation mit seinem Großvater vorsichtig ausprobiert hatte – so zeigt ihn zum Beispiel eine Photographie auf dessen Motorrad kurz vor dem Unfall (als Fünfjähriger). Er wurde in seinen unbewußten Phantasien zum Mädchen – kastrierte sich lieber selbst, als sich weiterhin den heftigen Kastrationsängsten auszusetzen. Daher scheint mir ein wichtiger Indikator für die vollzogene Veränderung: dafür, daß das Traumselbst in diesem Beendigungstraum keineswegs mehr so passiv-hilflos den Objekten im Traum ausgeliefert ist wie im Initialtraum, sondern eine aktive Rolle spielt, und schließlich – trotz Angst und Hindernis – sich wieder auf sein Fahrrad setzt, um, wenn auch verspätet, zur Analysestunde (zum Liebesobjekt) zu fahren.

C. Veränderter Umgang mit inneren und äußeren Konflikten im Endtraum?

Einige zusätzliche Merkmale der Veränderungen können wir mit Hilfe des psychoanalytischen Strukturmodells detailliert beschreiben, was ich hier nur noch kurz andeuten kann.

Charakteristika von Es, Ich und Überich und affektives Spektrum im manifesten Traum. – Das Traum-Ich erlebt zwar immer noch Angst und Beklemmung – doch sind auch andere Affekte erlebbar: aktive Abweisung (der Träumer entscheidet, daß ihm alle Strümpfe nicht passen, daß er der Analytikerin nicht telefonieren will), Trotz, Weigerung, aber auch Neugierde und Bewunderung für den Freak. Das affektive Spektrum hat sich offensichtlich erweitert. Wie schon erwähnt, ist die Aktivität des Traum-Ichs gestiegen. Probleme im Traum können schließlich vom Traum-Ich selbst aktiv gelöst werden (so hebt er sein Fahrrad selbst vom Hindernis herunter und fährt weiter).

Erkennbar ist auch ein veränderter Umgang mit Überichforderungen. Er setzt sich zwar mit der »Regel«, keine Analysestunde zu verpassen, im Traum auseinander und verspürt Angst, als er eine Stunde verpaßt. Dennoch ist er fähig, sich gegen eine Überich-Forderung (die Analytikerin anzurufen) abzusetzen: Er wird nicht mehr, wie im Anfangstraum, beschimpft und beschämt. (Die Milderung seiner projektiven Überich-Anforderungen ist unter anderem daran zu erkennen, daß – wie im Anfangstraum – wiederum viele Leute auftauchen, die ihm zuschauen, ihn aber nun weder beschämen noch auslachen). Interessant ist auch der Verlauf der Überich-Thematik, die im Traum der vorangegangenen Stunde nochmals offensichtlich dargestellt ist (Konflikt mit den Sprayern seines Hauses, die Unerlaubtes tun: Er kann sich gegen sie nicht durchsetzen und erhält eine Kündigung seines Mietvertrags. Sein Vater tröstet ihn, als er weint). Im Endtraum werden die Überich-Konflikte mit der Analytikerin »milde« und in dem Sinne produktiv bewältigt, daß er sich nicht mehr passiv Überich-Forderungen unterwerfen muß, sondern ihnen sehr wohl etwas Eigenes entgegenzusetzen hat.

Ebenfalls beeindruckend scheint mir die *vermehrte Triebfreundlichkeit* – der Träumer kann im Traum seine Aggression gegen die Analytikerin wahrnehmen, gleichzeitig aber auch eine Form von Zärtlichkeit, das heißt sublimierte libidinöse Triebbefriedigung zulassen (Phantasie: Die Analytikerin sorgt sich um mich; vgl. auch darin enthaltene antizipierte Holding-Funktion der Analytikerin). Dies scheint mir ein Indikator für eine vermehrte Integration von Libido und Aggression sowie für eine Sicherheit im Erleben einer konstanten Objektbeziehung zur Analytikerin zu sein. Allerdings habe ich schon erwähnt, daß Zweifel bestehen, ob auch diejenigen Triebimpulse, die ursprünglich in seinem transvestitischen Symptom befriedigt wurden, in Objektbeziehungen zu Frauen weitgehend integriert werden können: Nach der »Strumpfszene« kommt es, wie der Analysand selbst berichtet, zu einem Szenenwechsel im Traum. Nach Moser und von Zeppelins Traumgenerierungsmodell ist dies ein Interrupt, das oft auf einen Anstieg der Affekte und der reaktivierten Konflikte hinweist (vgl. Moser und von Zeppelin, 1996).

Vermehrte innere und äußere Konflikttoleranz als eine Errungenschaft der Psychoanalyse? – Wie ich in der Falldarstellung ausführlich diskutiert habe, war dies in der Tat eine der hauptsächlichen Fragen, die mich zum Zeitpunkt der Beendigung der Analyse beschäftigten. Der Analysand betrachtet es als wichtigste Veränderung, daß er durch die Analyse von seinen zwanghaften Impulsen (vor allem Frauenkleider anzuziehen) befreit worden ist, aber auch daß er aus seiner fast völligen sozialen Isolation herauskam und nun tiefe Freundschaften hat. Er war fähig, mit stets auftretenden Konflikten und Irritationen in realen (und phantasierten) zwischenmenschlichen Beziehungen adäquater umzugehen und sich nicht mehr, wie zu Beginn der Behandlung, in seinen narzißtischen Kokon zurückzuziehen.

Zudem freute er sich über sein Funktionierenkönnen im Studium und in seinen kreativen Tätigkeiten wie Theaterstückschreiben, Mitarbeit im Fernsehen und in einer politischen Gruppe. Auch körperlich fühlte er sich besser, zum Beispiel sind seine Ekzeme völlig verschwunden. Hingegen blieb als

Problem, eine über Jahre dauerhafte Beziehung zu einer Frau aufrechterhalten zu können und vor allem seine volle Orgasmusfähigkeit zu erlangen. Damit verknüpft schienen mir auch seine homosexuellen Ängste und Wünsche, die ebenfalls im Traum deutlich dargestellt sind.

Zum Zeitpunkt des Traums schwankte ich immer wieder verunsichert zwischen dem Wunsch, die Analyse noch fortzusetzen, bis der Analysand seine volle Orgasmusfähigkeit gefunden hat, und dem gegenteiligen Gefühl, ich sollte den nun in meiner Wahrnehmung spätadoleszenten Analysanden selbst »auf sein Fahrrad steigen lassen« und seine Autonomiewünsche nicht unterbinden; eine Unsicherheit, die oft nicht leicht auszuhalten war. Der Vergleich mit dem Initialtraum war mir eine Hilfe, diese Fragen auch zusammen mit dem Analysanden in den Stunden nochmals aufzuwerfen und ihm zu ermöglichen, zum Beispiel seine Enttäuschung und Wut über »Noch-nicht-Erreichtes« etc. in der Interaktion mit mir erleben und durcharbeiten zu können.

Glücklicherweise erwies sich nachträglich die gemeinsame Entscheidung, die Analyse zu beenden, als richtig: Im zweiten Katamnesegespräch eineinhalb Jahre nach der Beendigung berichtet mir der Analysand strahlend, er werde Vater. Er war stolz auf diese seine eigene Leistung!

2.3 Die entwicklungspsychologische Perspektive, der Dialog mit den Neurowissenschaften und die veränderte klinisch-psychoanalytische Wahrnehmung

A. Der psychoanalytische Prozeß: eine Nachentwicklung im Sinne einer Reintegration traumatischer Erfahrungen?

Wenn wir Veränderungen der Traumgestalten[8] feststellen, gehen wir implizit davon aus, daß der Analysand in seiner Psychoanalyse eine Entwicklung durchlaufen hat, die sich auch in

8 Übrigens berührt unsere Fragestellung nach Veränderungen von Träumen in einer Psychoanalyse eine schwierige theoretische, ja

den Träumen und im Umgang mit den Träumen manifestiert. Wie können wir diese Veränderungen theoretisch erklären? Besteht dabei ein Zusammenhang zu früheren, eventuell abgebrochenen psychischen Entwicklungsprozessen?[9]

Im psychoanalytischen Diskurs hat in den letzten Jahren eine (weitere) Betonung der Entwicklungsperspektive stattgefunden durch den interdisziplinären Dialog unter anderem mit der

vielleicht sogar philosophische Problematik, nämlich ob das Unbewußte selbst durch eine Psychoanalyse zu verändern ist, eine Frage, die wir in unseren Kolloquium ebenfalls gestreift haben. Freud spricht bekanntlich von der Zeitlosigkeit des Unbewußten – sind da nicht auch die Träume »zeitlos«, vielleicht sogar ein dialektischer Gegenpol zum analytischen Prozeß? Und doch teilen viele klinisch arbeitende Analytiker meine Beobachtung, daß sich die Träume von Analysanden während langer Psychoanalysen in charakteristischer Weise verändern, ja eventuell Hinweise auf die kuratorischen Faktoren der psychoanalytischen Behandlung geben können (vgl. dazu unter anderem Leuzinger-Bohleber, 1987, 1989).

9 Bekanntlich ist die Bedeutung der Entwicklungsperspektive in der psychoanalytischen *community* der letzten Jahre kontrovers diskutiert worden. Um nur zwei Exponenten zu erwähnen: Spence (1982) hat pointiert die Auffassung vertreten, daß es in der analytischen Behandlung nie um die *lebensgeschichtliche Realität*, sondern immer nur um die *narrative Wahrheit* gehe. Andere Autoren, vor allem solche, die sich mit der Auswirkung schwerer Traumatisierungen in der frühen Kindheit befaßt haben, wie etwa dem Nachwirken des Holocaust bzw. der Zeit des Nationalsozialismus auf die zweite und dritte Generation, haben von dieser Vereinfachung gewarnt und die Aneignung der Lebensgeschichte sowohl in ihrem Phantasiegehalt wie auch als ein Stück persönlicher und kollektiver Geschichte als zentral für die analytische Arbeit beschrieben (zum Beispiel Keilson, 1989; Bohleber, 1992; Pine, 1991, 1993). Ich habe in einer neueren Arbeit argumentiert, daß sich aufgrund der neueren Gedächtnisforschung, vor allem der Studien von Edelman und Rosenfield, dieser theoretische Gegensatz auflöst, da das Erinnern sich als abhängig von der Konstruktion narrativer Wahrheiten in aktuellen oder aktualisierten Beziehungen erweist, aber gleichzeitig eine konstruierende, kreative Annäherung an die historische Wahrheit bedeutet, denn Sozialisationserfahrungen sind immer biologisch verankert (Leuzinger-Bohleber, 1996).

neueren Säuglingsforschung (Stern, Emde, Lichtenberg), die zum Teil neues Licht auf die Relevanz der frühkindlichen Entwicklung für die psychische Strukturbildung geworfen hat (vgl. B, unten). Doch liegen auch Versuche vor, entwicklungspsychologische Perspektiven auf den psychoanalytischen Prozeß selbst und durch ihn erzielte strukturelle Veränderungen anzuwenden. Diesen Aspekt möchte ich kurz ausführen, weil mein theoretisches Verständnis solcher Veränderungen bei meinem Analysanden durch den Dialog mit den Neurowissenschaftlern differenziert wurde[10], zum Beispiel durch die Auseinandersetzung mit einem Gedächtnismodell, das kürzlich Moser und von Zeppelin (1996) vorgelegt haben (eine Zusammenfassung des Buches findet sich bei Leuzinger-Bohleber, 1996a).

Die beiden Autoren diskutieren darin unter anderem die Frage, wie konflikthafte und traumatische Erlebnisse im Gedächtnis ihren Niederschlag finden, wie sie sich auf aktuelles Verhalten, Denken und Fühlen auswirken und wie diese durch den therapeutischen Prozeß beeinflußt werden können. Nach Moser und von Zeppelin liegen den traumatischen Formen von Komplexen (Schock-Trauma) episodische Erfahrungen zugrunde, die sich dadurch auszeichnen, daß die erlebten Affekte nicht in die dazu gehörende kognitive Struktur eingebunden werden konnten, sondern davon unabhängig im Gedächtnis erhalten bleiben:

»Man muß annehmen, daß in ihnen nur eine physiologische Form der Affektverarbeitung vorliegt, die erlebten Affekte können nicht an Phantasien gebunden werden. Diese Episoden werden als Erinnerungen nicht mehr zugänglich, affektive und kognitive Komponenten sind auseinandergehalten« (Moser und von Zeppelin, 1996, S. 29).

Die Autoren beziehen sich hier implizit auf Ergebnisse der neurophysiologischen Traumaforschung. Bohleber (1995) faßt einige Ergebnisse einer interdisziplinären Konferenz zur Trau-

10 Zum Beispiel gehört es auch zu den Charakteristika des *Zustandswechsel-Modells* von Koukkou und Lehmann, da die Autoren darin explizit eine Entwicklungsperspektive einnehmen, das heißt den ontologischen Aspekt mitberücksichtigen (vgl. ihren Beitrag in diesem Band).

maforschung (November 1995), in der neuere Forschungsergebnisse diskutiert wurden, wie folgt zusammen:

»Die neuere neurobiologische Traumaforschung (van der Kolk, 1995) hat ergeben, daß normale und traumatische Erfahrungen als Erinnerungen unterschiedlich gespeichert werden. Die traumatische Erfahrung wird vielmehr und vorwiegend im limbischen System als sensomotorisches, visuelles und affektives Gedächtnis gespeichert. Die exzessive Stimulierung verhindert das Aufsteigen der Aktivierung in den Neokortex, und damit ist die kognitive Bewertung der Erfahrung und ihre semantische Repräsentation gestört. Das verschafft den traumatischen Erfahrungen den Charakter der Zeitlosigkeit und der Unzerstörbarkeit. Aber indem die traumatische Erfahrung repetitiv ist und dazu tendiert, sich im Verhalten zu wiederholen, in fragmentarischen Erinnerungen und Flashbacks, können nun kortikale Regionen aktiviert werden, und das Trauma wird damit einer kognitiven Bewertung und Modifikation zugänglich. Darin liegt auch die Chance der therapeutischen Beziehung. Die Wiederbelebung in der Übertragung macht die Bearbeitung dieser Manifestationen und ihre Milderung durch die Umarbeitung in verbale Symbolisierung möglich und integriert den vergangenen Schrecken mit der gegenwärtigen Erfahrung (van der Kolk, 1995).«

In der pychoanalytischen Dyade wird bekanntlich der Versuch unternommen, sensomotorisch-affektive Erfahrung einer Symbolisierung und Versprachlichung und daher einer kognitiven Integration zugänglich zu machen (vgl. dazu auch Keilson, 1979).

Für die Konzeptualisierung der Gedächtnisfunktionen ist im Modell von Moser und von Zeppelin entscheidend, daß bei konflikthaften und traumatischen Formen von Komplexen eine Desaffektualisierung nicht oder nur beschränkt möglich ist. Dadurch wird die Möglichkeit ausgeschlossen, daß sich RIGs (»representations of interactions generalized«) und MODs (Modelle) aufgrund neuer Erfahrungen ständig modifizieren (zur Definition: vgl. Legende zu Abbildung 2). »RIGs und MODs werden zu Elementen besonderer Art, die Episoden mit Wiederholungscharakter bündeln« (Moser und von Zeppelin, 116, S. 29). Solche RIGs bleiben also mehr oder weniger in der urspünglichen Form mit konflikthaften oder traumatischen Erlebnissen im Gedächtnis verbunden und werden »unverändert«, das heißt vor allem mit den unveränderten (heftigen, traumatischen) Affekten in strukturell analogen neuen Situationen aktiviert.[11] Die sich wiederholende Aktivierung solcher »abgespaltener, von Veränderungen ausgeschlossener Gedächtnisstrukturen« ist charakteristisch für neurotisches Verhalten. Ein Beispiel dafür ist zum Beispiel die Reaktivierung der archaischen Angst vor Verschmelzung mit einem als pathologisch erlebten Primärobjekt in der »Initialtraumstunde« des transvestitischen Patienten.

Für die Psychoanalyse ist dieses Gedächtnismodell, bezogen auf klinische Beobachtungen mit schwer traumatisierten Patienten (wie dem von uns beschriebenen transvestitischen Patienten), auf Anhieb plausibel, weil es postuliert, daß die konflikthaften und traumatischen Komplexe im Gedächtnis isoliert sind und nicht als Träger der dazugehörigen Affekte dienen können. Zudem hat keine Desaffektualiserung stattgefunden. Die auf diese Weise entkoppelten Affekte bilden eine ungebundene, affektive Information,

> »die zwar via Verknüpfung jedem Komplexelement zukommt, aber im Zustand der Blockierung nirgends zu lokalisieren ist. Sie bleibt lediglich dem Gesamtbereich des Komplexes zugeordnet. Bei Lösungsversuchen ist es aber unabdingbar notwendig, daß die affektive Information wieder in eine Beziehungsrealität zurückverwandelt werden muß, daß es zu intentionalem Erleben des Selbst, zu Erfahrungen am Objekt und zur affektiven Kommunikation kommen muß. Die ungebundene Affektivität des Komplexes muß in gebundene zurückverwandelt werden …« (ebd., S. 30).

Mit diesem Gedächtnismodell wird meines Erachtens einleuchtend beschrieben, was in der »Durcharbeitungsphase« mit schwer traumatisierten Patienten »in deren Gedächtnis« erstrebt wird: Die ungebundene (traumatische) Affektivität des Komplexes wird in der Übertragungsbeziehung mit Objekt- und Selbstrepräsentanzen in Verbindung gebracht, das heißt,

11 Wie wir in unserem Beitrag in Band 1 diskutiert haben, stellen wir uns diese Reaktivierungsprozesse allerdings nicht als »pattern matching« vor, sondern als durch analoge sensomotorisch-affektive Stimulierungen ausgelöste Koordinationsprozesse.

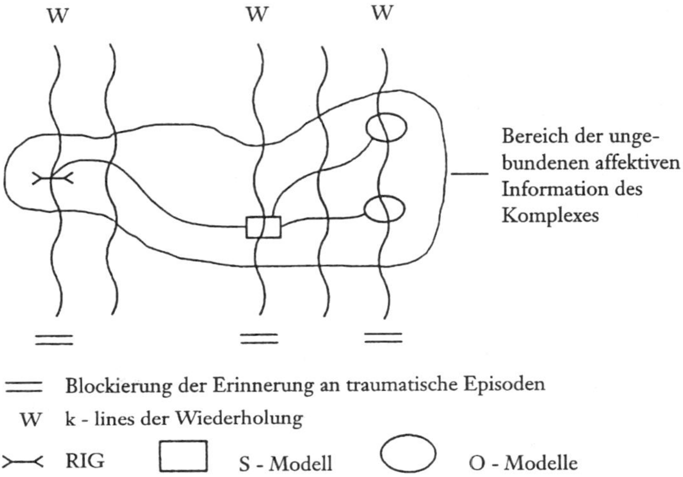

Abbildung 2: Struktur eines Komplexes (Introjekt). RIG = generalisierte Interaktionsrepräsentanzen nach Stern (1985) (»representations of interactions generalized«). Aus den episodischen Repräsentanzen wird laufend ein generalisiertes Gedächtnis von diesen Episoden entwickelt. Es entstehen auf diese Weise von den einzelnen Situationen abstrahierende prototypische Repräsentanzen, zum Beispiel RIGs. Sie bestimmen als »Muster« die Erwartungen an neue, aktuelle Interaktionsepisoden. Zu jeder RIG gehört ferner nach Stern ein evozierter Gefährte (»evoked companion«), mit oder gegenüber dem sich die Selbstempfindung (»sense of self«) konstituiert.

In Abänderung und Präzisierung des Sternschen Konzepts wird nun postuliert, daß ein RIG verknüpft ist mit Attributen, die formulieren, was für Eigenschaften (Subjekt- und Objektmodelle, RIGs und MODs) haben müssen, damit in einer aktuellen Episode eine RIG instantiiert wird.

Wichtig ist ferner, daß Wissen, das in Form von RIGs gespeichert ist (Elemente von Episoden und Verknüpfungen innerhalb von Episoden), mit der Generalisierung zunehmend entaffektualisiert wird.

Es wird angenommen, daß die in den episodischen Repräsentanzen direkt gespeicherten Affekte nicht immer wieder in den einzelnen RIGs des RIG-Netzes gespeichert werden. Hingegen sind immer all jene RIGs durch eine »k-line« (Minski, 1988) verknüpft, die Verbindung zu Episoden mit derselben affektiven Qualität haben. Die »k-

daß die affektive Information wieder mit einer Beziehungsrealität in Verbindung gebracht wird, so daß es zu intentionalem Erleben des Selbst, zu Erfahrungen am Objekt und zur affektiven Kommunikation kommen muß. Die ungebundene Affektivität wird auf diese Weise in gebundene Affektivität zurückverwandelt. Wie anhand unseres Fallbeispiels beschrieben, wird in der Übertragungsbeziehung zur Analytikerin, zum Beispiel in den beiden Traumdeutungsstunden, die ungebundene affektive Information des Komplexes einer neuen Wahrnehmung und Reflexion zugänglich, die Blockierungen von Erinnerungen an traumatische Episoden werden zum Teil aufgehoben und mit den frühen traumatischen Objektbeziehungserfahrungen in Verbindung gebracht. Dies ist eine Voraussetzung für eine erneute Integration der affektiven und kognitiven Information und einer neuen Erfahrung des Selbst und des Objekts. Diese Integration kann nur, wie an dem Fallbeispiel diskutiert, in neuen Objektbeziehungserfahrungen erfolgen, in der sich die eben beschriebene Wiederverknüpfung der abgespaltenen affektiven Information mit den Kognitionen vollziehen kann. Die neue psychoanalytische Objektbeziehung ermöglicht dem Analysanden eine solche »Nachentwicklung« traumatischer Selbst- und Beziehungserfahrungen, wie wir sie klinisch zu beschreiben versuchten (Genaueres zu den hier angewandten Gedächtnistheorien unten und in unserem Beitrag im Band 1).

B. Entwicklungspsychologische Erkenntnisse zu lebensgeschichtlichen Daten: eine Chance für ein erweitertes Verstehen? Ein Beispiel

Zusätzliche Anregungen für das Verständnis des klinischen Materials aus einer entwicklungspsychologischen Perspektive ergaben sich unter anderem aus der Beschäftigung mit einem

line« ist somit direkte Präsenz eines invariaten Affekts. So ist es auch jederzeit möglich, über eine »k-linie«, die RIGs verbindet, zum spezifischen Affekt zu gelangen.

weiteren neurowissenschaftlichen Ansatz, dem von Edelman, Rosenfield, Clancey, Pfeifer, Scheier und anderen, den wir in Band 1 vorgestellt haben und den Daniel Stern (1995) in seinen Studien zur Entwicklung des Gedächtnisses beim Säugling aufnimmt. Diese neueren Studien weisen darauf hin, daß das Gedächtnis – im Gegensatz zu einem statischen Repräsentanzenmodell – ein dynamischer, interaktiver und kreativ-konstruierender Prozeß ist, der an aktuelle sensomotorisch-affektiven Koordinationsprozesse gebunden ist. So schreibt zum Beispiel Clancey (1993):

»Was ist Gedächtnis? Was wird von Erfahrungen behalten? Gedächtnis ist die Fähigkeit Verhaltenssequenzen in neuer Weise zusammenzustellen, in der Vergangenheit erworbene *maps* [Karten] zwischen Wahrnehmungen und Bewegungen in einem konstruierten Kontext aktuell stattfindender Wahrnehmungen und Verhaltensweisen zu koordinieren. Kurz zusammengefaßt: Gedächtnis ist nicht zu trennen von der Fähigkeit Sinn zu konstruieren, neue *skills* zu lernen und etwas Neues zu kreieren« (S. 36).

Die in 2.2 abgesprochenen Lernprozesse, die in der Gegenüberstellung des manifesten Trauminhalts des ersten und letzten Traums erkennbar werden, lassen sich als solche Neukreationen, als neue Sinngebungen alter Traumatisierungen durch die psychoanalytische Deutungsarbeit erklären. Im Kontext der analytischen Beziehung werden alte (traumatische) Erfahrungen auf neue Weise psychisch integriert (in der Terminologie von Edelman: rekategorisiert). In diesem Sinne wirkt sich auch die Arbeit mit Traummaterial in Psychoanalysen auf die Traumgestaltung aus: Sie fördert Rekategorisierungsprozesse (Lernprozesse im Gedächtnis) beim Analysanden (und beim Analytiker!). Oder wie Rosenfield (1988) es fomuliert:

»Psychoanalytische Rekonstruktionen sind Verallgemeinerungen oder Rekategorisierungen vergangener Ereignisse, die ihre Bedeutung aus den Emotionen erhalten, mit denen sie assoziiert sind. Ereignisse, die emotional besetzt sind, werden dadurch rekategorisiert und ›verstanden‹. In der Tat sind für Freud psychoanalytische Rekonstruktionen innerhalb eines spezifischen Kontexts bedeutungsvoll, in einer emotional besetzten Atmosphäre der Übertragungsbeziehung zum Analytiker« (S. 73).

Wie wir in unserem Beitrag in Band 1 diskutiert haben, postulieren wir aufgrund dieser neuen Konzeptualisierungen von Gedächtnis, daß Erinnerungen an konflikthafte und traumatische frühinfantile Ereignisse nur in der sensomotorisch-affektiven Interaktion mit dem Analytiker als einem »bedeutungsvollen Anderen« möglich werden und sich anschließend einem verhaltensändernden, rekategorisierenden Durcharbeiten in der Übertragungsbeziehung erschließen.

Dazu ein Beispiel, das illustrieren soll, daß diese neuen Vorstellungen von Gedächtnis sich als hilfreich erweisen, gewisse klinische Fragen nochmals neu zu betrachten. Es betrifft die Frage nach der depressiven Erkrankung der Mutter des Analysanden während seiner ersten Lebensjahre: In meinem Fallbericht schrieb ich unter anderem:

»Zudem ist kaum zu entscheiden, ob der Eindruck der ›Kälte‹ der Mutter, die während der Analyse verschiedentlich entstanden ist, mit ihrer damaligen Depression oder mit ihrer Persönlichkeitsstruktur zusammenhängt, einer Persönlichkeitsstruktur, die bekanntlich pathogen bei der Trennung von Selbst und Objekt wirken kann und u. a. zu den narzißtischen Persönlichkeitsstörungen beim Kind führt (vgl. Kernberg, 1975). Für die zweite Annahme sprechen zum Beispiel die auffallend starken archaisch-oral getönten aggressiven Impulse des Analysanden (vgl. ›Pferde- und Elefantenträume‹). Zudem kann man die Störung des Analysanden im sexuellen Bereich als primäre Identifikationsstörung bezeichnen, die mit seiner mangelnden Trennung vom weiblichen Primärobjekt zusammenhängt (vgl. Stoller, 1979; Bak und Stewart, 1974, S. 354)« (Leuzinger-Bohleber, 1984, S. 840).

In den letzten 15 Jahren wurde eine Reihe detaillierter Untersuchungen zum Einfluß von mütterlichen Depressionen auf die Entwicklungsprozesse ihrer Säuglinge vorgelegt, die interessante »Antworten« auf meine eben zitierten Fragen zu geben scheinen bzw. meine damalige Vermutung erhärten, daß die Mutter des transvestitischen Patienten schon in dessen erstem Lebensjahr an Depressionen gelitten hat, was die frühen Körpererfahrungen und die basalen Selbst- und Identitätskonflikte meines Analysanden wahrscheinlich entscheidend beeinflußte (vgl. dazu Stern, 1995, S. 99 ff., Leuzinger-Bohleber, 1996).[12]

12 Erst beim Nachdenken über diese Hypothese fiel mir wieder ein,

Ich kann die Ergebnisse dieser Studien hier nur kurz andeuten:

- Depressive Mütter prägen die psychische und psychobiologische Befindlichkeit ihrer Säuglinge entscheidend;
- frühe Depressionen (zum Beispiel Postpartumdepressionen) beeinflussen die »Vitalitätsaffekte« der Mütter und damit ihr gesamtes Interaktionsverhalten (generalisierte Lustlosigkeit, verlangsamte Bewegungs- und Handlungsmuster, eingeschränktes, starres emotionales Repertoire, Immobilität etc.);
- die Depression der Mutter erschwert ein adäquates »mirroring«
- die Depression der Mutter erschwert ein adäquates »attunement«.

Diese Interaktionsstörungen können zu folgenden Wirkungen auf die psychische Entwicklung des Kindes ausüben:

- Beeinträchtigung der frühen Selbstentwicklung (Stern, 1995);
- mangelhafte Integration von Libido und Aggression (vgl. Fonagy et al., 1993; vgl. auch Kernberg, 1975, 1980);
- mangelhaft ausgebildete Selbst- und Objektgrenzen (Leuzinger-Bohleber, 1994);
- Unsicherheiten der basalen Besetzung des Körpers und damit der sexuellen Kernidentität (Leuzinger-Bohleber, 1994).

Wie die eben erwähnten Autoren geht Stern (1995) davon aus, daß die frühen Interaktionserfahrungen im Gedächtnis des Säuglings ihren Niederschlag finden. Wie Edelman postuliert auch er, daß sich je nach Interaktionserfahrungen nach den Prinzipien des neuronalen Darwinismus ein idiosynkratisches Schemanetzwerk »In-Gemeinschaft-mit-dem-Anderen-sein« herausbildet.

daß der Analysand einmal berichtet hatte, sein zweiter Bruder sei nach der Geburt wegen einer Medikamentenunverträglichkeit gestorben. Offenbar hatte die Mutter immer schwere und sogar lebensbedrohliche Geburten erlebt, was mit Hilfe der Medikamente verhindert werden sollte. Diese Information gibt einen vagen Hinweis, daß die Mutter möglicherweise an Postpartumdepressionen (auch nach der Geburt des Analysanden) gelitten hat.

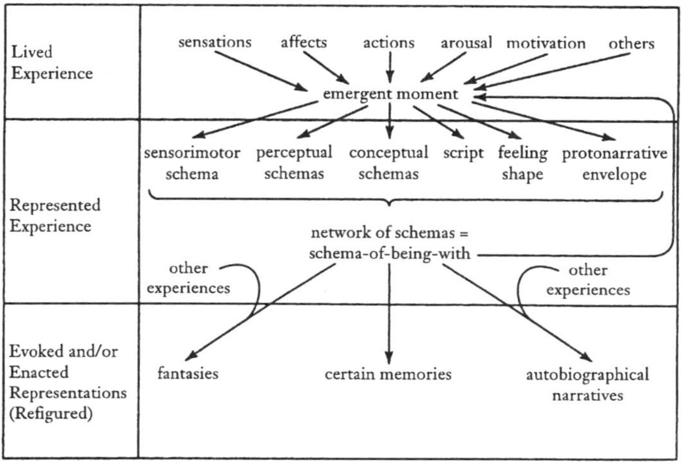

Abbildung 3

Stern unterscheidet vier typische »schemas-of-being-with«, die charakteristisch sind für das Erleben von Säuglingen depressiver Mütter. Er bezeichnet diese Repräsentationen als »dead mother complex«, wobei je nach Depressionsart der Mutter ein bestimmtes Schema dominieren kann:

a) the infant's experience of repeated »microdepression«;
b) the infant's experience of being a reanimator;
c) the experience of »mother as a background context in seeking stimulation elsewhere«;
d) the experience of an inauthentic mother and self.

ad a) Die wiederkehrende Interaktionserfahrung des Babys einer depressiven Mutter kann vereinfacht wie folgt beschrieben werden: Das Baby hat den Wunsch, mit der Mutter zu sein. Die depressive Mutter reagiert aber nicht auf das Kind, ihr Gesicht ist starr und emotionslos, sie bricht den Augenkontakt ab und versucht ihn nicht wiederherzustellen. Sie zeigt wenig responsives, animierendes Verhalten. Das Kind versucht zuerst, die Mutter »zum Leben zu erwecken«, sucht den Augenkontakt, lächelt, strahlt sie an. Gelingt dies nicht, versucht es dies erneut etc. Hat es aber damit auf Dauer keinen Erfolg, führen die invarianten Verhaltensweisen der Mutter beim Kind zu einer »flight of his animation« (Stern, 1995, S. 100): zu einer Flucht aus seinem Zustand des Belebtseins, zu einem Einfrieren der Bewegung, einer Abnahme der positiven Affekte, des mimischen Ausdrucks und der Aktivität. Sie führen beim Säugling zu einem Zustand der »Mikrodepression«. Das heißt, das Kind sucht nun der Mutter nahe zu sein, indem es sich mit ihrer Depression identifiziert und sie mimisch imitiert. Die chronische Interaktionserfahrung mit der depressiven Mutter bewirkt eine Speicherung des »way of being with mother«, die den Wunsch nach Nähe mit Identifikation und einem depressiven Affekt verknüpft, das heißt in einem spezifischen frühen Gedächtnisschema.[13]

Stern illustriert diese Interaktionserfahrung mit der folgenden Graphik:

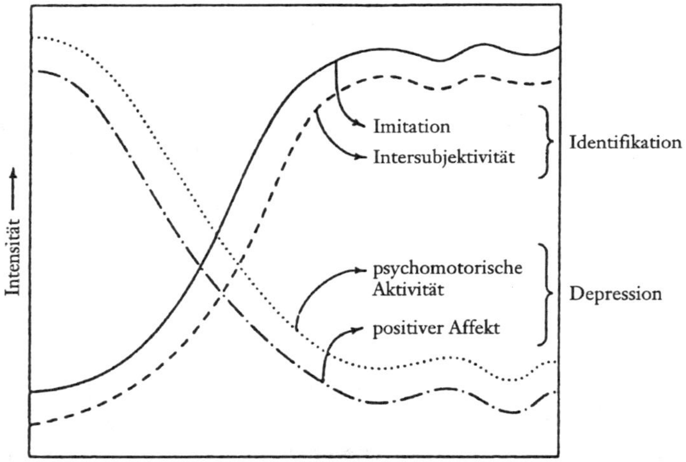

Abbildung 4

13 Wie wir in unserem Beitrag in Band 1 erörtern, werden solche frühen Interaktionserfahrungen im Gedächtnis wie folgt gespeichert:
Falls wir davon ausgehen, daß in aktuellen Beziehungssituationen (das heißt System-Umwelt-Interaktionen) Wahrnehmungen und

Interessant scheint mir, daß solche chronischen Interaktionserfahrungen sich als eine basale »Wahrheit« im Gedächtnis des Kindes niederzuschlagen scheinen: Um Nähe mit seiner primär wichtigen Bezugsperson zu erleben, ist nur die Identifikation mit ihr möglich. Die frühe Interaktion wird also nicht als dialogischer Austausch repräsentiert, sondern als monologische Identifikation.[14] Was ich in meinem Behandlungsbericht unter Bezug auf die Konzepte von Heinz Kohut als »Spiegel-

Bewegungen ähnlich koordiniert und damit rekategorisiert werden wie in den (traumatischen) früheren Interaktionen mit wichtigen Bezugspersonen (vgl. Definition von Clancey, siehe oben) und auf diese Weise unbewußt im Körpererleben, das heißt sensomotorisch-affektiv perpetuiert, mit anderen Worten in Wiederholungen ständig neu konstituiert werden, ist zu vermuten, daß im (gesamten) Verhalten von Herrn B. in den beschriebenen analytischen Sitzungen (und auch in den Traumhandlungen) Traumatisierungen sichtbar wurden, die am ehesten mit dem ersten und vierten Schema beschrieben werden können. So vermuten wir nun, daß in dem auffälligen nonverbalen Verhalten meines Analysanden, seinem extremen Kontrollbedürfnis und seiner panischen Angst vor Passivität unter anderem Spuren seiner Traumatisierungen in frühen Interaktionserfahrungen mit der depressiven Mutter erkennbar wurden, die durch spätere analoge Interaktionserfahrungen immer wieder »überschrieben« wurden. Allerdings gehen wir nicht davon aus, daß solche Erfahrungen durch »strukturelle Analogien« mit der gegenwärtigen Interaktionssituation »statisch abgerufen« bzw »reaktiviert« wurden, sondern daß in der aktuellen Beziehungssituation Wahrnehmungen, Körpersensationen etc. in einer Weise zu einer Konfiguration zusammengefügt wurden, die derjenigen in der ursprünglichen traumatischen Situation (im Sinne einer »neuen«, aber sich dennoch wiederholenden organisierenden seelischen Aktivität) analog ist.

14 Ich kann in diesem Rahmen der für mich interessanten Frage nicht nachgehen, warum die mütterliche Depression bei diesem Analysanden die Entwicklung der beschriebenen transvestitischen Symptomatik begünstigte und nicht zu einer anderen psychoneurotischen Störung führte. Bei anderen von mir behandelten Analysandinnen hatte eine analoge Problematik der Mütter unter anderem psychogene Sterilität zu Folge (vgl. Leuzinger-Bohleber, 1994, 1995).

übertragung« bzw. als »idealisierende Übertragung« beschrieben habe, kann aufgrund dieser Forschungsergebnisse nochmals etwas anders interpretiert werden: Die Beobachtungen in der analytischen Beziehung könnten mit der gespeicherten »Wahrheit« in Zusammenhang stehen, daß eine Nähe zu einer wichtigen Person (nun: der Analytikerin) nur möglich ist, indem – via Identifikationsprozesse – eine Monade entsteht, in der die Unterschiede zwischen Selbst und Objekt verschwimmen. Auch das transvestitische Symptom spricht diese Sprache: Die Nähe zum mütterlichen (weiblichen) Objekt kann nur hergestellt werden, indem man sich mit seinem Geschlecht identifiziert und dabei das eigene, das männliche Geschlecht, verleugnet. Es scheint mir plausibel, daß im Laufe der Psychoanalyse diese »neurotische Wahrheit« modifiziert werden konnte: Der Patient erlebte im psychoanalytischen Prozeß unter anderem, daß er einem menschlichen Gegenüber nahe sein kann, das nicht depressiv ist, sondern ihn empathisch versteht, ohne die Grenzen zwischen dem Selbst und dem Objekt dadurch zu verwischen. Diese neue Erfahrung mit einem »bedeutungsvollen Anderen« integriert (das heißt: rekategorisiert) am Schluß der Psychoanalyse die alte »neurotischen Wahrheit« und ermöglicht dem Analysanden, (mit Hilfe einer vermehrten Selbstreflexion) Nähe zu Liebesobjekten anders zu erleben als jene zu seiner depressiven Mutter.

ad b bis d) Auch die anderen von Stern beschriebenen Reaktionsformen, etwa die Entwicklung einer Überaktivität bei Außenstimulationen (Mutter als Hintergrund) oder eines falschen Selbst bzw. Objekts, konnten in der Analyse dieses Patienten beobachtet werden – vgl. b): »Sonnenscheinkind«, vgl. zum Beispiel Szene mit den Sonnenblumen in der Anfangssitzung; c): überaktive Suche nach Stimulation zum Beispiel im transvestitischen Symptom und d): gravierende Selbststörung im Sinne eines »falschen Selbst«). Auch diese im Gedächtnis erhaltenen »neurotischen Wahrheiten« konnten dank der psychoanalytischen Beziehung weitgehend modifiziert werden, worauf ich aber hier nicht mehr eingehen kann.

Ich möchte lediglich festhalten, daß ich sowohl aufgrund der neueren Forschung zu den Auswirkungen der mütterlichen

Depression auf die Entwicklung des Säuglings als auch aufgrund der biologischen Gedächtnisforschung eine zusätzliche Dimension beim Verständnis des hier diskutierten klinischen Datenmaterials und des abgelaufenen Veränderungsprozesses hinzugewinnen konnte – für mich ein Beispiel, wie fruchtbar sich der interdisziplinäre Dialog mit den Neurowissenschaften auch für den klinisch-psychoanalytischen Praktiker auswirken kann.

3. Zusammenfassung

Mit diesem einführenden Beitrag wollte ich versuchen, verschiedene theoretische Perspektiven (der Objektbeziehungstheorie, der Selbstpsychologie, der Strukturtheorie, der Entwicklungstheorie) auf dasselbe Datenmaterial anzuwenden, um es in seiner Komplexität und schimmernden Vielfalt adäquater zu verstehen und nicht in ein verengendes, eindimensionales theoretisches Raster zu pressen. Eine pluralistische, modellzentrierte Zugangsweise zu klinischen Phänomenen scheint mir das klinische und theoretische Verständnis abgelaufener psychoanalytischer Prozesse zu erweitern und zu befruchten.[15]

15 Die sukzessiv eruierten Erkenntnisse zur idiosynkratischen Psychodynamik dieses Analysanden sowie zu den vielen komplexen Bedeutungen seines transvestitischen Symptoms und deren Bezug zu infantilen Traumatisierungen, wie sie sich in den Träumen wiederentdecken ließen, stehen in Zusammenhang mit »meinen Lernprozessen« und repräsentieren ein Stück *On-line-Forschung*, wie Moser dies bezeichnet; das heißt Forschung, die auf dem einzigartigen Junktim von Forschen und Heilen im psychoanalytischen Setting beruht, einer einzigartigen Forschungssituation zum Studium unbewußter Prozesse, ohne die solche Erkenntnisse nicht zu gewinnen sind. Moser stellte diese Art der Forschung als gleichwertige Forschungsstrategie der sogenannten *Off-line-Forschung* gegenüber, die – etwa im Sinne der vergleichenden Psychotherapieforschung – nachträglich Materialien aus der psychoanalytischen Situation, wie Aufzeichnungen des Analysanden oder des Analytikers, Tonbänder etc., mit wissenschaftlichen Methoden untersucht. Moser sieht beide Forschungsstrategien als notwendi-

Eine analoge Erweiterung des Verstehenshorizonts wird durch den konkreten interdisziplinären Dialog ermöglicht. Ich habe an einigen Stellen angedeutet, daß mir die Auseinandersetzung mit dem Zustandswechsel-Modell und den anderen in Band 1 vorgestellten neurowissenschaftlichen Modellen (zum Beispiel von Machleidt und Solms) ein neues Verständnis mancher psychoanalytischen Beobachtungen erlaubte. Auch wurde kurz erwähnt, daß sich für mich neue Perspektiven zum Verständnis des klinischen Materials aus der Beschäftigung mit dem in Band 1 vorgestellten Ansatz der »Embodied Cognitive Science« ergaben. So möchte ich im Sinne eines ersten Versuchs einer Intergration dieser theoretischen Perspektiven mit jenen des Gedächtnismodells von Moser und von Zeppelin zusammenfassend festhalten, daß wir aufgrund der neueren biologischen Gedächtnisforschung postulieren, daß Prozesse der Erinnerung an traumatische Kindheitserfahrungen nur in einer neuen Interaktion mit einem bedeutungsvollen Anderen (das heißt in der Übertragung) möglich werden: Sie sind an die situative, sensorisch-affektive und schließlich rekonstruierend-verstehende Interaktion gebunden. Erinnern ist abhängig von einem inneren oder äußeren Dialog mit einem Objekt, einem interaktiven Prozeß, einem ganzheitlichen, »embodied«, sensomotorisch-affektiven und kognitiven Geschehen in und zwischen zwei Personen. Herr B. konnte sich nicht allein – für sich – an seine frühen traumatischen Objektbeziehungserfahrungen erinnern. Erst in der neuen System-Umwelt-Interaktion werden Erinnerungen durch aktuelle Koordinations- und Re-

ge gegenseitige Ergänzungen, wobei die Off-line-Forschung vor allem die Wiedereingliederung der Psychoanalyse in den kritisch-interdisziplinären Dialog mit anderen Wissenschaften erleichtert. Diese vermehrte wissenschaftliche Kommunikation der Psychoanalyse mit Nachbardisziplinen betrachteten wir in unserem Diskurs als historisch notwendig. Eine ähnliche Intention lag meiner erwähnten Studie zugrunde, in der ich versuchte, meiner On-line-Forschung auch Off-line-Forschung gegenüberzustellen, etwa in der inhaltsanalytischen Prozeßuntersuchung der Veränderung kognitiv-affektiver Prozesse in fünf Psychoanalysen (vgl. Leuzinger-Bohleber, 1987, 1989).

kategorisierungsprozesse sensomotorischer Stimuli, die früheren Erfahrungen entsprechen, »konstruierbar« und daher auch sukzessiv verständlich. Durch diese interaktiven Prozesse in der Übertragung lassen sich im besten Falle traumatische Erfahrungen, die bisher vorwiegend in sensomotorisch-affektivem Körpererleben perpetuierten, mit visuellen und symbolischen Gedächtnisfunktionen verbinden und dadurch psychisch integrieren.

Damit scheint mir, wie im Beitrag in Band 1 schon erwähnt, die klinisch-psychoanalytische Forschung der letzten Jahre, die immer radikaler postuliert, daß nur ein Durcharbeiten traumatischer Objektbeziehungserfahrungen in der Übertragung zu einer strukturellen Veränderung des Patienten führe, eine interdisziplinäre Abstützung zu erhalten, da sie sich als extern kohärent mit Befunden der biologischen Gedächtnisforschung erweist. Daher kann meines Erachtens zumindest im Hinblick auf das Verständnis von »Erinnern und Durcharbeiten« der interdisziplinäre Dialog zu einer eindeutigen Gewichtung bezüglich der anfangs erwähnten »interlevel-constraints« beitragen. Während mir die erwähnten Ergebnisse der neueren biologischen Gedächtnisforschung als extern kohärent mit Konzeptualisierungen der Objektbeziehungstheorie, der Selbstpsychologie und des Strukturmodells erscheinen, stehen sie eindeutig im Widerspruch zum »energetischen Triebabfuhrmodell«, das daher in der heutigen Psychoanalyse kaum noch aufrechterhalten werden kann.

Bibliographie

Abutalebi, A. (1986): Veränderungen des Wertraums eines Patienten während einer Psychoanalyse. Med. Dissertation, Universität Ulm.

Arlow, J. A. (1985): The structural hypothesis. In: A. Rothstein (Hg.): *Models of the Mind. Their relationship to clinical work.* New York: International Universities Press, S. 21-35.

Bachrach, H. M., R. Galatzer-Levy, A. Skolnikoff und S. Waldrin

(1991): On the efficacy of psychoanalysis. *J. Am. Psychoanal. Assoc.* 39: 871-916.
Bak, R., und W. Stewart (1974): Fetishism, transvestitism and voyeurism: A psychoanalytic approach. *Am. Handbook Psychiatry*, Bd. 3, S. 352-363.
Blos, P. (1979): *The Adolescent Passage. Developmental issues.* New York: International Universities Press.
Bohleber, W. (1987): Die verlängerte Adoleszenz. Identitätsbildung und Identitätsstörungen im jungen Erwachsenenalter. *Jahrbuch der Psychoanalyse* 21: 58-84.
– (1995): Zum Beitrag der neurobiologischen Traumaforschung. Reader der Breuninger-Konferenz zum Trauma, Stuttgart, Oktober 1995.
– (1997): Die Konstruktion imaginärer Gemeinschaften und das Bild von den Juden – unbewußte Determinanten des Antisemitismus in Deutschland. *Psyche* 51, 6: 570-606.
Bowlby , J. (1980): *Verlust, Trauer und Depression.* Frankfurt am Main: Fischer.
Brede, K., und A. C. Karp (1997): Eliminatorischer Antisemitismus: Wie ist die These zu halten? *Psyche* 51, 6: 606-629.
Bürgin, D. (1980): Spätadoleszenz und Autonomie. *Psyche* 34, 5: 449-464.
– (Hg.) (1988): *Beziehungskrisen in der Adoleszenz.* Stuttgart: Huber.
– (1992): Frühe Kindesentwicklung und Familienbeziehung. Forschungsgesuch an den Schweizerischen Nationalfonds. Bern.
– und D. Biebricher (1992): Soziale und antisoziale Tendenz in der Spätadoleszenz. In: M. Leuzinger-Bohleber und E. Mahler (Hg.): *Phantasie und Realität in der Spätadoleszenz.* Opladen: Westdeutscher Verlag, S. 87-103.
Bürkle, K. H. (1987): Veränderungen von Traumdeutungsstrategien in Psychoanalysen. Medizinische Dissertation, Universität Ulm.
Canestri, J. (1994): Psychoanalytic Heuristics. Vortrag, gehalten aauf dem DPV-Kongreß in Wiesbaden am 19. 11. 1994.
Clancey, W. J.(1993): The biology of consciousness: Comparative review of Israel Rosenfield, »The Strange, Familiar and Forgotten: An Anatomy of Consciousness« and Gerald M. Edelman, »Bright Air, Brilliant Fire. On the Matter of the Mind«. *Artificial Intelligence* 60: 313-356.

Clippinger, J. H. (1977): *Meaning and Discourse. A computer model of psychoanalytic speech and cognition.* Baltimore: Johns Hopkins University Press.

Cohen, Y. (1996): Über den Umgang mit Gewalt bei Kindern und Jugendlichen. Vortrag zur Eröffnung des Instituts für Psychoanalyse in Kassel am 3. 7. 1996.

Cooper, A. (1985): In: A. Rothstein (Hg.): *Models of the Mind. Their relationship to clinical work.* New York: International Universities Press, S. 7-25.

– (1991): Evaluation of the 37th IPA Congress. Final overview paper, Congress of the International psychoanalytic Congress, Buenos Aires, 2.August 1991.

Dennett, D. C. (1994): *Philosophie des menschlichen Bewußtseins.* Hamburg: Hoffmann und Campe.

Devereux, G. (1967): *Angst und Methode in den Verhaltenswissenschaften.* München: Hanser.

Emde, R. N. (1991): Die endliche und die unendliche Entwicklung. I. Angeborene und motivationale Faktoren aus der frühen Kindheit. *Psyche* 45: 745-779. II: Neuere psychoanalytische Theorie und therapeutische Überlegungen. *Psyche* 45: 890-913.

Edelman, G. (1987): *Unser Gehirn: ein dynamisches System. Die Theorie des neuronalen Darwinismus und die biologischen Grundlagen der Wahrnehmung.* München: Piper 1993.

– (1988): *The Remembered Present: A biological theory of consciousness.* New York: Basic Books.

– (1992): *Göttliche Luft, vernichtendes Feuer. Wie der Geist im Gehirn entsteht.* München: Piper 1995.

Erdheim, M. (1988): *Die Psychoanalyse und das Unbewußte in der Kultur.* Frankfurt am Main: Suhrkamp.

– (1992): Spätadoleszenz und Kultur. In: M. Leuzinger-Bohleber und E. Mahler (Hg.): *Phantasie und Realität in der Spätadoleszenz.* Opladen: Westdeutscher Verlag, S. 129-142.

Fonagy, P., G. Moran und M. Target (1993): Aggression and the psychological self. *Int. J. Psycho -Anal.* 74: 471-485.

Freud, S. (1895): Entwurf einer Psychologie. *GW*, Nachtr., S. 373-486.

– (1907a): *Der Wahn und die Träume in W. Jensens »Gradiva«. GW*, Bd. 7, S. 29-122.

– (1920g): *Jenseits des Lustprinzips. GW*, Bd. 13, S. 1-69.

– (1927a): Nachwort zur *Frage der Laienanalyse. GW*, Bd. 14, S. 287-296.

Garlichs, A., und M. Leuzinger-Bohleber (1997): Theoriegeleitete Fallstudien im Dialog zwischen Psychoanalyse und Erziehungswissenschaft. In: B. Friebertshäuser und A. Prengel (Hg): *Handbuch Qualitative Forschungsmethoden in der Erziehungswissenschaft*. Weinheim: Juventa, S. 157-177.

Gay, P. (1987): *Freud. Eine Biographie für unsere Zeit*. Frankfurt am Main: Fischer 1989.

Gill, M. M., und P. S. Holzman (Hg.) (1976): *Psychology versus Metapsychology. Psychoanalytic Essays in Memory of George Klein*. New York: Psychological Issues, Monograph.

Goldberg, A. (1985): Psychoanalytic Self Psychology. In: A. Rothstein (Hg.) : *Models of the Mind. Their relationship to clinical work*. New York: International Universities Press, S. 85 -101.

Green, A. (1996): Welche Forschung für die Psychoanalyse. *Newsletter of the International Psychoanalytical Association* (deutsche Ausgabe) 5, 1: 10-14.

Habermas, J. (1968): *Technik und Wissenschaft als »Ideologie«*. Frankfurt am Main: Suhrkamp.

Hoff, D. v., und M. Leuzinger-Bohleber (1997): Versuch einer Begegnung. Psychoanalytische und textanalytische Verständigungen zu Elfriede Jelineks »Lust«. *Psyche* 51,8: 763-801.

Holt, R. H. (1981): The death and transfiguration of metapsychology. *Int. Rev. Psychoanal.* 8: 129-143.

Home, H. J. (1966): The concept of mind. *Int. J. Psychoanal.* 47: 42-49.

Iran Nydad, F. (1987): The schema: A long-term memory structure or a transient functional pattern? In: R. J. Tierney et al. (Hg.): *Unterstanding reader's understanding: Theory and practice*. Hillsdale, N.J.: Lawrence Erlbaum, S. 109-127.

Jüttemann, G. (Hg.) (1990): *Komparative Kasuistik*. Heidelberg: Asanger.

Keilson, H. (1979): *Sequentielle Traumatisierung bei Kindern*. Stuttgart: Enke.

Kernberg, O. (1975): *Borderline-Störungen und pathologischer Narzißmus*. Frankfurt am Main: Suhrkamp 1979.

– (1980): *Innere Welt und äußere Realität*. Stuttgart: Klett-Cotta 1988.

Köhler, L. (1990): Neuere Ergebnisse der Kleinkindforschung.

Ihre Bedeutung für die Psychoanalyse. *Forum der Psychoanalyse* 6: 32-51.
Körner, J. (1985): *Vom Erklären zum Verstehen in der Psychoanalyse*. Göttingen: Vandenhoeck und Ruprecht.
– (1990): Die Bedeutung kasuistischer Darstellungen in der Psychoanalyse. In: G. Jüttemann (Hg.): *Komparative Kasuistik*. Heidelberg: Asanger, S. 93-104.
Kohut, H. (1971): *Narzißmus*. Frankfurt am Main: Suhrkamp 1973.
– (1975): *Die Heilung des Selbst*. Frankfurt am Main: Suhrkamp 1979
Kolk, B. van der (1995): The psychological and biological processing of traumatic memories: the interface between psychoanalysis and neuroscience. Beitrag zum Panel: »Erforschung von Trauma und Gewalt«. Stuttgart.
Laub, D., und S. M. Weine (1994): Die Suche nach der historischen Wahrheit: Psychotherapeutische Arbeit mit bosnischen Flüchtlingen. *Psyche* 48, 12: 1101-1122.
Lear, J. (1997): The Shrink is in. In: M. Leuzinger-Bohleber und U. Stuhr (Hg.): *Psychoanalysen im Rückblick. Methoden, Ergebnisse und Perspektiven der neueren Katamneseforschung*. Gießen: psychosozial, S. 92-106.
Leuschner, W., et al. (1995): Schlaf und Traum als Prozessoren von Teilgedächtnissen. Abschlußbericht zur DFG Studie. Unveröffentlichtes Manuskript.
Leuzinger-Bohleber, M. (1984): Transvestitische Symptombildung. Klinischer Beitrag zur Ätiologie, Psychodynamik und Analysierbarkeit transvestitischer Patienten. *Psyche* 38: 817-847.
– (1987/1989): *Veränderung kognitiver Prozesse in Psychoanalysen*. Bd. 1: *Eine hypothesengenerierende Einzelfallstudie*. Bd. 2: *Fünf aggregierte Einzelfallstudien*. Berlin: Springer (PSZ).
– (1992): Interdisziplinary Exchange or »Turning a Blind Eye«? Defense Mechanisms of Psychoanalysts: A Case Study. In: M. Leuzinger-Bohleber, H. Schneider und R. Pfeifer (Hg.): *»Two Butterflies on My Head…« Psychoanalysis in the interdisziplinary scientific dialogue*. New York: Springer, S. 47-75.
– (1995): Die Einzelfallstudie als psychoanalytisches Forschungsinstrument. *Psyche* 49, 5: 434-481.
– (1996): Erinnern in der Übertragung. Zum interdisziplinären

Dialog zwischen Psychoanalyse und biologischer Gedächtnisforschung. *Psychoth. Psychosom. med. Psychol.* 46: 217-227.

– (1997): Traum: immer noch die via regia zum Unbewußten. Buchbesprechung von U. Moser und I. v. Zeppelin, »Der geträumte Traum«, Stuttgart 1996. *Psyche* 51: 278-286.

– (1997): Psychoanalytische Katamneseforschung und die »Wissenschaft zwischen den Wissenschaften« In: M. Leuzinger-Bohleber und U. Stuhr (Hg.): *Psychoanalysen im Rückblick. Methoden, Ergebnisse und Perspektiven der neueren Katamneseforschung*. Gießen: psychosozial, S. 125-164.

– und A. Garlichs (1993): *Früherziehung West -Ost. Zukunftserwartungen, Autonomieentwicklung und Beziehungsfähigkeit von Kindern und Jugendlichen.* Weinheim: Juventa.

– und R. Pfeifer (1998): Erinnern in der Übertragung: Vergangenheit in der Gegenwart? Psychoanalyse und Embodied Cognitive Science. Ein interdisziplinärer Dialog zum Gedächtnis. *Psyche* 52.

–, R. Pfeifer und C. Scheier (1994): Psychoanalyse und Cognitive Science. »Frame of reference« und Gedächtnis. Unveröffentlichter Vortrag auf dem Kongreß der Deutschen Gesellschaft für Psychologie in Hamburg, 25. 9. 1994.

– und E. Mahler (Hg.) (1993): *Phantasie und Realität in der Spätadoleszenz. Gesellschaftliche Veränderungen und Entwicklungsprozesse bei Studierenden.* Opladen: Westdeutscher Verlag.

Lichtenberg, J. (1989): *Psychoanalysis and Motivation.* Hillsdale: The Analytic Press.

– (1992): Haß im Verständnis der Selbstpsychologie. Ein motivationssystemischer Ansatz. In: Ch. Schöttler und P. Kutter (Hg.): *Sexualität und Aggression aus der Sicht der Selbstpsychologie.* Frankfurt am Main: Suhrkamp, S. 48-76.

Loewald, H. W. (1980): Über Motivation und Triebtheorie. In: ders.: *Psychoanalyse*, Stuttgart: Klett, S. 81-120.

Lorenzer, A. (1985): Spuren und Spurensuche bei Freud. *fragmente* 17/18: 160-197.

– (1987): Zum Widerstandspotential der Pschoanalyse. *fragmente* 19: 185-197.

Mahler-Bungers, A. (1987): Der Trauer auf der Spur. Zu Elfriede Jelineks »Die Klavierspielerin«. *Freiburger literaturpsychologische Gespräche*, Bd. 7. Würzburg: Königshausen und Neumann, S. 80-95.

Marcuse, H. (1965): Das Veralten der Psychoanalyse. In: ders.: *Kultur und Gesellschaft* 2, Frankfurt am Main: Suhrkamp, S. 85-107.

Merkle, G. (1988): Veränderungen des manifesten Trauminhalts während einer Psychoanalyse. Med. Dissertation, Universität Ulm.

Mertens, W. (1994): *Psychoanalyse auf dem Prüfstand*, Berlin: Quintessenz.

Minsky, M. (1988): *The Society of Mind.* New York. Simon and Schuster

Mitscherlich, M. (1997): Erinnern, Wiederholen und Durcharbeiten. Anläßlich von Daniel Jonah Goldhagens Buch »Hitlers willige Vollstrecker«. *Psyche* 51, 6: 479-494.

Modell, A. H. (1984): Gibt es die Metapsychologie noch? *Psyche* 38: 214-235.

– (1985): Object relations theory. In: A. Rothstein (Hg.), *Models of the Mind. Their relationship to clinical work.* New York: International Universities Press, S. 86-101.

Morgenthaler, F. (1974): Zur Theorie und Therapie von Perversionen. *Psyche* 28: 1077-1099.

– (1978): *Technik. Zur Dialektik der psychoanalytischen Praxis.* Frankfurt am Main: Syndikat.

Moser, U. (1989): Wozu eine Theorie in der Psychoanalyse? *Zeitschrift für psychoanalytische Theorie und Praxis* 4, 2: 154-175.

– (1991): Vom Umgang mit Labyrinthen. Praxis und Forschung in der Psychoanalyse – eine Bilanz. *Psyche* 45: 315-335.

–, I. v. Zeppelin und W. Schneider (1991): *Cognitive-Affective Processes: New Ways of Psychoanalytic Modeling*. Berlin: Springer.

– und I. v. Zeppelin (1996): *Der geträumte Traum.* Stuttgart: Kohlhammer.

Newell, A., und H. A. Simon (1972): *Human Problem Solver*. Englewood Cliffs,N.J.: Prentice Hall.

Petermann, F. (1995): Aggressives Verhalten. In: R. Oerter und L. Montada (Hg.): *Entwicklungspsychologie. Ein Lehrbuch.* 3. vollständig überarbeitete und erweiterte Auflage, Weinheim: Psychologie Verlags Union, S. 1016-1023.

Pfeifer, R., und M. Leuzinger-Bohleber (1986): Applications of cognitive science methods to psychoanalysis: A case study and some theory. *International Review of Psychoanal*ysis 13: 221-240.

Pine, F. (1994): Multiple Models, Clinical Practice, and Psychoanalytic Theory: Response to Discussants. *Psychoanalytic Inquiry* 14, 2: 212-235.
Pietzcker, C.(1992): *Lesend interpretieren. Zur psychoanalytischen Deutung literarischer Texte*. Würzburg: Königshausen und Neumann.
Ricoeur, P. (1965): *Die Interpretation. Ein Versuch über Freud*. Frankfurt am Main: Suhrkamp 1969.
Rosenfield, I. (1988): *The Intervention of Memory. A new view of the brain*. New York: Basic Books.
Rothstein, A. (Hg.) (1985): *Models of the Mind. Their relationship to clinical work*. New York: International Universities Press.
Sacks, O. (1987): *Der Mann, der seine Frau mit einem Hut verwechselte*. Reinbek: Rowohlt.
Sandler, J. (1985): A discussion of the various theories. In: A. Rothstein (Hg.): *Models of the Mind. Their relationship to clinical work*. New York: International Universities Press, S. 119-129.
Segal, H. (1985): The Klein-Bion-Model. In: A. Rothstein (Hg.): *Models of the Mind. Their relationship to clinical work*. New York: International Universities Press, S. 35-49.
Schafer, R. (1980): Action and Narration in Psychoanalysis. *New Lit. Hist.* 12: 6185.
Schank, R. C. (1982): *Dynamic Memory*. Cambridge, UK: Cambridge University Press.
Schönau, W. (1991): *Einführung in die psychoanalytische Literaturwissenschaft*. Stuttgart: Metzler.
Spence, D. P. (1982): *Narrative Truth and Historical Tritz: Meaning and interpretation in psychoanalysis*. New York: Norton.
Stern, D. (1985): *Die Lebenserfahrung des Säuglings*. Stuttgart: Klett-Cotta 1992.
– (1995): *Die Mutterschaftskonstellation. Eine vergleichende Darstellung verschiedener Formen der Mutter-Kind-Psychotherapie*. Stuttgart: Klett-Cotta 1998.
Stoller, R. J. (1979): *Perversion. Die erotische Form von Haß*. Reinbek: Rowohlt.
Strenger, C. (1991): *Between Hermeneutics and Science. An Essay on the Epistemology of Psychoanalysis*. New York: International Universities Press.
Vogt, R., und B. Vogt (1997): Goldhagen und die Deutschen. Psychoanalytische Reflexionen über die Resonanz auf ein Buch und

seinen Autor in der deutschen Öffentlichkeit. *Psyche* 51, 6: 494-570.
Waelder, R. (1962): Psychoanalysis, scientific method, and philosophy. *J. Am. Psychoanal. Ass.* 10: 617-637.
Wallerstein, R. S. (1986): *Forty-two Lives in Treatment. A study of psychoanalysis and psychotherapy*. New York: Guilford Press.
(1996): Psychoanalytische Forschung: Wo sind wir unterschiedlicher Meinung? *Newsletter of the International Psychoanalytical Association* (deutsche Ausgabe) 5, 1:15-17.
Warsitz, R. P. (1997): Auf dem Weg zu einem Methodenpluralismus in der Psychoanalyse. In: M. Leuzinger-Bohleber und U. Stuhr (Hg.): *Psychoanalysen im Rückblick. Methoden, Ergebnisse und Perspektiven der neueren Katamneseforschung*. Gießen: psychosozial, S. 203-227.
Weizenbaum, J. (1989): Kinderspiele im künstlichen Forst. Realitätsorientierung in der Märchenwelt. In: H. Dauber (Hg.): *Bildung und Zukunft. Ist das Universum uns freundlich gesonnen?* Weinheim: Deutscher Studien Verlag, S. 185-207.
Whitebook, J.(1996): Sublimierung: ein »Grenzbegriff«. *Psyche* 49, 9/10: 850-881.
Wurmser, L. (1987): *Flucht vor dem Gewissen. Analyse von Über-Ich und Abwehr bei schweren Neurosen*. Berlin: Springer.

Anhang
Zu Gütekriterien von Modellen

Die Frage nach Gütekriterien (zum Beispiel nach der Qualität und der Nützlichkeit) von Modellen stellt sich nie abstrakt, sondern immer bezogen auf einen spezifischen Forschungskontext. Daher ist wichtig, sich als erstes bewußt zu machen, wozu ein bestimmtes theoretisches Modell dienen soll. Dazu einige exemplarische, allerdings nicht erschöpfende Beispiele aus der klinischen und empirischen Psychoanalyseforschung (zur umfangreichen Fachliteratur in diesem Gebiet: siehe Bibliographie).

(a) In einer *theoriegeleiteten, empirischen Studie* psychoanalytischer Prozesse mag ein Modell als Ausgangspunkt für die Bildung von Hypothesen dienen, die anschließend systematisch empirisch untersucht werden:
Ein solches Vorgehen habe ich in der erwähnten Studie zur Veränderung kognitiv-affektiver Prozesse in Psychoanalysen gewählt (Leuzinger–Bohleber, 1987, S. 89). Aus einem nichtpsychoanalytischen Kognitionsmodell in Anlehnung an Clippinger und Pauker wurden Hypothesen zu möglichen kognitiv-affektiven Veränderungen in Langzeitpsychoanalysen abgeleitet und anschließend inhaltsanalytisch anhand von Traumdeutungssequenzen aus den ersten und letzten hundert Stunden der Behandlungen durch Ratings und computerunterstützte Textanalysen überprüft.
Viele methodisch analoge Untersuchungen werden zur Zeit in der Bindungsforschung durchgeführt: Ausgehend von Modellen der Bindungstheorie (zum Beispiel zu den beiden antagonistischen Motivationssystemen: Bindungs- versus Explorationsverhalten) werden Hypothesen generiert, die in empirischen Studien systematisch überprüft werden (vgl. dazu die Bibliographie).

Die Qualität und Nützlichkeit von Modellen in solchen Studien wird unter anderem nach folgenden Kriterien gemessen:
- *Validität* (Sind die aufgrund der Modellvorstellungen generierten Hypothesen für die zu untersuchende Fragestellung valide?)
- *Plausibilität* (Sind die generierten Hypothesen für die zu untersuchende Fragestellung plausibel?)
- *Originalität* (Potenz zur Generierung valider, plausibler Hypothesen)

- *Operationalisierbarkeit zentraler im Modell enthaltener Konzepte* und, damit in Zusammenhang stehend, erzielbare *Reliabilität* bei der empirischen Überprüfbarkeit der generierten Hypothesen
- *Praktikabilität* (Aufwand bei der Operationalisierung der Hypothesen, darauf basierender Raterschulung etc.)
- *Überprüfbarkeit* bzw. *Falsifizierbarkeit* (Können die im Modell enthaltenen Hypothesen durch die empirische Studien überprüft bzw. auch falsifiziert werden? Wie?) Und damit in Zusammenhang stehend: *Modifizierbarkeit des Modells* (Wie gut kann das Modell aufgrund neuer empirischer Daten modifiziert bzw. weiterentwickelt werden?)

(b) In einer *empirischen Grundlagenstudie, die vorwiegend die »Bottom-up«-Strategie präferiert*, dienen theoretische Modelle nach der Durchführung des Experiments dem Versuch, die dort erzielten Beobachtungen zu interpretieren.
Als *ein* Beispiel einer solchen »Bottom-up«-Studie mag die Studie im Traumlabor von Leuschner et al. (1995) zur Verarbeitung von subliminalen optischer Reizen im Nachtschlaf dienen. In dieser ersten Pilotstudie wurde die Verarbeitung subliminaler optischer Reize in Träumen von Versuchspersonen systematisch untersucht. Als Erklärungsmodell für die Interpretation der Beobachtungen wählten die Autoren schließlich eine »Dissoziierungs-Resoziierungs-Hypothese«, die sich am besten eignete, die beobachteten Verarbeitungen der subliminalen optischen Reize in Traumbildern zu erklären.
Die Qualität von Modellen in solchen Studien wird unter anderem an folgenden Kriterien gemessen:
- *Integrationskraft der Erklärung empirischer Detailbefunde* (entstehen »sinnvolle Erklärungsgestalten«, wie viele der Beobachtungen können mit dem Modell widerspruchsfrei und plausibel erklärt werden, wie viele nicht bzw. weniger plausibel etc.).
- *Präzision und Spezifität versus Generalisierbarkeit der angebotenen Erklärung* (Wie genau und wie spezifisch können die empirischen Daten durch das Modell erklärt werden? Ist das Modell auf andere Anwendungsbereiche übertragbar? Verliert es dabei seine Spezifität? etc.). In der *cognitive science* wird daher oft postuliert, daß Modelle auf einem mittleren Abstraktionsniveau formuliert werden sollten, um einen sinnvollen Mittelweg zwischen der Generalisierbarkeit einerseits und der Spezifität der angebotenen Erklärung anzubieten (vgl. dazu Pfeifer und Leuzinger-Bohleber, 1986, 1993 und in Band 1).
- *Originalität versus Sparsamkeit des Modells* (Wie originell wirken die

durch das Modell angebotenen Erklärungen? Wie sparsam sind sie? Wie »umständlich«?)
- *Plausibilität der erzielten Interpretationen* (Sind die Interpretationen für den »gesunden Menschenverstand« bzw. den bisherigen Stand der psychoanalytischen und/oder der empirischen Forschung etc. plausibel?)
- *Relevanz der erzielten Interpretationen* (Sind die Interpretationen alltagspsychologisch oder psychoanalytisch etc. relevant?)
- *Prognosefähigkeit* (Wie genau können Beobachtungen in zukünftigen Studien vorausgesagt werden?)
- *Überprüfbarkeit* bzw. *Falsifizierbarkeit* (Können die im Modell enthaltenen Hypothesen in empirischen Studien überprüfbar bzw. falsifiziert werden? Wie?)

In der empirisch-psychoanalytischen Forschungspraxis wird oft eine Kombination zwischen Top-down- und Bottom-up-Strategien, das heißt eine Mischung von (a) und (b), verwendet. Wir selbst haben den empirisch-psychoanalytischen Forschungsprozeß als geprägt von einer Dialektik zwischen empirischer Beobachtung und theoretischem Verstehen zu beschreiben versucht (vgl. Leuzinger-Bohleber, 1981, 1987, 1989).

(c) Teilweise völlig andere Gütekriterien gelten für Modelle in der klinisch-psychoanalytischen Praxis, deren »Feldforschung« Moser (1991) als Online-Forschung charakterisierte (vgl. dazu auch Leuzinger-Bohleber, 1995):
- *Nützlichkeit* (Wie »nützlich« erweist sich ein bestimmtes Modell für den Analytiker in der Interaktion mit dem Analysanden, zum Beispiel um in anschließenden psychoanalytischen Sitzungen die einleitend beschriebene Haltung der »rêverie« einnehmen zu können? Eignet es sich zum Beispiel in adäquater Weise als innerer Orientierungsrahmen, um Unsicherheiten, Ängste vor der Komplexität und Idiosynkrasie der Beobachtungen, des »Noch-nicht-Verstehens«, produktiv auszuhalten, ohne die Offenheit der Wahrnehmung zu gefährden? Wie fruchtbar erweist es sich im Umgang mit dem Antagonismus Ordnung versus Chaos, der zentral ist für innovative, kreative Prozesse ist, wie dies unter anderem Erdheim, 1993, beschreibt?). Dieses Kriterium steht in Zusammenhang mit der Alterntive *Offenheit versus Geschlossenheit* eines Modells sowie den folgenden Kriterien:
- *Anregung der Phantasietätigkeit, der Kreativität und der »Lust an Entdeckung von Neuem, Unbekanntem«* (Wird der Analytiker von dem Modell zur Entdeckung neuer (unbewußter) Zusammenhänge an-

geregt oder dabei gehemmt? Werden durch das Modell eher innovative oder konservativ-eingeschränkte Phantasieprozesse initiiert?)

- *Nähe des Modells zum klinischen Material* (Wie nahe an unbewußten Prozessen sind die Modellvorstellungen? Zum Beispiel bietet sich eine metaphorisch-bildhafte Sprache oft eher zum Verständnis unbewußter Prozesse im psychoanalytischen Dialog an als eine hoch abstrakte, formalisierte Begrifflichkeit; vgl. dazu unter anderem Wurmser, 1989). Zudem kann ein Modell, das sich eignet, intra- und interpersonelle Konflikte zu beschreiben, sich als adäquater zum Verstehen seelischen Leidens erweisen als Modelle, die keine Konflikte, sondern Regulationszyklen abbilden (wie zum Beispiel kybernetische Modelle; vgl. unten). Analoges gilt für Modelle auf einer hohen Abstraktionsstufe, die sich als weit entfernt vom klinischen Einzelphänomen erweisen.
- Präzision und Spezifität versus Generalisierbarkeit des Modells (Eignet sich das Modell, eine bestimmte klinisch -psychoanalytische Situation präzise und spezifisch zu beschreiben? Inwieweit wird es der Idiosynkrasie des Einzelfalls gerecht? Wie gut eignet es sich anderseits, Vergleiche zwischen Einzelfällen bzw. einzelnen klinischen Situationen im Sinne einer adäquaten »wissenschaftlichen« Generalisierung zu ziehen?)
- *Interne versus externe Kohärenz des Modells* (nach Strenger, 1991) (Wieviel »internes Wissen« der psychoanalytischen *community* ist in den Modellvorstellungen enthalten? Wie reich an intern-psychoanalytischen Forschungsergebnissen ist es? Und andererseits: Steht das Modell im Einklang oder im Widerspruch zum aktuellen Wissensstand anderer Disziplinen?).Vereinfacht ausgedrückt: Arbeitet der Kliniker mit Modellen, die in dem Sinne veraltet sind, daß sie nicht mehr auf dem Stand des heutigen Wissenschaftsdiskurses sind? Dieses Kriterium steht in einem Spannungsverhältnis zum folgenden:
- *Widerspenstigkeit des Modells* (Wie gut eignen sich die Modellvorstellungen, individuell und kollektiv Tabuisiertes, das heißt Unbewußtes, zu verstehen? Hilft es dem Kliniker »querzudenken«, Primärprozeßhaftes wahrzunehmen, oder fördert es eher »Anpassungsdenken«, sekundärprozeßhaftes, kulturkonformes Denken etc.? (Vgl. dazu unter anderem Marcuse, 1965; Mertens, 1994).
- Ob ein Modell eher die *produktive Selbstreflexion und Selbstkritik* oder *»falsche« Sicherheiten bzw. eine »erkenntnistheoretische Trägheit«* fördert, ist ein weiteres Gütekriterium für Modelle in der klinisch-psychoanalytischen Situation. Wir könnten hier auch vom *Heraus-*

forderungspotential des Modells für den Wahrnehmungs- und Erkenntnisprozeß des Klinikers sprechen (vgl. zum Beispiel »altbekannt-abgeschliffene« versus unbekannt-fachfremde Modelle).

(d) *Modelle im metatheoretischen, wissenschaftlichen Diskurs der Psychoanalyse* werden nach teilweise wiederum anderen Gütekriterien beurteilt, wobei der metatheoretische (oder metapsychologische) und wissenschaftliche Diskurs einen hohen Abstraktionsgrad der diskutierten Modelle betrifft. Waelder (1962) hat bekanntlich sechs verschiedene Abstraktionsstufen in der Theoriediskussion der Psychoanalyse unterschieden. Wir haben hier die beiden abstraktesten Stufen (Metapsychologie und Philosophie) im Auge. Für Modelle auf dieser Abstraktionsstufe gelten folgende Kriterien:

- *theoretische, logische und begriffliche Präzision* (Wie präzise sind die theoretischen Modellvorstellungen und die darin entfaltete Logik und Begrifflichkeit?)
- *innere Konsistenz* (Wie konsistent ist das Modell? vgl. dazu unter anderem Moser und von Zeppelin, 1996)
- *Grad der empirischen Abstützung* (In welchem Umfang sind die Modellvorstellungen und -konzeptualisierungen empirisch abgestützt?)
- *Gültigkeit* (Für welche Bereiche erweist sich das Modell als »gültig«? Wie gut sind die Grenzen der Gültigkeit beschrieben?)
- *Validität* (Ist das Modell für den Bereich, den es konzeptualisiert, valide? Wie wurde die Validität überprüft?)
- *Überprüfbarkeit* (Ist das Modell empirisch bzw. klinisch überprüfbar? Wie?)
- *Formalisierbarkeit* (Handelt es sich um ein verbalsprachliches oder ein formalisiertes und daher leicht operationalisierbares Modell?)
- *Eleganz* (Wie elegant – und sparsam – ist das Modell?)
- *Innovation* (Wie innovativ ist das Modell? Eignet es sich, theoretische und empirische Innovationen zu initiieren?)
- *interne und externe Kommunizierbarkeit* (Wie leicht läßt sich das Modell innerhalb und außerhalb der psychoanalytischen *community* mitteilen? Sind die darin enthaltenen Konzeptualisierungen leicht zu verstehen, ohne daß man auf ein gewünschtes Niveau an Differenziertheit verzichten müßte?)

(e) Viele der unter (d) genannten Gütekriterien gelten auch für *Modelle im interdisziplinären Dialog* der Psychoanalyse mit anderen wissenschaftlichen Disziplinen. Zusätzlich können noch folgende Kriterien genannt werden:

- *Transparenz* (Wie transparent ist das Modell für Fachfremde, zum Beispiel bezüglich der empirischen Abstützung der Konzepte, der Präzision der Begriffe, der Logik, der inneren Kohärenz, der Validität und des Gültigkeitsbereichs etc.?)
- *Vermittelbarkeit* (Wie leicht läßt sich das Modell Fachfremden vermitteln, ohne Simplifizierungen anheimzufallen? In welchem Maße eignet es sich, Mißverständnisse zu generieren bzw. zu vermeiden?)
- *Attraktion* (Wie attraktiv ist das Modell auf Anhieb für Fachfremde? Weckt es Neugier, Interesse, Lust, sich damit intensiver zu beschäftigen, oder stößt es Fachfremde eher ab?)

In einigen Beiträgen beider Bände wird implizit oder explizit auf solche Gütekriterien von Modellen im interdisziplinären Dialog Bezug genommen. Im zweiten Band stehen implizit vor allem Gütekriterien für Modelle in der klinisch-psychoanalytischen Situation zur Diskussion, wobei es vorwiegend dem Leser überlassen bleibt, die einzelnen Gütekriterien als »Maßstäbe« für die von den Autoren benutzten Modellvorstellungen zu applizieren und zu reflektieren.

Andreas Hamburger
Solo mit Dame

Traumgeschichten einer Psychoanalyse

Vorbemerkungen

Ich will im folgenden das reiche Traummaterial, das uns Marianne Leuzinger-Bohleber zur Verfügung gestellt hat, unter dem Gesichtspunkt des Narrativs, wie ich ihn in meinem Beitrag zu Band 1 skizziert habe, wenigstens in einem ersten, oberflächlichen Versuch interpretieren. Dieses Material ist gerade für diese Art der Interpretation sehr kostbar; stellt es doch die Geschichte, die dieser Traum zwischen Erzähler und Zuhörerin ins Leben gerufen hat, in zwei getrennten Nacherzählungen dar. Ohne die große Offenheit, mit der beide Einblick in ihre Werkstatt gewähren, wäre die folgende Rekonstruktion nicht möglich.

1. Textkritische Überlegungen

Eine philologische Tugend will, daß wir vor der Interpretation eines Textes darlegen, welche Quellen wir verwenden, nach welchen Überlegungen wir aus möglicherweise verschiedenen Überlieferungen einen Text kompilieren. Im vorliegenden Fall müssen wir von verschiedenen zeitlich gestaffelten Texten ausgehen. Diese Überlegungen gelten sowohl für den Anfangstraum (AT) wie für den Endtraum (ET).

T_0 Der geträumte Traum. Diese Textebene ist verschollen. Niemand kann sagen, ob sie je in Form eines »Textes« bestanden hat. Aber sie ist die Fassung, auf die sich T_1 und mit ihm alle späteren Textfassungen berufen.

T_1 Der erinnerte Traum. Da er nicht schriftlich fixiert ist und da Traumtexte wegen ihres rekonstruktiven Charakters äußerst anfällig sind für nachträgliche Umschreibungen, muß auch dieser Text als verloren gelten, soweit er nicht im Gedächtnis des Träumers noch fortexistiert. Seine Quellen sind in T_0 und in den Gedanken beim Aufwachen zu sehen.

T_2 Der erzählte Traum. Auch dieser Text ist mangels einer synchronen Mitschrift oder eines Tonbandmitschnittes verloren. Wir haben aber zwei jüngere Quellen, T_3 und T_4, die beide auf T_2 Bezug nehmen. Vor allem T_4 hat den Anspruch, eine exakte Wiedergabe von T_2 zu sein.

T_3 Die Fassung im Tagebuch des Patienten. Das Tagebuch soll zwar seiner Intention nach eine Analysetagebuch sein, beansprucht also Identität mit T_2, doch ist es wahrscheinlich, daß bei einem Konflikt zwischen T_2 und T_1 in der Erinnerung des Träumers auch eine bewußte Korrektur von T_2 mit eingeht. Aufgrund der Tatsache, daß T_1 zumindest teilweise im Gedächtnis des Träumers noch existiert, gehe ich davon aus, daß T_3 näher bei T_1 liegt als T_2 und T_4. T_3 enthält auch Hinweise auf den Stundenverlauf, doch beschränken sie sich weitgehend auf seine eigenen Assoziationen zum Traum. Zwei unverständlich gebliebene Fragen der Analytikerin werden erwähnt.

T_4 Das Gedächtnisprotokoll der Analytikerin. Es wurde unmittelbar nach der Sitzung auf Band diktiert. Die Analytikerin ist darauf trainiert, Stundenverläufe exakt zu erinnern und unverzerrt (bzw. unter Reflexion ihrer eigenen Verzerrungstendenzen) wiederzugeben. Wir können also davon ausgehen, daß T_4 diejenige Fassung ist, die am nächsten bei T_2 liegt. Sicher gehen auch andere Quellen mit ein, insbesondere aus der Übertragungs- und Gegenübertragungsdynamik der Stunde. Auch die psychoanalytische Theorie kann zu einer Kontamination des Textes bzw. zu seiner Anreicherung gegenüber T_2 führen. In T_4 ist auch ausführlich der weitere Verlauf der Stunde dokumentiert, mit Rede und Gegenrede, teilweise zusammenfassend, sowie mit Gedanken, die sich die Analytikerin während der Sitzung gemacht hatte.

Beide uns vorliegenden Texte, T_3 und T_4, sind nach der Stunde angefertigt. Ich gehe davon aus, daß beide von T_2 abweichen, jeweils beeinflußt durch die subjektive Wahrnehmung, wobei die Abweichung in der Fassung des Patienten zusätzlich eher in Richtung von T_1 oder sogar T_0 weist (also auch nicht erzählte Elemente des erinnerten Traums oder neu aufgetauchte Traumerinnerungen enthält), während die Fassung der Analytikerin eher in Richtung ihrer Verarbeitung der Stundendynamik weist, also vielleicht szenische Elemente der Sitzungsdynamik in den Traum hineinwebt.

2. Frau Weber wurde zutraulich. Ein Initialtraum

Betrachten wir nun den Anfangstraum der Analyse (AT) als eine sich entwickelnde Geschichte. Ich beschränke mich dabei strikt auf den Wortlaut der beiden Sitzungsprotokolle AT_3 und AT_4; wo ich externe Informationen verwende, wird das ausdrücklich vermerkt. Es geht mir nicht darum, aus dem Traum etwa Prognosen über den Analyseverlauf, Hinweise auf die Symptomatik des Patienten oder ähnliches abzuleiten. Die Traumerzählung und ihre gemeinsame Fortentwicklung zur Geschichte stehen im Vordergrund meiner Analyse.

2.1 Zur Exposition (Szene der Traumerzählung aus AT_3 und AT_4)

Der Patient beginnt die Stunde mit einem Vorsatz. Schon dieser Vorsatz wird in den beiden vorliegenden Protokollen unterschiedlich präsentiert. Der Patient zitiert sich so: *Ich habe mir vorgenommen, alle Träume zu erzählen, da sie eine von meinem Verstand kleinstmöglich verzerrte Darstellung meines Unterbewußtseins erlauben* (AT_3). Die Analytikerin notiert in ihrem Protokoll das Ansinnen des Patienten um eine Nuance anders akzentuiert: *Ich habe mir vorgenommen, alle Träume hier zu erzählen, da dies einen Einblick in mein Unbewußtes bietet* (AT_4). Sie bemerkt dazu, daß sie darauf *irritiert* reagiert, und es fällt ihr auf, daß der Patient eine *gestelzte Sprache* pflegt.

Betrachten wir diese Anfangssequenz, so fällt auf, daß der Patient hier den Versuch unternimmt, eine Szene zu entwikkeln, der ihm aber insofern mißlingt, als die Analytikerin an der Oberfläche seiner getragenen Sprache abprallt. Die Szene wäre – nach seiner Darstellung – gewesen: »Ich umgehe meinen verzerrenden Verstand und gebäre Träume, rätselhafte Texte, die ich selbst nicht verstehe und die ich doch verfaßt habe. Ich verbinde zwar mit dieser Haltung auch eine Hoffnung, nämlich eine Erlaubnis zur *kleinstmöglich verzerrte*(n) *Darstellung meines Unbewußten*. Das würde ich aber nicht spontan tun, sondern ich muß es mir *vornehmen.* Ich bin der Held, der sich überwindet, etwas zu tun, um ein hohes Ziel zu erreichen. Das hohe Ziel ist meine *Darstellung*, und zwar *kleinstmöglich verzerrt* – eine reine Erscheinung.

Der Analytikerin paßt diese Geschichte nicht, oder besser: Sie paßt in diese Geschichte nicht. Das Angebot klingt in ihrer Erinnerung allerdings auch etwas anders, als es der Patient im Tagebuch formuliert: nämlich so, als habe er das Ziel des Helden weniger als einsame Erscheinung formuliert, sondern ihm eine Szene zugeordnet, der Darstellung ein – wenn auch unspezifisches – Publikum verliehen: *Einblick* (AT_4) enthält, anders als *Darstellung* (AT_3), einen Blick, ein Auge. Die Szene in der Erinnerung der Analytikerin ist um eine Figur ergänzt: eine beobachtende Instanz, der der Held nach bestandener Prüfung »Einblick geben« kann. Folgt man AT_4, so will er nicht nur das Mysterium der Unverzerrtheit erreichen. Sondern jetzt geht es darum, sich transparent zu machen, sich einem Blick zu unterwerfen. Durchsichtigsein ist die Devise.

Aber die Analytikerin wird in diese Geschichte nicht hineingelockt – oder er bietet sie ihr so an, daß sie gar nicht hineinkann. Sie will – oder soll – vielleicht nicht die voyeuristische Vertreterin der Durchsichtigkeitsregel sein. Und sie will – oder soll – auch nicht das Publikum einer gereinigten Epiphanie werden. Sie verwahrt sich innerlich gegen *gestelzte Sprache.*

2.2 *Der Anfangstraum*

Der Patient setzt aber beharrlich seinen dornigen Weg zur Durchleuchtung fort: er verwirklicht seinen Vorsatz und erzählt nun einen Traum. Ich zitiere die Protokolle synoptisch, links das Tagebuch des Patienten, rechts das Protokoll der Analytikerin. Im Interesse der folgenden Analyse gliedere ich die beiden Traumerzählungen in jeweils drei Sequenzen.

Traumprotokoll AT_3

(1) Straße, zwei rote ältere Backsteinhäuser. Ich war bei Rahel zu Besuch. Sie wohnte in dem einem Haus. Ich sollte eine Bettdecke ins andere Haus bringen, in dem Frau Weber wohnte. In der Wohnung wußte ich nicht, wohin ich sie legen sollte – Plötzlich lag ich dann auf einem schrägen Bett. Frau Weber wurde zutraulich. Sie legte sich zu mir aufs Bett, ich wollte aber nicht. Dann war das Bett plötzlich auf einer Erhöhung (Heuhaufen), und Webers Nachbarn liefen vorbei und beschimpften Frau Weber, da sie mit mir unter einer Decke lag.

(2) Ich wollte mich rechtfertigen, war in einem auf einer Seite offenen Zimmer. Leute sahen mir beim Ankleiden zu und lachten mich aus, da ich mich als Frau verkleiden wollte. Ich wollte nicht, daß sie alle zusahen, und hatte Angst. Ich vergaß auch ein Kleidungsteil, so daß ich mich erneut umkleiden mußte. Dann hatte ich den Eindruck, daß ich den Leuten, die mich auslachten, nun etwas vormachen sollte. Ich wollte tanzen.

(3) Eine Autoscooterhalle war die Tanzfläche; sie war erhöht wie eine Galerie und verschnörkelt wie ein Mississippidampfer. Ich tanzte durch die Luft fliegend. Ende!

Traumprotokoll AT_4

(1) Ich gehe durch eine Straße zwischen zwei roten Häusern und habe eine Decke in der Hand. In einem Haus wohne ich mit meiner zweiten Freundin Rahel. Ich gehe ins Haus, in dem Rahels Mutter wohnt, und sehe ein schiefes Bett. Es steht auf einem Heustock. Ich liege dann plötzlich in diesem Bett, und Rahels Mutter beugt sich über mich. Dann kommen viele Leute und lachen, ja, sie lachen Frau Weber aus, sie habe mit mir geschlafen. Dies ist mir sehr peinlich, wir verstecken uns beide unter der Decke.

(2) Ich rechtfertige mich dann, dies stimme nicht, stehe auf, bin aber ohne Kleider, gehe weg, ziehe Frauenkleider an

(3) und bin dann plötzlich auf dem Vordeck eines Mississippidampfers, auf dem alles verschnörkelt ist. Dort tanzen viele Leute. Ich muß demonstrieren, »was ich kann«, tanze auch und fliege dann davon.

Der irrende Bote
(1. Traumsequenz in AT_3)

Der Traumbericht des Patienten beginnt wie die Szenenanweisung eines Dramas. *Straße, zwei rote ältere Backsteinhäuser* (AT_3). Nach dieser Exposition greift er zeitlich zurück, erklärt, wo er herkommt: *Ich war bei Rahel zu Besuch*. Auftritt des Träumers als Botengänger zwischen zwei Häusern: *Ich sollte eine Bettdecke ins andere Haus bringen, in dem Frau Weber wohnte.* Er geht also mit einer Decke in der Hand zu Frau Weber, der Mutter seiner Freundin. Er soll sie dort hinbringen, aber er weiß nicht, wohin er sie legen soll. Der Held als Bote, der nicht recht Bescheid weiß.

Und nun geschieht etwas, was der Träumer selbst als einen Bruch empfindet: *Plötzlich*[1] *lag ich auf einem schrägen Bett. Frau Weber wurde zutraulich. Sie legte sich zu mir aufs Bett, ich wollte aber nicht.* Frau Weber scheint Bescheid zu wissen. Der Träumer nicht. Was wollte er nicht? Das spart er aus. Er weiß über diese Dinge nichts Genaues zu sagen. An dieser Stelle bricht die Erzählung wieder ab, und der Erzähler konstatiert einen Bruch. Ich nehme an, daß er die Geschichte von dem verwirrten Boten, der einmal eine Mutter traf, die Bescheid wußte, nicht weiter erzählen will.

Dann war das Bett plötzlich auf einer Erhöhung (Heuhaufen), und Webers Nachbarn liefen vorbei und beschimpften Frau Weber, da sie mit mir unter einer Decke lag. Hier hebt eine neue Erzählung an: Es waren einmal ein junger Mann und die Mutter seiner Freundin, die steckten unter einer Decke, sehr zum Ärger der Nachbarn der Frau. Da wuchs unter dem Bett ein Heustock hervor.

1 Das *Plötzlich*, das im Traum so gern auftaucht, signalisiert als narratives Element, daß hier der Träumer selbst die Perspektive der Erzählung verläßt. An dieser Stelle kann ein Traum enden oder in einen neuen Anlauf münden. Das paßt sowohl zu den »Brüchen« in Argelanders (1982a, 1982b) bruchorientierter Lektüre als auch zu den »Interrupts« im Modell von Moser und von Zeppelin (1980).

Die Mutter weiß Bescheid (1. Traumsequenz in AT_4)

Es kommt nun darauf an, ob wir dem Träumer folgen wollen in eine Welt, in der selbstverständlich Heustöcke unter dem Bett wachsen. Während das in der Exposition noch schwierig war (siehe 2.1), ist die Analytikerin nun bereit, diesen Schritt durch den Spiegel zu tun. Der Träumer hat sie in die Geschichte eingewickelt. Er hat es ja auch so geträumt: Im Traum bringt er die Decke zur Mutter. In der Stunde bringt er den Traum zur Analytikerin. Sie schlüpft mit unter die Decke, aber vorsichtig: stellt ihm ihren inneren Raum zur Verfügung: hört zu, ohne zu protestieren: läßt innere Bilder aufkommen, die diese Welt weiter bevölkern. Sie kann ihm nachfühlen und findet es natürlich, daß er mit der Decke in der Hand zur Mutter seiner Freundin geht. Im Hineingehen in die Geschichte, die die Traumerzählung in ihr auslöst, schreibt sie sie neu. Ein Stück dieser Umschreibung mag sich in AT_4 niedergeschlagen haben, neben den Abweichungen, die der Träumer zwischen AT_2 und AT_3 einführt.

Wir finden in AT_4 eine neue Komposition des Materials: Hier beginnt die Erzählung gleich mit einem Auftritt, ohne Szenenanweisung, im Präsens. Das wirkt insgesamt erzählender, dynamischer. Sie sieht keinen verwirrten Boten, der von einem Haus zum anderen gehen soll, sondern einen eher abenteuerlustigen jungen Mann mit einer Decke, der *durch eine Straße zwischen zwei roten Häusern* geht. Also eine andere Bewegungsrichtung. Auch *soll* der Träumer nichts, sondern er *hat* etwas *in der Hand*. Die *Decke* ist in dieser Geschichte kein Transportgut, sondern ein Attribut. Sie erinnert an eine Schmusedecke und hat vielleicht etwas sehr Tröstliches. Der Träumer wirkt trotzdem nicht so irrend wie in der ersten Fassung; dort wohnt nur die Freundin in dem einen Haus, hier wohnt er mit der Freundin *zusammen* dort. Aber, und das ist der Handlungsansatz dieser Variante, er entschließt sich, mit seiner Decke ins Haus der Mutter zu marschieren. Wer weiß, was daraus werden soll.

Jedenfalls wird zunächst kein Bruch daraus wie in der Tagebuchfassung: sondern die Geschichte geht flüssig weiter und nimmt die Hürde der ersten Merkwürdigkeit gelassen: *Ich gehe ins Haus, in dem Rahels Mutter wohnt, und sehe ein schiefes Bett. Es steht auf einem Heustock* (AT_4). Der Träumer hat in dieser Fassung auch keinen Zweifel mehr, wohin er die Decke legen soll – dieser Zweifel ist aus dem Narrativ zusammen mit dem Auftrag verschwunden, sie dort abzuliefern.

Wenn ich bis hierher den Duktus der beiden Erzählungen vergleiche, so erscheint mir die Variante der Analytikerin sicherer, zielstrebiger und weniger schreckhaft als die des Patienten. »Die Mutter weiß Bescheid.«

Aber welchen Bescheid weiß die Mutter? Zwar ist in ihrer Version der Heustock selbstverständlich in die Traumszenerie eingeführt, aber ein anderes Element ist nach hinten gerutscht, wobei es gleichzeitig umgeformt und durch eine »Bruch«-Markierung (»*plötzlich*«) abgetrennt wurde: *Ich liege dann plötzlich in diesem Bett, und Rahels Mutter beugt sich über mich.*[2] Das ist nun wirklich ein spannender Punkt. In dieser Version ist also das Bett von Anfang an selbstverständlich ein Heustock-Bett, aber die Szene der Zutraulichkeit von Rahels Mutter hat einen wesentlich anderen Charakter. In der einen Version (AT_3) liegt er *auf*, in der anderen (AT_4) *in* dem Bett, dort wird Frau Weber zutraulich und legt sich zu ihm aufs Bett, und er *wollte aber nicht* (AT_3), hier *beugt* sie *sich über* ihn (AT_4), ohne daß das Widerstreben erscheint. In AT_3 wird danach erst das Bett plötzlich auf den Heustock versetzt, wobei im selben Atemzug die Nachbarn auftauchen, während in AT_4 das Darüberbeugen schon auf dem Heustock geschieht (übrigens eine erzählerische Kühnheit – denn wie stellt sie das an?) und dem Auftritt der Leute unmittelbar vorangeht.

2 Nicht zu vergessen: Wir wissen nicht, ob diese Transformation der Rekonstruktion der Analytikerin entspringt oder der Zensur des Patienten, der vielleicht den Traum so erzählt hat und eben nicht so, wie er ihn im Tagebuch notiert hat. Aus der Sicht einer interaktionellen Traumtheorie ist das aber nicht so zentral: auf die eine oder andere Weise ist im Container der Analytikerin jedenfalls diese Version angekommen.

Zwei Leidenschaften (1. Traumsequenz im Vergleich von AT_3 und AT_4)

Fassen wir den bisherigen Verlauf zusammen: Der Patient (AT_3) erzählt davon, daß ein junger Mann mit einer mütterlichen Frau in einem Bett liegt, welches plötzlich auf eine Erhöhung (Heuhaufen) versetzt wird. Sie legt sich zu ihm ins Bett, er mag nicht, und schon wächst darunter ein Heustock, wie das Stroh in der Kammer der schönen Müllerstochter.

Die Version der Analytikerin (AT_4) läßt sich anders an. Sie handelt auf einem Heustock. Da beugt eine Mutter sich über ein Bett, in dem ein Junge liegt. Dann kommen Nachbarn und *lachen*, weil sie *mit ihm geschlafen habe* (Konjunktiv!). Die zweite Version ist zunächst vorsichtiger, zurückhaltender. Sie verzichtet auf die Merkwürdigkeit, daß das Bett der Vereinigung *plötzlich* erhöht und von Heu unterfüttert ist. Die sexuelle Zudringlichkeit samt Heu-Erhöhung kommt nicht vor, dafür ein mütterliches Beugen. Aber dafür benennt sie am Schluß deutlich einen sexuellen Vorgang. Erst danach geraten in dieser Version die beiden unter die Decke: *Dies ist mir sehr peinlich, wir verstecken uns beide unter der Decke.*

Unterschiedlich auch die Rolle von *Frau Webers Nachbarn* bzw. der *vielen Leute*. In AT_3 werden Nachbarn angelockt, sie *liefen vorbei* und *beschimpften* Frau Weber, *da sie mit* ihm *unter einer Decke lag* (Indikativ) und Heu produzierte. Das Bild der sexuellen Verführung löst Wut auf etwas real Sichtbares aus. In AT_4 treten *Leute* auf, und sie reagieren anders: sie *lachen Frau Weber aus*, weil sie etwas vermuten: *sie habe mit mir geschlafen.* Mütterliche Zuwendung löst Spott über etwas Phantasiertes aus.

Rechtfertigungen und Verkleidungen oder: Wie kommt man zum Mississippi? (2. Traumsequenz in AT_3)

An dieser Stelle tritt der Traum mit einem Szenenwechsel in die Phase der Rechtfertigungen ein. Die Tagebuchversion (AT_3) schlägt da zunächst einen Erzählstil in Einzelbildern an:

Ich wollte mich rechtfertigen, war in einem auf einer Seite offenen Zimmer. Leute sahen mir beim Ankleiden zu und lachten mich aus, da ich mich als Frau verkleiden wollte. Mit diesem begründenden Nebensatz kommt die Handlung wieder in Bewegung, die Erzählung wird flüssiger. Man hat den Eindruck, daß die Erzählweise wieder wie am Anfang die Struktur hat: Szenenanweisung, Vorhang: Der Held auf der Guckkastenbühne. Was spielt sich dort ab? Den Inhalt des Stückes enthält schon der Nebensatz: *...da ich mich als Frau verkleiden wollte. Ich wollte nicht, daß die alle zusahen, und hatte Angst. Ich vergaß auch ein Kleidungsteil, so daß ich mich erneut umkleiden mu*bte. *Dann hatte ich den Eindruck, daß ich den Leuten, nun etwas vormachen sollte. Ich wollte tanzen.* Aha, nun *will* also der Held so einiges. Er will sich rechtfertigen, aber wenn der Vorhang sich hebt, sieht man ihn beim Anlegen von Frauenkleidern. Und er will tanzen. Wie mag das zusammenhängen, das Rechtfertigen mit den Frauenkleidern, das Beobachten mit dem Tanzen? Vielleicht findet er, daß es weniger anstößig ist, wenn er eine Frau ist, und daß dann die Nachbarn gar nicht so schimpfen müßten? Und vielleicht findet er, dab die Beobachtung weniger entlarvend, weniger aquariumshaft wird, wenn er sich als großartiger Tänzer zeigt?

Er wechselt die Szene. *Eine Autoscooterhalle war die Tanzfläche; sie war erhöht wie eine Galerie und verschnörkelt wie ein Mississippidampfer. Ich tanzte durch die Luft fliegend. Ende!* (AT_3) Erneute Szenenanweisung. Der Raum dehnt sich aus, wird zur Autoscooterhalle. Eine wunderbare Solotanzfläche, riesig und glatt[3] und in einem schön verschnörkelten Rahmen. Leergefegt, keine lästigen kleinen Autos, die hat man alle abtransportiert, und die metallische Fläche in buntes Licht getaucht. Ein würdiger Rahmen für einen Star. Wieder findet eine Erhöhung statt, wie eine Galerie – aber es ist nicht mehr gewöhnliches Heu, sondern nun ist es gar der Mississippi, über den der Held hinwegtanzt – nein, auch der Mississippi nicht, er kann jetzt fliegen, und bevor er auch darüber hinauswüchse ins Unermebliche, beendet er mit auktorialer Geste seinen Traum: *Ende!* Mit die-

3 Grunberger (1986) würde diese Glätte als Ausdruck der perversen Monade hervorheben.

sem fast überstürzten Schluß hat der Traum in mehreren Anläufen eine Geschichte erzählt, die sozusagen den amerikanischen Traum formuliert: vom verwirrten Botenjungen zu Margot Fonteyn *Over The Waves*.

Dort tanzen viele Leute (2. Traumsequenz in AT_4)

Anders die Version im Stundenprotokoll der Analytikerin (AT_4). Sie rafft die Handlung in einer aufzählenden Reihung: *Ich rechtfertige mich dann, dies stimme nicht, stehe auf, bin aber ohne Kleider, gehe weg, ziehe Frauenkleider an und bin dann plötzlich auf dem Vordeck eines Mississippidampfers, auf dem alles verschnörkelt ist. Dort tanzen viele Leute. Ich muß demonstrieren, »was ich kann«, tanze auch und fliege dann davon.* Da wirkt trotz der syntaktischen Klammer doch der Anfang bewegter, dynamischer. Es ist keine Szenenanweisung, sondern gleich eine Handlung, sogar verbunden mit einem Zitat, mit der der Satz beginnt. Im Vergleich fällt auf, daß diese Erzählung das starke Symbol des auf einer Seite offenen Zimmers nicht verwendet. Es wird aber ersetzt durch einen weniger symbolischen Umstand: Der Träumer ist in dieser Version ohne Kleider. Aber merkwürdigerweise löst auch dieser peinliche Umstand kein Verweilen aus, der Satz jagt weiter von Komma zu Komma, der Erzählgestus wirkt jetzt deutlich ungeduldig. Das Galoppierende des Schlusses, das schon in der Version des Analysanden aufgefallen war, setzt in der Nacherzählung der Analytikerin jetzt schon ein. In der Tagebuchfassung ist an diesem Punkt der Handlung dagegen noch Platz für Gefühle und Erwägungen (*ich wollte ... wollte nicht ... hatte den Eindruck ... sollte ... wollte*) und für Umwege (*vergaß ... mußte ... erneut*). Die Schilderung der transvestitischen Erhöhung wirkt in der Fassung des Patienten deutlich genüßlicher. In AT_4 dagegen ist dieser Genuß, sich als Frau zu zeigen, zu tanzen über alle Maßen und bis zur Levitation, völlig verschwunden. Hier wird eine andere Geschichte erzählt: *Dort tanzen viele Leute. Ich muß demonstrieren, »was ich kann«, tanze auch und fliege dann davon.* Es ist also kein Solo, sondern ein Wettkampf, er soll beweisen, daß er auch was kann. Und dann fliegt er weg, ciao, wie Mary Poppins. Seine Leistung hat er gebracht. Im Gegensatz zum Patienten erinnert die Analytikerin, er habe die Schlußszene des Traums mit Leuten bevölkert, denen er sein Können *demonstrieren* muß.

Lustloses Ende (3. Traumsequenz in AT_3 und AT_4)

Sollen wir noch über Mississippidampfer reden? In AT_3 kommt dieser Schauplatz gar nicht vor, dient nur als Vergleich: *Eine Autoscooterhalle war die Tanzfläche; sie war erhöht wie eine Galerie und verschnörkelt wie ein Mississippi-Dampfer.* AT_4 dagegen berichtet: ... *und bin dann plötzlich auf dem Vordeck eines Mississippidampfers, auf dem alles verschnörkelt ist.* Da ist der Träumer also tatsächlich auf einem Dampfer, und Autoscooter werden nicht erwähnt.[4] Nur: *verschnörkelt* sind beide Schauplätze, darüber sind sich die Autoren einig. Und auch der Leser mag den Eindruck gewinnen, daß beide Erzählungen an dieser Stelle irgendwie verschnörkelt sind. Nicht in ihrem Erzählstil – da sind sie sogar recht sparsam, als ob die Zeit drängte –, sondern in der Konsistenz ihrer Bilder. Man spürt etwas von falscher Pracht, von Illusion und Dekoration, sei es nun auf dem Autoscooter oder auf dem Mississippi.

Zwar kann ich mich bemühen, mich auf beide Erzählungen einzulassen, und es kommen dabei verschiedene Geschichten heraus: Die Autoscooter-Geschichte erzählt von einer glatten Fläche, auf der unter Johlen und Kreischen gummigepolsterte Wägelchen aufeinanderbumsen, während drum herum zuckerwatteverschmierte Kindergesichter glänzen und ausgerissene Luftballons in den Himmel trudeln. Die Missisippi-Geschichte zeigt, in weiches Südstaatenlicht getaucht, einen altertümlichen Raddampfer, der über den majestätischen, riesigen Fluß

4 Wir wissen nicht, wie der Patient in T_2 den Traum wirklich erzählt hat. War es ein Schiff oder war es eine Autoscooterbahn? Daß er später auf die Frage der Analytikerin hin antwortet: Das Schiff erinnert mich an eine Scooterbahn (Pat. in AT_4), spricht dafür, daß dieses Element erst nachträglich in AT_3 eingeführt wird.

pflügt, schwarze Rauchwolken aus seinem mit einem Krönchen verzierten Schlot paffend, während auf seinem Vordeck Männer in weichen Leinenjacken und geschnürte Damen in gebauschten Röcken ... aber ich weiß nicht, es will mir so recht keinen Spaß machen, in diese Geschichten einzutauchen. Irgendwie ist das alles deplaziert, und deshalb fliegen wir lieber davon. *Ende!* (AT_3).

So sehr es schien, als habe hier die Schere zwischen AT_4 und AT_3 sich weiter geöffnet, so kommen, gemessen an der »Lust am Text«, die sie auslösen, beide Erzählungen doch auf das gleiche heraus. Eine Belebung der Szenerie, ein einladendes Spiel mit den Konnotationen der gewählten Schauplätze will ihnen nicht glücken.[5] Der Traum bricht an dieser Stelle ab, weil er mit dem eigenen Thema nicht mehr zu Rande kommt. Das ist das Erzwungene des Schlusses: *Ende!* Hier könnte eine neue Erzählung beginnen, ein neuer Anlauf. Und er beginnt in der Tat: Denn dieser Traum markiert den Beginn einer langen und fruchtbaren Analyse, in der Hunderte von Erzählungen zu Geschichten und Hunderte von Geschichten zu Geschichte wurden.

Zwei Erzählungen – eine Geschichte?

Ich fasse jetzt noch einmal zusammen, welche Ansätze zu Erzählungen ich aus AT_3 und AT_4 herauszuhören versucht habe. Es sollte freilich kein Zweifel darüber bestehen, daß diese Rekonstruktionen nichts weiter sind als die erneute Fortpflanzung dieser Geschichte, diesmal durch die Phantasien, die sie bei mir ausgelöst hat. Sozusagen ein AT_5 , und wenn Sie sie lesen, so werden auch Sie nichts weiter erfahren als $AT_{6...n}$. Die Darstellung ist wieder synoptisch.

5 »Bloße Gradation ohne Wechselfälle wirkt spannungsmindernd« (Boothe, 1994, S. 25 f.)

Rekonstruktion der Erzählung in AT_3

(1) Geschichte von dem verwirrten Boten, der einmal eine Mutter traf, die Bescheid wußte. Es waren einmal ein junger Mann und die Mutter seiner Freundin, die steckten unter einer Decke, sehr zum Ärger der Nachbarn der Frau. Der Junge mochte zwar nicht, aber sie lagen doch so fest unter der Decke, daß unter dem Bett ein mächtiger Heuhaufen wuchs.

(2) Da entstand in dem Jungen ein Wunsch. Er wollte sich rechtfertigen, und er wollte sich als Frau verkleiden. Vielleicht wäre es dann weniger zum Schimpfen, wenn die Mutter sich zu ihm ins Bett legte. Aber bei dem Versuch, sich in eine Frau zu verwandeln, fühlte er sich gräßlich beobachtet. Da beschloß der Junge, der inzwischen eine Frau war, zu tanzen, so schön,

(3) daß aus der erbärmlichen Beobachtungszelle mit der offenen Wand eine Galerie wurde, ein majestätisches Schiff, und schließlich wurde ein Vogel aus ihm, und wenn er nicht heruntergefallen ist, fliegt er noch heute.

Rekonstruktion der Erzählung in AT_4

(1) Ein junger Mann geht von seinem Haus, wo er mit seiner Freundin wohnt, in das Haus ihrer Mutter, legt sich auf ihr heugepolstertes schiefes Bett und wird von ihr bemuttert, mehr als ihm lieb ist. Aber das erregt den Spott der Leute, denn die denken sich etwas Sexuelles dabei. Da verstecken sich die beiden unter der Decke.

(2) Rechtfertigen kann er sich schwer, denn er ist nackt. Deshalb zieht er Frauenkleider an,

(3) macht einen gewaltigen Sprung auf den Mississippi, wo er vielen tanzenden Leuten zeigt, daß er was kann, und verabschiedet sich dann nach oben.

2.3 *While listening to your dream, I had a dream (Stundenverlauf in AT_3 und AT_4).*

Wie ist das zugegangen, daß aus ein und derselben Stunde zwei so unterschiedliche Berichte entstanden sind? Können wir rekonstruieren, was tatsächlich gesagt wurde (AT_2), welcher Dialog, welche Umdichtungen stattfanden? Beide Textvorlagen bieten einige Hinweise, aber es bliebe ein hoher Aufwand an Spekulation. Ich will daher nur einige Anmerkungen zum Stundenverlauf einflechten, ohne eine genauere Rekonstruktion zu versuchen.

Nach der Traumerzählung fügt der Patient eine Bemerkung an: *Ich träume oft, daß ich fliege. Ich fliege oft ruckartig, wie eine Art Flugzeug, habe dann Angst, ich könnte runterfallen, kann mich aber oft auffangen und fliege wieder rauf* (Pat. in AT_4).

Darauf die Analytikerin: *Hatten Sie auch in diesem Traum das Gefühl, runterzufallen?* Und sie merkt an: *Der Analysand reagiert irritiert und unwillig auf meine Frage, ich denke, ich hätte besser nichts gesagt und meine Neugierde für mich behalten* (AT_4). Wenn mein Eindruck stimmt, daß der Flug-Schluß sowohl in AT_3 als auch in AT_4 (und demnach mit hoher Wahrscheinlichkeit auch in AT_2) etwas Erzwungenes an sich hat, ein Versuch ist, sich der angefangenen Geschichte, die unaufhaltsam zu bumsenden Autos und zu Schiffen auf breiten Flüssen tendiert, zu entwinden, dann träfe die Bemerkung des Analysanden über das Runterfallen, die die Analytikerin mit ihrer Frage aufgreift, haarscharf ins Schwarze.

Aber wohin führt das, wenn die Analytikerin ins Schwarze trifft? Der Patient reagiert *irritiert und unwillig* (AT_4). Oder, in der Sprache des Traums: *Sie legte sich zu mir aufs Bett, aber ich wollte nicht* (AT_3). Statt dessen zeigt er der Analytikerin, was eine »ordentliche« psychoanalytische Traumdeutungsstunde ist: »Bitte nicht stören – hier wird assoziiert.« Er erzählt von Frau Weber und von ihrer Tochter Rahel, die er als sehr einschränkende und kritisch beobachtende Frauen empfindet, und daß er nie mit Rahel geschlafen habe aus *Angst vor Empfängnis* (Pat. in AT_4). *Komische Formulierung*, merkt die Analytikerin an. Komisch auch, weil sie das Subjekt vermeidet. Wer empfängt? Dann kommt er darauf zu sprechen, daß Rahel das Studium wegen der Studienreform aufgeben mußte, er selbst hingegen weitergemacht habe.

Hier meldet sich die Analytikerin wieder zu Wort, und zwar mit einem Juwel von einer Frage. Sie kommt ganz quer und zeigt schlaglichtartig die Szene auf: *Sie* (Rahel) *fühlte sich nicht wohl im »roten Haus«?* (AT_4). Schreck beim Patienten. *Irritation*: »Ordentlich analytisch«, im Sinn von Bitte-nicht-stören, ist das ja wohl nicht, so etwas zu fragen? Da geht man zur Analytikerin, und dann kommt sie mit solchen Fragen. Tatsächlich kann man es nicht »lernen«, so eine Frage zu stellen. Aber in der Dichte des poetischen Raums einer Analysestunde geschieht es eben. Die Frage stammt, wenn ich sie richtig verstehe, aus der Rollenübernahme. Sie reagiert auf den ersten Hinauswurf durch den Patienten. Die Analytikerin kann sich vorstellen, daß Rahel sich nicht wohlfühlt. Sie spürt am eigenen Leib, wie es ist, wenn der Patient einem eine einschneidende Studienreform verordnet und allein weiterstudiert.

Kein Wunder, daß darauf der Patient etwas pikiert reagiert: *Sie machen Verbindungen* (Pat. in AT_4). Sie wollen schon wieder dabeisein! Wissen Sie nicht, daß das zum Aufwachen führt? Jetzt lassen Sie mich in Ruhe assoziieren. Hier wird geträumt. Und nachdem die Analytikerin ihn beschwichtigt hat: *Es interessiert mich, was Ihnen zum Traum einfällt* (AT_4), fährt er fort: Die jetzige Freundin wohnt in einem roten Haus – Beziehung zu Frau Weber ist jetzt besser – ich konnte ihr nichts recht machen – mußte ihr Beet umstechen, und es ist schief geworden, und sie hat mich ausgelacht – kein Privatleben mehr – da bin ich lieber zu einem Mann gezogen (Traumsprache: … *da ich mich als Frau verkleiden wollte* (AT_3). Bei dem Mann mußte ich aber arbeiten und kam zu spät zu Rahel. Es gab Streit, wir trennten uns, ich fand eine neue Freundin, sie blieb allein. Und dann analysiert er Rahel nach allen Regeln der Kunst. Damit zeigt er seiner Analytikerin, wie das geht. Er zitiert Karin Struck und Marcuse und signalisiert ihr: Wenn man die gelesen hat, dann weiß man genau, was in einem Arbeiterkind vorgeht. Diesen Passus würde die Sprache des Traums so formulieren: *Dann hatte ich den Eindruck, daß ich den Leuten, die mich auslach-*

ten, nun etwas vormachen sollte. Ich wollte tanzen (AT_3). Die Analytikerin ist eine gute und geduldige Analytikerin. Sie überläßt ihm die Tanzfläche, sein Solo hebt an. *Eine Autoscooterhalle war die Tanzfläche; sie war erhöht wie eine Galerie und verschnörkelt wie ein Missisippi-Dampfer* (AT_3).

Aber die Analytikerin wird *müde*. Das Publikum pennt. Oder doch nicht? Nein, das Publikum träumt! *Der »Heustock« hat bei mir Assoziationen zu Ferien bei meinen Großeltern reaktiviert, daran denke ich jetzt, an Gerüche, Spiele im Heu etc.* (AT_4). Da reißt sie plötzlich ein Einfall des Analysanden aus ihren Träumen: *Alles ist erhöht, das Bett steht auf einem Heustock* (Pat. in AT_4). Die Analytikerin ist *erstaunt, fast ein wenig verwirrt, daß er den gleichen Einfall »Heustock« wie ich in meinen Tagträumen hatte* (AT_4).

Was ist hier geschehen? Ich vermute, hier hat jene interpersonale Verbindung stattgefunden, die Bion als Zusammenspiel von Container und Contained beschreibt und die seiner Theorie nach über die *rêverie*, die traumhafte Einfühlung der Mutter, ihr inneres Festhalten und Verdauen der vom Kind in ihr deponierten unverdaulichen Gedanken besteht. Oder in der Theorie des Narrativs: Aus einer Erzählung ist eine Geschichte geworden. In Winnicotts illusionärem Raum, in dem Kinder ihre ersten Objekte entdecken, entsteht Poesie: Phantasien werden gezeugt.

Was wir jedenfalls wissen, ist, daß dieser Patient einen Traum erzählt hat, dessen erster Teil einen Traum bei der Analytikerin ausgelöst hat, der aber zunächst ein privater Tagtraum schien, denn der Patient wollte nicht gestört werden. Bitte nicht stören! – Das ist das Schild, das über dem zweiten Teil des Traums hängt. In der Stunde war es wohl so, daß die Analytikerin ihm die Tanzfläche überlassen und doch ihr Teil dabei träumen konnte. So wie im Traum, im zweiten Teil, der von einem ungestörten Solo handelt. Auch dieser Teil löst bei der Analytikerin einen Traum aus: von einem Leistungstanzen, Grand Prix du Danse au Mississippi. Vielleicht von einem Wett-Analysieren: Marcuse gegen Rahels Unwohlsein. Aber das ist eine Geschichte, in der geht es um Kontakt und Konkurrenz. Diese Geschichte ist für Botenjungen noch nicht geeignet, da weiß die Mutter zwar Bescheid, aber sie ist zu irritierend.

Im Tagebuch des Patienten (AT_3) kommt dieser Dialogabschnitt als Unklarheit vor. Er notiert die Frage der Analytikerin *Ob ich noch etwas von dem Schiff wüßte?* und kommentiert: *Ich kann mir das nicht erklären.*

Sonst würde es ja gar noch darum gehen: Fühlte Rahel sich wohl? Was fühlt die Mutter? Besser zeigt man hier deutlich, was Analyse ist, und tanzt sein Solo. Aber halt, da war doch der erste Teil! Beide kommen im selben Moment in den Traum zurück. Da war doch eine Erhöhung – ein Heustock? Wie war das noch mit dem Heustock?

Er kann sich die Frage der Analytikerin nach dem Schiff nicht erklären. Aber sie ist ihm so wichtig, daß er sie in sein Tagebuch schreibt. So vieles ist ihm unklar. Er spürt, wie seine Gedanken durcheinandergehen. Aber er kann das Unerklärliche in die Tagträume seiner Analytikerin eingehen lassen und mit ihr zusammen eine Geschichte daraus weben.

3. Ich hatte das Gefühl, ich könnte es noch schaffen Der Endtraum

Die Rekonstruktion des narrativen Prozesses, die wir bisher am Beispiel des Anfangstraums unternommen haben, ließe sich, wenn Zeit und Raum unbegrenzt zur Verfügung stünden, fortsetzen über alle 600 Stunden dieser Analyse. Tatsächlich ist diese Rekonstruktion seiner eigenen Entwicklung ein konstituierendes Merkmal des analytischen Prozesses, der damit, in Abwandlung einer Freudschen Metapher, als Archäologie der Gegenwart aufgefaßt werden könnte. Die Analyse verdeutlicht sich ihren eigenen Verlauf, und ich nehme an, es ließe sich auch in der Reflexion der narrativen Struktur dieses Prozesses en detail erweisen, daß ein psychoanalytischer Prozeß, ernstgenommen als nichtmanipulativer Entfaltungsprozeß der Geschichte des Analysanden, die im Hier und Jetzt der analytischen Beziehung Bedeutung gewinnt, alles andere als beliebig ist. Die Deutungen, zu denen er führt – das Narrativ –, sind durchaus valide, wenn auch nicht ohne weiteres ablösbar aus der Situation und der Konstellation, in der sie bedeutsam geworden sind.

Gestützt auf die zusätzlichen Informationen zur Analyse des transvestitischen Patienten, die die Autorin in ihrem Beitrag in diesem Band und in früheren Veröffentlichungen (Leuzinger-Bohleber 1984; 1987, S. 81-112) mitgeteilt hat, ließe sich die Geschichte fortspinnen: von der Mutter, die Bescheid wußte, und dem Sohn, der so schön tanzte, daß man ihn gar nicht sah, der aber schließlich doch sichtbar wurde, bis hin zu jenem Ende, das Freud (1937c) schon als Beginn einer unendlichen Analyse charakterisiert hat: »Ich hatte das Gefühl, ich könnte es noch schaffen.«

Ich werde in weiser Beschränkung auf meine Ressourcen diese Rekonstruktion nicht unternehmen und nach einer kurzen Skizze des Analyseverlaufs einen Sprung zum zweiten Traumbeispiel machen, dem Endtraum der Analyse (ET).

3.1 Die Mühen der Ebene: Der Fortgang der Analyse

Die Szene, bei der wir den Träumer und seine Analytikerin oben verlassen hatten, war die eines jungen Mannes mit etwas verwirrten Gedanken, der sicherheitshalber ein Solo tanzt, vor einer Frau, die offensichtlich etwas besser Bescheid weiß, dies Wissen jedoch nicht allzusehr zeigen darf. Es ist ihr ja auch nur ganz versteckt, nämlich über ihre Tagträume, injiziert worden.

Was wird nun aus dieser Szene? Wenn sich dies in wenigen Worten zusammenfassen ließe, wäre alles, was ich in meinem theoretischen Beitrag zu begründen versucht habe, hinfällig. Die Inhaltsangabe einer Erzählung nimmt ihr die poetische Kraft, und um diese allein geht es. Die Materialbasis, auf die ich mich stützen kann, ist ja auch selbst schon eine sehr verkürzende Zusammenfassung des realen Verlaufs von vielen hundert Analysestunden. Ich greife also nur einige Linien heraus.

Wir erfahren, daß der Patient seine Erfahrung von Verlassenheit und Selbsttröstung durch die Kleider der Mutter verbalisieren kann – und daß er darüber zu realen Ablösungsschritten findet: Er zieht von der Mutter weg und heiratet. Und, wichtiger noch, er beginnt das Wissen seiner Analytikerin zu ertragen. »… zum Beispiel kann er jetzt Deutungen ertragen, in denen ich ihm Aspekte aufzeige, die er selbst noch nicht gesehen hat« (Leuzinger-Bohleber, 1984, S. 828). Dann werden ihm die Frauenkleider zu eng, schon auch weil er seine eigene Erregung zu spüren beginnt. Er beschäftigt sich mit dem Geschlechtsunterschied, kann Träume und Phantasien eigener sexueller und aggressiver Impulse verbal mitteilen. Erstmals kann er die dahinter verborgenen tiefen narzißtischen Ängste spüren und die mit ihnen zusammenhängenden Schutzrituale und Rachephantasien. Alle diese Themen erlebt er zuerst im Feld der Beziehung zur Analytikerin.

3.2 Der Endtraum

In der 617. Stunde präsentiert er den folgenden Traum (ET). Auch ihn zeige ich wieder synoptisch, links der Text des Analysanden, rechts der der Analytikerin.

Traumprotokoll ET_3	Traumprotokoll ET_4
(1) Ein Laden; ich stehe vor dem Strumpfregal … finde aber nicht die entsprechenden Strümpfe. gehe wieder raus.	*(1) Ich habe in einem Lebensmittelladen ein Gestell angeschaut, in dem Strumpfhosen lagen. Ich habe nicht das gefunden, was ich gesucht habe.*
(2) ich habe noch ca. 3/4 Stunden Zeit, bis die A. beginnt.	*(2) Ich habe dann gewußt – oder sind das zwei verschiedene Träume? – daß ich eine Analysenstunde habe und noch 3/4 Stunden Zeit war, um zu Ihnen zu kommen.*
(3) Szenenwechsel: Ich erwache und stelle fest, daß ich die A. verschlafen habe. Eigentlich müßte ich jetzt M. L. anrufen und sagen, was los ist, sonst macht sie sich vielleicht unnötig Sorgen, irgend etwas in	*(3) Das war es so ungefähr, stimmt, ja, und dann war ich mit dem Velo unterwegs. Die Praxis war in Kirchberg oder Kirchheim. Ich dachte, in 3/4 Stunden könnte ich schon da sein, und bin wegge-*

mir sträubt sich, hemmt mich. wenn ich nun aber schon die erste Stunde verpaßt habe, muß ich unbedingt sehen, daß ich die zweite nicht verpasse. sie M.L. und die Std. sind diesmal in Kirchberg-heim. mit dem Fahrrad sollte ich es mit der obigen Zeit schaffen. doch ich gerate in der Ebene auf einen felsigen Berg … kann nicht rüber: die Wege sind eng und gefährlich; die Situation macht mir Angst.

fahren. Doch dann bin ich auf eine Brücke gekommen und habe gemerkt, etwas stimmt nicht. Ein Berg – Felsen – Höhlen – ich bin durch den Fels geschlüpft und bin gut vorangekommen. Dann waren da plötzlich viele junge Leute. Ich konnte nicht durch, habe aber den richtigen Stadtteil schon aus der Ferne gesehen. – Da fiel mir ein: ich hatte die Stunde am Morgen schon verschlafen und Ihnen keinen Bescheid gegeben. Daher hatte ich den ganzen Tag ein schlechtes Gefühl und dachte, ich hätte Ihnen wenigstens Bescheid geben können, aber aus unerfindlichen Gründen war es mir nicht gelungen.

(4) in der kleinen Hütte stand ein junger Mann mit langen Haaren, ein Freak, der hat am angstmachenden Felsen etwas zu tun. ich befinde mich nun schon sehr in zeitlicher Verzögerung, denn in der kurzen Zeit, die mir noch bleibt, reicht nicht aus, noch rechtzeitig nach Kirchheim zu kommen, obwohl es schon am Horizont sichtbar ist. ich bin voller Angst, gelähmt …

(4) Ja, und jetzt war es auch diesmal zu spät. Ich konnte mit dem Velo nicht durchkommen, es war zu gefährlich. Ich war ganz verzweifelt. Da habe ich einen etwa gleichaltrigen Mann gesehen mit langen Haaren, so ein Freak.

(5) und finde, nachdem ich den Freak bei der Arbeit beobachtete, ich könnte auch mein Fahrrad, das mittlerweile irgendwo oben zwischen den Felsen war, selbst herunterholen (ÆT$_3$)

(5) Der Berg war nicht hoch und der hat sein Velo so hochgehalten. Da habe ich gedacht: ich bin ungefähr gleich groß – ich könnte dies auch – und habe mein Velo runtergehoben und bin zu der Hütte gefahren, in der er wohnte. Ich hatte das Gefühl, Kirchheim sei nur noch 1/2 Stunde weg – ich könnte es noch schaffen (ÆT$_4$)

Diese Synopsis sollte jeden Kritiker beruhigen, der vermutet, in der Psychoanalyse werde die Angleichung des Patienten betrieben. Denn hier handelt es sich doch offensichtlich um verschiedene Träume.

Ein guter Tänzer (1. Traumsequenz in ET_3)

Beginnen wir mit der Version des Patienten (ET_3). Er beginnt, wieder drehbuchartig, mit der Definition des Schauplatzes: *Ein Laden.*(Einladen?). Ach, mag die Analytikerin gedacht haben, ein Laden. Vielleicht hat sie sich auch eingeladen gefühlt. Aber wohl nicht lange, denn da kommt gleich ein listiger Strichpunkt, über den stolpert man sogleich ins Symptom, und das ist in der 617. Stunde nicht unbedingt lustig. *Ein Laden; ich stehe vor dem Strumpfregal.* Dann hat wohl die Analyse nicht viel geholfen, wenn der da schon wieder vor dem Strumpfregal steht? Aber gemach, denn die List geht weiter: Statt des Strichpunkts kommen nun Punkte, aber gleich zu dritt, und die haben ja immer was Besonderes, diese Drei Punkte. Pünktchen werden sie auch liebevoll genannt. Sie lassen etwas aus, sie lassen etwas offen, sie überlassen etwas der Phantasie des geneigten Lesers. Vielleicht laden sie den geneigten Leser ein, zu phantasieren, daß die Analyse ja wohl nicht viel geholfen hat, wenn der da … aber gemach. Denn nach den Drei Punkten kommt ein Sprung zurück: *ich stehe vor dem Strumpfregal … finde aber nicht die entsprechenden Strümpfe, gehe wieder raus.* Na so ein Schlingel, da hatten wir doch schon tatsächlich ein bißchen Sorgen bekommen, er würde gleich wieder in Frauenkleidern auftauchen. Der Träumer geht – in seiner Version – sehr tänzerisch mit der Analytikerin um, er führt sie kurz aus dem Gleichgewicht, aber fängt sie schon wieder auf in den nächsten Schritt, noch bevor sie stolpert. Das macht einen Tanz spannend.

Ein solider Kunde (1. Traumsequenz in ET_4)

Die Version der Analytikerin liest sich anders. Da beginnt er in einem behäbigen Perfekt, episch beschreibend. *Ich habe in einem Lebensmittelladen ein Gestell angeschaut, in dem Strumpfhosen lagen. Ich habe nicht das gefunden, was ich gesucht habe* (ET_4). Der Laden ist nun plötzlich ein Lebensmittelladen, und man fragt sich schon, was Strumpfhosen da eigentlich zu suchen haben. Und aus dem Regal wird ein *Gestell*, das evoziert ein anderes Bild: eher etwas aus Draht, drehbar, eine Art Strumpfverkäuferinnenpuppe. Jedenfalls viel mehr Umstände um das Angebot als in ET_3. Die Szene löst beim Lesen nicht so viel Sorge aus um einen möglichen »Rückfall«. Der da spricht, ist kein Tänzer, sondern ein gestandener Schweizer, möglicherweise mit Pfeife, der sucht in aller Ruhe passende Strümpfe aus, findet sie nicht, basta.

Groß oder klein? (2. Traumsequenz in ET_3)

Zweiter Satz in der Version des Patienten: *ich habe noch ca. 3/4 Stunden Zeit, bis die A. beginnt* (ET_3).Seltsam daß er den Satz mit Kleinschreibung[6] beginnt. Vorhin, der Punkt zwischen *Strümpfe* und *gehe*, konnte ja noch ein verschriebenes, zu klein geratenes Komma sein. Aber hier war es doch wirklich ein Punkt, und da geht man doch groß weiter. Warum geht er klein weiter? Und da ist noch so ein Punkt: *die A.* Die A-Punkt. Das soll wohl die Analyse sein (Groddeck hat sie die Annaliese genannt), aber A-Punkt klingt doch ein bißchen, als sollte hier mit Bedacht ein Punkt gesetzt werden. Seltsam. Sich selbst schreibt er klein, und hinter die A macht er einen Punkt. Die *A.*, die beginnt, als wäre sie ein Zug, der irgendwann abfährt.

6 Ich bin nicht ganz sicher, ob die Orthographie dem Tagebuch-Original entstammt; meine Vorlage ist ein Forschungstranskript, keine kritische Edition. Ich interpretiere den Text jedoch so, wie er dasteht.

Ein aufgefangenes Schwanken (2. Traumsequenz in ET_4)

In ET_4 liest sich das anders: *Ich habe dann gewußt – oder sind das zwei verschiedene Träume? –, daß ich eine Analysenstunde habe und noch 3/4 Stunden Zeit war, um zu Ihnen zu kommen.* Hier enthält die Aussage einen Selbstbezug, er sagt nicht: »es war so und so«, sondern er hebt an zu sagen: »Ich habe dann gewußt, daß es so und so ist«, aber noch bevor er überhaupt dazu kommt, das auszusprechen, was er gerade zu wissen beteuert, kommt ihm schon ein mächtiger Zweifel dazwischen: Oder sind das zwei verschiedene Träume? Das wäre ja nun wirklich keine Kleinigkeit, die da in der Parenthese auftaucht. Ein ganz anderer Traum! Er läßt sich jedoch nicht beirren, schließt die Parenthese und fährt fort: daß *ich eine Analysenstunde habe und noch 3/4 Stunden Zeit war, um zu Ihnen zu kommen.* Da hören wir wieder den ganz selbstbewußten Kunden von vorhin, der mit Kennerblick das Strumpfgestell durchsucht hatte, ein Mensch, der seine Termine überblickt. Wir müssen keine Angst haben, plötzlich in einem anderen Traum zu sein. Wieder einmal ist eine Verunsicherung schnell zurückgenommen. Von der rhetorischen Bewegung her ist es, als hätte sich nun in der Version der Analytikerin jener gute Tänzer abgebildet, der Ungleichgewicht zu erzeugen und in einen neuen Schritt zu verwandeln weiß. Es ist freilich ein anderer, erdigerer Tanz.

Sprachverwirrung und weitere Schritte (3. Traumsequenz in ET_3)

Szenenwechsel im Traum (in der Patientenversion ET_3): *ich erwache und stelle fest, daß ich die A. verschlafen habe.* Hier beginnt klipp und klar ein neuer Traum, die Bruchmarkierung »Traum im Traum« weist das Bisherige in den Schlaf zurück. Und der »erwachte« Träumer bemerkt, daß er einen Fehler gemacht hat, aber er bemerkt ihn auf eine recht unzerknirschte, selbstbewußte Weise: *ich erwache und stelle fest.* Das hat einen fast trotzigen Ton, der trotz des zunehmenden Schuldbewußtseins auch den Anfang des nächsten Satzes noch regiert: *Eigentlich müßte ich jetzt M. L. anrufen und sagen, was los ist.* Eigentlich – das klingt nicht, als ob er es wirklich vorhätte. Er läßt sich doch noch lange nicht vorschreiben, zu tun, was man *eigentlich* tun sollte. Er fürchtet keine Vorhaltungen. Er ist sein eigener Herr. Aber da mischt sich ein Aspekt ins Spiel, der dieses trotzige Selbstbewußtsein ins Wanken bringen könnte: *sonst macht sie sich vielleicht unnötig Sorgen.* Das fährt ihm in die Parade: O je, es ist also gar kein strenger Verweis wegen unentschuldigten Fehlens, den er riskiert – es ist eine von Sorgen zermürbte, geängstigte Analytikerin. Kann man ihr denn so was antun? Nein. Man war es ja auch gar nicht. Es war *irgend etwas. irgend etwas in mir sträubt sich, hemmt mich.* Ich bin leider das unschuldige Opfer eines in mir wohnenden *Irgend etwas*, das sich sträubt, mich hemmt, durch unnötig trotziges Verhalten meine *M. L.* zu entängstigen. *M. L.* – wieder so ein Kürzel, das in seiner Kargheit doch immerhin eine Bezugnahme auf den Vornamen enthält, Pünktchen, Pünktchen, hastdumichnichtgesehn.

Wie geht es nun weiter? *wenn ich nun aber schon die erste Stunde verpaßt habe, muß ich unbedingt sehen, daß ich die zweite nicht verpasse. sie M. L. und die Std. sind diesmal in Kirchberg-heim. mit dem Fahrrad sollte ich es mit der obigen Zeit schaffen.* Um diese Passage zu verstehen, ist eine Information nötig, die Frau Leuzinger-Bohleber in ihrer Einführung zum Stundenprotokoll liefert: »Durch meinen Wegzug hat der Analysand jeweils zwei Stunden (morgens und abends) an zwei aufeinanderfolgenden Tagen.« Zwischen den beiden Stunden, von denen hier die Rede ist, liegt also ein ganzer Tag. Das heißt: Er nimmt sich reichlich Zeit zum Verschlafen. Die Stunde, die zu erreichen er noch drei viertel Stunden Zeit hat, ist die zweite, die Abendstunde. Die Morgenstunde ist schon längst passé. Über die räumlichen Verhältnisse wissen wir nicht Bescheid, aber gemessen daran, daß schon ein ganzer Tag verschlafen ist, scheinen die drei viertel Stunden irgendwie knapp. *sie M. L. und die Std. sind diesmal in Kirchberg-heim.* Wieder so ein klein angefangener Satz, der uns nun vor ein Problem stellt. »sie«, ist das eine Anrede im Plural oder ein Singularpronomen? Spricht er in seiner Wiedergabe des Traumberichts die Analytikerin an? Spricht er über sie? *sie M. L. und die Std. sind*, das ist ein etwas merkwürdiger Pleonasmus: Könnte denn die *Std.* woanders sein als *M. L.*? *M. L. und die Std.* – ein Doppelwesen, wie *Kirchberg-heim.* Diese Verdopplungen laden zu Wortspielen ein: Kirche am Berg, Heim in der Kirche, Heim am Berg. Da war doch schon mal ein Berg, der ein Rolle spielte, er war aus Heu, und ein Bett stand darauf. Und die Kirche? Kirchen haben auch Türme, und es könnte uns die Idee anspringen, hier habe der gute Tänzer ein Bild gefunden, das mit dem verschüchterten Jungen aus dem Anfangstraum in Korrespondenz steht. Er selbst, seine sexuelle Potenz, könnte der Kirchturm auf dem Berg sein, und beides zusammen habe in der Analyse ein Heim gefunden, das zudem in erreichbarer Nähe liegt: *mit dem Fahrrad sollte ich es mit der obigen Zeit schaffen.* Das Kirchbergheim zu erreichen scheint noch möglich, wenn man ein Fahrrad hat, ein gutes, bewegliches Instrument, und es auch zu bewegen weiß. Eine optimistische Szene. Allenfalls fällt etwas auf, das die Analytikerin schon im Anfangstraum als »gestelzte Sprache« bemerkt hatte: *mit der obigen Zeit.* Eigentlich kein Radlerdeutsch, eher ein Textverweis, eine behördlich-juristische Sprache.

Doch ich gerate in der Ebene auf einen felsigen Berg ... kann nicht rüber: die Wege sind eng und gefährlich; die Situation macht mir Angst. Der Optimismus trägt nicht lange, Angst tritt auf. Die Fahrt beginnt in der Ebene, eigentlich erfreulich für einen Radfahrer, doch merkwürdigerweise ist es eine ganz untypische Ebene, nämlich eine, in der man mittendrin *in der Ebene auf einen felsigen Berg* geraten kann, ein Ding der Unmöglichkeit, geradezu tückisch. Hier treten nun die drei Pünktchen wieder auf, lassen uns Zeit zum Nachdenken über die Tücke der Ebenen. Und spucken dann unversehens einen Halbsatz aufs Papier, dessen Anfang wohl in der Nachdenk-Pause untergegangen sein muß: *... kann nicht rüber.* Der Anfang könnte ein »Ich« gewesen sein. Daß es verschluckt ist, klingt atemlos, man hat den Eindruck, das Japsen eines keuchenden Mountainbikefahrers zu hören, auch in den folgenden, durch nach vorne weisende Satzzeichen angebundenen Sätzen: *die Wege sind eng und gefährlich; die Situation macht mir Angst.* Dann ist aber Punkt, denn das entscheidende Wort, *Angst*, ist gefallen. Ein Affekt ist benannt.

Abweichungen (3. Traumsequenz in ET_4)

Verlassen wir hier die Traumschilderung aus dem Protokoll des Analysanden und fragen uns: Wie stellt sich diese Sequenz im Protokoll der Analytikerin (ET_4) dar? Hier fügt sich der Szenenwechsel nahtlos in die neue Handlung. Die Reflexion wird ausgelassen. *Das war es so ungefähr, stimmt, ja, und dann war ich mit dem Velo unterwegs.* Dieser Satz beschreibt das Ende einer Traumsequenz und den Beginn einer neuen. Die Szene hebt unmittelbar an, ohne Trotz und Reue. An ihrer Stelle präsentiert das Protokoll der Analytikerin die ganze Fahrradszene und noch den nachfolgenden Akt. *Das war es so ungefähr, stimmt, ja, und dann war ich mit dem Velo unterwegs. Die Praxis war in Kirchberg oder Kirchheim. Ich dachte, in 3/4 Stunden könnte ich schon da sein und bin weggefahren. Doch dann bin ich auf eine Brücke gekommen und habe gemerkt, etwas stimmt nicht. Ein Berg – Felsen – Höhlen – ich bin durch den Fels geschlüpft und bin gut vorangekommen. Dann waren da plötzlich viele junge Leute. Ich konnte nicht durch, habe aber den richtigen Stadtteil schon aus der Ferne gesehen.* Einige Differenzen: Statt *sie M. L. und die Std.* (ET_3) lesen wir hier nur von einer *Praxis*, und auch die Bindestrichkopulation *Kirchberg-heim.* (ET_3) findet nicht statt. *Kirchberg oder Kirchheim* bleiben sauber getrennt, zwei Orte. *Ich dachte, in 3/4 Stunden könnte ich schon da sein und bin weggefahren*, das klingt eine Nuance anders als die *obige Zeit* (ET_3), die Ankunft wird antizipiert, das Einsetzen einer Handlung beschrieben. Aber halten wir uns nicht mit Nuancen auf, denn nun kommt eine Reihe von Traumdetails, die die beiden Beteiligten offenbar sehr unterschiedlich erinnern: *Doch dann bin ich auf eine Brücke gekommen und habe gemerkt, etwas stimmt nicht.* Von einer Brücke war in ET_3 überhaupt nicht die Rede (allerdings lehrt uns der Fortgang der Stunde, nach ET_4, daß der Patient da offenbar näher auf ein »Brückli« eingegangen ist: »Die Ebene, ein Flüßchen war darin, dann eine Querstraße, ein Brückli über den Fluß, auf beiden Seiten Hügel und ein Stadtteil.« Das klingt authentisch, und also wird wohl der Patient in seinem Protokoll das Brückli vergessen haben. Und wir können auch ahnen, warum, denn die Analytikerin fügt hinzu: »Die Traumbilder erinnern mich an sexuelle Phantasien über das weibliche Genitale...« Der Platz der verlorenen Brücke über den Fluß, wo man merken kann, *etwas stimmt nicht*, ist in ET_3 genau von dem Bild besetzt, das so unstimmig wirkte: der Berg in der Ebene. Im Protokoll der Analytikerin (ET_4) ist also ein als unstimmig erlebtes Szenario aus getrennten Elementen erhalten (Fluß – Brücke), das in ET_3 ein implizit unstimmiges Gemenge geworden ist (Ebene mit Berg). Auch das folgende Szenario: *Ein Berg – Felsen – Höhlen – ich bin durch den Fels geschlüpft und bin gut vorangekommen* finden wir im Traumprotokoll des Patienten anders. Da ist nur von einem *felsigen Berg* die Rede, und die Szene lautet: ... *kann nicht rüber: die Wege sind eng und gefährlich; die Situation macht mir Angst* (ET_3). Ganz anders also! Hier wird nicht durchgeschlüpft, es gibt auch keine Höhlen, sondern hier kann man nicht rüber, und hier kommt man auch gar nicht gut voran, sondern man hat nackte, felsige Angst. Und noch ein Traumelement, das wir aus ET_3 noch nicht kennen: *Dann waren da plötzlich viele junge Leute.* (Auch hier votiere ich für das Gedächtnis von Frau Leuzinger-Bohleber, denn im Stundenverlauf ist der Patient zitiert: »Ich wollte wegklettern; es waren so viele Leute und es war so unheimlich«). Ein Element also, das der Patient in sein Protokoll nicht aufnimmt. War es zu »unheimlich«? *Ich konnte nicht durch, habe aber den richtigen Stadtteil schon aus der Ferne gesehen.* Nach einer geradezu babylonischen Sprachverwirrung also, in der ganz unklar bleibt, ob man zur Analytikerin *rüber* oder *durch* muß – welch eminente Abweichung der Bilder! –, ist endlich der richtige Stadtteil in Sicht. Davon ist doch aber in ET_3 schon wieder einmal nicht die Rede? Doch – aber später. Die beiden sind sich nur einmal mehr in der Reihenfolge nicht einig. Das wollen wir uns merken, denn es durchzieht diese Synopse der Traumprotokolle wie ein roter Faden. Denn nun kommt der Nachtrag, als Schlußbild dieser Sequenz, der in der Version des Patienten den Auftakt gebildet hatte: *Da fiel mir ein: ich hatte die Stunde am Morgen schon verschlafen und Ihnen keinen Bescheid gegeben. Daher hatte ich den ganzen Tag ein schlechtes Gefühl und dachte, ich hätte Ihnen wenigstens Bescheid geben können, aber aus unerfindlichen Gründen war es mir nicht gelun-*

gen. Im Rückblick erscheint nur noch das *schlechte Gefühl*, nicht aber die trotzige Geste, die im *eigentlich* aus ET_3 angeklungen war.

Ein Fehlstart (4. Traumsequenz in ET_3)

Nun wollen wir den Träumer wieder in seiner eigenen Version ein Stück begleiten. Verlassen hatten wir ihn bei der Benennung des Angstaffekts: *die Wege sind eng und gefährlich; die Situation macht mir Angst.* Jetzt fährt er, etwas unvermittelt, fort: *in der kleinen Hütte stand ein junger Mann mit langen Haaren, ein Freak, der hat am angstmachenden Felsen etwas zu tun.* Von der Hütte war noch nicht die Rede bisher. Sie steht einfach plötzlich in der Traumerzählung, wie der Berg in der Ebene, wie der Kirchberg im -heim. Aber das ficht uns nicht an, denn hier tritt nun die erste lebende Person auf (jedenfalls in ET_3 – da waren die unheimlichen *jungen Leute* aus ET_4 ja unter den Tisch gefallen): *ein junger Mann mit langen Haaren, ein Freak.* Interessante Erscheinung, die zudem noch *am angstmachenden Felsen etwas zu tun* hat. Was für ein Geschenk! Da geht einer hin und schaut sich diesen so plötzlich aufgetauchten Felsen an, berührt ihn wohl sogar, kennt sich jedenfalls aus, *hat zu tun*, das klingt kompetent. Der Träumer fährt fort: *ich befinde mich nun schon sehr in zeitlicher Verzögerung, denn in der kurzen Zeit, die mir noch bleibt, reicht nicht aus, noch rechtzeitig nach Kirchheim zu kommen, obwohl es schon am Horizont sichtbar ist.* Scheinbar bleibt ihm keine Zeit, bei dem interessanten Freak zu verweilen und diesem etwa noch was abzuschauen, wie man mit solchen Felsen umgeht. Er muß weiter, nach Kirchheim – für diese Benennung hat er sich inzwischen entschieden. Er muß heim. Da schwingt doch etwas Pflichtbewußtes mit, man hätte fast annehmen können, der Freak hätte ihn noch interessiert. Das Verdopplungsmotiv läßt er bei bei dieser Eile fallen: Der Berg verschwindet aus *Kirchberg-heim*, bleibt sozusagen in den Händen des Experten zurück, und ist bleibt nur noch ein *Kirchheim*, das aber nicht halb so spannend klingt. Er macht sich auf die Socken, er muß sich sputen, sogar die Grammatik läßt er außer acht, aber die Bewegung versagt: *ich bin voller Angst, gelähmt …*

Da ist ihm doch wahrhaftig wieder das Malheur geschehen, daß mitten in der Ebene der Berg unter ihm wächst: er will es schaffen, aber plötzlich ist er *gelähmt* ... Drei Punkte, dritter Auftritt. Pause für uns. Wir trauern um einen Fehlstart.

Freak (4. Traumsequenz in ET_4)

In der Pause wenden wir uns der Analytikerin zu. Sie schildert die Sequenz folgendermaßen: *Ja, und jetzt war es auch diesmal zu spät. Ich konnte mit dem Velo nicht durchkommen, es war zu gefährlich. Ich war ganz verzweifelt. Da habe ich einen etwa gleichaltrigen Mann gesehen mit langen Haaren, so ein Freak* (ET_4). Natürlich fällt uns, inzwischen an das Spiel der Umkehrungen bereits gewöhnt, gleich die Reihenfolge auf: War dort erst der Freak, dann die Lähmung berichtet, so geht es hier zunächst um Verspätung, Gefahr (hier neu: dort war es Zeitdruck) und Verzweiflung, und dann erst – dramaturgisch stimmiger – kommt der deus ex machina, der rettende Freak. Und er ist gleichaltrig. Das Wort *Freak* jedenfalls verbindet die beiden Berichterstatter. Das ist wohl ein Schlüsselbegriff, mit dem beide etwas anfangen können, ein zulässiges Verständigungsmittel.

Ein Salto aus dem Stand (5. Traumsequenz in ET_3)

Die heiligen drei Punkte hatten uns im Traumprotokoll ET_3 in die Pause geschickt. *gelähmt, Punktpunktpunkt*, so weit waren wir. Der Start nach Kirchheim war fehlgeschlagen. Wie geht es weiter? ... *und finde, nachdem ich den Freak bei der Arbeit beobachtete, ich könnte auch mein Fahrrad, das mittlerweile irgendwo oben zwischen den Felsen war, selbst herunterholen (*ET_3*).* Ich hatte ja einen guten Tänzer angekündigt; aber das ist ein Salto aus dem Stand. Gerade eben noch waren wir überzeugt: Diesmal geht er zu Boden, gar noch bevor er seine Tänzerin überhaupt erreicht hat. Da sprudelt aus der Punktepause ein Satz hervor, der uns die Sorgen von der Stirne wischt. Elegant ist dieser Satz gebaut, wiederholt die Verzögerung noch in zwei eingeschobenen Nebensätzen, bevor das Verb als Schlußpunkt die eigene Aktivität benennt: *und finde*, (Nebensatz), *ich könnte auch mein Fahrrad*, (Nebensatz), *selbst herunterholen*. Mit beiden Nebensätzen greift er in der Zeit zurück: *nachdem ich den Freak bei der Arbeit beobachtete*, und *das mittlerweile irgendwo oben zwischen den Felsen war*. Nach einer langen Analyse mit zahlreichen Zweifeln und Verwicklungen ein Traumschluß: Ich *finde* (Verzögerung), *ich könnte auch mein Fahrrad* (Verzögerung) *selbst herunterholen*. Punkt, Satz und Sieg.

Ich hatte das Gefühl, ich könnte es noch schaffen (5. Traumsequenz in ET_4)

Und die Analytikerin? In ET_4 liest sich der Schlub so: *Der Berg war nicht hoch und der hat sein Velo so hochgehalten. Da habe ich gedacht: ich bin ungefähr gleich groß – ich könnte dies auch – und habe mein Velo runtergehoben und bin zu der Hütte gefahren, in der er wohnte. Ich hatte das Gefühl, Kirchheim sei nur noch 1/2 Stunde weg – ich könnte es noch schaffen.* Auch hier ist die Geschichte anders erzählt, der eigentliche Schluß taucht ja in ET_3 gar nicht auf. Doch ist die Stimmung ähnlich. Vieles, was ET_3 implizit, präsentativ vermittelt, wird hier explizit benannt: ich bin ungefähr gleich groß – ich könnte dies auch – habe mein Velo runtergehoben – bin gefahren – hatte das Gefühl, ich könnte es noch schaffen.

4. Zusammenfassung

Nehmen wir einmal an, in der Stunde sei eher das gesagt worden, was die Analytikerin in ET_4 wiedergibt; einige Indizien sprechen für diese Annahme. Dann ist das Traumprotokoll des Patienten nachträglich vorsichtiger, andeutender geworden. Und es weicht in einigen Punkten von dem ab, was wohl in der Stunde wirklich erzählt worden ist (ET_2).

Wollte ich ein vorsichtiges Fazit wagen, indem ich die Entwicklung des Dialogs zwischen Patient und Analytikerin aus dem Vergleich der beiden Protokolle des Endtraums über die ganze Analyse hinweg mit der Szene der Anfangstraums in Beziehung setze, so könnte ich sagen: Zwischen Patient und Analytikerin ist ein traumhafter Dialog zustande gekommen. Oder, mit Donald Meltzer: While listening to your dream, I had a dream. Die Erinnerungen gehen auseinander, das ist ein gutes Zeichen. In jeden Satz kann die Analytikerin eine Fülle von Phantasien einbringen, und mittlerweile darf sie das auch. Er antwortet ihr mit kühnen Wendungen, er spielt mit ihr, und sie läßt es sich zunehmend lustvoller gefallen. Aus dem spröden Solotänzer des Initialtraums ist ein recht passabler Partner geworden.

Bibliographie

Argelander, H. (1982a): *Der psychoanalytische Beratungsdialog*. Göttingen: Vandenhoeck & Ruprecht.

– (1982b): Textstruktur und Interpretation. *Psyche* 36, 8: 700-728.

Boothe, B. (1994): *Der Patient als Erzähler in der Psychotherapie*. Göttingen: Vandenhoeck & Ruprecht.

Freud, S. (1937c): Die endliche und die unendliche Analyse. GW, Bd. 16, S. 57 ff.

Grunberger, B. (1986): Von der Monade zur Perversion. Ein Modus der Vermeidung des Ödipuskomplexes. In: ders.: *Narziß und Anubis. Die Psychoanalyse jenseits der Triebtheorie*. Bd. 2. München/Wien: Verlag Internationale Psychoanalyse 1988.

Leuzinger-Bohleber, M. (1984): Transvestitische Symptombildung. Klinischer Beitrag zur Ätiologie, Psychodynamik und Analysierbarkeit transvestitischer Patienten. *Psyche* 38, 9: 817-847.

– (1987): *Veränderung kognitiver Prozesse in Psychoanalysen*. Bd. 1: *Eine hypothesengenerierende Einzelfallstudie*. Berlin/Heidelberg/New York: Springer.

Moser, U., und I. von Zeppelin (1996): *Der geträumte Traum*. Stuttgart: Kohlhammer.

–, R. Pfeifer, W. Schneider und I. von Zeppelin (1980): Computersimulation von Schlaftraumprozessen. Berichte aus der Interdisziplinären Konfliktforschungsstelle der Universität Zürich. Zürich: Manuskriptdruck.

Rosemarie Kennel
Psychoanalyse bei Klein/Bion und Neuroscience bei Edelman
Mesalliance oder göttliche Verbindung?

Teil A

Einleitung

Als »Weltknoten«, von dessen Lösung alles weitere abhänge, hat Arthur Schopenhauer das Leib-Seele-Problem benannt. Nachdem Freud den Versuch, diesen Knoten reduktionistisch-materialistisch zu lösen, als verfrüht und gescheitert ansehen mußte, wandte er sich scheinbar dualistisch ganz dem Phänomenbereich der Seele zu, ohne jedoch die Vorstellung aufzugeben, daß die Psychoanalyse eines Tages auf ihr »organisches Fundament aufgesetzt werden soll; aber wir kennen dieses noch nicht« (1916-17a, S. 403). Der Triebbegriff wie auch die Energie- und Besetzungskonzepte verweisen auf den biologischen Ansatz seines Denkens, die Suche nach kausal-deterministischen Erklärungen auf den nie aufgegebenen Versuch, die Psychoanalyse als Naturwissenschaft zu etablieren. In der psychoanalytischen Alltagspraxis hat dieser theoretische (metapsychologische) Hintergrund jedoch mehr und mehr an Bedeutung verloren. In der weiteren Entwicklung der Psychoanalyse ist die Erforschung psychischer Phänomene in sorgfältigen Beobachtungen am Einzelfall ganz überwiegend im Mentalen verblieben. Wie die immer nur subjektiv und verstehend in der psychoanalytischen Situation gewonnenen Beobachtungsdaten schwerpunktmäßig interpretiert, zu Konzepten generalisiert und in Theorien systematisiert wurden, hat dann zu verschiedenen Schulrichtungen innerhalb der Psychoanalyse geführt. Diese haben viele Gemeinsamkeiten, aber auch viele Divergenzen und können sich jenseits aller objektiven Überprüfbarkeit und Vorhersagbarkeit nur auf eine gewisse Regelhaftigkeit der beobachteten Phänomene berufen und durch die mehr oder minder größere Plausibilität, Konsistenz und Kohärenz ihrer Erklärungsmodelle ausweisen. Damit ist die Psychoanalyse angreifbar geblieben, und sie gerät unter dem Druck konkurrierender, auf anderen methodischen und theoretischen (zum Beispiel behavioristischen oder kognitivistischen) Prinzipien beruhenden Beobachtungs- und Erklärungsweisen des Psychischen zunehmend in Beweisnot.

Während psychoanalytische Erkenntnisse zumindest von den geisteswissenschaftlichen Nachbardisziplinen durchaus rezipiert worden sind, hat sich die Psychoanalyse selbst (von Ausnahmen, zum Beispiel Bion, abgesehen) über Jahrzehnte hinweg – zwar nicht unbeeinflußt vom Zeitgeist, aber doch weitgehend abgeschottet von den übrigen Wissenschaften – weiterentwickelt. Die Notwendigkeit, den interdisziplinären Dialog wieder zu suchen, wird für die Psychoanalyse immer deutlicher.

Wenngleich Forschungsinteresse, Forschungsziele und Forschungsmethoden gerade von Naturwissenschaft und Psychoanalyse mittlerweile weit auseinandergedriftet sind, legt der rasante Fortschritt der Neurowissenschaften es nunmehr nahe, frühe Vorstellungen Freuds wieder aufzunehmen und sie gemäß dem Stand der inzwischen vollzogenen Entwicklung in beiden Wissenschaften erneut zu überprüfen. Die technische Entwicklung hochgradig verfeinerter, nicht-invasiver Untersuchungsverfahren mit einerseits großer räumlicher und andererseits hoher zeitlicher Auflösung haben die Erforschung der Morphologie, Organisation und Funktionsweise des menschlichen Gehirns geradezu explosionsartig vorangetrieben.

Das »organische Fundament«, von dem Freud sprach, »kennen« wir nun besser – welche Folgerungen sich daraus für die Psychoanalyse ergeben können, bleibt allerdings noch offen. Läßt man einmal die grundlegenden erkenntnistheoretischen Schwierigkeiten des Gehirn-Geist-Problems vorläufig beiseite, erscheint es reizvoll und unter Umständen sehr lohnend, einfach pragmatisch vorzugehen und zu untersuchen, wie sich mentale und neurobiologische Prozesse zeitlich und räumlich nicht nur parallelisieren, sondern auch so weit wie möglich korrelieren lassen, ohne das Wesen des Geistigen unmittelbar oder zur Gänze auf materielle Vorgänge zu reduzieren. Es bleibt zu prüfen – und dies wird hier versucht –, inwieweit die bisherigen Theoriemodelle der Psychoanalyse mit den neuen neurowissenschaftlichen Befunden kompatibel sind und ob überhaupt und, wenn ja, welche Konsequenzen sich daraus für die weitere Theoriebildung ergeben könnten. Das soll hier an einigen Konzepten der Klein/Bion-Richtung der Psychoanalyse versucht werden, bei denen sich meines Erachtens in vielen Aspekten Beziehungen zur Neuroscience herstellen lassen.

1. Einige Aspekte der Klein/Bion-Richtung der Psychoanalyse

Die *Klein/Bion*-Richtung der Psychoanalyse wurde – historisch mit einem Zeitunterschied von einer Generation zu Freud – von Melanie Klein begründet, von Anfang an von vielen Analytikern – vor allen Dingen im angelsächsischen Raum – aufgenommen und kreativ weiterenwickelt. Es ist also eine generationenübergreifende Mehr-Personen-Theorie, was gewisse Schwierigkeiten mit sich bringt bei dem Versuch, sie auf einen gemeinsamen Nenner zu bringen. Klein und andere arbeiteten mit Kindern, Bion und andere mit Gruppen und Psychotikern. Aspekte der frühen psychischen Entwicklung und der frühen psychischen Störung rückten ins Zentrum des klinischen und forschenden Interesses und erweiterten das Spektrum der Psychoanalyse in ungeahntem Maße.

Bion – nach Freud sicher einer der originellsten psychoanalytischen Denker – hat in einer zentralen Phase seines Schaffens (1950-1970) philosophische Denkströmungen seiner Zeit aufgegriffen mit der Intention, die Psychoanalyse in Anlehnung an das Modell des logischen Empirismus zu verwissenschaftlichen, ohne sie aber im mindesten darauf zu beschränken (Bléandonu, 1990). Die Mannigfaltigkeit alltäglicher und klinischer Erscheinungen wird auf einige wesentliche Elemente – *The Elements of Psychoanalysis* (1963) – reduziert, die Komplexität durch die Annahme der vielfachen, vernetzten, mehrdimensionalen Beziehungen dieser Elemente untereinander aber zugleich erhalten. Das sollte die Möglichkeit eröffnen, in dieser Abstraktion alle weiteren psychischen Konkretionen einzufangen und im psychoanalytischen Denken größtmögliche Genauigkeit mit größtmöglicher Beweglichkeit zu verbinden. In diesem Denken werden Faktoren und Funktionen und nicht mehr Substanzen und geronnene Strukturen erfaßt; es geht um die Beziehungen der Elemente untereinander und nicht mehr um die Rückführung von Phänomenen auf darunterliegende (Trieb-)Kräfte.

Damit hatten sich nicht nur die Beobachtungs- und Erfahrungsdaten, sondern auch der theoretische Hintergrund im Vergleich zu Freud ganz wesentlich geändert. Es handelt sich nicht um eine neue Metapsychologie, wohl aber um Ansätze zu einer neuen psychoanalytischen Epistemologie. Die Grundannahmen der Psychoanalyse werden nicht aufgegeben, es findet kein Paradigmen-, aber doch ein Perspektivenwechsel statt, indem nicht mehr vorwiegend personale, sondern auch dyadische und triadische Gesichtspunkte berücksichtigt werden. Das hatte und hat deutliche Auswirkungen auf die psychoanalytische Praxis und die weitere Theoriebildung. Die kartesisch prinzipielle Subjekt-Objekt-Spaltung, die Gewichtung einer genetisch determinierten intrapsychischen (psychosexuellen) Entwicklung, die Annahme eines »psychischen Apparates« mit hierarchischen und konfligierenden Strukturen wird relativiert und um neue Denkansätze erweitert.

Klein hatte aufgrund ihrer Arbeit mit Kindern, in der sie strikt deutend vorging, die grundlegende Bedeutung von interpersonalen Aspekten, von projektiven und introjektiven Mechanismen und von unbewußten primitiven körpernahen Phantasien erkannt. Sie schuf eine Objektbeziehungstheorie, in der Subjekt und Objekt, das heißt auch innere und äußere Realität, über permanent und zirkulär ablaufende introjektive und projektive Mechanismen im Laufe eines Entwicklungsprozesses konstituiert und auch danach kontinuierlich aufrechterhalten werden müssen. Das ist eine radikal konstruktivistische Perspektive, indem die Außenwelt – deren Eigenexistenz zwar nicht angezweifelt wird – immer nur aus einer Innensicht, der psychischen Realität, heraus wahrgenommen, erfahren und konstruiert werden kann und umgekehrt die Innenwelt, das heißt psychische Strukturierung, durch verinnerlichte Interaktionen mit den umgebenden Objekten und den damit einhergehenden körperlichen und mentalen Gehalten gebildet wird. Diese interaktiven Wechselwirkungen führen auf einem Kontinuum, das tendenziell immer umkehrbar und fluktuierend ist, von einer Innen-Außen-Fusion über projektive und introjektive Verzerrungen zu einer gemeinsamen sozialen Realität (Du, Wir) und einer klar erlebten Identität (Ich).

Klein postulierte zunächst ein rudimentäres Ich von Geburt an, das zu primitiven Wahrnehmungs- und Kategorisierungsleistungen fähig ist, das heißt vage zwischen Ich und Nicht-Ich und zwischen »gut« und »böse« (in der Sprache Kleins) unterscheiden kann, das intentional ausgerichtet ist und ein Objekt sucht. Das entspricht ungefähr dem Kern-Selbst Sterns (1985) und deckt sich mit Befunden der *Cognitive Science*. Nach Klein/Bion werden von Anfang an frühe Reizzustände aus sensomotorischen Vorgängen und trieb- oder affektgeladenen Interaktionserfahrungen episodisch in primitiven *unbewußten Phantasien* gebunden, die dann als Basis des psychischen Lebens auch nach allen späteren Überformungen und Verarbeitungen von überragender dynamischer Bedeutung sind. Das Unbewußte im psychoanalytischen Sinne wird also nicht mehr als Entität oder System aufgefaßt, sondern als unbewußte Phantasie konzipiert, das heißt in Form psychischer Phänomene, die Gestalt- bzw. episodischen Charakter haben, denen jedoch die Qualität der Bewußtheit fehlt. Das Basisrepertoire dieser Phantasien ist nicht groß – sie kreisen um die menschlichen Elementarerlebnisse der Nutrition, Evakuation, *holding*, *linking*, Sexualität –, sie sind in der individuellen Ausgestaltung aber unendlich vielfältig. Klein nimmt ein angeborenes »Wissen« um den Körper mit seinen primitiven Objekten an. Bion spricht hier zutreffender von angeborenen »preconcepts«, das heißt phylogenetisch erworbenen, die überlebensnotwendigen Vorgänge betreffenden Erwartungen, die erst nach einer entsprechenden Realisierung zu einer »conception« und Grundlage einer Phantasie werden können. In zirkulären Prozessen finden in der weiteren Entwicklung primitive Objektbeziehungen befriedigender und versagender Art und sinnlich-körperliche Erfahrungen, die beide in enger Verknüpfung mit den unbewußten Phantasien, das heißt den kondensierten Vorerfahrungen stehen, ihren psychischen Niederschlag in Form *»innerer Objekte«*, die – variabel, vielgestaltig und farbig – untereinander und mit dem aus dem rudimentären Ich sich entwickelnden Kern-Selbst und der Außenwelt in Verbindung stehen. Die Entwicklung und Ausformung psychischer Entitäten erfolgt hier vornehmlich in Austausch- und Wechselwirkungsprozessen mit dem eigenen Körper und der Umwelt nach gestaltgebenden und konstruktivistischen Prinzipien. Die Innenwelt ist damit episodisch, narrativ und szenisch gestaltet.

Bion hat die Vorstellungen Kleins weiterentwickelt, um zentrale Konzepte erweitert und als Theorie, in der es vornehmlich um sinnlich-erfaßbare Erfahrungen/Sachverhalte und deren Verknüpfungen untereinander – die »elements« und das »linking« – geht, systematisiert. Die *Elemente* sind sensomotorische, affektive und kognitive Entwicklungseinheiten einerseits und dazu in enger Wechselbeziehung stehende basale psychische Mechanismen andererseits. In seinem »Raster« zeichnet Bion, der eine eigene Denktheorie ausgearbeitet hat, die Entwicklung und den Gebrauch des Denkens von den Anfängen im Körperlichen (»Beta-Elemente«) über unbewußte und bewußte Symbolisierungsprozesse (»Alpha-Funktion«, »Alpha-Elemente«, »Traumgedanken«) bis zu elaborierten wissenschaftlichen Systemen in differenzierten Transformationsschritten nach.

Die *basalen Mechanismen* wiederum sind Funktionskreise, in die als Inhalte die oben genannten Elemente, unbewußte Phantasien und psychische Konstrukte (innere Objekte), die auf verschiedenen Ebenen Eingangsmaterial wie Ausgangsprodukte gleichermaßen sind, eingeschleust, bearbeitet, verändert und rekursiv rückgekoppelt werden. In diesem theoretischen Modell psychischer Entwicklung und psychischer Funktionsweisen sind systemisch-kybernetische Komponenten auszumachen (wenngleich Bion eine ausformulierte Systemtheorie wohl noch nicht zur Verfügung stand). Es läßt sich aber nicht darauf beschränken, da unter anderem der Übergang vom Körperlichen zum Psychischen hier nicht auf den – im übrigen auch nur deskriptiven und nicht etwa erklärenden – Begriff der Emergenz zurückgeführt wird, sondern die Erklärung zunächst offengelassen wird, aber die historischen und kulturellen Faktoren in der menschlichen Entwicklung von Anfang an hervorgehoben werden.

Die drei wichtigsten Mechanismen sind:

1. Die *Basis-Emotionen* Liebe (L), Haß (H) und Er-Kenntnis (K), die nicht nur als psychische Qualität, sondern in ihrer spezifischen Verknüpfungsfunktion von Objekten (»links«) gesehen werden. K ist – als dritte große motivationale Kraft – von Bion, der Bedeutung entsprechend, die die Entwicklung des Denkens und der Denkstörungen in seiner Theorie einnimmt, neu eingeführt worden. Es ist eine Art »Wissenstrieb« (Neugier, Suchverhalten, Denkbewegung), dazu angetan, die äußere und innere Realität zu erkunden und konstruktiv zu modifizieren oder aber in seiner Negativform, Minus-K, das ebenso bedeutsam ist, Wissen und Wahrheit manipulativ zu verhindern. (Daß mit der Entwicklung des Cortex und den damit einhergehenden schier unendlichen assoziativen neuronalen Verknüpfungsmöglichkeiten auch ein »Verknüpfungsdrang« (R. K.) – eben K – entsteht und zu den basalen verankerten Gefühlen L und H hinzutritt oder diese überlagert, erscheint plausibel, wenngleich es spekulativ sein mag.) In diesem Funktionskreis erfolgt die emotionale Besetzung.

2. *Containing* ist ein Grundmuster menschlicher Existenz, in dem zwei Elemente in einer spezifischen Art und Weise miteinander in Verbindung treten und sich daraus etwas qualitativ Neues entwickelt. Modell hierfür ist die somatische Fortpflanzung, aber die abstrakte Zeichengebung ♂♀ soll die universale Bedeutung und Vielfältigkeit dieser interaktionellen, dynamischen, asymmetrischen und zugleich reziproken und zirkulären Beziehungsform anzeigen. Sie ist immer dann gegeben, wenn ein Inhalt/Gehalt – das Contained ♀ – in einen Behälter – den Container ♂ – eingegeben wird, im Prozeß des Containing transformiert und dann in modifizierter Form auf einer höheren Ebene wieder zurückgenommen werden kann. Im Entwicklungsprozeß projiziert der Säugling Roherfahrungen –

amorphe Impulse, Emotionen, Selbstanteile (»Beta-Elemente«) –, die er analog dem körperlichen Verdauungsprozeß eliminieren muß, in die Mutter, die mit träumerischer Einfühlung (»rêverie«) das Projizierte nicht nur aufnimmt, sondern aufgrund ihrer Fähigkeit zur »Alpha-Funktion« in »Alpha-Elemente« umwandelt. Diese haben nicht mehr konkret-sinnliche, sondern mentale Qualitäten, die vom Kind als nunmehr psychisierte Äquivalente assimiliert werden können. Somit wird in einem interaktionellen Austauschprozeß diffusen körperlich-konkreten Äußerungen psychische Bedeutung, Gestalt und Kohärenz verliehen. Die »Alpha-Funktion« ist von Bion absichtlich mathematisch notiert, um die Offenheit des Begriffs und die bis heute anhaltende Unkenntnis der tatsächlichen Vorgänge anzuzeigen. Sie beinhaltet grosso modo den basalen Prozeß symbolbildenden unbewußten Denkens.

Die Container/Contained-Beziehung stellt damit die früheste Kommunikationsform dar, und sie ist auch später – wenn andere, auf symbolischer Ebene operierende Kommunikationsformen ausgebildet worden sind – noch immer basal allgegenwärtig. Schlüsselbegriff für diese basale unbewußte Kommunikationsform ist die *projektive Identifizierung*. Das ist die interaktionelle Form der Projektion und ein Modus der Objektbeziehung, in der noch keine klare Subjekt-Objekt-Differenzierung stattgefunden hat. Die projektive Identifizierung ist zunächst im Containing für den menschlichen Entwicklungsproß konstitutiv und auch später subsymbolisch immer aktiv und für Empathie, Fremd- und Selbstverstehen notwendig. Sie kann aber auch nach Form und Ausmaß pathologisch werden, indem über Spaltung Selbst- und innere Objektanteile, verwirrende Gefühle und Funktionen projiziert werden, um den Empfänger manipulativ unter Affekt- und Handlungsdruck zu setzen und um damit eigenen psychischen Schmerz, Trauer und Ängste zu umgehen (siehe Fallbeispiel).

Containing ist die Keimzelle aller weiteren Entwicklung des Denkens, Fühlens und der Beziehungsfähigkeit. Aber nicht nur die kindliche Entwicklungssituation, auch die analytische Situation wird nach diesem Modell konzipiert und die Wirkung der Psychoanalyse unter anderem auf das gelingende Containing als Gehaltenwerden und Prozeß der Bedeutungsfindung zurückgeführt.

Das ist der Funktionskreis, in dem Integration, Strukturierung und Symbolisierung stattfindet.

3. Der dritte basale Mechanismus ist die Wechselbeziehung zwischen der *paranoid-schizoiden* und der *depressiven Position* (PS und D). Diese Positionen sind Formen der Organisation des Psychischen, die jeweils durch ein Set von spezifischen Modalitäten der Perzeption, Emotion, Kognition und entsprechenden Ängsten, Objektbeziehungen und Abwehrformen gekennzeichnet sind. Es sind »mental states« – also Zustände und nicht Strukturen.

Die paranoid-schizoide Position ist unter anderem durch folgendes gekennzeichnet: noch keine klare Trennung zwischen Subjekt und Objekt und zwischen innerer und äußerer Realität, Zeit- und Geschichtslosigkeit, Vorherrschen von Projektion und projektiver Identifizierung, Denken auf einer präsymbolischen konkretistischen Ebene. In der depressiven Position gewinnen synthetische Prozesse die Oberhand: unter anderem Subjekt-Objekt-Trennung, Kontinuität in Zeit und Raum, Beginn von Erinnerung und Geschichte, Vorherrschen von Introjektion und Zunahme des Realitätssinnes, Beginn der Symbolisierungsfähigkeit.

Klein konzipierte diese beiden Positionen noch als Entwicklungsstadien. Nach Bion findet jedoch ein lebenslänglich fortwährendes Oszillieren zwischen beiden Positionen statt, wobei er die Betonung und damit die Bedeutung dieser Prozesse verallgemeinernd auf den Übergang von Desintegration zu Integration, von Fragmentierung zu Kohärenz, von Chaos zu Gestaltwerdung legt. Chaos und Ordnung koexistieren und bedingen einander. Reifere psychische Strukturen müssen unter Energieaufwendung von Moment zu Moment aufrechterhalten werden, aber gerade die Fluktuation zwischen präsymbolischer und symbolischer Ebene gewährt der Person Kohärenz, Tiefe, Lebendigkeit und Kreativität der Person. Das ist der Funktionskreis, in dem psychische Inhalte organisiert werden.

Insbesondere heutige Kleinianer verweisen darauf, daß erst das Durcharbeiten der depressiven Position die ödipale Triangulierung ermöglicht und so eine anhaltende psychische Anforderung darstellt. Das ödipale Dreieck erfordert den flexiblen Wechsel von der Rolle des Partizipierenden zu der des Beobachters und vice versa, und es ist dann erst diese Triangulierung, die nun in Form der symbolischen Repräsentanz (Objekt, Ich, Symbol) zur Grundlage von Reflexivität und Selbst-Reflexivität wird.

Die »Elemente« der Psychoanalyse stehen nicht unverbunden nebeneinander, sondern sind in wechselseitigen Abhängigkeiten netzwerkartig verknüpft. Für die Bedeutungsfindung im Containment sind die libidinöse, aggressive und epistemische Besetzung, die Oszillationen zwischen der paranoid-schizoiden und der depressiven Position, zwischen der konkretistischen Zweier-Beziehung in der projektiven Identifizierung (das Objekt *ist* das Projizierte) und der Dreier-Beziehung, in der Symbolisierung möglich ist (das Objekt *steht für* das Projizierte), sowohl Voraussetzung wie Folge.

Die Entwicklung des *Denkens* wird von Bion in unauflösbarer Verknüpfung zur Entwicklung der Emotionen und der Objektbeziehungen gesehen (»Lernen durch Erfahrung«). Er unterscheidet zwischen der Entwicklung von Gedanken und der Entwicklung eines »Apparates zum Denken«, wobei jene Entwicklung dieser vorausgeht. Die positive Erfahrung der Anwesenheit der Mutter, das heißt das Zusammentreffen einer angeborenen Erwartung, des »preconcept«, mit einer Realisierung führt zunächst zu einer Konzeption, die nach Bion die Qualität einer Sinneswahrnehmung hat, aber später in Konzepte mit kognitiven Qualitäten überführt werden kann. Anstoß und Grundlage der Entstehung von Gedanken ist jedoch eine dysfunktionale Erfahrung, indem erst die Abwesenheit des mütterlichen Objekts das Kind zwingt, »die Mutter zu denken«. »Keine Milch – der erste Gedanke« (Wolfgang Loch). Es sind also sowohl befriedigende als auch versagende Erfahrungen erforderlich. Aus der Sicht Bions ist Denken aber essentiell an die Situation der Nicht-Befriedigung gebunden, die erst durch die vorangegangene Erfahrung des Containing in Gedanken transformiert werden kann.

Die frühen Erfahrungen mit der äußeren Realität, hier der Mutter, sind lebenswichtig, aber der Schwerpunkt liegt auf der Verschränkung der Innenwelt des Säuglings mit der Innenwelt der Mutter. *Sinn* und *Bedeutung* entstehen zunächst nicht intrasubjektiv, sondern in einem interaktionellen Zusammenhang. Die Erfahrungen eines geglückten Containing, das beinhaltet, daß auch die »Alpha-Funktion« der Mutter und damit die Containing-Fähigkeit als solche introjiziert wird – im Zusammenspiel mit der zunehmenden Fähigkeit im Oszillationsprozeß zwischen der paranoid-schizoiden und der depressiven Position, letztere immer häufiger zu erreichen und durchzuarbeiten, sowie mit der Triangulierung in der frühen ödipalen Situation –, ermöglichen schließlich den Aufbau eines »Apparates zum Denken«. Erst dann können, abgekoppelt vom unmittelbaren Bezug auf die Umwelt, eigene Gedanken in einem eigenen Apparat zum Denken »gehalten« (*contained*), Symbolisierungs-und Denkprozesse eingleitet und in fortlaufenden Zyklen weiterentwickelt werden. Das ist der Beginn eigenständigen Denkens.

Vielleicht ist hier die Grenzlinie zwischen früh und dyadisch erworbenem basalem Alltagswissen und dem später intrasubjektiv unbegrenzt zu entwickelnden, vorwiegend symbolischen Expertenwissen anzusetzen, und es wäre eine mögliche Erklärung, warum in der KI-Forschung gerade das vergleichsweise »einfache« Alltagswissen so schwer, das Expertenwissen aber sehr wohl im Computer zu simulieren ist.[1]

2. *Einige Aspekte der Neuroscience bei Gerald M. Edelman*

In der Neuroscience versuchen Wissenschaftler – von einem ganz anderen Ansatzpunkt her – inzwischen, menschliches Verhalten in seiner Gesamtheit und nicht nur in Teilleistungsbereichen auf biologische Erklärungsschemata zurückzuführen. So beschreibt Gerald M. Edelman in *Göttliche Luft*, *ver-*

1 Unter anderen Gesichtspunkten wurde diese Thematik in Kennel/Reerink (1997) bereits ausführlicher dargestellt.

nichtendes Feuer (1995), wie sich aus seiner Sicht Geist aus der Organisation der zugrundeliegenden Materie, das heißt aus dem Gehirn als biologischem Organ, erklären läßt. Das biologische Modell Edelmans liegt psychoanalytischen Denkgewohnheiten näher als die abstrakteren, aus System- und Informationstheorie entwickelten Modelle (die aus ihrer spezifischen Sicht natürlich ebenso zutreffend sind), da hier der mühselige Werdegang des Menschen, die Irrungen und Wirrungen menschlicher Entwicklung anschaulicher und »greifbarer« gemacht werden können.

Nach Edelman vollzieht sich die Organisation der Materie bis auf die neuronale Ebene hinunter nach darwinistischen Prinzipien. Im Zusammenwirken von Variabilität und Wettbewerb innerhalb von Populationen mit der Umwelt und deren Veränderungen kommt es zu einer relativen Zunahme *der* Elemente einer Population, die besser angepaßt sind. Das heißt, Populationen optimieren sich durch Anpassungs- und Selektionsmechanismen nach dem Prinzip des »survival of the fittest« selbst. Das gilt auch für das sich entwickelnde Gehirn, und zwar sowohl hinsichtlich seiner anatomischen (neuronale Populationen) wie auch physiologischen (neuronale Verschaltungen) Grundlagen. Evolution erfolgt auch hier durch Selektion und nicht durch Instruktion nach einem wie auch immer vorgegebenen Plan. Auch geistige Vorgänge beruhen danach auf der Evolution und Entwicklung des Gehirns auf phylo-, onto- und epigenetischer Ebene auf der Grundlage einer kontinuierlichen Selektion, die seine Anatomie, Struktur und Funktion bedingen. Einige zentrale Begriffe, die bei der Entwicklung von einer basalen zu einer immer höher organisierten Funktionsarchitektur von Belang sind, seien hier kurz benannt (siehe dazu ausführlich den Beitrag von Leuzinger-Bohleber, Pfeifer und Röckerath in Band 1).

Das Gehirn ist schon in seiner Morphologie dynamisch und nicht statisch angelegt. In der Neurogenese »überleben« von den zunächst im Überangebot vorhandenen Nervenzellen nur diejenigen, die funktionsfähige Verbindungen zu anderen Nervenzellen herstellen können. Diese sogenannte *Entwicklungsselektion* ist eine anatomische Selektion neuronaler Populationen und führt zu *primären Repertoires*. Diese sind – einmal gebildet – anatomisch weitgehend festgelegt, aber da die Selektion, wenngleich im Rahmen einer genetischen Vorprogrammierung, epigenetisch erfolgt, wird bereits auf dieser materialen Ebene des anatomischen Substrats die Möglichkeit einer unermeßlichen Vielfalt und Individualität des menschlichen Gehirns eröffnet. In der *Aktivitätsselektion* erfolgt dann aufgrund weiterer Innen- und Außenreize eine selektive Stärkung oder Schwächung von Synapsen neuronaler Gruppen auf neurophysiologischer Ebene (elektrisch, biochemisch). Diese Schaltkreise führen zur Bildung der *sekundären Repertoires* neuronaler Gruppen. Damit werden nur die Verbindungen stabilisiert, die auch aktiviert werden. Primäre und sekundäre Repertoires bilden *Karten*, wobei Rezeptorfelder bestimmten Gehirngebieten zugeordnet, deren Verknüpfungen jedoch nicht eindeutig festgelegt werden. Mit der Kartierung ist ein *topobiologisches System* geschaffen, und damit hängt die Modalität und Qualität von Reizen vom Verarbeitungsort bzw. von der Verknüpfung spezifischer Verarbeitungszentren ab. Bestimmte Fähigkeiten sind an bestimmte Teile des Gehirns gebunden, und jede dieser Karten dient bestimmten Funktionen (beispielsweise Farbe, Bewegung, Orientierung).

Die parallel und reziprok erfolgende Kopplung der Karten – über den Signalaustausch – ermöglicht eine selektive Koordination von neuronalen Gruppen und deren Schaltkreisen, die bei einer übereinstimmenden Reaktion auf bestimmte Kombinationen von Eigenschaften der Umwelt oder der Binnenwelt – der Ensemblecodierung – erfolgt, ohne daß dazu eine übergeordnete Karte erforderlich wäre. Diese Selektion einer *Verknüpfungsmatrix* ist also sowohl erfahrungs- wie umweltabhängig. Im Signalaustausch der entstandenen Reaktionsmuster neuronaler Aktivität, in deren Verstärkung oder Kombination, die wieder zu neuen synaptischen Veränderungen führen können, sieht Edelman einen »Grundpfeiler der Brücke zwischen Physiologie und Psychologie« (S. 129), da hierdurch die biologische Grundlage zur Wahrnehmungskategorisierung und zu integrierten Reaktionen gelegt wird. Über sukzessiv und rekursiv verlaufende Synthesen können dann neue Signale, neue selektive Eigenschaften, entstehen. Bereits auf dieser Ebene gibt es ein *neuronales Gedächtnis* und eine Art *»Lernen«* – Vorerfahrungen beeinflussen spätere Erfahrungen.

In *globalen Karten* werden oben genannte Mehrfachkartierungen mit nichtkartierten subkortikalen Teilen des Gehirns verbunden, die die im Laufe der Evolution entwickelten *Wertesysteme* enthalten. Das sind einerseits die im Hirnstamm verankerten Regulationszentren für Vitalwerte, die die physiologische Adaptation ermöglichen, andererseits die appetitiven und hedonistischen Zentren im limbischen System. Erst diese Verbindung erlaubt angemessene, überlebensnotwendige Kategorisierungen (wichtig/unwichtig, bekannt/unbekannt) der in den Karten niedergelegten Vorerfahrungen von Außen- und Innenweltreizen und damit angemessenes Verhalten. Überlebensnotwendig ist zunächst die Differenzierung von Artgenossen und Fremden und damit das Erkennen der Beute, des Feindes und des Sexualpartners.

Diese Wertezentren sind die physiologische Grundlage von *Affekten*, die basale Wahrnehmungsmodalitäten ermöglichen, aber erst in Verbindung mit weiteren subkortikalen und kortikalen Gehirnarealen und damit auch mit kognitiven Komponenten zu den *Qualia* Edelmans und zu komplexen *Emotionen* evoluieren. Qualia sind subjektiv gefühlte Empfindungen, die die Wahrnehmungen begleiten, also zum Beispiel das »Rotsein« eines roten Gegenstandes. Wielant Machleidt (vgl. seinen Beitrag in Band 1) unterscheidet zwischen fünf Grundgefühlen (Hunger, Angst, Aggression, Trauer, Freude) und betont deren wirklichkeitskonstituierende und damit überlebensnotwendige Funktion.

Erst die Kombination von Wahrnehmungskategorisierung und der »Systemeigenschaft Gedächtnis« (»frühere Veränderungen beeinflussen auf bestimmte und besondere Weise spätere Veränderungen«: Edelman, 1995, S. 54) bzw. deren Wechselwirkung auf zunächst basaler Ebene in Verbindung mit dem Wertesystem ermöglicht *adaptatives Lernen*, das zu einem rasch zunehmenden, flexiblen Verhaltensrepertoire für Umwelterfahrungen führt. Die Lernerfahrungen werden wiederum in einem *impliziten oder expliziten Gedächtnis*, das physiologisch auf synaptischen Gewichtungen neuronaler Gruppen in globalen Karten beruht, niedergelegt – aber das erfolgt nicht statisch im Sinne einer Speicherung von Informationseinheiten, sondern prozeß- und kontextabhängig. Das heißt, es kommt zu einer fortwährenden Neukategorisierung von Gedächtnisinhalten, die die Merkmale des menschlichen Gedächtnisses – hohe Verallgemeinerungs- und Assoziationsfähigkeit bei relativer Ungenauigkeit – bedingen. Gedächtnis in seinen verschiedenen Formen ist eine kortikal und subkortikal verankerte Systemeigenschaft des Gehirns und beinhaltet nicht nur Erinnerung im engeren Sinne, sondern ist auch für die von Moment zu Moment erfolgende Verknüpfung in der Zeit und damit für den flüssigen und geschmeidigen Ablauf physiologischer und psychologischer Vorgänge notwendig.

Nach Edelman entwickelt sich die *Fähigkeit zur Begriffsbildung*, das heißt die Wahrnehmungs- und Wertekategorisierung und das Herstellen von Beziehungen zwischen Dingen und Handlungen nach allgemeinen Kriterien – Vergleich, Differenzierung, Neukombination –, lange vor der Ausbildung einer Sprache. Dies wird dadurch möglich, daß das Gehirn Karten seiner eigenen Aktivitäten und nicht nur von äußeren Reizen anlegt – eine Art *innerer Wahrnehmungskategorisierung*, in die die körperlichen Vorerfahrungen eingehen. Diese *innere Kartierung* ist in den assoziativen Gehirnarealen, vermutlich ohne feste topographische Zuordnung, lokalisiert und steht im Signalaustausch mit allen anderen Hirnbereichen. Die Fähigkeit zur Begriffsbildung ist damit eng mit der Einheit von Wahrnehmungskategorisierung, Gedächtnis und Lernen verknüpft.

Erwähnt sei in diesem Zusammenhang, daß auf dieser subsymbolischen Ebene neuronale Netzwerke parallel verarbeitende Systeme sind, die nicht nach eindeutig festgelegten Verknüpfungen, also Programmen, arbeiten, sondern durch sich verändernde Aktivierungswerte von Synapsen neuronale Muster bilden, die Vielfalt, Variabilität und Plastizität gewährleisten. Die Musterbildung ist an den Einzelfall und an Interaktion gebunden, das heißt, Lernen erfolgt anhand von exemplarisch eingeübtem Verhalten. Das ist die Basis für das unscharfe, kontextabhängige, intuitive, implizite Alltagswissen. Daß sich später darüber hinaus interaktionsunabhängige, regelgeleitete, symbolverarbeitende Systeme herausbilden und mit den basaleren Systemen zusammenarbeiten, ist anzunehmen.

Das Vorhandensein vorsprachlicher Begriffsbildung und eines vorsprachlichen Gedächtnisses ist für Edelman Anlaß, ein primäres Bewußtsein von einem Bewußtsein höherer Ordnung zu unterscheiden. *Bewußtsein* bildet sich im Verlauf der Evolution und Entwicklung als neue phänotypische Eigenschaft heraus und bedarf nach Edelman nur dreier Grundannahmen: der physikalischen, der biologischen und der Qualia-Annahme. Gemeint ist, daß die Entwicklung von Bewußtsein den Gesetzen der Physik nicht zuwiderläuft, biologisch auf den Prinzipien der Selektion neuronaler Gruppen, der reziproken Kopplung und der rekursiven Synthese beruht und durch die Qualia-Annahme subjektive Empfindung und damit Selbstheit ermöglicht. Bewußtsein ist mit unmittelbaren Selektionsvorteilen für die Anpassung an die Umwelt verbunden; es ist somit nicht nur eine Begleiterscheinung von Kognition, Emotion und Aktion, sondern stellt einen kausal wirksamen Faktor für die weitere Entwicklung dar.

»Das *primäre Bewußtsein* kann aus der Erfahrung etwa von geistigen Bildern bestehen, aber es ist an einen Zeitraum um die meßbare Gegenwart herum gebunden, es fehlt ihm ein Begriff für das Selbst, für Vergangenheit und Zukunft, und es liegt jenseits direkter, beschreibender individueller Berichte ... Entsprechend können Wesen mit nur primärem Bewußtsein keine Theorien des Bewußtseins entwickeln ...« (Edelman, 1995, S. 168 f.).

Mit dem primären Bewußtsein kategorisiert das Gehirn seine eigene Tätigkeit. Für die Entwicklung dieses primären Bewußtseins wiederum ist die Verknüpfung und gegenseitige Anpassung zwischen dem im Hirnstamm und im limbischen System gelegenen Wertesystem – einem Binnensystem, das die primären, überlebensnotwendigen Körpervorgänge reguliert – und dem thalamo-kortikalen System, das über die Sensomotorik die Verbindungen zur Aubenwelt reguliert, notwendig. Das heißt, die im Cortex gelegene Begriffsbildung ist schon immer eng an körperliche Erfahrung und an das limbische Wertesystem geknüpft und wird zur Grundlage für eine begriffliche »Selbstkategorisierung« (ebd., S. 174). Lernen erfordert die Kategorisierung von Welt nach inneren Wertesystemen und führt zu einem Gedächtnis für Wertekategorien. Lernen und diese Art von Gedächtnis ermöglichen über einen zusätzlichen Signalaustausch zu jeder Sinnesmodalität die Konstruktion von stimmigen *Szenen*, wodurch sich neue Ereignisse mit früheren Kategorisierungen von Welt verknüpfen und raumzeitlich einordnen lassen. Im primären Bewußtsein erhalten so kategorisierte Ereignisse eine Art Erlebnisqualität – von Edelman »Veranschaulichung« und *»erinnerte Gegenwart«* genannt.

Auf der Basis des primären Bewußtseins entsteht das *Bewußtsein höherer Ordnung* durch die Evolution neuer Formen symbolischer Begriffs- und Gedächtnisbildung, die Zeiterleben und Sprachfähigkeit ermöglichen. Hier mißt Edelman der Entwicklung eines Selbst und der Wechselwirkung zwischen Selbst und Nicht-Selbst noch vor der Sprachentwicklung große Bedeutung bei. Beim Spracherwerb werden über semantische Ureingaben, die an die Interaktion mit Menschen gebunden sind, phonologische Symbole mit Begriffen verbunden und mit Bedeutungen versehen (Erstellen eines Lexikons). Die Entwicklung der Semantik verläuft aber nicht losgelöst von der präexistenten Begriffsbildung und Bedeutungszuweisung des primären Bewußtseins und bleibt damit den körperlichen Vorerfahrungen und dem Wertegedächtnis zunächst eng verbunden. Die Syntax ist der Semantik nachgeordnet und wird rückläufig aus ihr heraus und unter Einbeziehung zuvor existenter Begriffskategorien entwickelt. (Auch bei Bion gehen die Gedanken einem Apparat zum Denken voraus, wobei er auf Vorstellungen Gottlob Freges zurückgreift.)

Symbolisierung – als der dem Menschen eigene und ihn gegenüber allen anderen Lebewesen auszeichnende Evolutionsschritt – erlaubt die Loslösung von der »Tyrannei dieser erinnerten Gegenwart« und geht mit den unermeßlichen Möglichkeiten der Verallgemeinerung, Kategorisierung, Kombination, das heißt des symbolischen Denkens, einher. Individuierung erfolgt aber nicht erst auf dieser Ebene, sondern eben von Anfang an in der spezifischen, über Selektionsprozesse in der Morphologie und Organisation des Gehirns niedergelegten individuellen Geschichte.

Dem Bewußtsein höherer Ordnung werden Symbolisierung, Sprache, Reflexivität, Zeitlichkeit (im Sinne von Vergangenheit und Zukunft), symbolisches Gedächtnis und damit Handlungsplanung mit einer neuen ungeheuren evolutiven – inzwischen aber alles Leben bedrohenden – Überlegenheit zugeordnet. Es ermöglicht die Vorstellung »von Welt unabhängig von der Gegenwart«, in Verbindung mit Vergangenheit und einer projektierten Zukunft. Aber auch beim Menschen stehen »primäres und höheres Bewußtsein nebeneinander und miteinander in Wechselwirkung« und können nicht getrennt voneinander gesehen werden. Die im primären Bewußtsein gründenden Qualia erhalten im Bewußtsein höherer Ordnung eine neue Dimension – sie sind die je eigenen, subjektiven Rekategorisierungen von mit Werten behafteten Beziehungen zum eigenen Selbst und seinen Wahrnehmungen und Begriffen und damit zuständig für Selbsterleben und Selbstreflexivität, das heißt Bewußtsein im eigentlichen Sinn, von erlebtem Da-Sein und So-Sein in der Zeit.

Ob dies nun nicht nur notwendige, sondern auch hinreichende Bedingungen für das Programm Edelmans – die Erklärung, »wie der Geist im Gehirn entsteht« – sind, das heißt, ob aus den neuronalen Korrelaten des Bewußtseins dieses als solches quasi entspringt, muß vielleicht noch offenbleiben. Verblüffend ist jedoch in vielen Punkten die Nähe dieser Modellvorstellungen zu psychoanalytischen Konzeptionen. Nicht von ungefähr hat Edelman also sein Buch dem Gedenken an Charles Darwin und Sigmund Freud gewidmet.

3. *Versuch, einzelne Aspekte der Theorie von Klein/Bion und der Theorie von Edelman zu vergleichen*

Neuroscience und Psychoanalyse sprechen verschiedene Sprachen – aber nicht nur die Verständigung ist schwierig, auch der Übersetzung haftet leicht noch etwas Künstliches an. Die Daten der Psychoanalyse werden immer nur in einem intersubjektiven Zusammenhang gewonnen und aus einer Binnenperspektive betrachtet, sie sind von daher unscharf und fallibel. Die Neuroscience dagegen muß ihren Beobachterstandpunkt nie aufgeben, um sich ihres Materials zu vergewissern.

Psychologische Phänomene, wie sie unter den Rahmenbedingungen der analytischen Situation gewonnen werden, sind immer zusammengesetzte und komplexe, nur interpretierbare und weder objektivierbare noch reproduzierbare Phänomene. Die Neuroscience als Naturwissenschaft kann ihren Untersuchungsgegenstand je nach Maßgabe zerlegen oder wieder zusammensetzen, sie kann ihre Beobachtungen zumindest in Teilen in Experimenten nachzeichnen und wiederholen. Ihre Beschreibungen und Gesetzmäßigkeiten werden damit im idealen Fall objektiv überprüfbar. Sobald die Neuroscience aber den Boden der Biologie verläßt und versucht, das Geistige aus ihren Befunden zu erklären, gerät sie in dieselben erkenntnistheoretischen Schwierigkeiten (Janich, 1994), mit denen die Psychoanalyse schon immer behaftet ist.

Auch die Psychoanalyse versucht in der nachträglichen theoretischen Durchdringung ihres Materials, die Phänomene zu ordnen, zu klassifizieren, in Hypothesen und Modelle zu integrieren, wobei Freud nach naturwissenschaftlichen Gesetzmäßigkeiten suchte, während man sich heute – unter Einbeziehung der Besonderheit der Untersuchungssituation – damit bescheiden muß, verallgemeinerungsfähige Regelmäßigkeiten und plausible und konsensfähige Modelle zu entwickeln. Die Abstraktion am weitesten vorangetrieben hat Bion, aber auch seine Hypothesen sind aus der Klinik entwickelt und müssen wieder an diese zurückgebunden werden.

Auch wenn der Dialog schwierig ist, ist die Suche nach Entsprechungen zwischen den Befunden und Modellen der Neuroscience über die Organisations- und Funktionsweise des Gehirns und den Befunden und Modellen der Psychoanalyse über die Organisations- und Funktionsweisen des Psychischen gerechtfertigt, um Übereinstimmungen oder Diskrepanzen festzustellen. Der ganze Reichtum semantischer Inhalte des Psychischen bleibt allerdings hier unberücksichtigt, und manche würden sagen, daß gerade das die Essenz der Psychoanalyse sei. Welcher Stellenwert dieser Suche nach Entsprechungen also zukommt, welchen Erklärungswert sie hat, mag zunächst offenbleiben – aber es wird in Zukunft doch schwer sein, psychologische Modelle zu entwerfen, die den neurowissenschaftlichen Befunden zuwiderlaufen oder mit ihnen ganz und gar unvereinbar erscheinen. Unter den Psychologien hat gerade die Psychoanalyse die Fundierung des Geistigen im Biologischen – zunächst mit dem Triebbegriff – eingeführt und damit einen Kulturschock ausgelöst. Dieser Ansatz wurde nie revidiert, und er ist ein Ärgernis geblieben, insofern die Psychoanalyse sich weder als exakte Wissenschaft ausweisen konnte (Grünbaum, 1987) noch sich auf eine letztlich folgenlose Form von Kunst zurückführen und damit entschärfen ließ.

Edelman hat ein *dynamisches Modell* des menschlichen Gehirns entwickelt. Ein Gehirn, das immer in Aktion ist, in stetem Austausch mit der Umwelt steht, dessen Teile ständig miteinander wechselwirken und dessen Aktivität nicht von einem Programm oder inneren Instruktor gesteuert wird, sondern das sich selbst durch ständigen Signalaustausch, reziproke Kopplung und rekursive Synthese einreguliert, um die Anforderungen der Außen- und Binnenwelt zu integrieren bzw. darauf so angemessen wie möglich zu reagieren. Ein solches nur in Teilen festgelegtes, flexibles und reagibles System ist auf allen Ebenen störanfällig, aber auch korrigierbar; es bleibt lebenslänglich lernfähig und ist sowohl durch seine hochgradige funktionelle Spezifizierung wie auch durch seine Plastizität gekennzeichnet.

Die Klein/Bion-Theorie wiederum versucht, die Komplexität und Plastizität der psychischen Entwicklung und des psychischen Geschehens aus einer dynamischen, mehrdimensionalen, dialektischen und holistischen Sichtweise heraus zu fassen. Schlagwortartig lassen sich Konstruktivismus, Oszillationen zwischen Subsystemen, interaktive Wechselwirkungen, zirkuläre Prozesse mit rekursiven und sukzessiven Rückkopplungen als wichtigste Annahmen aus der in der klinischen Praxis entwickelten Theorie abstrahieren. Die Elemente Bions, deren netzwerkartige Verknüpfungen untereinander und die basalen psychischen Mechanismen (Basis-Emotionen, Wechselwirkung zwischen den Positionen PS und D, Containing) seien hier noch einmal genannt. Das steht im Gegensatz zum mechanistischen Weltbild Freuds, der ein objektivierendes, klassisch naturwissenschaftlich geprägtes, lineares und hierarchisches Denken beibehalten bzw. angestrebt hat. Andererseits kommt Bions Modellierung psychischer Vorgänge den Vorstellungen der Neuroscience wiederum erstaunlich nahe – biologische Funktionsprinzipien lassen sich in den psychischen Funktionsweisen wiedererkennen.

Im *Konstruktivismus* der Neuroscience, der durch die Befunde der Erforschung der Wahrnehmung bestätigt wurde, wird die prinzipielle Subjekt-Objekt-Trennung wie auch die Annahme der Möglichkeit, die Realität als solche zu erkennen, aufgegeben. Da alle Signale der Außenwelt zunächst in neutrale neuronale Codes transformiert werden müssen, um im Gehirn weitergeleitet zu werden, müssen sie in den spezifischen Verarbeitungszentren neu zusammengesetzt werden. Die Bedeutung der Signale, seien es Sinnesreize oder psychische Gehalte, wird im Gehirn aufgrund der Topologie der verschiedenen Verarbeitungszentren und der spezifischen Verschaltungen und damit im semantischen Kontext der Vorerfahrungen konstruiert. Eine gewisse Wahrnehmungsinvarianz und die bestmögliche Entsprechung der Gehirnkonstrukte mit der Außenwelt muß im inneren Abgleich verschiedener Verarbeitungszentren einerseits und innerhalb einer sozialen Realität andererseits erlernt werden.

Das läßt sich gut mit dem psychischen Konstruktivismus der Klein/Bion-Theorie in Übereinstimmung bringen. Auch hier wurde die Annahme eines atomistischen, lediglich spät sozial überformten Individuums, das einer geschlossenen Welt gegenübersteht, aufgegeben zugunsten einer Vorstellung, in der das Subjekt und seine Wirklichkeit sich erst allmählich differenzieren. Die psychische Realität des einzelnen ist ein Konstrukt aus biologischer Disposition und biographischer Erfahrung, und auch hier kann die Entsprechung zur äußeren, physikalischen Realität und zur Realität des anderen nur im sozialen Kontext erworben werden. Betont wird in der Psychoanalyse, daß für die psychische Strukturierung Austauschprozesse zwischen Menschen (!) erforderlich sind, die zunächst asymmetrisch verlaufen, da der eine Teil eine Geschichte schon hat, der andere sie erst entwickeln muß. Das historische Moment spielt also neben dem biologischen beim *animal symbolicum* eine ganz herausragende Rolle.

In der Neuroscience werden angeborene oder frühontogenetisch erworbene *Gestaltungsgesetze* und *Bewertungssysteme* angenommen, die die Wahrnehmungskategorisierung lange vor der Entwicklung jeder Bewußtseinsfähigkeit überhaupt erst ermöglichen (Roth, 1995). Bei Edelman finden sich Gestaltungsgesetze von Anfang an, schon in der Theorie der Selektion neuronaler Gruppen, in der Verbindung dieser Gruppen zu größeren Selektionseinheiten, in der Ensemblekodierung und schließlich in den Szenen. Das fügt sich gut zusammen mit der Annahme Kleins von einem rudimentären Ich, das bereits zu primitiven und dann organisierenden Kategorisierungen von »innen« und »außen« und von »gut« und »böse« fähig ist, und es findet auch eine Entsprechung in den »preconcepts« Bions, angeborenen Erwartungen, die erst nach einer Realisierung in der Erfahrung Gestalt annehmen und Ausgangspunkt für weitere qualitative strukturierte Entwicklungseinheiten (ausgeführt im Entwicklungsraster, dem *grid*) sind. Unter einem anderen Blickwinkel stützt es darüber hinaus die Auffassung einer sich nach gestalthaften und konstruktivistischen Prinzipien entwickelnden Innenwelt in Form unbewußter Phantasien und innerer Objekte.

Nach den Befunden der Neuroscience ist der *Wahrnehmungsvorgang* selektiv und zunächst nur auf das momentan Erforderliche gerichtet, und er wird zudem nach Gestaltprinzipien ökonomisiert, so daß wenige Signale genügen, um den Wahrnehmungsinhalt zu erkennen (Roth, 1994, S. 246 f.) Auch hier lassen sich Verbindungen herstellen zu den von der Psychoanalyse entdeckten introjektiven und vor allen Dingen projektiven Mechanismen, bei denen wenige Eckdaten genügen, um Wahrnehmungsinhalte zu komplettieren oder aber Bedeutungsinhalte nach inneren, häufig konflikthaften Erfordernissen zu konstruieren. Die für die Psychoanalyse so zentralen

Phänomene der Übertragung und der projektiven Identifizierung finden damit eine plausible Erklärung.

Der ständige Signalaustausch zwischen den Mehrfachkartierungen, vor allen Dingen aber die stete Verbindung mit dem limbischen Wertesystem in den globalen Kartierungen und schließlich mit der inneren Kartierung, finden nochmals eine Entsprechung in den Funktionskreisen Bions, in denen psychische Entitäten mit basalen Emotionen besetzt (K, L, H), ständig um- und neukategorisiert, vereinheitlicht oder auch fragmentiert werden (Oszillation zwischen paranoid-schizoider und depressiver Position), um letztlich symbolisiert und dauerhafter strukturiert werden zu können (Containing). Das Nebeneinander und Ineinanderwirken von Emotion und Kognition, von Präsymbolischem und Symbolischem, von Reflexion und Selbstreflexion bzw. von subkortikalen und kortikalen Hirnbereichen, findet sich bei Edelman wie bei Bion. Die vereinheitlichende *innere Wahrnehmungskategorisierung*, die bei Edelman erst die Begriffsbildung ermöglicht, kann mit dem psychoanalytischen »Ich« in Verbindung gebracht werden, das auch bei Klein/Bion keine feste Struktur, sondern ein zusammengesetztes Phänomen ist, das jeweils der aktiven Synthetisierung bedarf. (Ob damit das Homunculus-Problem, das heißt die Diskrepanz zwischen unserer Selbstwahrnehmung als Zentrum eigener Aktivität in einem Raum-Zeit-Kontinuum und dem Fehlen einer zentral steuernden Instanz im Gehirn, gelöst ist, mag dahingestellt bleiben.)

Die in der Evolution entwickelten überlebensnotwendigen Kategorien des Wertesystems lassen sich annähernd dem Begriff des Sexual-und Aggressionstriebes bei Freud zuordnen. Die Basis-Emotionen Bions stehen den fünf Grundgefühlen Machleidts und deren Dynamik näher, wobei hier K als treibende Kraft der weitgefaßten Konzeption des »Hungers«, die Verbindung von K und H der »Aggression«, von K und L der »Freude« entspräche, wohingegen »Angst« und »Trauer« bei Bion bereits komplexere Gefühlsreaktionen sind.

Hier sei erwähnt, daß die in der Evolution entwickelten und *überlebensnotwendigen Werte*, die auf Nahrungserwerb, Erkennen des Feindes, Reproduktion zielen, sich in der Gruppentheorie Bions wiederfinden. Danach haben Gruppen eine Gesamtgestalt und entwickeln über projektive Identifizierung eine gemeinsame Phantasie- und Abwehrorganisation, die sogenannten Grundannahmen. Regelmäßig kristallisieren sich in Gruppen drei Grundannahmen heraus und bestimmen damit drei Typen von Gruppenkonstellationen. Es sind: die Suche nach einem »nährenden« Führer (Abhängigkeits-Gruppe), die Suche nach einem Feind innerhalb oder außerhalb der Gruppe und die entsprechende Reaktion darauf (Kampf/Flucht-Gruppe), die Suche nach einem »erlösenden« Paar, das eine messianische Hoffnung verkörpert, meist innerhalb der Gruppe und unabhängig vom Geschlecht (Paarbildungs-Gruppe). Offenbar treten in Gruppen archaische Verhaltensmuster ungehemmter zutage.

Der interessanteste Punkt für die Psychoanalyse jedoch ist meines Erachtens das *Konzept des primären Bewußtseins und des Bewußtseins höherer Ordnung* in der Theorie Edelmans. Auch bei Edelman entsteht Symbolisierung ja nicht wie ein Deus ex machina mit der Ausreifung des Cortex, sondern wird quasi ab ovo in Gruppen von Nervenzellen über immer komplexere und umfassendere neuronale Organisationen Schritt für Schritt in vielen rekursiven Schleifen entwickelt. Auf der Stufe des primären Bewußtseins kommt es zu einer Art Innehalten; dieses wird zu einer dauerhaften Organisation – es ist alles vorhanden bis auf den entscheidenden Schritt – oder hier besser: Sprung – in die Symbolisierung und damit in das Bewußtsein höherer Ordnung. Auch wenn ein solches Bewußtsein gebildet ist, bleibt es mit allen früheren Phasen seiner Entwicklung in Verbindung; dem Wechselspiel zwischen dem primären Bewußtsein und dem Bewußtsein höherer Ordnung scheint jedoch eine besondere Bedeutung zuzukommen.

Auch bei Klein/Bion gibt es zwei Organisationsformen des Psychischen, die PS-Position und die D-Position, und auch hier haben diese Oszillationen zwischen den Positionen große Bedeutung. Auch wenn sich die Positionen nicht zur Gänze der einen oder der anderen Bewußtseinsform zuordnen lassen, finden sich doch Elemente in der einen oder anderen Position, die eine erstaunliche Übereinstimmung aufweisen. Vielleicht liebe sich das primäre Bewußtsein am ehesten zwischen den beiden Positionen ansiedeln. Die Position D in Verbindung mit der ödipalen Triangulierung wiederum läßt sich dem Bewußtsein höherer Ordnung zuordnen.

Wenn Edelman in der Beschreibung des *primären Bewußtseins* (vgl. das Zitat oben, S. 143) als einer »Erfahrung etwa von geistigen Bildern« spricht, so läßt das sofort an die im Containing entwickelten »Alpha-Elemente« Bions denken, die er als »Traumgedanken« bezeichnet, die sich potentiell zu Gedanken entwickeln können. In beiden Fällen geht es um präsymbolische Begriffsbildungen – und hier wie dort fällt die Vagheit der Beschreibung auf, so als ob es sich um etwas noch schwer Faßbares, Offenes, Flüchtiges handelte.

Bringt man das primäre Bewußtsein zunächst einmal mit der PS-Position in Verbindung, dann findet man bei Edelman wie bei Klein/Bion die Betonung auf der unmittelbaren Gegenwart bei fehlender Zeit- und Geschichtlichkeit, das Fehlen eines Begriffs für das Selbst und damit auch für das Objekt als den anderen und eine Begriffsbildung und Art primitiven Denkens auf einer präsymbolischen konkretistischen Ebene.

Von analytischer Seite läßt sich hier das bei Klein/Bion zentrale Konzept der projektiven Identifizierung als das einer vorsymbolischen Kommunikationsform der unmittelbaren Verständigung (Empathie, Intuition) einführen, die zunächst ausschließlich auftritt und dann der symbolischen Kommunikation bei- oder untergeordnet ist. Im Normalfall wird dieser unbewußte Vorgang als solcher gar nicht kenntlich, und so wurde er zunächst auch nur in seinem pathologischen Zusammenhang entdeckt. Auch nach dem Konzept Edelmans sind in die Begriffsbildungen des primären Bewubtseins die jeweiligen Vorerfahrungen kondensiert eingegangen (»erinnerte Gegenwart«), können aber nicht als solche vergegenwärtigt werden, da der Begriff der Zeitlichkeit fehlt. Dasselbe gilt für die Inhalte der projektiven Identifizierung, die unbewußt und damit um so wirksamer bleiben. Wird diese Form der Kommunikation später gegenüber der symbolischen Kommunikation vorrangig, bekommt sie pathologische Züge und nimmt, da sie noch nicht (oder nicht mehr) über Sprache verfügt, Handlungscharakter an, indem sie im Gegenüber etwas (seien es körperliche Reaktionen, Affekte, Stimmungen, Phantasien, Denkhemmungen) auszulösen sucht. Alte, unverarbeitete, rohe Phantasien und Verhaltensmuster werden ohne Rücksicht auf das Objekt oktroyiert und imponieren als unmittelbare Gegenwart. Diese Inhalte gehören noch der PS-Position an und konnten, aus welchen Gründen auch immer, unverarbeitet noch nicht in das Stadium der Position D gelangen. Nach Edelman könnte man sagen: Diese Inhalte verharren im primären Bewußtsein, konnten nicht symbolisiert und damit in das höhere Bewußtsein gehoben werden.

Bei Klein/Bion ist diese projektive Identifizierung das zentrale Agens der Übertragungs-Gegenübertragungs-Situation, indem hier unmittelbar erschlossen und erfahren werden kann, was in der Vergangenheit passiert ist: »the past in the present«. Über die deutende Bearbeitung der Inhalte der projektiven Identifizierung im Containing der Behandlungssituation können diese auf eine symbolisierungsfähige Ebene gehoben werden, verlieren den unbewußten Handlungs- und Affektdruck und können unter Umständen bewußt und in einen neuen angemessenen Kontext eingearbeitet werden. Erst dann haben also diese einst pathologischen Inhalte ein Bewußtsein höherer Ordnung im Sinne Edelmans mit symbolischer Begriffsbildung erreicht und können in einem deklarativen Gedächtnis niedergelegt werden oder als unwichtig und erledigt in Vergessenheit sinken.

Die Konzeption des *Gedächtnisses* ist bei Klein/Bion sowohl in bezug auf die Aktualisierung als auch die Konservierung psychischer Inhalte ausgesprochen dynamisch. Welche Inhalte gedächtnisfähig sind, hängt von der jeweiligen psychischen Organisationsform ab. Nach Bion sind erst »Alpha-Elemente« gedächtnisfähig und können daher vergessen oder verdrängt werden, das heißt ins Unbewußte absinken, während die »Beta-Elemente« unverarbeitet nicht im Gedächtnis bewahrt und damit nicht vergessen werden können – der »erinnerten Gegenwart« Edelmans entsprechend. Sie bleiben, quasi zeitlos, störend gegenwärtig. Und was nicht erinnert werden kann, muß reinszeniert werden. Die Vergangenheit unterliegt somit im Kontext der momentan bedeutungsvollen Gegenwart, sei es über Reinszenierung, sei es über Erinnerung, einer ständigen Re- und Umorganisation. Das fügt sich gut in das dynamische Gedächtnismodell Edelmans und paßt auch wieder zu den beiden Bewußtseinsformen mit ihrer unterschiedlichen Fähigkeit zur Gedächtnisbildung.

Der Übergang vom primären Bewußtsein zum Bewußtsein höherer Ordnung, der *Sprung in die Symbolisierung*, erfolgt bei Edelman biologisch zwar gut vorbereitet, dann aber doch relativ unvermittelt und wird grosso modo mit »der Evolution neuer Formen des symbolischen Gedächtnisses« und mit dem Spracherwerb (von der Qualia-Annahme einmal abgesehen) gleichgesetzt. Für das sich entwickelnde Subjekt Mensch taucht ein Mensch als Objekt der Umwelt explizit erst im Stadium des Bewußtseins höherer Ordnung auf, da er nun zur »semantischen Ureingabe« benötigt wird.

Das von Bion entwickelte Container/Contained-Konzept als das dem Menschen im Zusammenspiel mit seiner Umwelt inhärente Modell psychischer Entwicklung an der Naht- und Schaltstelle zwischen Soma und Psyche erscheint hier wesentlich differenzierter und plausibler. Sinn und Bedeutung entstehen nicht intrasubjektiv, sondern von Anfang an in einem interaktionellen Zusammenhang. Erst wenn »sinnloses Material« in einer verstehenden Beziehung verarbeitet wird, können körperliche Reizzustände psychisiert und dann weiterentwickelt werden. Auch bei Bion entwickelt sich symbolisches Denken aus körperlichen Anfängen heraus in vielen Transformationsschritten, wie er sie in seinem »Raster« nachgezeichnet hat. Das Containing ist hierbei aber für die Entwicklung des Menschen und seine psychischen und sozialen Äußerungen konstitutiv. Natur und menschliche Geschichte sind hier von Anfang an eine Verbindung eingegangen. Nochmals erwähnt sei, daß in der heutigen kleinianischen Psychoanalyse Symbolisierung nicht nur Containing, sondern auch eine Triangulierung, das heißt eine strukturelle Dreierbeziehung voraussetzt – daß historischen und sozialen Komponenten also nicht nur für den bereits entwickelten Geist, sondern schon für dessen Entstehung eine konstituierende Bedeutung zukommt.

Es ließen sich noch viele Entsprechungen und natürlich auch Divergenzen zwischen Edelman und Klein/Bion finden. Wird es zum gegenseitigen Austausch kommen? Für die Psychoanalyse kann die Neuroscience sicher eine große Anregung und im gegenwärtig anstehenden »context of justification« unter Umständen sehr hilfreich sein. Umgekehrt wird die Psychoanalyse für die Neuroscience mehr Fragen als Antworten parat haben. Sind die Phänomene Bewußtsein und Symbolisierung von Edelman nun erklärt – hat er den »Weltknoten« aufgedröselt? Sicher hat er die Aufklärung der Syntax des Psychischen ein gutes Stück vorangetrieben, aber das Rätsel der Semantik des Psychischen scheint mir auch hier noch nicht endgültig gelöst.

Teil B
Ein Blick aus kleinianischer Perspektive auf die Falldarstellung von Marianne Leuzinger-Bohleber

Nun ein Blick aus kleinianischer Perspektive auf die Falldarstellung von Marianne Leuzinger-Bohleber – mit allen Vorbehalten, die die verfremdende und einengende Sicht von außen mit sich bringt.

In einer theoretischen Darstellung mögen die Konzepte der Klein/Bion-Richtung der Psychoanalyse spekulativ erscheinen. Aber ebenso, wie sie zunächst aus der Klinik heraus entwickelt wurden, entfalten sie ihre Geltung, Lebendigkeit und Überzeugungskraft wiederum erst in der praktischen Anwendung.

In der analytischen Situation steht das zunächst undurchdringliche Ineinanderwirken von präverbalen und verbalen Mitteilungen, von Emotion und Kognition, von subsymbolischen und symbolischen Prozessen im Zentrum der Betrachtung und bedarf der Entschlüsselung und Entzerrung in der deutenden Bearbeitung. Als Kommunikationsmittel dienen hier nicht mehr nur die Sprache, sondern auch interaktive Handlungselemente. Diese sind zwar psychisch unmittelbar erfahrbar, werden aber erst durch das Containment des Analytikers in einer symbolisierten Weise, das heißt sprachlich, faßbar.

Gerade in der Betonung dieser Sichtweisen lassen sich meines Erachtens Verbindungen zu den beiden Bewußtseinsformen Edelmans finden. Primäres und sekundäres Bewußtsein stehen hier, obwohl voneinander klar differenziert, in ständigen Übergängen und Wechselwirkungen, und hypothetisch ließen sich Quantität und Qualität dieser Prozesse – neben vielen anderen Faktoren – als Schaltstellen für den Grad psychischer Gesundheit bzw. Erkrankung auffassen.

Bei den heutigen Kleinianern gilt die klinische Aufmerksamkeit gleichermaßen dem vom Patienten produzierten Material wie dem im Analytiker induzierten Material; das heißt, für die Aufschlüsselung der Übertragungsprozesse sind die Gegenübertragungsprozesse ein zentraler Zugang. Dem Konzept der projektiven Identifizierung entsprechend, die in allen pathologischen Kommunikationsstrukturen vorherrscht und also auch dem Übertragungs-Gegenübertragungs-Geschehen zugrunde liegt, ist die Gegenübertragung nicht eine einfache Antwort oder ein Pendant zur Übertragung, sondern ein vom Patienten herbeigeführter Zustand *im* Analytiker. Von Belang ist dann nicht nur, was der Patient sagt, sondern was er mit dem Analytiker »macht«, wie er den Analytiker besonders im Umgang mit seinen Ängsten »benutzt«, welche Phantasien er ihm »oktroyiert«, welche unbewußten Intentionen er in der Situation agiert und wie er letztere funktionalisiert (zum Beispiel als Fütterungsakt, als Entleerungsvorgang, als befriedigendes Gehaltenwerden, als sadomasochistischen Kampf, als Geschlechtsakt, als narzißtische Erfüllung, als Rückzugsmöglichkeit und vieles andere). Dies alles dient der Vermeidung von unerträglichen Ängsten und psychischem Schmerz, und erst wenn diese in der analytischen Beziehung und Deutungsarbeit ertragbar geworden sind, können die pathologischen projektiven Identifizierungen zurückgenommen werden und reiferen Kommunikationsformen Platz machen.

Vor allem das Konzept der projektiven Identifizierung, aber auch das der Gegenübertragung ist von vielen Analytikern kritisiert und in Zweifel gezogen worden. Daß aber diese psychischen Mechanismen nicht nur in der analytischen Situation subjektiv erfahren, sondern bis in die Objektivationen eines veröffentlichten Textes hineinwirken, läßt sich meines Erachtens gut an dem vorliegenden Behandlungsfall zeigen. Auf einige Beispiele dafür aus der Anfangsphase der Analyse will ich mich hier beschränken.

Der begabte, an einer transvestitischen Symptombildung erkrankte Patient hat sich bei der Analytikerin mit einem schriftlichen Bericht über sich eingeführt, hat seine Analyse schreibend begleitet und das »Tagebuch« seiner Analyse der Analytikerin am Ende der Behandlung ausgehändigt. Daraus ergab sich die für die Forschung interessante und seltene Chance des Vergleichs schriftlich niedergelegten Materials von Analytikerin und Patient, und dieser hat der Veröffentlichung seines Behandlungsfalls zugestimmt.

Das sich bespiegelnde Schreiben und Zeigen über das in der analytischen Begegnung unmittelbar Gegebene und Erfahrene hinaus war im analytischen Prozeß sicher von großer Bedeutung. Das scheint vor allen Dingen für die Anfangsphase zu gelten, während im Verlauf der Behandlung narzißtische zugunsten objektbezogenerer Strebungen mehr in den Hintergrund traten. Auch wenn der Patient eine analytische Behandlung suchte und, unter seinen Defizienzen und Symptomen offensichtlich leidend, eine psychische Veränderung wünschte, muß er doch zunächst eine Erschütterung seines bisherigen, durch die Symptomatik aufrechterhaltenen Gleichgewichts sehr gefürchtet haben. So versucht er besonders zu Anfang, seine Persönlichkeitsstörung in der Analyse zu reinszenieren und aus dieser spielerisch und sich distanzierend eine literarische Produktion, eine Art »Verkleidung« zu machen. In eindrucksvollen Szenen wird geschildert, wie der Patient seine Ängste und sein Leiden nicht intrapsychisch, sondern interaktionell und projektiv in der analytischen Beziehung loszuwerden versucht, indem er der Analytikerin Phantasien, Gefühle und Rollen aufzudrängen sucht.

Im Anfangsteil der Falldarstellung wird immer wieder erwähnt, wie der Patient sich durch die Wahrnehmung der Person der Analytikerin irritiert und verfolgt fühlt, so daß sie sich in ihren Äußerungen sehr zurücknehmen muß (»Der Analysand reagiert irritiert und unwillig auf meine Frage, ich denke, ich hätte besser nichts gesagt und meine Neugierde für mich behalten«). Es wird zunächst bei der vom Patienten immer wieder signalisierten Empfindlichkeit und Kränkbarkeit schwierig, *mit ihm* und nicht *über ihn* zu sprechen. Die Analytikerin ist »voller Ideen«, von denen sie das Gefühl hat, sie dem Patienten nicht mitteilen zu können. Und so wie der Patient zunächst heimlich seine Story über die Analyse schreibt, entwickelt sie ihrerseits Tagträume und analytische Theorien, wohl auch um in einer Gegenbewegung der projektiven Annihilation der eigenen Person zu entgehen. (Sie fühlt sich »müde«, hat »Mühe, konzentriert zuzuhören«, »schweife ab«, »Gegenaggressives« drängt sich auf, sie wird »stumm«.) So entstehen zunächst einmal zwei Texte über eine Analyse, die jeweils geheimgehalten werden müssen, weil der eigentliche Text noch nicht zur Sprache gebracht werden kann. Im Kontrast zur verletzlichen Empfindlichkeit steht das omnipotente Verhalten des Patienten, der die Analyse auf seine Manier machen möchte und die Analytikerin in dieses Arrangement zu involvieren sucht und sie damit in ein Deutungsdilemma bringt. Das kann als manische Abwehr gegen die Sehnsucht nach und gegen die Abhängigkeit von der Analytikerin und auch als perverses Agieren aufgefaßt werden. Immer wieder versucht der Patient, die Analytikerin aus Angst, aber auch aus illusionären Größenvorstellungen heraus in eine Zuschauer- oder allenfalls Assistentenrolle zu drängen, um seine perversen, narzißtisch-exhibitionistischen Neigungen zu befriedigen. Und so fühlt sich die Analytikerin in der Gegenübertragung häufig »vereinnahmt, beherrscht, kontrolliert«.

Die Spaltung im Patienten – außen möchte er »wie eine Frau leben«, innen »fühlt er sich als Mann« – spiegelt sich wider in dem, was er trägt, und dem, was er ist, und kehrt wieder in seiner Story über die Analyse und die Analyse, die er tatsächlich mit der Analytikerin macht. Sein Problem bleibt zunächst, woran er mehr interessiert ist – an seiner narzißtischen Kreation oder an dem, was zwischen Menschen vor sich geht. »Wie eine Frau fühlen« bedeutet für ihn offenbar, Frauenkleider zu tragen, und weniger, sich in Frauen einzufühlen und sie zu verstehen suchen.

Dazu eine Stelle aus dem Tagebuch des Patienten: Er hat nie mit seiner Freundin geschlafen, aber »wir [entwickelten] dann daraus eine Szene [...], das Tragen von Kleidern und die Selbstbefriedigung«. Hier benennt der Patient die Gefahr – und bezeichnenderweise teilt er das der Analytikerin nicht mit, weil es offenbar auch sein geheimer Triumph ist, wie er die Analyse umfunktionieren könnte: ein gemeinsames Ritual, jeder trägt seine Kleider, und der Patient befriedigt sich selbst. Genau in dieser neunten Stunde kommt der Patient »strahlend« und zum erstenmal »in seinen Kleidern«, während die Analytikerin sich »mehr und mehr ohnmächtig fühlt«, den Patienten aber nach wie vor »faszinierend und sympathisch« findet. Dasselbe Muster läßt sich auch in der Masturbation des Patienten und deren Reinszenierung in der Analyse finden. Die spezifische Masturbationstechnik wird als der illusionäre Versuch eine Koitus mit sich selbst, das heißt in der Rolle der Frau wie des Mannes, verstanden. Der Patient scheint aber nicht nur den Part beider Partner in der Urszene zu spielen, sondern er projiziert in der Analyse darüber hinaus auch hier die Rolle des überflüssigen, kleinen, von der elterlichen Gemeinschaft ausgeschlossenen Kindes auf die Analytikerin und möchte sie dazu bringen, sich mit dieser Rolle zu identifizieren. Der Patient triumphiert (ist »fröhlich-unbeschwert, unbefangen, strahlend, faszinierend, humorvoll gelöst ...«), während die Analytikerin (»beschämt, befangen, voller Zweifel, unsicher«) sich klein und inkompetent fühlen »muß«. Der Patient ist unter anderem zur Analyse gekommen, weil er keine befriedigenden sexuellen Kontakte mit Frauen haben konnte, das heißt, weil er impotent war. In der Analyse ist es nun die Analytikerin, die häufig das Impotenzgefühl auf sich nehmen muß, damit der Patient seine infantilen Größenphantasien aufrechterhalten kann. Via projektiver Identifikation findet eine untergründige, aber höchst wirksame Kommunikation statt, in der der Patient die Analytikerin in der Gegenübertragung nicht nur zur Mutter, die seine Ansichten zu teilen hat, sondern auch zu einem kleinen ödipalen Mädchen machen möchte. In der analytischen Haltung hat die Analytikerin andererseits Sorge, mit dem sensiblen und kränkbaren Patienten nur ja »vorsichtig« und nicht

»intropressiv« umzugehen. Die Betrachtung der Übertragungs-Gegenübertragungs-Prozesse macht so deutlich, wie die Mutter-Vater-Kind-Positionen oszillieren und alternieren.

Im Behandlungsbericht wird sehr anschaulich, wie die sich selbst gegenüber offene Wahrnehmung der Gegenübertragungsgefühle überhaupt erst einen Zugang zu diesem schwierigen Patienten eröffnen, Verstehensprozesse einleiten und eine Bearbeitung der Reiszenierungen ermöglichen. In einem langwierigen Prozeß gelingt es immer wieder, die untergründige Kommunikation nicht nur zu fühlen, sondern wahrzunehmen und in die Deutungsarbeit einzubringen. In den Schlußsequenzen der Analyse zeigt sich, wie es dem Patienten offensichtlich mehr und mehr gelingt, seine Projektionen zurückzunehmen und die Analytikerin als eigenständige Person sehen und als getrennt von sich ertragen zu lernen. Und das ermöglicht ihm, sich nunmehr in besserem Kontakt mit der eigenen inneren Realität, mit den Gefühlen von Eifersucht, Neid, aber auch Liebe auseinanderzusetzen.

Aus katamnestischen Gesprächen hat sich ergeben, daß die Analyse – vor allen Dingen auch angesichts der Schwere der Störung – sehr erfolgreich war. Der Patient war in der Lage, in einer festen Beziehung zu einer Frau zu leben, und ist Vater geworden. Er hat nicht nur Hilfe erfahren, sondern konnte auch aus der analytischen Erfahrung lernen, so daß anzunehmen ist, daß Analytikerin und Patient sich in weiten Teilen der Analyse getroffen und einen »gemeinsamen« Text entworfen haben, der nicht veröffentlicht wurde, aber aus dem sich Neues entwickeln konnte.

Bibliographie

Bion, W. R. (1962): *Learning from Experience*. London: Heinemann. Deutsch: *Lernen durch Erfahrung*. Frankfurt am Main: Suhrkamp 1990.

– (1963): *Elements of Psychoanalysis*. London: Heinemann. Deutsch: *Elemente der Psychoanalyse*. Frankfurt am Main: Suhrkamp 1992.

Bléandonu, G. (1990): *Wilfred R. Bion. La vie et l'œuvre. 1897–1979.* Paris: Dunod.

Edelman, G. M. (1992): *Bright Air, Brilliant Fire – On the matter of the mind.* New York: Basic Books. Deutsch: *Göttliche Luft, vernichtendes Feuer. Wie der Geist im Gehirn entsteht.* München: Piper 1995.

Freud, S. (1916-1917a): *Vorlesungen zur Einführung in die Psychoanalyse.* GW, Bd. 11.

Grünbaum, A. (1987): *Psychoanalyse in wissenschaftstheoretischer Sicht.* Konstanz: Konstanzer Universitätsverlag.

Janich, P. (1994): Hirnforschung als philosophisches Problem. *Ann. Anat.* 176: 497-503.

Kennel, R., und G. Reerink (Hg.) (1997): *Klein-Bion. Eine Einführung.* Tübingen: edition diskord.

Köhler, Th. (1995): *Freuds Psychoanalyse.* Stuttgart: Kohlhammer.

Klein, M. (1932): *Das Seelenleben des Kleinkindes und andere Beiträge zur Psychoanalyse.* Hg. von H. A. Thorner. Stuttgart: Klett 1962.

Roth, G. (1994): *Das Gehirn und seine Wirklichkeit.* Frankfurt am Main: Suhrkamp.

– (1995): Ist böses Tun für den Menschen unvermeidlich? in: *Das Böse. Schriftenreihe Forum,* Bd. 3. Göttingen: Steidl.

Stern, D. N. (1985): *The Interpersonal World of the Infant.* New York: Basic Books. Deutsch: *Die Lebenserfahrung des Säuglings.* Stuttgart: Klett-Cotta 1992.

Martha Koukkou und
Dietrich Lehmann

Die Pathogenese der Neurose und der Wirkungsweg der psychoanalytischen Behandlung aus der Sicht des »Zustandswechsel-Modells« der Hirnfunktionen

»Tatsächlich ist eine befriedigende Gesamtauffassung der neuropsychotischen Störungen unmöglich, wenn man nicht an klare Annahmen über die normalen psychischen Vorgänge anknüpfen kann.«
Sigmund Freud an Wilhelm Fließ

1. Einleitung

Psychische Störungen und ihre Behandlung sind der Hauptanwendungsbereich der Psychoanalyse. Jedes Behandlungsverfahren basiert explizit oder implizit auf wissenschaftstheoretischen Positionen a) zu den organisierenden Prinzipien der psychobiologischen Gesundheit und in der Psychoanalyse, insbesondere zur Natur und zu den organisierenden Prinzipien der psychischen Funktionen, b) zur Pathogenese der Symptome, c) zu Behandlungszielen, Heilungsfaktoren und ihrer Wirkungswege und d), was nur für die psychoanalytische Behandlung gilt, zum Träumen und seiner funktionellen Bedeutung. Jedoch ist die Geschichte aller Wissenschaften, die sich mit dem Menschen beschäftigen, und damit auch die Geschichte der Psychoanalyse gekennzeichnet von divergierenden Meinungen über alle diese wissenschaftstheoretischen Positionen. Es gibt viele konstruktive Bemühungen des intra-psychoanalytischen wie auch des interdisziplinären Dialogs, die übereinstimmenden Teile der verschiedenen Theorien zu erkennen und sie in eine einheitliche Arbeitshypothese zu integrieren. Die interdisziplinären Koloquien der Köhler-Stiftung und die daraus entstandenen, jetzt vorliegenden zwei Bände stellen das Ergebnis einer derartigen Bemühung dar. Es gibt aber bis heute keine Arbeitshypothese, die eine breite interdisziplinäre Akzeptanz gefunden hat.

In Band 1 haben wir die Ergebnisse unserer 20jährigen Arbeiten vorgestellt, mit denen wir eine Brücke schlagen zwischen der Hirnforschung, die sich mit der Physiogenese der psychischen Funktionen beschäftigt, und der psychoanalytischen Theorie und Praxis. Diese Bemühungen führten zur Formulierung eines heuristischen und integrativen Modells der Funktionen des menschlichen Gehirns, welche der Ontogenese der psychobiologischen Gesundheit zugrunde liegen (Koukkou und Lehmann, 1980, 1983, 1989, 1993). Die Vorschläge dieses Modells wurden dann benutzt, um die Veränderungen der Hirnfunktionen zu diskutieren, die der Entwicklung und Manifestation psychischer Störungen zugrunde liegen. Im vorliegenden Beitrag wird versucht, die Vorschläge dieses Modells sowohl auf das Verstehen der Physiopathogenese der Symptomatik (das vorliegende klinische Material) wie auch auf das Verstehen des Wirkungswegs der erfolgreichen psychoanalytischen Behandlung anzuwenden. Beide Aspekte werden erläutert am Beispiel der Entstehung des im Vordergrund stehenden transvestitischen Symptoms und am Beispiel der Veränderungen des Denkens, Fühlens und Handelns des Klienten, wie sie sich im Initial- und Schlußtraum und in den Assoziationen des Analysanden in den Analysesitzungen erkennen lassen.

Um die Lektüre dieses Beitrags ohne Kenntnis des Beitrags in Band 1 zu ermöglichen, werden zuerst verkürzt und sehr vereinfacht die Grundzüge des Modells beschrieben, die Voraussetzung für den Aufbau der Argumente sind.

2. Der wissenschaftstheoretische Rahmen des Modells der Funktionen des menschlichen Gehirns: Die psychobiologische Einheit des Menschen

Die Grundannahmen der Systemtheorie, wie sie zur Erforschung der Koordination des Verhaltens komplexer lebender Systeme angewendet wird (zum Beispiel Bertalanffy, 1974), wurden benutzt, um die psychobiologische Einheit des lebenden Systems »Individuum« als Teil der Natur und die Ontogenese des individuellen Verhaltens als »Produkt« der synthetisierenden Funktionen des Neokortex zu konzeptualisieren.

Die Systemtheorie schlägt vor, daß das Verhalten jedes lebenden Systems und insbesondere das Verhalten komplexer lebender Systeme

a) das Ergebnis seiner dynamischen Interaktion mit seinen natürlichen Interaktionspartnern (seinen internen und externen Realitäten) ist und

b) sich in der Funktionsweise aller seiner Komplexitätsebenen (aller Subsysteme) zeigt. Ein bestimmter Grad der kooperativen Interaktion des lebenden Systems mit seinen natürlichen Interaktionspartnern wird als Voraussetzung betrachtet für die Gewährleistung des Zusammenhalts des Systems im Rahmen seiner normativen Größe (das heißt für die gesunde Entwicklung). Das Auftreten einer Verhaltensänderung setzt eine »Menge« von Interaktionen des lebenden Systems mit seinen natürlichen Interaktionspartnern voraus; die Verhaltensänderungen beinhalten Aspekte der dynamischen Anpassung des Systems an diejenigen Eigenschaften seiner externen und internen Realitäten (das heißt einen Lernprozeß über die Aspekte der Realitäten), die für das Überleben im Rahmen dieser Realitäten von primärer Bedeutung sind. Jede Verhaltensänderung eines komplexen lebenden Systems beinhaltet und manifestiert also die »Ergebnisse« von dynamischen Lernprozessen.

Für das lebende System Mensch und im Rahmen der Vorschläge unseres Modells gilt: Menschliches Verhalten, sei es Verhalten eines Säuglings oder eines Erwachsenen, sei es Verhalten in der Wachheit oder im Schlaf, setzt die jeweiligen

Ergebnisse der ständigen, dynamischen und parallelen Interaktion des Individuums mit seinen externen (physikalischen und sozialen) und internen Realitäten voraus und stellt sie dar. Die interne Realität des lebenden Systems Mensch besteht aus dem jeweiligen funktionellen Zustand der verschiedenen Organe, zum Beispiel des Gehirns, des Magens, der Nieren, und dazu – *und das ist die Kernannahme des Modells – aus der Summe des allmählich im Gehirn des Individuums (durch seine ständige aktive und passive Beteiligung an den Ereignissen seiner Realitäten) erworbenen und kreierten Wissens über das Selbst, über seine Realitäten und über die Qualität der Beziehungen, die zwischen dem Selbst und seinen Realitäten bestehen.* Die jeweiligen Ergebnisse dieser komplexen Interaktionen werden durch die Funktionen des Gehirns und spezifischer durch die synthetisierenden mnemonischen Funktionen des Assoziationskortex generiert und koordiniert. Sie reflektieren die Qualität des kreierten Wissens und sind auf allen Komplexitätsebenen der menschlichen Existenz (das heißt der biologischen, psychologischen und der im Verhalten feststellbaren) erkennbar.

Das postnatale Überleben und die psychobiologisch gesunde Entwicklung des Kindes verlangt einen bestimmen Grad an kooperativer Interaktion (Kommunikation) des Kindes mit den sozialen Realitäten (Mutter, Vater, Pflegeperson: die Erwachsenen[1]), in die es hineingeboren wird. Diese Kommunikation findet mit den Funktionen des Nervensystems statt, die wir zu den Funktionseinheiten des Kommunikationskreises zusammengefaßt haben (vgl. Kapitel 3.3 in unserem Artikel im Band I); sie führt zu einer für das Überleben absolut notwendigen dynamischen Anpassung der primären Kommunikationsmittel des Kindes an die Eigenschaften seiner Realitäten und zu dem progredienten Erwerb und der Kreierung individuellen Wis-

1 Wir betrachten als wichtige Interaktionspartner des Kindes nicht nur die Eltern, sondern auch alle andern sozialen Realitäten, die indirekt für die Qualität der Kommunikation zwischen Kindern und Eltern eine wichtige Rolle spielen (Großeltern, Kinderärzte, Pädagogen, Pfarrer, Psychologen, etc.); sie werden mit dem Wort »Erwachsene« zusammengefaßt.

sens (des Gedächtnisvermögens, der Biographie). Die Kreierung des Wissens ist die Funktion des Neokortex. Die Qualität des kreierten Wissens formt die Charakteristika der psychobiologischen Entwicklung. Die Qualität des Wissens und entsprechend der Entwicklung ist »gut«, wenn sie aus einer kooperativen Interaktion (einer echten Kommunikation) des Kindes mit seinen Erwachsenen entsteht. Die Interaktion zwischen Kindern und Erwachsenen ist kooperativ, wenn dadurch die psychobiologische Gesundheit (das psychobiologische Wohlbefinden) aller Beteiligten, das heißt des Kindes, aber sekundär auch seiner Erwachsenen, nicht gestört wird und/oder wenn Störungen der psychobiologischen Gesundheit reduziert oder aufgehoben werden. Eine so definierte kooperative Interaktion zwischen Kindern und Erwachsenen kann nur erreicht werden, wenn die Erwachsenen in der Lage sind, dafür zu sorgen. Das können die Erwachsenen nur erreichen, wenn sie über adäquates Wissen sowohl über die eigene Natur und über die Natur von Kindern als auch über die Bedeutung der Interaktion mit Kindern verfügen (vgl. Kapitel 2.3 und 4).

Zwischen den wissenschaftlichen Disziplinen, die sich mit der menschlichen Natur und mit den Entwicklungsprozessen beschäftigen (von der Neurobiologie bis zur Psychoanalyse), gibt es allerdings keine Übereinstimmung, weder über die Funktionen des Gehirns, welche der psychobiologisch gesunden Entwicklung zugrunde liegen, noch darüber, welches die Charakteristika und die Voraussetzungen für eine psychobiologisch gesunde Entwicklung sind, noch darüber, was das Kind und was die alterswichtige soziale Realität dazu beitragen.

In den folgenden Kapiteln wird zusammenfassend beschrieben, wie aus der Sicht des Modells der Funktionen des menschlichen Gehirns der Beitrag der Kinder, des Gehirns und der Erwachsenen zu der psychobiologischen Entwicklung verstanden wird.

2.1 Der Beitrag des Kindes zur psychobiologischen Entwicklung

Das primäre motivierende und organisierende Prinzip sowohl der Initiierung des postnatalen Lebens als dynamischer Interaktion des Kindes mit »seinen Erwachsenen« wie auch der Qualität des daraus entstehenden Wissens ist die Erhaltung oder Wiederherstellung des psychobiologischen Wohlbefindens (der psychobiologischen Gesundheit) des Kindes im Rahmen seiner Realitäten. Das Kind bringt bei der Geburt die Funktionseinheiten des Kommunikationskreises als voll strukturell und funktionell ausgebildete Eigenschaften seines Nervensystems mit (Kapitel 3.3 im Band 1). Sie ermöglichen die Initiierung und Aufrechterhaltung des postnatalen Lebens als dynamische Interaktion und Kommunikation zwischen dem Kind und den Realitäten, in die es hineingeboren wird. Sie beinhalten als Eigenschaften des Gehirns eines gesund geborenen Kindes:

a) inhärentes »Wissen« über die Charakteristika der physikalischen Realitäten (zum Beispiel Temperatur und Zusammensetzung der Luft, Glykosewerte im Blut, Intensität der Hautkontakte, des Lichts, der Geräusche etc.), die zur Erhaltung der psychobiologischen Gesundheit (des psychobiologischen Wohlbefindens) absolut notwendig sind, sowie über jene, die zu Störungen dieses Wohlbefindens führen; und

b) inhärentes »Wissen« über Reaktionsmuster, mit denen (1) kleine Störungen korrigiert werden können, wie zum Beispiel Regulation der Durchblutung der Haut, wenn es kalt wird, und (2) Lernprozesse initiiert werden, und mit denen die Erwachsenen auf der einen Seite über die momentanen Bedürfnisse und Präferenzen des Kindes (dazu gehören auch die im Uterus erworbenen) informiert werden können und mit denen sie auf der anderen Seite aufgefordert werden können, sich an der Erhaltung oder der Wiederherstellung des psychobiologischen Wohlbefindens aktiv zu beteiligen.

In diesem Sinne sind die primären Kommunikationsmittel des Kindes, die die Initiierung und Weiterführung des postnatalen Lebens als interaktionales Geschehen ermöglichen, weder »primitiv« noch »archaisch« oder »egozentrisch« oder »aggressiv«; sie sind »informatorisch«; sie informieren die Erwachsenen sowohl über das jeweilige Befinden des Kindes wie auch über die Effekte ihrer Handlungen auf die »Qualität« der Kommunikation, das heißt über die Erhaltung oder die Wiederherstellung des psychobiologischen Wohlbefindens des Kindes (vgl. Dornes, 1993; Köhler, 1990 und ihren Beitrag im Band 1; Parens, 1979; Stern, 1986).

Das Kind bringt bei der Geburt kein inhärentes Wissen über komplexe Verhaltensmuster mit, die es ihm ermöglicht hätten, primär etwas zur kooperativen Gestaltung der Interaktion mit »seinen Erwachsenen« im Sinne einer Berücksichtigung ihrer momentanen psychobiologischen Prioritäten, Bedürfnissen oder Möglichkeiten beizutragen. Das Kind bringt aber bei der Geburt auch keine aggressiven »Triebenergien« mit, die es zu primären Konflikten und deswegen zu einer unkooperativen Interaktion mit »seinen Erwachsenen« führen könnten, ebensowenig wie Wissen über die spezifischen physikalischen (zum Beispiel Gebirge oder Meer, Stadt oder Land), kulturellen und engeren familiären Realitäten, in die es hineingeboren wird. Durch kontinuierliche Interaktionen erwirbt das Kind Wissen über seine Realitäten, und dadurch entsteht progredient das Gedächtnisvermögen (die Biographie). Die Qualität des Gedächtnisvermögens reflektiert die Qualität der Interaktionen des Kindes mit seinen sozialen Realitäten und formt alle Dimensionen der psychobiologischen Entwicklung.

2.2 *Der Beitrag des Gehirns zur psychobiologischen Entwicklung*

Alle Dimensionen des menschlichen Verhaltens werden durch die synthetisierenden mnemonischen Funktionen des Assoziationskortex generiert und koordiniert. Der Assoziationskortex hat die Funktion, aus dem Perzeptierten und Gelernten durch synthetisierende Funktionen die Bedeutung des Gelernten für das Individuum zu generieren (sie herauszuholen), davon in der Vorstellung und/oder in der Praxis eigenes (»privates«) Wissen zu kreieren und dieses Wissen dynamisch und individuell spezifisch zur Gestaltung, Koordination und Manifestation aller

Dimensionen der menschlichen Existenz zu benutzen. In diesem Sinne sind sowohl die subjektiv wahrnehmbaren Aspekte der menschlichen Existenz (Gedanken, Emotionen, Erinnerungen, Pläne, Entscheidungen, Erwartungen, Phantasien, Träume, Vorstellungen und die Wahrnehmung des jeweiligen funktionellen Zustandes des Organismus) wie auch alle Dimensionen des menschlichen Verhaltens, die von den »Anderen« erkennbar sind (Sprache, formale und inhaltliche Aspekte, und Handlungen, von den einfachen koordinierten Bewegungen des Säuglings bis zu den kompliziertesten »Produkten« menschlicher Aktivität wie Poesie, Philosophie, Technologie) als »Produkte« der synthetisierenden mnemonischen Funktionen des menschlichen Gehirns zu verstehen (vgl. Fuster, 1995). Folglich sind auch diejenigen Aspekte der menschlichen Existenz, die psychische (mentale, geistige) genannt werden, »Kreationen« der dynamisch, adaptiv und synthetisch arbeitenden Milliarden von Neuronen des Gehirns und, spezifischer, der mnemonischen Funktionen des Assoziationskortex. In diesem Sinne können die Natur und die Physiogenese der psychischen Dimensionen der menschlichen Existenz (seien sie normal oder neurotisch, seien sie in der Wachheit oder im Schlaf erlebt) weder durch sogenannte dualistische Modelle der menschlichen Natur noch durch sogenannte reduktionistische Modelle der Funktionen des Gehirns erklärt werden (vgl. Baumgartner, 1983, 1992; Damasio, 1994). Das menschliche Gehirn wird als ein dynamisches, selbstorganisierendes System verstanden, das heißt ein System, das sich selbst und damit das Verhalten auf der Basis seiner eigenen Biographie organisiert (vgl. Kapitel 3.3 und 3.4 des Artikels in Band 1; zum Beispiel Roth, 1994). Mit anderen Worten, der Organisator der Genese, Koordination und Kontrolle aller Dimensionen der menschlichen Existenz in allen Alters- und Bewußtseinslagen ist die Menge, Qualität und momentane Aktivierbarkeit des im Gehirn des Individuums erworbenen und kreierten Wissens, das heißt die Qualität der jeweils aktivierten mnemonischen Repräsentationen (des Gedächtnisvermögens[2]).

2 Gedächtnis wird hier als neurophysiologische Funktion verstanden, die als »Produkt« der synthetisch (synergetisch, kooperativ,

In einer sehr vereinfachten Zusammenfassung haben wir formuliert: Das menschliche Gedächtnisvermögen besteht aus:

a) dem progredienten Erwerb von Wissen (Wissensrepräsentation, mnemonische Repräsentationen) (1) über die »Fakten« der Realitäten, in die der Mensch geboren ist, in denen und mit denen er lebt (Symbole von Farben, Formen, Menschen, Tieren etc. und faktisches Wissen über religiöse und kulturelle Ueberzeugungen); (2) über die »Effekte« der Interaktion mit diesen Fakten auf die psychobiologische Gesundheit (die emotionalen Symbole); und (3) über die »Namen« (die verbalen Symbole) all dieser Fakten und ihrer Effekte auf die Qualität der Interaktion mit den sozialen Realitäten in der Sprache der sozialen Realität; und aus

b) der progredienten Kreierung von Wissen über die »bestmögliche« Gestaltung der Interaktion des Individuums mit den Fakten seiner Realitäten und mit den Effekten dieser Fakten auf die psychobiologische Gesundheit. Dieses Wissen entspricht der Kreierung von Fertigkeiten (Verhaltensweisen, *skills*) und von kognitiv-emotionalen Realitätsbewältigungs- und Problemlösungsstrategien, mittels deren die Interaktion mit den Realitäten kooperativ (funktional) bleibt oder unkooperative (dysfunktionale) Interaktionen vermieden, beseitigt, verändert, verschoben, verdrängt, vergessen, idealisiert etc. werden können. Die Entscheidung darüber, welche Aspekte der Interaktion mit den Realitäten vermieden, welche verändert, welche idealisiert etc. werden, findet im Assoziationskortex statt, auf der Basis der Effekte der jeweils probierten Strategien auf die Funktionalität der Interaktion (vgl. Kapitel 4 des Beitrags in Band 1).

holistisch) funkionierenden Neurone des Neocortex zur Bildung des mnemonischen Netzwerks (des neuronalen Netzwerks) führt, das der Bildung eines komplexen Kommunikationssystems zwischen den Neuronen entspricht. Die verschiedenen Organisationsformen der Kooperation der neuronalen Netzwerke (des Aktivierbarkeitsniveaus der neuronalen Netzwerke) gehen mit verschiedenen funktionellen Hirnzuständen parallel, die funktionell verschiedenen Arbeitsgedächtnissen (= Aktivierung verschiedener Netzwerke) entsprechen (vgl.auch Kapitel 3.5 unseres Beirtrags in Band 1).

In der Gedächtnisforschung nennt man die mnemonischen Repräsentationen von »Fakten«, »Effekten«, und »Namen« deklaratives, episodisches und semantisches Wissen und die Repräsentationen von *skills* und kognitiv-emotionalen Strategien prozedurales Wissen. Psychoanalytische Gedächtniskonzepte wie Es-Ich-Überich-Repräsentanzen, Sterns (1985) »Episoden«, der Begriff des autobiographischen Wissens usw. lassen sich ebenfalls unter diesen zwei basalen Formen der Gedächtnisrepräsentationen zusammenfassen. Die Details der physikalischen Natur der Kodierung des Wissens im Gehirn werden im Modell nicht angesprochen. Dies ist auch für den Aufbau der Argumente nicht wichtig. Wir gehen aber davon aus, daß es sowohl für den gesunden Menschenverstand wie auch aufgrund der klinischen und empirischen Befunde keinen Zweifel geben kann, daß der Mensch sein Wissen aus der Interaktion mit seinen äußeren und inneren Realitäten erwirbt, es im Gehirn mittels chemischer, elektrischer und struktureller Veränderungen kodiert und es dann dynamisch, adaptiv und individuell-spezifisch zur Kreierung des Verhaltens benutzt (vgl. Kapitel 3.5.1 des Beitrags im Band 1; Fuster, 1995).

Skills und kognitiv-emotionale Realitätsbewältigungs- und Problemlösungsstrategien, die aus unkooperativen Interaktionen des wachsenden Individuums mit seinen Erwachsenen kreiert werden, entstehen zwar mittels der sonst normal funktionierenden Gedächtnisfunktionen, repräsentieren aber ein maladaptives Wissen. Maladaptives Wissen liegt der Entstehung des intrapsychischen Konflikts zugrunde (siehe Kapitel 3; vgl. Kapitel 4 des Artikels im Band 1; Karli, 1991).

Durch die ständige und dynamische Kommunikation des wachsenden Individuums mit seinen Realitäten nehmen progredient alle Kategorien der mnemonischen Repräsentationen an Menge und Komplexität zu; die assoziativen Verknüpfungen werden komplexer, neue assoziative Verknüpfungen werden in der Vorstellung oder in der Praxis kreiert und niedergelegt, alte und neue werden verstärkt oder umstrukturiert und umorganisiert usw. Die Wissensrepräsentationen früherer Entwicklungsphasen »spielen« die Rolle des Alphabets für das Lesen der Wörter und die der Wörter für die Bildung von Sätzen.

Damit wird die von praktisch allen Entwicklungstheorien angenommene spezifische Bedeutung der früheren Erfahrungen für die Entwicklung des Individuums und für das spätere Verhalten erklärt (vgl. den Beitrag von Köhler in Band 1; Oyama, 1985).

Von fundamentaler Bedeutung für die Argumente dieses Artikels sind die folgenden Vorschläge des Modells der Funktionen des menschlichen Gehirns:

a) Alle Wissensrepräsentationen werden in die Codes aller erworbenen Sprachen des Gehirns kodiert, das heißt, sie werden sowohl in die verbalen und nicht-verbalen Symbole wie auch in die emotionalen Bedeutungen kodiert, die jedes Individuum »privat« als Ergebnis der Qualität der Interaktion mit seinen Realitäten und insbesondere mit seinen sozialen Realitäten erwirbt und kreiert (persönliche Bedeutung; vgl. auch Bucci, 1985).

b) Mnemonische Repräsentationen, die aus kooperativen zwischenmenschlichen Beziehungen (besonders während der Entwicklung während Individualisations- und Sozialisationsprozessen) erworben und kreiert werden, werden emotional positiv kodiert, und mnemonische Repräsentationen, die aus unkooperativen zwischenmenschlichen Beziehungen erworben und kreiert werden, werden emotional negativ kodiert (vgl. Kapitel 3.5.1 des Artikels im Band 1).

c) Emotionen sind *unabtrennbare* Teile der subjektiv wahrnehmbaren Aspekte (Gedanken, Pläne, Phantasien, Entscheidungen etc.) der menschlichen Existenz, die alle durch die wissens- und kontextgesteuerten und wissenreflektierenden, synthetisierenden Funktionen des Assoziationskortex kreiert werden (vgl. Karli, 1991 und Kapitel 3.5.2 und 3.6. unseres Beitrags in Band 1). In diesem Sinne kann es keine angeborene Aggressionen sexueller oder nicht-sexueller Natur geben, die als Wünsche und/oder Phantasien das dynamische Unbewußte produzieren.

d) Mit wiederholtem Erleben von spezifischen Ereignissen werden ihre mnemonischen Repräsentationen assoziativ eng mit den mnemonischen Repräsentationen der Verhaltensweisen (der *skills* und kognitiv-emotionalen Strategien) verbunden, die spezifisch kreiert wurden, um die Interaktion mit solchen Ereignissen zu koordinieren. Das hat zur Konsequenz, dass das Erscheinen der betreffenden Ereignisse »automatisch«, das heißt mit reflexartiger Geschwindigkeit und deswegen nichtbewußt das Verhalten aktiviert (vgl. Kapitel 3.7.3 des Beitrags in Band 1).

e) In jedem gegebenen Moment wird von den wissensgesteuerten informationsverarbeitenden Hirnprozessen dynamisch, aber präattentiv »entschieden«, welcher Teil der assoziativ verbundenen mnemonischen Repräsentationen aktiviert wird und für die bewußte und nichtbewußte Organisation des Verhaltens benutzt werden kann – und welcher Teil gehemmt wird. Das heißt, in jedem Moment werden die aktivierten und gehemmten Teile des Gedächtnisvermögens (die Inhalte des Arbeitsgedächtnisses) an die Bedeutung der individuellen Realitäten dynamisch angepaßt. Diese Hirnfunktionen entsprechen den Konzepten der semantischen Aktivierung und semantischen Hemmung oder den Funktionen der Erinnerung und des Vergessens (vgl. Fuster, 1995); sie sind die Hirnfunktionen, welche den psychoanalytischen Konzepten der Verdrängung, Zensur, Übertragung, Verschiebung, des Widerstands, aber auch dem Konzept des dynamischen Unbewußten zugrunde liegen (vgl. Kapitel 3.5.4 des Beitrags in Band 1).

Die Dynamik der Prozesse der Erinnerung und des Vergessens wird von den Charakteristika (der Qualität) des im Gehirn kreierten Wissens dominiert. Das bedeutet, daß die Qualität des kreierten Wissens das formt, was das Individuum jeweils denkt, an Emotionen wahrnimmt, sich vorstellt, träumt, wie es argumentiert, entscheidet, plant, handelt, aber auch was das Individuum jeweils vergißt, verdrängt, vermeidet, idealisiert, nicht wahrnehmen kann oder will (vgl. Kapitel 3.7 des Beitrags in Band 1). Das heißt auch, daß die Qualität des kreierten Wissens (der Biographie) die Qualität der intrapsychischen Beziehungen (die Kommunikation des Individuums mit sich selber) formt sowie auch die Qualität der interpersonellen Beziehungen inklusive die Qualität der Kommunikation des Menschen mit seinen eigenen Kindern. So lassen sich die Unterschiede des Denkens, der Emotionen, der Handlungen, der Entscheidungen etc. zwischen Kindheit, Pubertät und Erwachsenenalter, zwischen Wachheit und Schlaf, zwischen normalen und neurotischen Verhaltensweisen durch Unterschiede zwischen dem vorhandenen (erworbenen und kreierten) und den momentan aktivierten Teilen des Gedächtnisvermögens erklären.

2.3 Der Beitrag der Erwachsenen für die psychobiologische Entwicklung

Wir gehen davon aus, daß das postnatale Überleben und die psychobiologisch gesunde Entwicklung des Menschen einen bestimmten Grad an kooperativer Interaktion (Kommunikation) des Kindes mit seinen Erwachsenen voraussetzt. Da aber eine Kommunikation nur möglich ist, wenn die Interaktionspartner über gemeinsame Kommunikationsmittel verfügen, kann die kooperative Gestaltung der Interaktion des Menschen mit seinem eigenem Nachwuchs nur erreicht werden, wenn die Erwachsenen über Wissen verfügen, das ihnen ermöglicht, die Kommunikationsmittel der Kinder korrekt zu interpretieren. Der Mensch hat aber kein angeborenes Wissen über komplexe Verhaltensmuster (wie die Tiere ihre Instinkte), das beim Erwachsen- und Elternwerden »normalerweise« in Funktion treten und ihm ermöglichen könnte, für die kooperative Gestaltung der Interaktion mit den eigenen Kindern »spontan« zu sorgen (vgl. zum Beispiel Karli, 1991). Die Art und Weise, wie Erwachsene mit einem Kind kommunizieren, hängt von dem ab, was sie selbst in ihrem Individuationsprozeß erlebt haben, und von dem, was sie in ihrem Sozialisationsprozeß gelernt und sich vorgestellt haben darüber, was ein Kind ist, kann und darf, was es braucht, was die Reaktionsmuster des Säuglings – wie zum Beispiel das Weinen und das Lachen – bedeuten, wie man/frau auf solche Signale reagieren sollte, warum man/frau Kinder haben will oder soll und generell darüber, welche Funktionen (bzw. Rechte oder Pflichten) Männer und Frauen bzw. Mütter und Väter haben, was eine psychobiologische gesunde Entwicklung ist und wie sie erreicht werden kann oder soll.

Zusammenfassend haben wir über die psychobiologische

Entwicklung folgendes formuliert: Die Interaktion des wachsenden Individuums mit den eigenen externen und internen Realitäten produziert eigenes Wissen (das Gedächtnis; die Biographie) oder, in der Sprache der Psychoanalyse, den psychischen Apparat. Die Effekte der Kommunikation des Kindes mit »seinen Erwachsenen« auf das psychobiologische Wohlbefinden des Kindes und sekundär auf das psychobiologische Wohlbefinden der Erwachsenen formen die Qualität des daraus entstehenden Wissens des Kindes über sich selbst, über seine Realitäten und über seine Fähigkeiten, mit diesen Realitäten »echt« zu kommunizieren (in funktionaler Interaktion zu stehen), und hiermit formen sie sowohl die Qualität der psychobiologischen Entwicklung wie auch die Überzeugungen der Erwachsenen über Kinder, Erziehung etc. Je kleiner die biographiebedingten Probleme der »Erwachsenen« eines Kindes sind und je näher an der »echten« Natur des lebenden Systems Mensch das kulturbedingte und wissenschaftstheoretisch bedingte Wissen der sozialen Umgebung ist, in der die Erwachsenen des jeweiligen Kindes großgeworden sind, desto kooperativer ist die Interaktion. Je kooperativer die Interaktion zwischen Kindern und Erwachsenen ist, desto »besser« ist die Qualität des erworbenen und kreierten Wissens, desto kleiner sind die Konflikte zwischen Kindern und ihrer sozialen Umgebung und desto geringer die Störungen der psychobiologischen Gesundheit aller Beteiligten (vgl. Uexküll, 1990).

Dieser Vorschlag des Modells der Funktionen des menschlichen Gehirns steht aber in Widerspruch sowohl zu der Tatsache, daß die menschliche Geschichte voll von Beschreibungen konflikthafter und unkooperativer Interaktionen des Menschen mit dem eigenen Nachwuchs ist, als auch zu der Tatsache, daß die meisten wissenschaftlichen Disziplinen, die sich mit den organisierenden Prinzipien des menschlichen Verhaltens und insbesondere mit der psychobiologischen Entwicklung beschäftigen, über Konflikte zwischen Kindern und Erwachsenen sprechen, die angeblich per se aus der Natur des lebenden Systems Mensch entstehen. In den Anwendungen der Wissenschaft konzentriert man sich dementsprechend gern auf die Frage, wie diese »natürlichen« Konflikte durch sogenannte Erziehungsmaßnahmen »sozialisiert« oder wie ihre Effekte auf die psychobiologische Gesundheit »therapiert« werden können.

3. Die Pathogenese der psychischen Störungen (des intrapsychischen Konflikts) aus der Sicht des Modells der Funktionen des menschlichen Gehirns

Psychische Störungen, so haben wir gesagt, sind die »Produkte« (Gedanken und/oder Emotionen und/oder Handlungen und/oder Phantasien, Träume, Entscheidungen, Funktionszustände verschiedener Organe) der wissens- und kontextgesteuerten informationsverarbeitenden Hirnprozesse, denen maladaptives Wissen zur Verfügung steht. Maladaptives Wissen wird während der Individuations- und Sozialisationsprozesse primär erworben und kreiert und ist das Ergebnis unkooperativer Interaktionen zwischen Kindern und Erwachsenen. Spezifischer: Maladaptives Wissen wird erworben und kreiert als Ergebnis der Interaktion der Kinder mit Erwachsenen, die aus vielen verschiedenen Gründen und wiederholt nicht in der Lage waren, für die alters- und/oder zustandswichtigen psychobiologischen Prioritäten und Bedürfnisse des Kindes zu sorgen (psychobiologische Gesundheit im Rahmen der Realitäten zu ermöglichen), ohne parallel andere Prioritäten, Bedürfnisse oder sogar Grenzen des psychobiologischen Wohlbefindens des Kindes und/oder eigene psychobiologische Prioritäten zu verletzen. Das hat zur Konsequenz, daß das Kind sachliches Wissen (deklaratives Wissen; siehe Kapitel 2.2 dieses Beitrags und Kapitel 3.5.2 unseres Beitrags im Band 1) über »alterswichtige Umgebungen« wie die Mutter, den Vater, die Lehrer erwirbt, welche die psychobiologische Gesundheit nicht fördern oder sie sogar stören und verletzen können. Dieses sachliche Wissen »zwingt« das wachsende Individuum, als Selbstaufrichtungsversuch in der Praxis und/oder in der Vorstellung Verhaltensweisen (*skills* und kognitiv-emotionale Realitätsbewältigungsstrategien; prozedurales Wissen) zu kreieren mit dem primären Ziel, die störenden Aspekte der Interaktion mit seinen Erwachsenen zu bewältigen. Solche Verhaltensweisen und kognitiv-emotionale Strategien sind häufig erfinderische Lösungen (Entdeckungen) der synthetisierenden mnemonischen Funktionen des Assoziationskortex des Kindes (sie sind die bestmöglichen Konfliktreduktionsstrategien), die dem Kind ermöglichen, mit diesen Angst (und/oder Wut und/oder Traurigkeit) auslösenden Erlebnissen (wegen der Verletzung der primären Lebensmotive durch die eigenen Erwachsenen) fertig zu werden. Solche Entdeckungen des Gehirns haben aber sehr häufig maladaptiven (konflikthaften, dysfunktionalen) Charakter; sie sind maladaptiv, weil sie kreiert werden, nicht um das Lebensmotiv »Erhaltung der psychobiologischen Gesundheit im Rahmen der Realitäten« zu fördern, sondern um Störungen und Verletzungen dieses primären Lebensmotivs zu verändern (oder zu reduzieren, eliminieren, vermeiden, verschieben, vergessen, idealisieren). Mit anderen Worten: Verletzungen der Individuations- und Sozialisationsprozesse des wachsenden Individuums durch seine sozialen Realitäten führen zur Kreierung von »verzerrtem« Wissen. Solche Verzerrungen betreffen sowohl das kreierte Wissen über das Ich und seine Fähigkeiten und/oder Möglichkeiten, seine Präferenzen, Entdeckungen, Bedürfnisse, Nöte etc. den Erwachsenen so mitzuteilen, daß daraus eine Kommunikation entsteht (zum Beispiel daß Wünsche erfüllt, Störungen aufgehoben werden), wie auch das kreierte Wissen über die Erwachsenen und über ihre Bereitschaft oder Fähigkeit, für die Funktionalität der Interaktion zu sorgen. Wiederholtes Erleben von ähnlichen, die Individuationsprozesse verletzenden Situationen führt durch die normal funktionierenden mnemonischen Funktionen des Gehirns zu Kreierungen neuer maladaptiver Verhaltensweisen und kognitiv-emotionaler Strategien und zu sekundären Generalisierungen und Automatisierungen des maladaptiven Wissens (vgl. Kapitel 4.2 des Beitrags in Band 1). Die Generalisierung und Automatisierung von maladaptivem Wissen hat zur Konsequenz, daß in ähnlichen, wenngleich nicht identischen Situationen früher kreierte maladaptive Verhaltensweisen automatisch (das heißt mit reflexartiger Geschwindigkeit und deswegen nicht bewußt) benutzt werden können, um das jetzige Verhalten zu koordinieren. Daraus ensteht ein alters- und/oder zustandsinadäquates Verhalten. Das Individuum erlebt sein eigenes Verhalten als ineffizient (störend, krankmachend) und gleichzeitig als unkontrollierbar, und/oder es interpretiert seine sozialen Realitäten als unkooperativ (feindlich, bösartig). Diese Erlebnisse sind die psychischen Störungen, die das Individuum motivieren, eine Psychotherapie zu suchen. Mit den Hirnprozessen der Generalisierung und Automatisierung wurden auch die Phänome der Übertragung und Gegenübertragung, des Agierens und des Wiederholungszwangs erklärt (vgl. Kapitel 4 unseres Beitrags in Band 1).

Zusammenfassend: Aus der Synthese der empirischen Daten und der Theorien im Modell der Funktionen des menschlichen Gehirns sind wir zu der Überzeugung gelangt, daß dem intrapsychischen Konflikt (den psychischen Störungen, den neurotischen Symptomen) maladaptives Wissen zugrunde liegt, das durch die normal funktionierenden Lern- und Gedächtnisfunktionen zunächst als die bestmögliche »Konfliktreduktionsverhaltensweise« erworben und kreiert wurde, dann sekundär generalisiert und automatisiert wurde und somit nicht-bewußt für die Organisation des späteren Verhaltens benutzt wird. Maladaptives Wissen entsteht aus Verletzungen des psychobiologischen Wohlbefindens des Kindes durch seine alterswichtigen sozialen Realitäten. Die primären Gründe aber, welche die Menschen dazu bringen, die psychobiologische Gesundheit der Kinder zu verletzen und damit ihre eigenen Kinder zu »zwingen«, maladaptives (dysfunktionales) Wissen zu kreieren (die Gründe für die Tatsache, daß der Mensch seinen Nachwuchs zum Konflikt mit der eigenen Natur »erzieht«), sind weder durch eine angeborene Aggression des Kindes, die »aberzogen« werden muß, noch durch das »Versagen« einer angeborenen »Mütterlichkeit« bzw. »Väterlichkeit« der Erwachsenen erklärbar. Wie Kohut sagte: Der Mensch wird nicht zum Konflikt geboren.

Die primären Gründe dieses Phänomens sollten in irrtümlichen Annahmen über die menschliche Natur, genauer: über die motivierenden und organisierenden Prinzipien des Lebens gesucht werden; Annahmen, die der Mensch während seiner historischen Bemühungen formuliert hat, sein eigenes Verhalten zu erklären und die Gründe für die Störungen der psychobiologischen Gesundheit zu finden. Diese Annahmen haben aus verschiedenen historischen Gründen breite Akzeptanz – in Gestalt erkenntnis- oder wissenschaftstheoretischer Positionen – gefunden. Gemeinsames Charakteristikum irriger wissenschaftstheoretischer Annahmen über die motivierenden Prinzipien des menschlichen Verhaltens ist die Fehlinterpretation jener Funktionen des menschlichen Gehirns, aus denen das entsteht, was man psychische Funktionen nennt; das entspricht der Fehlinterpretation der synthetisierenden Funktionen des Neokortex. Solche Fehlinterpretationen, die in den verschiedenen wissenschaftstheoretischen Positionen unterschiedlich beschrieben sind (zum Beispiel reduktionistischer Identismus, kausaler Determinismus, Dualismus) reflektieren irrige kulturelle, philosophische und religiöse Positionen zum Leben selbst, zur menschlichen Natur, zur Natur der Kinder, der Frauen, der Männer. Sie werden während der Sozialisationsprozesse durch die Interaktion des Individuums mit seiner Mikro- und Makrosozietät internalisiert (gelernt). Internalisierte irrige Annahmen über die menschliche Natur im allgemeinen und über die Natur der Kinder im besonderen erschweren die Kommunikation des Menschen mit seinem eigenen Nachwuchs; sie liegen den meisten Konflikten zwischen Kindern und Erwachsenen zugrunde und stellen den wichtigsten pathogenetischen Weg aller menschlichen Konflikte einschließlich des intrapsychischen Konflikts dar (vgl. auch Koukkou und Lehmann, 1996). Die primären Gründe für die unkooperative Interaktion der Menschen mit dem eigenen Nachwuchs und für das daraus entstehende maladaptive Wissen, das der Entwicklung des intrapsychischen Konflikts zugrunde liegt, müssen in den Charakteristika der Kultur gesucht werden, in der die Kommunikationspartner der Kinder zu Erwachsenen werden, das heißt in der Biographie und der Kultur der Eltern, Pflegepersonen, Großeltern, Kinderärzte, Kindergärtner, Lehrer, Psychologen, Pädagogen. Diese Charakteristika bestimmen auf bewußten und nicht-bewußten Wegen die Art und Weise, wie die soziale Realität des Kindes zum primären Lebensmotiv »Erhaltung der psychobiologischen Gesundheit im Rahmen der Realitäten« Positives oder Nichtpositives beiträgt oder beitragen kann und damit für die Qualität der Biographie des wachsenden Individuums (für die Menge der wohl- und/ oder der maladaptiven mnemonischen Repräsentationen von *skills* und kognitiv-emotionalen Realitätsbewältigungsstrategien) eine maßgebende Rolle spielt.

4. Die Entstehung der psychischen Störungen des Klienten: Interpretation der klinischen Daten[3] aus der Sicht des Modells

Wir gehen davon aus, daß alle Dimensionen des menschlichen Verhaltens (seien sie normal oder neurotisch, seien sie in der Wachheit oder im Schlaf erlebt) »Produkte« der synthetisierenden mnemonischen Funktionen des Assoziationskortex sind und daß die Charakteristika des Verhaltens die Qualität der mnemonischen Repräsentationen (des kreierten Wissens) reflektieren. Wir haben als psychische Störungen, die psychoanalytisch behandelbar sind, die Gedanken, Emotionen, Handlungen, Träume, Phantasien und somatischen Beschwerden definiert, die vom Individuum als inadäquat, störend, abnorm erkannt werden und dennoch als unkontrollierbar erlebt werden. Sie entstehen aus der »Benutzung« von Konfliktreduktions- und Konfliktbewältigungsstrategien und *skills*, die primär als die bestmöglichen Lösungen kreiert wurden, um Traumatisierungen des Individuations- und Sozialisationsprozesses zu bewältigen, die sekundär generalisiert und automatisiert wurden und so das spätere Verhalten automatisch (auf nicht-bewußten Wegen) dominieren.

3 Vgl. den Beitrag von Leuzinger-Bohleber und den Anhang in diesem Band. Wir erwähnen hier nur einige Beispiele aus diesem einmaligen Datenmaterial, die das Verstehen des Textes erleichtern. Die Argumente werden am Beispiel der Entstehung des transvestitischen Symptoms und des Initial- und Terminaltraumes erläutert.

Der Klient wünschte selbst eine Psychoanalyse, da er unter dem zwanghaften Impuls litt, Damenunterwäsche zu tragen und zu stehlen, an psychosomatischen Störungen (Ekzemen, Magenbeschwerden) und an gravierenden Arbeitsstörungen litt und sich als sozial isoliert erlebte.

Traumatisierungen des Individuationsprozesses – und insbesondere, das in Vordergrund stehende transvestitische Symptom betreffend, der Geschlechtsidentität – sind in der Biographie des Klienten zahlreich: Als zweiter Sohn ist er nicht das ersehnte Mädchen; das nächste Kind, ebenfalls ein Bub, stirbt kurz nach der Geburt, und er selbst wird zur Großmutter weggegeben; mit dreieinhalb Jahren wird er als Mädchen verkleidet; mit fünf Jahren hat er »wegen seines bubenhaften Verhaltens« einen Verkehrsunfall, der zu langer Hospitalisation mit seltenen Besuchen der Eltern und bestrafendem Pflegepersonal führt (siehe Anhang).

4.1 Die Entdeckung des bestmöglichen Konfliktreduktionsverhaltens, das der Manifestation des transvestitischen Symptoms zugrunde liegt

Wieder zu Hause nach der langen Hospitalisation »wegen des bubenhaften Verhaltens«, wurde er, wenn die Eltern abends weggingen, im Elternschlafzimmer eingeschlossen, um Streit mit dem Bruder, »der frei sein durfte«, zu vermeiden – eine neue traumatisierende und beschämende Situation, die mit großer Wahrscheinlichkeit Wut, Angst und Traurigkeit auslöste und frühere ähnliche Situationen in Erinnerung rief. In dieser Situation entdeckt er die Unterwäsche der Mutter (vielleicht war das Durchsuchen des Elternschlafzimmers ein Versuch, sich zu trösten und negative Emotionen zu reduzieren?); er zieht sie an, »fühlt sich geborgen«; »ein angenehmes Gefühl« (weiß er von früher, daß die Mutter ihn lieber in Mädchenkleidern hat?).

Mit der Entdeckung, daß das Tragen der Unterwäsche der Mutter Beruhigung bringt, gibt er momentan sein Bedürfnis auf, ein Bub (er selbst) zu sein, mit dem Bruder draußen spielen und sich als Bub verhalten zu dürfen, und »gewinnt« damit die Reduktion der negativen Gefühle; das heißt, er entdeckt ein maladaptives Konfliktreduktionsverhalten.

4.2 Die Generalisierung des maladaptiven Konfliktreduktionsverhaltens und die Entstehung des transvestitischen Symptoms

Die Entdeckung, daß das Tragen von Frauenunterwäsche in verletzenden und störenden Situationen schmerz- und angstreduzierende Wirkung hat (Schutz von dem Verletztwerden bietet), führt in Zusammenhang mit dem schon vorher erworbenen Wissen über verletzende und beschämende Interaktionen mit seinen sozialen Realitäten zur Generalisierung des maladaptiven Verhaltens: Er trägt »prophylaktisch« Frauenunterwäsche. Dieses Verhalten bringt ihn in Konflikte und in weitere, nun »selbstgemachte« beschämende Situationen in der Interaktion mit anderen Aspekten seines Sozialisationsprozesses, zum Beispiel in der Schule. Diese Erlebnisse führen in der Pubertät bei der Entdeckung der Onanie und der sexuellen Identität zur Ausbildung weiterer maladaptiver Verhaltensweisen – und am Ende einer ganzen Palette von beschämenden Erlebnissen und sozialen Folgen gelangt er zu der Überzeugung, daß er eine Analyse braucht (siehe Anhang).

4.3 Das Träumen und die Träume des Klienten

Im Rahmen unseres Modells entstehen Träume aus den gleichen wissensgesteuerten und wissenreflektierenden informationsverarbeitenden Hirnprozessen, aus denen auch alle anderen subjektiv wahrnehmbaren Aspekte der menschlichen Existenz in allen Bewußtseinslagen entstehen. Das Träumen, ebenso wie alle mentalen Prozesse während der Wachheit, ist kontinuierlich, und Träume sind die in der Wachheit erinnerbaren Ergebnisse der aktiven und selektiven Interaktion des Individuums während des Schlafs mit seinen externen und internen Realitäten (Koukkou und Lehmann, 1980, 1993).

Was die Funktionsweise seines Hirns betrifft, besteht die interne Realität des Menschen während des Schlafs aus den systematischen Veränderungen der elektrischen Hirnaktivität, die Schlafphasen heißen. Diese systematischen Veränderungen der funktionellen Hirnzustände während des Schlafs entsprechen den Veränderungen des Komplexitätsniveaus, auf dem die mnenonischen Repräsentationen jeweils von den informationsverarbeitenden Hirnprozessen für die Organisation des Schlafverhaltens aktivierbar sind. Spezifischer: Während des Schlafs können mnemonische Repräsentationen auf dem Komplexitätsniveau früherer Entwicklungsphasen aktiviert werden, und gleichzeitig bleibt der schlafenden Person die Möglichkeit offen, mnemonische Repräsentationen auf dem erwachseneren Komplexitätsniveau zu aktivieren (Asymmetrie der zustandsabhängig arbeitenden Erinnerungsprozesse; vgl. Kapitel 3.5.3 unseres Beitrags in Band 1). Im Schlaf steht also dem Individuum ein breiteres Spektrum seines Wissens für die Organisation seines Verhaltens zur Verfügung. Die systematischen und wiederkehrenden physiologischen Regressionen der funktionellen Hirnzustände während des Schlafes in Richtung auf Kindheit und das Phänomen der asymmetrischen Aktivierung der mnemonischen Repräsentationen in ihrer altersbedingten hierarchischen Ordnung des Komplexitätsniveaus dienen den Funktionen des Schlafs und erklären die Charakteristika des Traums. Der Schlaf dient dazu, die restaurativen Hirnfunktionen zu aktivieren und das Wissen zu reorganisieren (vgl. Kapitel 3.5.5.1 unseres Beitrags in Band 1). Diese Reorganisation des Wissens während des Schlafs wird durch die physiologische Regression der funktionellen Hirnzustände in Richtung auf Kindheit möglich: Wissen, das in früheren Entwicklungsphasen erworben und kreiert wurde, ist wieder aktivierbar und kann mittels der immer laufenden informationsverarbeitenden Hirnprozesse und ihrer asymmetrischen Funktionsweise mit neuerem Wissen (einschließlich der Erlebnisse während des Tages und der Themen, die das Individuum momentan beschäftigen, der Tagesreste) verglichen und damit zu neuen episodischen Erlebniseinheiten kombiniert werden. Diese Funktionen führen zur Umorganisation und Neueinordnung des Wissens. Dabei werden neue Zusammenhänge entdeckt und neue Assoziationen gebildet. Die in der Wachheit erinnerbaren Assoziationen während des Schlafs sind die Träume.

In diesem Sinne ist der Schlaf die via regia zu dem Wissen (auch dem maladaptiven), das das Individuum während seiner Entwicklung erworben und kreiert hat (präoperatives Denken, Primärprozesse). Träume stellen Bemühungen des Gehirns dar, früher erworbenes und kreiertes Wissen zur Interpretation neuerer Erfahrungen anzuwenden. Insofern läßt sich die Arbeit mit Trauminhalten in der Psychoanalyse als Möglichkeit verstehen, ein breiteres Spektrum der individuellen Erfahrungen und entwickelten Realitätsbewältigungsstrategien zu erkennen und für das Verstehen der Pathogenese der Symptome zu verwenden. In diesem Sinne ist das psychoanalytische Postulat, daß Trauminhalte die biographisch gewachsene Persönlichkeitsstruktur und die Dynamik ihrer Veränderungen während der Psychoanalyse reflektieren, ein wichtiger Aspekt des vorgeschlagenen psychophysiologischen Traummodells. Daher stellt sich bei der Analyse des Initialtraumes des Klienten die Frage, welche Aspekte der Biographie und des analytischen Prozesses bis zu der psychoanalytischen Sitzung, in der der Initialtraum der Analytikerin gebracht wurde, sichtbar sind, und bei der Analyse des Terminaltraumes, welche Änderungen des Erlebens und des Umgangs mit den Realitäten sich im Trauminhalt erkennen lassen.

4.3.1 Der Initialtraum

Es werden nur einige Fragmente des Traums und der Assoziationen des Klienten erwähnt, die unseres Erachtens die Annahmen des Zustandswechsel-Modells über das Träumen und seine funktionelle Bedeutung wie auch über die Wirkungswege der Arbeit mit Träumen in der Psychoanalyse erläutern.

Der Initialtraum enthält Fragmente aus verschiedenen Entwicklungsphasen des Klienten, die den Prozeß der Symptombildung und der Entwicklung der psychischen Störungen, einschließlich der Erlebnisse in den ersten zehn Stunden der Analyse porträtieren: Er war bei der Freundin zu Besuch (er ist erwachsen). Er muß ins Nachbarhaus gehen, wo die Mutter der Freundin wohnt, und ihr eine Bettdecke bringen (er geht zu der Analytikerin und bringt das »Symbol« der Symptombildung, das heißt die Bettdecke, unter der er sich zu trösten versucht hatte?). In der Wohnung weiß er nicht, wohin er sie legen soll (er setzt sich auf den Stuhl der Analytikerin ...). Dort sieht er ein schräges Bett (das für ihn »falsche« Bett? Er merkt, daß er nicht in sein eigenes Schlafzimmer, sondern in das Schlafzimmer der Eltern gebracht wird?); plötzlich geschieht ihm etwas, was er nicht wollte (er wird eingesperrt), was ihm peinlich ist (er entdeckt das maladaptive Konfliktreduktionsverhalten; Erinnerungen an Verletzungen seiner Identität werden aktiviert?). Leute lachen die Mutter der Freundin aus, da sie mit ihm unter einer Decke lag (weitere Erinnerungen an verletzende Situationen, eventuell auch an Wünsche, jemand möge die Mutter auslachen, da sie aus ihm ein Mädchen machen wollte?). Er will sich rechtfertigen (er will sich verteidigen für das Eingeschlossenwerden, für das Alleingelassenwerden, für das Gezwungenwerden, maladaptive Verhaltensweisen zu entwickeln, für die Verletzungen seiner Identität); er ist aber ohne Kleider (ohne die Kleider, die einen Schutz vor dem Verletztwerden anbieten), er zieht Frauenkleider an, und nun muß er demonstrieren, was er kann (in der Stunde vor dem Traum ist er mit »seinen Kleidern« in die Analyse gekommen) und er fliegt weg (die bei ihm häufige Phantasie; um »sich von keinem Objekt getrennt oder abhängig zu fühlen«?; vgl. Anhang).

Die Assoziationen des Klienten kreisen um beschämende Erlebnisse und um die Befürchtung, daß er ähnliche Erlebnisse auch auf der Couch der Analytikerin erleben könnte. In der folgenden Stunde bringt er weitere Erinnerungen an beschämende, die Individualität verletzende Erlebnisse, eine oft wiederkehrende Thematik in den darauffolgenden Analysestunden.

Der Initialtraum und die Assoziationen des Klienten illustrieren also den »Ort«, wo das Symptom als bestmögliche Konfliktreduktionslösung entdeckt wurde, und die vielen verschiedenen Verletzungen des Individuationsprozesses, aber auch die Ergebnisse der Verarbeitung aller dieser Erlebnisse im Gehirn des Klienten, die ihn motiviert haben, sich selbst eine Analyse zu verordnen.

4.3.2 Der Abschlußtraum

Der Abschlußtraum enthält Fragmente aus dem ganzen Prozeß der erfolgreichen Psychoanalyse inklusive Fragmenten aus der jetzigen Beziehung des Klienten zu seinem ehemaligen Symptom und aus den besonderen Merkmalen des analytischen Settings. Hauptsächlich aber illustriert der Abschlußtraum die durch die Analyse gewonnene Fähigkeit des Klienten, mit seinen Realitäten (auch mit den unangenehmen Erinnerungen aus seiner Biographie) kreativ und autonom umzugehen. Er ist im Ort seiner Kindheit, er steht in einem Laden vor dem Strumpfregal. Er findet aber nicht mehr, was er jetzt braucht, und verläßt diesen Aspekt seiner Biographie (sein Symptom); er stellt fest, daß er noch etwas Zeit hat bis zur Analysestunde. Szenenwechsel: Er hat die Stunde verschlafen.[4] Er überlegt sich, daß er die Analytikerin informieren sollte, damit sie sich keine unnötigen Sorgen macht; er entscheidet,

4 Ich (M. K.) möchte hier eine Erinnerung aus meiner eigenen Analyse berichten: Gegen Ende der Analyse habe ich eine Stunde real, nicht im Traum, »vergessen«, als ich mit großer Begeisterung ein Buch las; endlich fertig, erinnerte ich mich an meine Stunde und ging ans Telefon, um es Frau Parin-Matthèy zu sagen – und bemerkte erstaunt, daß mir das Ganze *eher interessant als beunruhigend* vorkam. Das begeisterte Lachen von Frau Parin am Telefon und das, was sie danach sagte, gehört zum Schönsten unter all den vielen Geschenken, die sie mir in der langen Zusammenarbeit gemacht hatte. Sie sagte: »Toll, das gefällt mir, nun haben Sie Ihre Analyse in die eigene Hand genommen. Ich bin sehr neugierig auf unsere nächste Stunde, die ich aber doch haben will«, und dann lachte sie wieder. Dies als weiteres Beispiel für eine gelungene Interaktion zwischen Analytiker und Klient (siehe Kapitel 5).

daß er zur nächsten Stunde rechtzeitig kommen will (die Stunde soll an einem Ort stattfinden, wo er jetzt arbeitet ...; er wünscht, daß die Analytikerin ihn an seinem Arbeitsort sieht?); er überlegt, daß er mit dem Fahrrad diesen Ort erreichen könnte; die Wege sind eng und gefährlich, die Zeit wird knapp, er hat Angst; am Horizont ist aber dieser Ort sichtbar. Nachdem er einen jungen Mann mit langen Haaren, einen »Freak«, bei der Arbeit beobachtet hat, der sein Fahrrad hochgehalten hatte, um über die gefährliche Strecke zu kommen, findet er, daß er ungefähr gleich groß ist und daß er das gleiche machen könnte, um sein Ziel zu erreichen; er hatte das Gefühl, es noch schaffen zu können in der verbleibenden halben Stunde.

Die spontanen Assoziationen des Klienten wie auch die weitere Besprechung des Traums mit der Analytikerin reflektieren im Rahmen unseres Modells die ganze Palette der Reorganisation des Wissens des Klienten, die während der erfolgreichen Psychoanalyse stattgefunden hat.[5] Traum und Assoziationen porträtieren die ganze Bandbreite der neuen Entdeckungen und neu erkannten Zusammenhänge zwischen seiner Biogra-

5 Die Reorganisation des Wissens des Klienten durch die Analyse kann auch mit »Daten-getriebenen« Methoden erwiesen werden: Eine theoriefreie Wortstatistik der beiden Traumberichte (die Versionen des Klienten; vgl. den Beitrag von Hamburger in diesem Band) zeigt, daß der Analysand mit seiner Biographie im Terminaltraum grundlegend anders umgeht als im Initialtraum (Lehmann et al., unveröffentlicht). Hauptwörter bezeichnen verwiegend Objekte (Themen), Verben bezeichnen Handlungen. Im Initialtraum wurden viele verschiedene Objekte einmal (28), wenige mehrfach genannt (5), im letzten war das Verhältnis ausgeglichener (18:11). Die verschiedenen Handlungen wurden im ersten Traum beinahe gleich häufig einmal wie mehrmals angewendet (14:10), während im letzten deutlich mehr verschiedene Handlungen einmal und nur wenige mehrmals angewendet wurden (28:5). (Die Unterschiede waren signifikant in Chi^2-Tests.) Im Initialtraum stand also den häufig wechselnden Objekten ein eingeengtes Auswahlreservoir von Handlungen gegenüber. Im Terminaltraum waren die Relationen günstiger: Die Objekte waren persistenter und wurden mit einer größeren Auswahl von Handlungen angegangen.

phie und seinen Wahrnehmungen, die ihm ermöglichten, den Wunsch zu äußern, »seine neuen, kreativen Autonomie-Erlebnisse in seinem eigenen Spielraum zu erleben und eventuell auch für sich selbst zu bewahren« (vgl. Anhang).

Man könnte aus dem reichen klinischen Material, mit dem wir in den Köhler-Kolloquien gearbeitet haben, viele weitere Beispiele für diese sehr gelungene Interaktion zwischen Analytikerin und Analysand erwähnen, um diese Argumente zu unterstützen. Wir möchten das aber dem Leser überlassen in der Hoffnung, daß ihm die Betrachtung dieser einmaligen klinischen Daten aus der Perspektive des Zustandswechsel-Modells zeigt, daß zwischen den Hirnfunktionen, die psychische Funktionen kreieren, und den psychischen Funktionen der Psychoanalyse bereits eine Kommunikationsbrücke vorhanden ist.

5. Die Wirkungswege der psychoanalytischen Technik aus der Sicht des Modells der Funktionen des menschlichen Gehirns

Die psychoanalytische Technik, Freuds »talking cure«, läßt sich als interaktionales Geschehen zwischen zwei Individuen (Analysand und Analytiker[6]) definieren, das mittels der informationsverarbeitenden Hirnprozesse stattfindet, die wir zu den Funktionseinheiten des Kommunikationskreises zusammengefaßt haben: Analytiker und Analysand nehmen kontinuierlich auf, was jeweils der andere sagt (oder nicht sagt), macht (oder nicht macht); das heißt, die beiden Interaktionspartner nehmen ständig Information auf, und jeder erkennt die Bedeutung der aufgenommenen Information im Lichte seines eigenen Wissens, das momentan aktiviert ist (diese Hirnprozesse haben wir als Informationsaufnahme und Informationsbewertung im Gehirn konzeptualisiert). Daraus entstehen die jeweiligen Gedanken, Emotionen, verbalen Äußerungen oder das Sich-nicht-verbal-Äußern (das heißt das jeweilige Verhalten) sowohl des

6 Mit Analytiker und Analysand sind jeweils Personen beiderlei Geschlechts gemeint.

Analytikers als auch des Analysanden. Wir haben diese Hirnprozesse als Informationsbeantwortung zusammengefaßt (vgl. Abbildung 1 und Kapitel 3.3 des Beitrags in Band 1). Die jeweilige »Antwort« des Analytikers ist Teil der neuen Informationsaufnahme des Analysanden und vice versa. In diesem Sinne ist die Kommunikation zwischen Analytiker und Analysand ein Phänomen, das kontinuierlich während der Sitzungen stattfindet, das aber auch in der Zeit zwischen den Sitzungen auf bewußten und nicht-bewußten Wegen in der Vorstellung beider Beteiligten weiterläuft. Wir definieren also die verbale oder nichtverbale Kommunikation (zum Beispiel das Schweigen oder »Hm«-Sagen) zwischen zwei Individuen, die regelmäßig zu einer bestimmten Zeit und an einem bestimmten Ort (im analytischen Setting) stattfindet und durch die Hirnfunktionen des Kommunikationskreises realisiert wird, als den Weg, auf dem die psychoanalytische Behandlung ihre Wirkung entfaltet. Das Ziel der Behandlung (der Inhalt des Vertrags zwischen Analytiker und Analysand) kann konzeptualisiert werden als die gemeinsame Suche in der Biographie des Analysanden nach Ereignissen, die zu der Kreierung des maladaptiven Wissens und der Manifestation der verschiedenen Symptome geführt haben. Spezifischer: Als Behandlungsziel kann man formulieren: 1. die Erkennung der verschiedenen Manifestationsformen der Symptome und des jeweiligen Kontexts, in dem sie erscheinen, 2. die Suche nach Erinnerungen sowohl an reale Ereignisse wie auch an Phantasien, Vorstellungen etc. in der Biographie des Analysanden, die zu der Entwicklung der Symptome (des maladaptiven Wissens) geführt haben könnten, und 3. das Durcharbeiten dieser Erinnerungen und der Erlebnisse in der analytischen Situation durch die Übertragungs- und Gegenübertragungsprozesse.

Während der wiederholten Interaktionen zwischen Analytiker und Analysand erwirbt der Analytiker progredient Wissen über den Analysanden; das heißt über die Gründe, die den Analysand motiviert haben, eine Analyse machen zu wollen, über seine Biographie und über die Art und Weise, wie er mit dem Analytiker kommuniziert. Der Analytiker erfährt, was der Analysand über die täglichen Erlebnisse vor und nach den Sit-

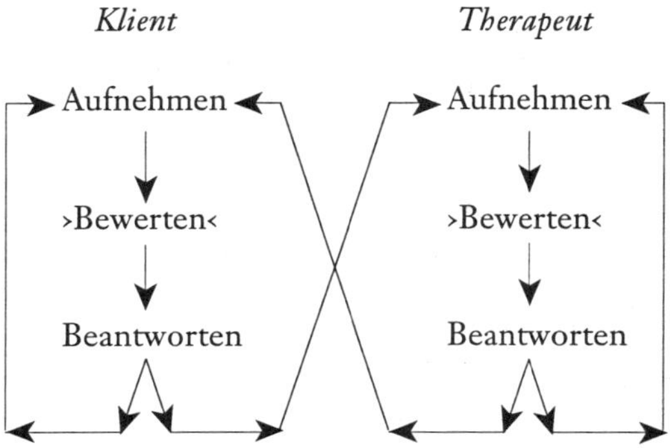

Abbildung 1: Die therapeutische Interaktion, die über die Funktionseinheiten des Kommunikationskreises des Analysanden (links) und des Analytikers (rechts) stattfindet

zungen erzählt, wie er die Geschehnisse in der Analyse weiterverarbeitet und was er davon als Träume oder Erinnerungen oder Enttäuschungen oder Ängste in die nächsten Sitzungen bringt. Gleichzeitig erwirbt der Analysand seinerseits Wissen über das, was er an Neuem oder Bekanntem in den Analysestunden und in der Zeit zwischen den Sitzungen erlebt, was der Analytiker sagt oder nicht sagt, wann der Analytiker schweigt und wie das Verhalten des Analytiker auf ihn wirkt. Hiermit erwerben Analytiker und Analysand progredient ein gemeinsames Wissen, das ihre Kommunikation fördert und das parallel dazu zu einer Reorganisation des Wissens beider Beteiligten führt. Das so enstandene gemeinsame Wissen von Analytiker und Analysand ermöglicht die gemeinsame Suche in der Biographie des Analysanden und die Erkennung von Ereignissen, die im analytischen Setting oder in der Zeit zwischen Sitzungen stattfinden und Symptome auslösen oder Erinnerungen aktivieren, die in Zusammenhang mit negativen oder positiven Erlebnissen stehen. Diese Prozesse ermöglichen die Suche und Entdeckung von Ähnlichkeiten und Differenzen zwischen den jetzigen und den früheren Ereignissen und Situationen, die zu solchen Erlebnissen führten. Entdeckungen von Ähnlichkeiten zwischen früheren und jetzigen Ereignissen geben dem Analytiker »Material«, um Hypothesen über die Ereignisse in der Biographie des Analysanden zu formulieren, die eventuell für die Entwicklung der Symptome (in unserem Sinne: des maladaptiven Verhaltens) eine Rolle gespielt haben könnten. Je mehr die Interpretationen des Analytikers über die Ätiologie der Symptome dem Analysanden einleuchten, desto schneller kommt der dialektische Prozeß in Gang, das heißt desto weniger Widerstand und negative Übertragung findet statt (vgl. Koukkou und Lehmann, 1980). Die Assoziationen des Analysanden und generell seine Reaktionen auf die Interpretationen des Analytikers ermöglichen die Suche nach weiteren Zusammenhängen, die Formulierung weiterer Hypothesen usw. Diese Prozesse führen zur Reorganisation des Wissens des Analysanden und zum Erwerb und der Kreierung von neuem Wissen über das Ich und seine Fähigkeiten und Möglichkeiten. Hiermit können Aspekte der Biographie aus einer neuen Perspektive betrachtet werden. Das führt zu Veränderungen der Art und Weise, wie der Analysand sich selbst und seine Symptome erlebt. Im Rahmen der Formulierungen des Modells bedeutet das, daß die Symptome ihre Unkontrollierbarkeit und damit ihre »Macht« über den Analysanden progredient verlieren. Diese subjektiven Wahrnehmungen ermöglichen es dem Analysanden, nach weiteren Ähnlichkeiten und Differenzen zwischen seinem jetzigen Erlebnissen und den früheren Erfahrungen in seiner Biographie zu suchen, das jetzige mit dem früheren Verhalten erneut zu vergleichen, weitere Ähnlichkeiten und Differenzen zu erkennen, neue Zusammenhänge zu entdecken, die Wirkungen seines jetzigen Verhaltens auf sein psychobiologisches Wohlbefinden neu zu bewerten, die Notwendigkeit und »Richtigkeit« des jetzigen Verhaltens und/oder der Wiederholungen von früheren Verhaltensweisen zu hinterfragen und schließlich in der Vorstellung und in der Realität das neue Wissen über sich selbst und über seine Realitäten als »eigenes«, von den Symptomen befreites Wissen zu erkennen und für die Organisation seines Verhaltens kreativ anzuwenden.

Zusammenfassend: In der dialektischen Interaktion zwischen Analytiker und Analysand (der Patient erzählt und assoziiert,

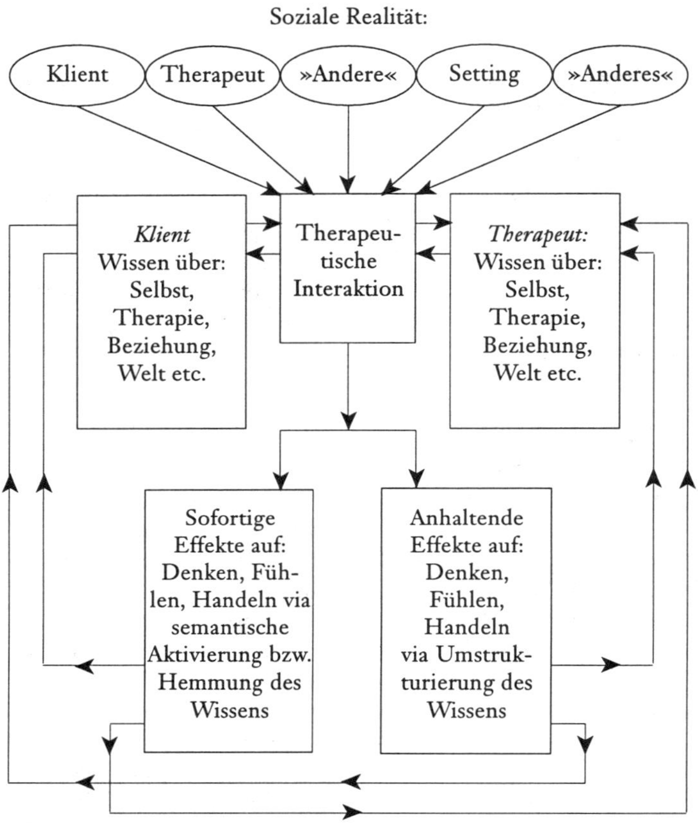

Abbildung 2: Die Wirkungswege und Wirkungsfaktoren der therapeutischen Interaktion

der Analytiker interpretiert) findet eine progrediente Umorganisation (Umstrukturierung) des Wissens des Analysanden über seine Biographie statt sowie der Erwerb von neuem Wissen über das Selbst und über die jetzigen inneren und äußeren Realitäten: Entdeckungen früherer und neuer Zusammenhänge, Erinnerung von Vergessenem, Erleben von Neuem in Übertragungs- und Gegenübertragungsprozessen (*state-dependent retrieval*), Wiederholungen des Symptomerlebens und der

Trauminhalte im neuen Kontext, Erkennung der biographiebezogenen Gründe der Symptomentwicklung.

Ein ähnlicher Prozeß, eine Umorganisation, Umstrukturierung und Erweiterung des Wissens findet auch beim Analytiker statt (vgl. Abbildung 2). Diese dynamischen Effekte der menschlichen Kommunikation finden aber nicht nur während des analytischen Prozesses im Gehirn des Analytikers und Analysanden statt, sondern auch im täglichen Leben. Dies wird im vorliegenden Buch erkennbar. Zum Beispiel: In der ersten Publikation dieses Materials wurde der erfolgreiche psychoanalytische Prozeß unter »dem Gesichtspunkt des sukzessiven Verständnisses des transvestitischen Symptoms und seiner unbewußten Bedeutung« beschrieben (Leuzinger-Bohleber, 1984). Diese Dynamik der Reorganisation ist wiederum erkennbar im »nachträgliche[n] Verstehen dieses psychoanalytischen Prozesses im Rahmen von pluralistischen Erkenntnisprozesse[n]« (Leuzinger-Bohleber, in diesem Band) wie auch in den Bearbeitungen des klinischen Materials durch die anderen Autoren dieses Bandes. Schließlich sind die Veränderungen unserer Fähigkeit, die Gesichtspunkte der anderen zu verstehen, so wie wir es alle in den interdisziplinären Kolloquien der Köhler-Stiftung erlebt haben, ein gutes Beispiel für diese dynamischen Hirnfunktionen.

Die Wichtigkeit und das Geniale der analytischen Technik (Freuds »talking cure«) liegt darin, daß sie diese dynamischen Prozesse des Gehirns spezifisch und wiederholt in einem gut definierten analytischen Setting benutzt, um die Reorganisation der Biographie eines Analysanden zu erreichen.

Behandlungsziel, Wirkungswege und Heilungsfaktoren der psychoanalytischen Technik, definiert als interaktionelles Geschehen zwischen Analytiker und Analysand, finden, wie alle Kommunikationen des Menschen, mittels der wissensgesteuerten und zustandsabhängig arbeitenden Funktionseinheiten des Kommunikationskreises statt. Der Heilungsprozeß ist die Reorganisation des biographischen Wissens des Analysanden und der Erwerb von neuem Wissen über das Ich und seine jetzigen Möglichkeiten, mit dem die Kreierung von neuen Wahrnehmungen und neuen Bewertungen der jetzigen Interaktionen ermöglicht wird, und die, in den meisten Fällen, dem Analysanden gestatten, seine jetzigen Interaktionen als »funktional« (das psychobiologische Wohlbefinden nicht störend, sondern fördernd) zu erleben.

Bibliographie

Baumgartner, G. (1983): Organization and function of the neocortex. *Neuro-Ophthalmol.* 3: 1-14.

– (1992). Gehirn und Bewusstsein. *Schweiz. Med. Wschr.* 3: 1-14.

Bertalanffy, L. (1974). General System Theory and Psychiatry. In: S. Arieti (Hg.): *American Handbook of Psychiatry*, Bd. 1: *The Foundations of Psychiatry*, New York: Basic Books, S. 1095-1116.

Bucci, W. (1985). Converging evidence for emotional structures. Theory and method. In: H. Dahl, H. Kächele und H. Thomä (Hg.): *Psychoanalytic Process Research Strategies*. Berlin: Springer, S. 29-49.

Damasio, A. R. (1994): *Descartes' Irrtum. Fühlen, Denken und das menschliche Gehirn*, München: dtv 1997.

Dornes, M. (1993). *Der kompetente Säugling*. Frankfurt am Main: Fischer.

Fuster, J. M. (1995). *Memory in the Cerebral Cortex*. Cambridge, Mass.: MIT Press.

Karli, P. (1991). *Animal and Human Aggression*. Oxford: Oxford University Press.

Köhler, L. (1990). Neue Ergebnisse der Kleinkindforschung: Ihre Bedeutung für die Psychoanalyse. *Forum Psychoanal.* 6: 32-51.

Koukkou, M., und D. Lehmann (1980). Psychophysiologie des Träumens und der Neurosentherapie: das Zustands-Wechsel-Modell. *Fortschr. Neurol. Psychiatr.*, 48: 324-350.

– (1983): Dreaming: the functional state-shift hypothesis. A neuropsychophysiological model. *Brit. J. Psychiat.*, 142: 221-231.

– (1989). Informationsverarbeitende Hirnprozesse und kognitiv-emotionale Entwicklung: Eine psychophysiologische Betrachtung. In: H. M. Weinmann (Hg.), *Aktuelle Neuropädiatrie* 1988. Berlin: Springer, S. 376-386.

– (1993). A model of dreaming and of its functional significance: The state-shift hypothesis. In: A. Moffitt, M. Kramer und R.

Hoffmann (Hg.): *The Functions of Dreaming*. Albany, N.Y.: State University of New York Press, S. 51-118.

– (1996). Models of human brain functions and dysfunctional elements in human history: there is a close relation. In: D. Razis (Hg.): *The Human Predicament. An international dialogue on the meaning of human behavior*. Amherst/New York: Prometheus Books, S. 269-280.

Leuzinger-Bohleber, M. (1984): Transvestitische Symptombildung. Klinischer Beitrag zur Aetiologie, Psychodynamik und Analysierbarkeit transvestitischer Patienten. *Psyche* 38: 817-847.

Oyama S., (1985). *The Ontogeny of Information. Developmental systems and evolution*. Cambridge: Cambridge University Press.

Parens, H. (1979): *The Development of Agression in Early Childhood*. New York: Jason Aronson.

Roth, G. (1994): *Das Gehirn und seine Wirklichkeit*. Frankfurt am Main: Suhrkamp.

Stern, D. (1986). *Die Lebenserfahrung des Säuglings*. Stuttgart: Klett 1992.

Uexküll, T. von (1990): *Psychosomatische Medizin*. 4. Auflage, München/ Baltimore: Urban & Schwarzenberg.

Doris Pouget-Schors

Erinnern, Wiederholen, Durcharbeiten – Wie bestimmen psychoanalytische Gedächtnismodelle den Zugang zum Patienten?

Eine objektbeziehungstheoretische Sicht

1. Welche Art Gedächtnismodelle hat die Psychoanalyse?

Mit dem Neu- und Altgedächtnis ist unser Erinnerungsvermögen januskopfartig in die Zukunft wie in die Vergangenheit gerichtet (Markowitsch, 1997). In der vorliegenden Arbeit im Rahmen des Workshops »Interdisziplinäre Gedächtnismodelle« soll das neurophysiologisch basierte und systemtheoretisch orientierte »Zustandswechsel-Modell« der Gedächtnisfunktionen[1] (vgl. Koukkou und Lehmann, 1980; 1989; Koukkou und Leuzinger-Bohleber, 1992) im Hinblick auf bestehende psychoanalytische Gedächtnismodelle besondere Aufmerksamkeit erhalten. Wie lassen sich diese beiden unterschiedlichen Ansätze aus interdisziplinärer Sicht verbinden?

»Der Hysterische leidet größtenteils an Reminiszenzen«, stellte Freud 1893 in der zusammen mit Breuer veröffentlichten »Vorläufigen Mitteilung« fest (Freud und Breuer, 1893). Die Psychoanalyse hat sich seit ihren Anfängen mit Themen des Erinnerns und Vergessens auseinandergesetzt, zum Beispiel indem sie die Auffassung vertreten hat, daß Bewußtmachen von Unbewußtem zu einer Besserung der Symptome eines Patienten führt. Heute wird jedoch überwiegend angenommen, daß das Erinnern allein nicht den entscheidenden

1 Ich verzichte hier auf eine gesonderte Darstellung und beziehe ich mich auf die Grundlagen des Zustandswechsel-Modells von Koukkou und Lehmann im Band 1.

kurativen Faktor enthalten kann; ja, selbst die authentische Rekonstruierbarkeit lange zurückliegender Erinnerungen erscheint fraglich (vgl. detailliert Granzow, 1994). Vielmehr vermag das Wiederholen und Durcharbeiten der affektiv aufgeladenen Erinnerungen in der Übertragungsbeziehung zwischen Patient und Analytiker heilsame therapeutische Wirkungen zu entfalten (Mertens, 1990, Leuzinger-Bohleber, Pfeifer und Röckerath in Band 1). Dies impliziert, daß der Art und Weise, wie Erinnerungen im Rahmen dieser Beziehung zutage gefördert, verknüpft und als Teil einer narrativen kohärenten Lebensgeschichte erkannt und durchgearbeitet werden (Silber, 1989), besondere Bedeutung zukommt. Das gilt insbesondere auch für traumatische Erfahrungen und Erinnerungen (zum Beispiel Ambühl, 1996; Krause, 1997; Person und Klar, 1997; Wirtz, 1996). Wenn man also Modelle aus benachbarten Disziplinen auf ihre Anwendbarkeit innerhalb der Psychoanalyse anhand von Fallmaterial untersuchen will, muß man fordern, daß wesentliche Aspekte der analytischen Arbeit im klinischen Material zu entdecken und mit dem entsprechenden Gedächtnismodell zu vereinbaren sind. Beim neurophysiologisch basierten Zustandswechsel-Modell von Koukkou und Lehmann liegt ein Schwerpunkt auf dem Begriff »Zustand«. Das heißt hier, daß der emotionale, affektiv bestimmte Selbstzustand des Patienten, der in der Psychoanalyse im Mittelpunkt steht, für den Zugang zu seinen Gedächtnisspeichern von besonderer Bedeutung ist. Dies ermöglicht einen Vergleich beider Sichtweisen. In meiner klinischen Fallinterpretation unter Anwendung von psychoanalytischen und neurophysiologischen Gedächtnismodellen (Teil 2) und den Überlegungen zu beiden Modellen (Teil 3 und 4) werde ich auf deren mögliche Berührungspunkte näher eingehen.

Über welche Art Gedächtnismodelle verfügt nun die Psychoanalyse? Welches davon läßt sich aus heutiger Sicht vertreten und mit einem neurophysiologischen wie dem »Zustandswechsel-Modell« vergleichen? Im Mittelpunkt des klinischen Interesses stehen seit den letzten 30 Jahren zunehmend Störungen der frühen Lebensabschnitte, einer Phase, in der zum Teil präverbale Kommunikation vorherrscht und Arretierungen in der Entwicklung das Ausreifen der Persönlichkeitsstruktur behindern können. Diese Tatsachen müssen bei der Wahl eines psychoanalytischen Gedächtnismodells Berücksichtigung finden. In der Psychoanalyse geht es ja nicht nur um verbalisierte Erinnerungen – nach neuerer Auffassung stellen zum Beispiel auch das Agieren und das Wiederholen in einer Analyse eine Form des Erinnerns dar (Mertens, 1990). Ein Trauma vermag auch eher primär auf sensomotorischer Ebene als in symbolischen linguistischen Formen kodiert sein (Person und Klar, 1997). Andere Autoren wie Dunbar (zitiert nach Rapaport, 1994) sprechen auch von einem »psychosomatischen Gedächtnis«, in dem frühe Erfahrungen »gespeichert« sind und das die Verknüpfung von Emotionen und körperlichen Veränderungen zum Inhalt hat. In Hinblick auf die Zugänglichkeit der im Gedächtnis aufbewahrten und wirksamen Erinnerungen stößt man also bald auf die Frage nach der gesamten Organisation der Persönlichkeit.

Da im folgenden implizite Gedächtnismodelle eine wichtige Rolle spielen, nun ein Überblick zu verschiedenen psychoanalytischen Ansätzen.[2] Zunächst stelle ich die Strukturtheorie sowie die objektbeziehungstheoretischen Schulen vor, um ihre aus gedächtnispsychologischer Sicht unterschiedlichen Auffassungen der Repräsentanzen zu verdeutlichen. Dies ermöglicht eine anschließende Gegenüberstellung bezüglich ihrer Anwendbarkeit auf Patienten mit frühen Störungen.

1.1 Strukturtheorie

Freuds Beitrag zur Gedächtnistheorie ist verbunden mit dem Ringen um eine treffende Gedächtnismetaphorik: Wie kann man sich die Gleichzeitigkeit der entgegengesetzten Funktionen des Bewahrens und Löschens vorstellen? Er bediente sich der Schriftmetaphorik des »Wunderblocks«, einer aus drei Schichten zusammengesetzten Schreibtafel (näheres bei Ass-

2 Eine eingehende Theoriegeschichte bietet die Arbeit von Mertens in Band 1.

mann, 1997). Das erste psychoanalytische Gedächtnismodell, das topische Modell, entspricht den Ebenen Bewußt, Vorbewußt und Unbewußt. Traumaforscher sind heute der Auffassung, daß die Kodierung von Traumata komplexer zu sein scheint, und neben der Verdrängung auch die Dissoziation zu berücksichtigen ist (vgl. 1.2.1 Begriff der Repräsentanzen). So sei es nicht angemessen, sich auf ein »model of the mind« zu verlassen, das im wesentlichen nur auf den drei Ebenen operiert (Person und Klar, 1997).

Die theoretische Entwicklungslinie führt weiter zum Strukturmodell, dessen Strukturtheorie das »klassische« Gedächtnismodell der Psychoanalyse enthält, das selten als solches in Erscheinung tritt. Ich halte mich nun an das Handbuch der amerikanischen Autoren Moore und Fine, das zeitgenössische konsensfähige Strömungen der Psychoanalyse zusammenfaßt. Der strukturelle Gesichtspunkt wird dahingehend charakterisiert, daß wiederkehrende und überdauernde psychische Phänomene mehr oder weniger organisierte Repräsentanzen im psychischen Apparat hinterlassen – hier im Sinne von Charakterzügen, Abwehr, Gewohnheiten, moralischen Standards, Haltungen und Interessen, Erinnerungen und Idealen. Nach dieser Definition stellt die Strukturtheorie einen Versuch zur Erklärung von »dauerhaften, organisierten und miteinander verknüpften Aspekten psychischen Funktionierens mit Hilfe eine Modellbildung« dar. Festzuhalten ist, wie die Gedächtnisfunktion, das heißt die Auffassung der Repräsentanzen, hier als vorwiegend statisches Ergebnis eines Strukturierungsprozesses charakterisiert wird (Moore und Fine, 1990).

Im Strukturmodell ist die Psyche nach Auflösung des Ödipuskomplexes aufgeteilt in die drei konstanten überdauernden motivationalen Strukturen oder Instanzen Ich, Über-Ich und Es. Die Aktualität der Thesen Freuds wird folgendermaßen begründet: Mit der Einführung des Strukturmodells der Psyche (Freud,1923b) mit seiner Dreiteilung und der zweiten Angsttheorie (Freud, 1926d) sei die Verdrängung als eines der Abwehrmittel gegen die Signalangst angesehen worden. Diese wird hervorgerufen durch das bedrohliche Auftauchen von Es-Impulsen in Form von Erinnerungen oder Phantasien, die in

Konflikt mit Über-Ich-Standards stehen. Das Gedächtnis ist als eine »Funktion des Ich konzipiert worden, der auch Erinnern, Integration und Synthese« zugeordnet wurden (ebd.). In dieser Definition, die in der Linie der sich entwickelnden Ich-Psychologie (Hartmann, 1939) steht, rücken deutlicher die Funktionen und damit bereits ansatzweise die *veränderliche und adaptive Natur des Gedächtnisses* in Vordergrund. Aus heutiger Sicht kann, in Vorwegnahme des Fazits, jedoch eingewendet werden, daß die Strukturtheorie aufgrund ihrer monadischen Sichtweise die auch für die Gedächtnisentwicklung so wesentlichen interaktiven Beziehungsaspekte zwischen Subjekt und Objekt wie auch die Unterscheidung zwischen Verdrängung und Spaltung bzw. Dissoziation nicht in dem Maß zu berücksichtigen vermag, wie dies mittels der Objektbeziehungstheorie nachvollziehbar ist.

Zur Genese des Gedächtnisses ist nach Moore und Fine davon auszugehen, daß in den frühesten Stadien der Ich-Entwicklung beim Auftauchen eines triebgeleiteten Bedürfnisses die Gedächtnisspuren einer gratifizierenden Erfahrung – das Ding an sich – zu einer Antizipation einer erneuten Gratifikation führen. Bei Ausbleiben der Gratifikation halluziniert das Kind die Erfüllung des Wunschs durch eine Besetzung der Erinnerungsspur. Das Versagen dieser Halluzination bei der Bedürfnisbefriedigung sei die Basis für die Entwicklung des Realitätssinnes. So habe der Prozeß des Erinnerns ein adaptives Potential sowohl für das Ich als auch Implikationen für die Pathologie (vgl. Köhler, 1990; siehe auch den Beitrag von Köhler in Band 1).

Moore und Fine heben hervor, daß es immer noch eine fundamentale psychoanalytische Annahme sei, daß verdrängte oder vergessene Erinnerungen eine Hauptquelle intrapsychischer Konflikte darstellen. Die Auflösung solcher Konflikte durch Kompromißbildung resultiere in Symptomen oder Charakterproblemen, derentwegen die Patienten Hilfe suchen. Das Auffinden dieser verdrängten Erinnerungen werde unterstützt durch die freie Assoziation, durch Assoziationen zu den latent anwesenden Vorstellungen im gegenwärtigen Traummaterial und durch Erforschen der Übertragung, in der vergessene Gefühle gegenüber früheren Figuren in der Beziehung zum Analytiker reinszeniert werden. Das Wiederauffinden und Durcharbeiten der unterdrückten Erinnerungen mildere den Konflikt und helfe, eine in der Konsistenz und Kohäsion stabilere Selbstrepräsentanz zu finden.

Gilt demnach dieses Modell nur für ödipale (reife) Neurosen? Moore und Fine stellen eine alternative Sichtweise dar: Es sei notwendig, die Aufmerksamkeit auf Interaktionsmuster und spannungsregulierende Mechanismen zu richten, die als präneurotische symptomatische Verhaltensweisen aufgrund früher Kindheitserlebnisse und als Stillstand, Verzerrung und primitive Residuen in den Komplexitäten der Charakterbildung persistieren. Diese Erweiterung der psychoanalytischen Sichtweise wende sich narzißtischen Zuständen und Trennungs-Individuations-Prozessen zu und habe schließlich andere »models of the mind« erarbeitet. Für die Mehrzahl zeitgenössischer Psychoanalytiker jedoch bleibe aus der Sicht der Autoren das dreiteilige Strukturmodell »das nützlichste Paradigma für die Formulierung und Anwendung der psychoanalytischen Theorie, da es den intrapsychischen Konflikt gut erklärt und kompatibel ist mit der Ausweitung und Assimilation neuer Beobachtungen und Perspektiven« (ebd.).

Die Nachfolgetheorien – wie die Ich-Psychologie, die kleinianische Schule, die Selbstpsychologie und die Objektbeziehungstheorie (vgl. folgenden Abschnitt) – haben sich verschiedener Aspekte dieser Kontroverse zur Auffassung und zum Verständnis präödipaler Störungen angenommen. Für eine differenzierte klinische Betrachtung ist generell von unterschiedlichen psychischen Entwicklungsresultaten bei den Patienten auszugehen; eine vollständig ausgebildete psychische Struktur mit Ich, Es und Über-Ich sowie ein Überwiegen ödipaler Konflikte läßt sich nur bei Patienten mit reifen Neurosen finden, während andere Patienten aufgrund unzureichend gelöster präödipaler Entwicklungsaufgaben nicht in der Lage sind, solche funktionsfähigen Strukturen ausreichend zu entwickeln (Patienten mit funktionellen und strukturellen Ich-Störungen). Die Leistungsfähigkeit neuerer Theorien wie der Objektbeziehungstheorie besteht unter anderem in ihrer Erklärungskraft zum Verständnis der Leiden und Einschränkungen dieser Patienten mit funktionellen und strukturellen Ich-Störungen. Dies zeigt sich auch an ihrer andersartigen Auffassung des Gedächtnismodells der Repräsentanzen.

1.2 *Objektbeziehungstheorie(n)*[3]

Meist wird in der Praxis von »der Objektbeziehungstheorie« gesprochen, obwohl es sich um ein Korpus von Theorien handelt, die neben den Kernaussagen zusätzlich ein breites Spektrum theoretischer Ansätze verschiedener psychoanalytischer Schulrichtungen beinhalten. Nach Bacal und Newman[4] wird die Objektbeziehungstheorie heute allgemein als relativ eigenständige Richtung der psychoanalytischen Theorie betrachtet. Im Mittelpunkt steht die Beschreibung der Entstehung und Weiterentwicklung von Zwei-Personen-Beziehungen. Impliziert wird eine Beziehungserfahrung, die ein »Selbst« als Subjekt mit einem anderen – dem »Objekt« – macht. Eine der zentralen Annahmen, die hier in Zusammenhang mit der Gedächtnisforschung interessieren, ist das Konstrukt der *»inneren*

3 Beim vorliegenden Fallmaterial werde ich mich wegen der erheblichen Frühstörungsanteile im Sinne einer strukturellen Ich-Störung des Patienten überwiegend mit der Objektbeziehungstheorie hinsichtlich ihrer impliziten Gedächtnistheorien befassen. Die hier wiedergegebene verkürzte Darstellung wesentlicher Annahmen über Entstehung und Funktionsweise der Repräsentanzen der Objektbeziehungstheorie lege ich meiner klinischen Interpretation zugrunde.

4 Die beiden Autoren interessieren sich für die Verbindungen zwischen den Objektbeziehungstheorien und der Selbstpsychologie unter anderem unter folgenden Gesichtspunkten: Wie erfolgte die Entwicklung von einer Ein-Personen- zu einer Mehr-Personen-Psychologie? Was beinhaltet die Verlagerung der Triebtheorie vom Zentrum an die Peripherie der Theorien? Was hat die Anerkennung signifikanter, nicht triebbedingter Bindungen zwischen Selbst und Objekt für Konsequenzen, und was bedeutet schließlich die Schwerpunktverlagerung hin zur Betonung der Selbstentwicklung?

Objektbeziehungen«, auf das ich im Anschluß an diese Übersicht eingehe. Nach Bacal und Newman bezieht sich der Unterschied zwischen »inneren« und »äußeren« Objektbeziehungen gewöhnlich sowohl auf die in der Phantasie erfolgenden Modifizierungen dessen, was der Analytiker und/oder sein Patient als »reale« Aspekte und Eigenschaften des Objekts betrachten, als auch auf die Lokalisierung dieser Wahrnehmungen diesseits oder jenseits der Grenze zwischen Selbst und äußerer Welt (Bacal und Newman, 1994). Kernberg hebt das Interesse der Objektbeziehungstheorien für die affektiven Aspekte der Beziehung zwischen Selbst und Objekt einerseits und zwischen Selbst- und Objektrepräsentanzen andererseits hervor. Dies führe zu einer besonders intensiven Beschäftigung mit dem Ursprung und den Schicksalen früher Affekte, ein Schwerpunkt, der wiederum als Bindeglied zwischen Objektbeziehungstheorien, empirischer Forschung zur Affektentwicklung und Neurophysiologie fungiert (Kernberg, 1993).

Ich fasse nun Kernberg zusammen, der sich selbst der ichpsychologischen Richtung der Objektbeziehungstheorie zuordnet, um zu den für alle Objektbeziehungstheorien *gemeinsamen Kriterien* zu kommen:

1. Frühe und früheste Entwicklungsstadien und deren Erfahrungen prägen die seelische Struktur.
2. Die internalisierte Welt der Objektbeziehungen des Kindes wird als Teil seiner seelischen Funktionsstruktur angesehen, wobei der Persönlichkeit der Mutter die entscheidende Bedeutung für die Formung dieser Selbst- und Objektrepräsentanzen des Kindes zukommt.
3. Selbst und Identität entwickeln sich aus dieser Zwei-Personen-Matrix, deren Beziehung die Motivation für die strukturelle Entwicklung oder deren Hemmung stellt.
4. Unter dem Entwicklungsgesichtspunkt stehen die Verbindungen zwischen sowohl vergangenen und gegenwärtigen als auch inneren und äußeren Objektbeziehungen im Zentrum des Interesses.
5. Ursprung und Schicksal der Affekte kommt eine besondere Rolle zu.
6. Für die Behandlung implizieren die Punkte 1-5 einen spezi-

ellen Umgang mit der Analyse von Übertragung und Gegenübertragung.

7. Dieser theoretische Zugang eignet sich für das Verständnis und die Behandlung insbesondere von Patienten mit schweren Störungen, wie Borderline-Fälle, schwere narzißtische Charakterpathologien und Perversionen, da auf diese Weise primitive, das heißt früh in der seelischen Entwicklung entstandene Abwehrvorgänge und Objektbeziehungen sowie schwere Regressionszustände verstanden werden können.

Rycroft definierte 1972 die Objektbeziehungstheorie als psychoanalytische Theorie, die das Bedürfnis des Subjekts, sich auf Objekte zu beziehen, in deren Mittelpunkt stelle – im Gegensatz zur Triebtheorie, die sich auf das Bedürfnis des Subjekts, Bedürfnisspannungen zu reduzieren, konzentriere (zitiert nach Bacal und Newman, 1994).

Kernberg selbst hat drei *Definitionen* von Objektbeziehungstheorien vorgeschlagen (von denen er die dritte selbst benutzt), die ich hier um einige Anmerkungen von Bacal und Newman erweitert habe:

1. Nach einer – von Kernberg zugegebenermaßen sehr weit gefaßten – Definition könne behauptet werden, die Psychoanalyse sei aufgrund ihrer besonderen Natur ohnehin schon eine Objektbeziehungstheorie: Jegliche psychoanalytische Theoriebildung beschäftige sich mit dem Einfluß früher Objektbeziehungen auf die Genese unbewußter Konflikte, die Entwicklung der psychischen Struktur und die Reaktualisierung oder Inszenierung von vergangenen, pathogen internalisierten Objektbeziehungen, die in den Übertragungen in der psychoanalytischen Situation auftauchen.
   Nach Bacal und Newman würde diese Definition nur für die Praxis der Psychoanalyse klassischer Prägung zutreffen, denn in der Theorie liege das Schwergewicht auf einer Ein-Personen- im Gegensatz zu einer Mehr-Personen-Psychologie, und das Trieb-Abwehr-Paradigma, das für sie charakteristisch sei, spiegele in erster Linie den intrasystemischen Antagonismus zwischen Ich und Es wider. Nach Auffassung

der Autoren verweist zum Beispiel das Konzept des Über-Ichs auf das Vorhandensein eines internalisierten Objekts hin, aber in seinem Strukturmodell habe Freud die sich daraus ergebenden Implikationen nicht weiter verfolgt.

2. Die zweite Definition, die sich auf die sogenannte »Britische Schule« bezieht, bezeichnet Kernberg als die am engsten gefaßte. Er hebt dabei besonders Melanie Klein, Ronald Fairbairn und Donald Winnicott hervor.
   Nach Bacal und Newman hat Klein 1935 wohl die erste vollständige Objektbeziehungstheorie mit dem Konzept des »inneren Objekts« erarbeitet, wobei diese Theorie die psychische Entwicklung ebenso wie die Psychopathologie auf die Interaktionen zwischen dem Ich des Säuglings und seinen inneren und äußeren Objekten zurückführte. Fairbairn zufolge sei die Entwicklung befriedigender Beziehungen zu Objekten das eigentliche libidinöse Ziel des Selbst. Der Säugling inkorporiere nicht nur die Milch seiner Mutter, sondern internalisiere unter einem psychischen Aspekt auch Objektrepräsentanzen. Winnicott schließlich legte den Schwerpunkt auf die »fördernde Umwelt« mit seinem Konzept der »hinreichend guten Mutter«.
3. Die dritte Definition Kernbergs erweitert diesen Ansatz der »Britischen Schule« in Verbindung mit Beiträgen zweier wesentlicher Strömungen (deren Konzepte ich schlagwortartig in Klammern setze[5]): Zu den *Ichpsychologen* zählen Erikson (»Identitätsdiffusion«), Jacobson (»das Selbst und die Welt der Objekte«), Mahler (»Entwicklung der Selbst- und Objektrepräsentanzen«), Loewald (»Identifikation mit dem Objektbild des Therapeuten«), Kernberg (»ichpsychologische Objektbeziehungstheorie«) und Joseph Sandler (»Repräsentanzenwelt«). Zu den *interpersonellen* psychoanalytischen Ansätzen zählen Kernberg zufolge Sullivan (»interpersoneller Interaktionsprozeß«), Greenberg (»Analyse pathologischer Objektbeziehungen«) und Mitchell (»inter-

5 Das Buch von Bacal und Newman bietet einen fundierten Überblick über die Werke einer Vielzahl der hier genannten Objektbeziehungstheoretiker.

personelle Objektbeziehungskonzepte«) (ebd., vgl. insbesondere auch Kernberg, 1980, 1989).
Bacal und Newman sind der Auffassung, daß auch Suttie (1935) zu den Gründern der Objektbeziehungstheorien gezählt werden muß; er versteht den Menschen als soziales Wesen, dessen objektsuchendes Verhalten von Geburt an wahrnehmbar ist. Ebenfalls hierher gehören die Arbeiten der späteren Objektbeziehungstheoretiker Balint (»primäre Objektbeziehung«, »Grundstörung«), Guntrip (»dynamische Struktur«, »gespaltene psychische Funktionsweise«) und Racker (»Analytiker als ›Manager der Übertragung und Gegenübertragung‹ analog zur ›frühen Umweltmutter‹«) sowie Bowlby (»Bindungstheorie«).
Nach Kernberg stellen die objektbeziehungstheoretischen Schulen die Internalisierung, Strukturierung und klinische Reaktivierung der frühesten dyadischen Objektbeziehungen ins Zentrum ihrer motivationalen (genetischen und entwicklungsbezogenen) strukturellen und klinischen Formulierungen. Der Vorstellung der Internalisierung liegt dabei folgende Annahme zugrunde: »Bei allen Interaktionen, die sich zwischen dem Kind und den bedeutsamen elterlichen Bezugspersonen abspielen, ist das, was das Kind internalisiert, nicht das Bild oder die Repräsentanz des anderen, sondern die Beziehung zwischen dem Selbst und dem anderen – in Form einer Interaktion zwischen Selbstrepräsentanz und Objektrepräsentanz. Auf der Basis dieser innerlichen Struktur werden in der intrapsychischen Welt sowohl reale wie auch phantasierte Beziehungen zu bedeutsamen anderen repliziert.« Diese Formulierung kann als entscheidend für das damit verbundene Gedächtnismodell angesehen werden.

Bei allen Gemeinsamkeiten sind dennoch folgende, für einzelne objektbeziehungstheoretische Schulen sehr charakteristische *Unterschiede* zu nennen, die sich als kontroverse Auffassungen bzw. offene Fragen wie folgt zusammenfassen lassen (Übersicht nach Kernberg bzw. Bacal und Newman):

1. Die Unterschiede in der Einschätzung der Natur der Konflikte und im Grad der Übereinstimmung oder die Unver-

einbarkeit mit der Strukturtheorie bzw. dualen Triebtheorie, die modifiziert weiterverwendet oder abgelehnt werden. Speziell differiert die Haltung gegenüber der Sexualität bzw. dem Ursprung der Aggression, insbesondere der angeborenen Aggression und der Frage des Grads des konstitutionellen Anteils, sowie gegenüber den Modi der Integration und Neutralisierung, den »Schicksalen« der Aggression und schließlich gegenüber der Aggression in der Übertragung.
2. Die Unterschiede im Grad der angenommenen Verbindung zwischen Triebabkömmlingen und Objektbeziehungen.
3. Die Kontroverse um das Ausmaß, in dem der Umweltfaktor (die realen Erfahrungen mit der Umwelt bzw. mit Personen der frühen Kindheit) durch das Zusammenwirken unbewußter Phantasien und die Bildung von Strukturen, die die intrapsychischen Konflikte reflektieren, transformiert wird.
4. Als Resultat ergeben sich daraus unterschiedliche Konsequenzen für das Zusammenspiel von Trieb und Abwehr.

Als Folgen für die analytische Behandlung aus 1-4 können demnach gelten:
1. Es läßt sich ein unterschiedlicher Umgang mit Übertragung und Gegenübertragung und den realen Eigenschaften des Analytikers feststellen. Kontrovers bleibt das Verständnis von dessen »optimaler Responsivität« einschließlich der Frage, in welchem Umfang Übertragungen als Aktivierung des intrapsychischen Konflikts gedeutet werden sollen.
2. Es bleibt ein Dissens über die Zentrierung auf frühe präödipale Entwicklungsstadien (vs. Betonung ödipaler Konflikte) wegen der Bedeutung struktureller Charakteristika der frühen Ich-Es-Matrix noch vor der Konsolidierung der dreigeteilten Struktur Ich-Es-Überich bei schweren strukturellen Ich-Störungen.

Nach dieser kurzen Übersicht über die Objektbeziehungstheorien wende ich mich nun deren speziellem Konstrukt, den Repräsentanzen, zu, dem aus meiner Sicht trotz der genannten Unterschiede wichtige Hinweise für die Auffassung der Gedächtnisfunktionen zu entnehmen sind.

1.2.1 Zum Begriff der Repräsentanzen als Bestandteil psychoanalytischer Gedächtnismodelle[6]

Nur ausschnittweise möchte ich hier die Grundlagen für den im klinischen Teil dieser Arbeit verwendeten und für implizite Gedächtnismodelle relevanten Begriff der »inneren Repräsentanz« darstellen, der in der Literatur unterschiedlich aufgefaßt wird. Nach Zelnick und Buchholz ist für einige Autoren Repräsentanz eine »innere unbewußte Organisation, die sich im Bewußtsein als Symbol, Bild, Gedanke, Phantasie, Affekt oder Handlung evozieren läßt« (zum Beispiel Beres und Joseph, 1970). Diese Definition ist explizit nicht auf Objektbeziehungen beschränkt. Andere wenden den Begriff in erster Linie auf den Bereich der Objektbeziehungen oder der Wechselbeziehungen zwischen Selbst und Objekt an (zum Beispiel Behrends und Blatt, 1985). Als Organisationsstrukturen sind Repräsentanzen das Mittel, mit dem sich gegenwärtiges Erleben mit repräsentierter Vergangenheit und auch mit Affekten verbinden läßt. Die Fähigkeit, das Empfinden für das Selbst, das Objekt und deren wechselseitige Beziehung zu organisieren, scheint in der kognitiv-psychischen Entwicklung von früh an gegeben zu sein, ist aber dynamisch und verändert sich im Laufe der Zeit (Zelnick). Nach Mertens versteht man unter Repräsentanz die Repräsentation äußerer Gegenstände und Personen in der Vorstellung, somit ein Vorstellungsbild oder eine Vorstellungs-Repräsentanz. Zum einen ist Repräsentanz synonym mit Vorstellung des eigenen Selbst und des anderen, das heißt Selbst- und Objektrepräsentanz. Diese können unbewußte, vorbewußte und bewußte Dimensionen aufweisen, sich

6 Auffallend ist, daß in der deutschen Fachliteratur – zum Beispiel bei neurophysiologischen Fragen und teilweise in der Kleinkindforschung – der Begriff *»Repräsentation«* für den Speicherinhalt verwendet wird und der Begriff *»Repräsentanz«* vorwiegend für die im psychoanalytischen Sinn gebrauchten komplexen und organisierten Niederschläge der Erfahrungen, wie zum Beispiel Selbst- und Objektrepräsentanzen. In der englischen Literatur wird beim Begriff »representation« dieser wesentliche Unterschied nicht gemacht.

auf körperliche und psychische Aspekte beziehen und vor allem in ihrer unbewußten Dimension regelhafte Zusammenhänge beinhalten. Man geht zum anderen von komplexen Interaktionsrepräsentanzen aus, die Erfahrungen des Selbst, erlebte Beziehung, bestimmte Situationen, Affekte, affektive Bewertungen und Triebwünsche enthalten. Der Repräsentanzenbegriff der Objektbeziehungstheorie setzt nach herkömmlichen psychoanalytischen Grundannahmen voraus, daß Repräsentanzen eine späte Errungenschaften im Leben darstellen und erst nach dem Beginn des symbolischen Denkens und der Sprachentwicklung voll funktionsfähig sind. Davor nimmt man gespeicherte Handlungsschemata an (Mertens, 1992).

Vor allem die neuere Säuglingsforschung hebt hervor, wie es bereits vor der Sprachentwicklung zur Entwicklung von »prärepräsentationalen Strukturen« (Beebe und Emde) im Sinne sensomotorischer Kodierungen kommt; Piaget spricht von verinnerlichten Handlungen und Stern von RIGs (siehe unten; zit. nach Zelnick). Stern zufolge können Säuglinge bereits zwischen dem zweiten und siebten Monat Informationen in gewissem Maße abstrahieren, eine durchschnittliche Information erkennen und Informationen präverbal repräsentieren. Für Episoden interpersonaler Interaktionen wird eine Durchschnittserwartung und eine präverbale Repräsentation entwikkelt, die er als »generalisierte Interaktionsrepräsentanz« (*representation of interactions that have been generalized*, kurz: RIGs) bezeichnet. Diese RIGs bilden die Grundeinheit der Repräsentation des Kernselbst. Sie resultieren aus dem unmittelbaren Eindruck der realen Erfahrungen und integrieren die unterschiedlichen Handlungs-, Wahrnehmungs- und Affektattribute des Kernselbst zu einem Ganzen. Ähnlich werden die »Mütter«, die das Kind wahrnimmt, wenn es zufrieden oder unglücklich ist, herausgefunden und erkannt. Es bilden sich »Inseln der Konsistenz«, die zusammenwachsen, weil das Episodengedächtnis, dessen Grundeinheiten die RIGs bilden, dynamischen Charakter hat. Ein solches Episodengedächtnis-System habe den Vorteil, daß es eine fließende und dynamische Katalogisierung und Neukatalogisierung, Organisation und Reorganisation von Gedächtnisinhalten, die die Selbst-Invarianten betreffen, ermöglicht. Dies ergebe schließlich ein sich integrierendes Netzwerk organisierter Selbsterfahrung (Stern, 1992). Somit kann innerhalb des ersten Lebensjahres ein Bewußtsein der Regelhaftigkeit von Episoden nachgewiesen werden, dem dann erst im zweiten Lebensjahr die Fähigkeit zur sprachlichen Symbolisierung folgt. Episodische Repräsentanzen werden dann zu prototypischen Repräsentanzen verdichtet; hier setzt dann auch die Affektabwehr mit Verdrängung, Spaltung etc. ein. Lichtenberg vertritt die Auffassung, daß klare, differenzierte und kognitiv organisierte Repräsentanzen in einem Gefüge, das parallel zum Erleben besteht, während des ersten Lebensjahres wahrscheinlich noch nicht existieren. Sie entwickeln sich während des zweiten Lebensjahres, und es wird dabei die »Abbildungsfähigkeit« des Zweijährigen hervorgehoben, die Fähigkeit, ein Objekt als unterscheidbare, überdauernde Entität zu konstruieren (Zelnick). Im Rahmen der interdisziplinären Diskussion unserer Arbeitsgruppe verstärkte sich mein Eindruck, daß die Definition der Repräsentanzen im Sinne der Säuglingsforschung[7] möglicherweise eine noch solidere Brücke zum Zustandswechsel-Modell zu schlagen imstande wäre, als es der Repräsentanzenbegriff der Objektbeziehungstheorie vermag. Doch ich kann hier lediglich auf die ausführliche Diskussion des Repräsentanzenbegriffs in der Arbeit von Zelnick und Buchholz und deren Definition von Repräsentanzen als »unbewußte interaktionelle Organisationsstrukturen« verweisen (a.a.O.). Es scheint aber festzustehen, daß die äußerst komplexen Selbst- und Objektrepräsentanzen des Erwachsenen in keiner Weise gleichzusetzen sind mit den einfacher strukturierten Repräsentanzen der ersten ein bis zwei Lebensjahre, ja nicht einmal aus ihnen im »Bausteinsystem« entstanden sind, sondern wohl vielschichtigen Umformungen unterliegen. Das Wesentliche dabei scheint der »Sprung ins Symbolische« zu sein.

Ich wende mich nun dem *Repräsentanzenbegriff der Objektbe-*

7 Auf den Entwicklungsaspekt des Gedächtnisses aus der Sicht der modernen Säuglings- und Kleinkindforschung geht Köhler ausführlich in ihrem Beitrag im ersten Band ein.

ziehungstheorie zur Darstellung ihres Gedächtnismodells mit den Teilrepräsentanzen zu, die, wie unten in meiner klinischen Interpretation ausgeführt, funktionell als »Speichereinheit«[8] gehandhabt werden können, auch wenn dies zweifellos nicht den neurophysiologischen Gegebenheiten entspricht, die wohl heute (noch?) nicht darstellbar sind. Zunächst zum Begriff der Symbolbildung. Speidel (1978) beschreibt, wie »symbolic representation«, die »repräsentative« Form der Symbolbildung, die Trennung vom mütterlichen Objekt bzw. dessen Verlust voraussetzt; das Symbol stehe für jenes, es repräsentiere das Objekt entsprechend der depressiven Position. Allein der Mensch sei in der Lage, »mental representations« herzustellen, die auch ohne äußere Stimuli evoziert werden können. Nach Speidels Definition der Repräsentanzen vermitteln die Ich-Funktionen zwischen inneren (Trieb) und äußeren Stimuli einerseits und ihrer Beantwortung andererseits. Dies erfolge dank der Möglichkeit der Energiebindung, die den Primär- durch den Sekundärvorgang ersetzt: Diese innere Energiebindungs- und Vermittlungsorganisation besteht aus Repräsentanzen. So sei der Mensch in der Lage, Symbole zu bilden, die er als vom Objekt verschieden erleben kann. Das Symbol wird als ein manifestes Produkt und als die grundlegende Komponente des bewußten Ausdrucks im Sinne der seelischen Äußerung von Repräsentanzen, sei es im Verhalten oder im Symptom, angesehen. Die symbolische Funktion als Mittel der

8 Suppes und Warren (1975) nehmen als *Speicherform der Repräsentanzen* eine propositionale Darstellung an. Bestandteile der logischen Konzeption der Propositionen seien Subjekt, Handlung und Objekt (bei Kernberg: Subjekt, affektgeleitete Interaktion und Objekt). Dies schließe die logische Vorstellung der Handlung wie auch Affekte, Impulse und Intentionen mit ein. Mit der Annahme einer propositionalen Speicherform würden materielle Substrate in der Schwebe gehalten: Es wird ausgeklammert, ob und wie eventuell die Modalität des Erlebnisses selbst erhalten bleibt. Die propositionale Annahme sei die Annahme einer Metasprachlichkeit der internen Darstellung, die dann aber wieder – damit sie geäußert werden kann – Übersetzungsvorgänge voraussetze (zit. nach Horstkotte, 1982).

Konstituierung des Selbst und seiner Selbst- und Objektrepräsentanzen erschöpfe sich demnach nicht in der kommunikativen Vermittlung, deren Ausdruck die Begriffe und die bildliche Verbegrifflichung des symbolischen Vorgangs in den Symbolen darstellen (ebd.).

In dieselbe Richtung weist die detaillierte Darstellung von Horstkotte (1982) zu psychoanalytischen Gedächtnistheorien, der zufolge in der Symbolisierung bzw. Repräsentanzenbildung ein zentraler Prozeß des Gedächtnisses zu sehen ist. Somit sei der Bereich des Symbolischen als die kognitive Grundkategorie des Menschen zu postulieren, die mit der Bildung von Selbst- und Objektrepräsentanzen verknüpft ist. Darunter ist die innere Darstellung von Erlebnissen oder Objekten im Sinne von »inneren Symbolen« zu verstehen, die keine direkten Abbildungen der Realität darstellen, sondern eine vom Individuum verarbeitete und bearbeitete Realität – abhängig vom affektiven und kognitiven Zustand und Niveau des einzelnen, zum Teil greifbar als phasenspezifische Verarbeitungsweisen. Diese Repräsentanzen fungieren als innere Vermittlungsorganisatoren. Als Symbol soll das nach außen hin manifest gewordene Produkt oder der Ausdruck von Repräsentanzen bezeichnet werden, zum Beispiel sprachliche Äußerungen, Verhalten, Symptome, Gefühlsäußerungen. Der Stoff, aus dem sie entstehen, sind Repräsentanzen, während die Repräsentanzen ihrerseits aus Erlebnissen gebildet werden. In Symbolen werden – im Alltag wie in der psychoanalytischen Behandlung – Repräsentanzen manifest (ebd.).

Was die Entstehung der Repräsentanzen betrifft, enthält das objektbeziehungstheoretische Modell komplexe entwicklungs- und erfahrungsabhängige Vorgänge von Differenzierung, Spaltung und Reintegration von Selbst- und Objekt-Teilrepräsentanzen. Kernberg beschreibt, wie der Prozeß der Internalisierung in drei entwicklungsleitenden Modi erfolgt: der Inkorporation, der Introjektion und schließlich der Identifizierung. Dabei entstehen unabhängige psychische Strukturen (das heißt die Repräsentanzen), die hauptsächlich aus primär autonomen Funktionen (Wahrnehmung und Gedächtnis) hervorgehen, so wie sie mit frühen Objektbeziehungen verbunden sind. Der Vorstellung der Internalisierung liegt dabei folgende Annahme zugrunde: Bei allen Interaktionen, die sich zwischen dem Kind und den bedeutsamen elterlichen Bezugspersonen abspielen, ist das, was das Kind internalisiert, nicht nur das Bild oder die Repräsentanz des anderen, sondern die Beziehung zwischen dem Selbst und dem anderen – in Form einer Interaktion zwischen Selbstrepräsentanz und Objektrepräsentanz. Auf der Basis dieser innerlichen Struktur werden in der intrapsychischen Welt sowohl reale wie auch phantasierte Beziehungen zu bedeutsamen anderen repliziert (Kernberg, 1993). Die inneren Objekte können so erlebt werden, als interagierten sie mit dem Ich bzw. Selbst, mit äußeren Objekten oder miteinander. Sie können vom Ich bzw. Selbst getrennt wahrgenommen oder durch introjektive Identifizierung zu einem Teil davon werden. Sämtliche Selbst- und Objektrepräsentanzen stellen organisierte Wahrnehmungssets dar, die Transaktionen mit den ursprünglichen Pflegepersonen enkodieren. Das Selbst-System beispielsweise entwickelt sich demnach als eine Möglichkeit, Reaktionen zu gewährleisten, die das Gefühl vermitteln, ein »gutes Ich« zu sein und damit die »gute Mutter« sicher zu bewahren (ebd.).

Mit der antwortenden Interpretation der ersten Äußerungen eines Kindes durch die Mutter entsteht der präverbale kommunikative Dialog, der die Entwicklung des Kindes und den Aufbau seiner intrapsychischen Repräsentanzen in die Wege leitet (Horstkotte, 1982). Nach Kernberg wird also aus realen Interaktionen durch Internalisierung eine Repräsentanz mit einer dreigliedrigen Struktur gebildet: Sie besteht aus einer Darstellung des Selbst und einer des Objekts, verbunden durch den in der Interaktion der Beziehung bestehenden Affekt. In einer undifferenzierten Phase verfügen die Selbst- und Objektrepräsentanzen noch nicht über eine klare Abgrenzung voneinander. Neben der Internalisierung der guten Erfahrungen wird auf die Bedeutung der Internalisierung »negativer« Objektbeziehungen, das heißt aggressiv besetzter, dissoziierter Repräsentanzen des Selbst und der Objekte, hingewiesen (Kernberg, 1993). Im Laufe der Entwicklung und mit wachsender Erfahrung kommt es zur Fusion der Repräsentanzen aus verschiedenen Interaktionen, wobei jeweils homologe Teile miteinander verschmelzen, »positive« Objektbilder mit »positiven« Objektbildern, »positive« Selbstbilder mit »positiven« Selbstbildern; dasselbe geschieht mit den »negativen« Erfahrungen. Gleichartige Affekte steuern die Fusion und etablieren zum Beispiel als frühe Organisatoren das »gute« und das »böse« Objekt (ebd.). Nach Bacal und Newman erkennt der Säugling, daß zwischen seiner kognitiven Erfahrung (Anwesenheit oder Abwesenheit der Mutter) und seinem affektiven Zustand ein charakteristischer innerer Zusammenhang besteht. Mit der Reifung der Ich-Apparate und wachsendem Wahrnehmungs- und Erinnerungsvermögen erwirbt das Kind die Fähigkeit, Trennungen als solche vorauszusehen, und diese Erkenntnis bringt es mit entsprechenden affektiven Erfahrungen in Verbindung. In zunehmendem Maße reflektieren die guten und schlechten/bösen »Selbst«-Erfahrungen die selektiven Reaktionen der Mutter. Wenn dem Kind die Unterstützung entzogen wird oder es ein Übermaß von Kritik erfährt, entwickelt es eine negative Kernselbst-Repräsentanz und »böse« Gefühle in bezug auf das Objekt. Es ist eine Entwicklungsaufgabe, »gute« und »böse« Selbstrepräsentanzen miteinander zu verschmelzen – und entsprechend die Objektrepräsentanzen. Die Spaltung wird vorübergehend zu einem entscheidenden Mechanismus der Ambivalenz, der das »gute« Objekt vor den Abkömmlingen der Aggressionstriebe schützt.

Die Fähigkeit, getrennte Selbst- und Objektrepräsentanzen zu etablieren und damit den Angelpunkt der Entwicklung, die Objektkonstanz, zu erlangen, entwickelt sich erst nach der Reintegration und Annäherung der »positiven« und »negativen« Teilrepräsentanzen. Dadurch werden erst die Voraussetzungen für die Differenzierung von Affekten geschaffen; zum Beispiel werden Kummer, Schuld oder Trauer erst möglich, wenn das Selbstbild neben den »guten« auch »böse« Aspekte beinhaltet. Solche Vorgänge konstituieren unter der Annahme der Verdrängung den »psychischen Apparat« mit seiner Struktur Ich, Es und Über-Ich. Das Ich kann daher unter anderem als eine Organisation integrierter und depersonifizierter Objektbeziehungen gelten (ebd.).

Die Phase, in der sich die Objektkonstanz entwickelt, setzt die Lösung des Spaltungsproblems und den Erwerb stabiler und im Kern positiver Selbst- und Objektrepräsentanzen voraus, die durch körperliche Abwesenheit der Mutter nicht beeinträchtigt werden können. Dieses positive innere Bild bleibt ungeachtet der Triebbedürfnisse oder eines inneren Unbehagens intakt und dem Kind auch angesichts eines vorübergehenden Verlusts oder Versagens erhalten. Nach Tolpin bedeutet Internalisierung, daß das äußere Objekt allmählich durch eine funktionale innere Repräsentanz ersetzt wird, die die Selbstfunktionen stärkt und die Entwicklung neuer und umfassenderer psychischer Strukturen fördert. Diese inneren Ressourcen übernehmen schließlich die beruhigenden und selbstregulierenden Funktionen, die bisher von der Mutter wahrgenommen wurden – der Säugling kann seine Mutter erst äußerlich, dann innerlich »benutzen« (zitiert nach Bacal und Newman, 1994).

Als wesentlich für den gedächtnispsychologischen Aspekt beim Verständnis von funktionellen und strukturellen Ich-Störungen (»Frühstörungen«) erscheint nun die Annahme, daß Repräsentanzen existieren, die sich der weiteren Strukturierung entziehen, abgespalten oder verdrängt werden (Horstkotte, 1982). Verdrängung gilt als reifere, horizontale Form der Spaltung im Bewußtsein; betroffen sind symbolfähige Phantasien. Traumaforscher sprechen von Dissoziation als einer Form der vertikalen Spaltung, die anders als die Verdrängung eher auf einer sensomotorischen oder ikonischen Ebene kodiert ist. Dieses Material kann dann gegebenenfalls im Kontext einer zustandsabhängigen Situation, in der das Trauma erlitten wurde, erinnert werden (Person und Klar, 1997). Aus objektbeziehungstheoretischer Sicht kommt es zur Spaltung, wenn ein gutes inneres Objekt als zuverlässige Quelle des Trostes zur Bewältigung von Angst und Ich-Defiziten angesichts negativer und schmerzvoller Affektzustände niemals ausreichend stabil internalisiert werden konnte. Bei schweren Persönlichkeitsstörungen liegt eine Permanenz von primitiven Selbst- und Objektkernen vor (vgl. die Spaltung in positive und negative Teilrepräsentanzen in der vorliegenden Fallbearbeitung), die wegen ihrer pathologischen Natur nicht in eine zusammenhängende, übergeordnete Institution wie das Ich integriert sind. Es resultiert ein Festhalten an infantiler Abhängigkeit und an einer unrealistischen primären Identifizierung infolge unsicherer und instabiler Beziehungen zwischen dem Kind und seinen Eltern. In der Selbstpsychologie wird angenommen, daß das Funktionieren und die Kohäsion eines konsistenten bipolaren Selbst durch Defizite in der Strukturbildung aus Kindheitserfahrungen mit pathologisch enttäuschenden oder unempathischen Elternfiguren gefährdet wird.

Eine weitere Funktion des Repräsentanzenkonzepts läßt sich bei Craik erkennen, der bereits 1947 von »internal working models« sprach (zitiert nach Bretherton, 1993). Nach einer neueren Arbeit von Moser und von Zeppelin bestehen die für das Kind neuen Errungenschaften in der Möglichkeit, daß durch die Entstehung der repräsentationalen Welt Antizipation und nachträgliche Erfahrungen möglich werden. Der Organismus werde fähig, sein Funktionieren selbst zum Gegenstand der inneren Regulierung zu machen. Die Repräsentanzen werden Bestandteil der Regulierung der Objektbeziehungen einerseits und der Selbstregulierung andererseits. Die Autoren fassen dies als Konzept des »inneren Simulierens« auf und stellen es, vorbildlich im Sinne unserer interdisziplinären Workshop-Thematik, in ihrer Einbindung in das Netzwerk des Affektsystems dar (Moser und von Zeppelin, 1996).

1.3 Welche psychoanalytischen Gedächtnismodelle eignen sich für Patienten mit frühen Störungen?

Abschließend nun zur Eingangsfrage, welche der dargestellten psychoanalytischen Gedächtnismodelle die speziellen Gegebenheiten von Patienten mit »Frühstörungen« erfassen können. Die Diskussion der Aktualität der Strukturtheorie kann ich hier nur als kontrovers andeuten. Wie oben ausgeführt, existieren im Rahmen der Objektbeziehungstheorien verschiedene schulenabhängige Modifikationen, die unter anderem wegen der strukturtheoretischen Implikationen hinsichtlich der Triebtheorie erfolgt sind. Ich möchte hier eine Einschränkung für die Anwendbarkeit der Strukturtheorie nur hinsichtlich impliziter Gedächtnismodelle verstanden wissen, da sie eine »One-body-Psychologie« darstellt, während Objektbeziehungstheorie und Selbstpsychologie »Mehr-Personen-Psychologien« sind und der Tatsache Rechnung tragen, daß sowohl der Beginn wie auch die Grundfigur der menschlichen Seelentätigkeit interaktiv sind. Für eine inhärente Gedächtnistheorie hat das beträchtliche Auswirkungen. Aus folgenden Gründen brauchen wir für Patienten, deren Störungen in den frühen Entwicklungsphasen angelegt sind, andere Gedächtnismodelle, als sie von der Strukturtheorie zur Verfügung gestellt werden:

1. Die Strukturtheorie impliziert das Vorliegen ausgereifter funktionsfähiger psychischer Strukturen wie Es-Ich-Überich und damit eine spezielle Art der Wirkungsweise der Ich-Funktionen, was den Gedächtnisprozeß angeht – es gibt daher gute Gründe, Störungen, die vor dem Erreichen dieser Reife zu Entwicklungsstillständen führen, in gedächtnispsychologischer Hinsicht mit Modellen der Objektbeziehungstheorie zu untersuchen, die für diese frühen Entwicklungsstadien schlüssigere Ansätze bieten.
2. Reife Abwehrmechanismen, die die Gedächtnisfunktion weniger einschränken (wie Verdrängung unter einem eher strengen Über-Ich, wie man sie bei neurotischen Patienten findet), stehen Patienten mit frühen Störungen nicht in vergleichbarem Grad zur Verfügung. Hier kommt es eher zu den spezifischen, die Gedächtnisfunktionen schwerer beeinträchtigenden Spaltungen, Dissoziationen bzw. zu Impulsdurchbrüchen, wobei andere Gedächtnisprozesse (vgl. Falldiskussion, Teil 2) in Gang kommen. Die Ursache stellt ein nicht genügend gereiftes Ich mit ausgeprägten strukturellen Schwächen auf mittlerem oder niederem Strukturniveau der Persönlichkeitsentwicklung dar.[9]

9 Da hier die »Frühstörungs«-Thematik nicht ausführlich diskutiert werden kann, sollen zumindest die Vorteile genannt werden, die die beschriebene Perspektive der Objektbeziehungstheorie in der Diagnostik bringt. Im stationären wie ambulanten Bereich der Münch-

3. Im Gegensatz zu den relativ starren Modellen der ursprünglichen Strukturtheorie (vgl. den Repräsentanzenbegriff als statisches Ergebnis eines Strukturierungsprozesses) haben die ichpsychologischen Modifikationen zu mehr Spielraum im Modell geführt (vgl. die veränderliche und adaptive Natur der Ich-Funktionen im Gedächtnisprozeß). Jedoch ermöglicht der »Mehr-Personen-Ansatz« im Repräsentanzenmodell der Objektbeziehungstheorie einen qualitativen Sprung hinsichtlich einer größeren Flexibilität, Hypothesen zur frühen Entwicklung und Funktionsweise der Gedächtnisprozesse zu bilden.
4. Ein wesentlicher Vorteil scheint dadurch gegeben, daß im Repräsentanzenmodell der Objektbeziehungstheorie die Beziehungsinteraktionen zwischen Selbst und Objekt zusammen mit entwicklungsleitenden Affekten abgebildet sind und Einzelschritte verfolgt werden können.
5. In gedächtnispsychologischer Hinsicht geht das Repräsentanzenmodell der Objektbeziehungstheorie über das Strukturmodell hinaus, denn neben Fragen der »Speichers« (Was kann unverändert festgehalten werden?) interessieren vor

ner Psychosomatik (Direktor: Prof. M. von Rad) hat sich die Entwicklung unseres diagnostischen Glossars zur Einschätzung des Strukturniveaus der Persönlichkeitsentwicklung psychosomatisch erkrankter Patienten als klinisch nützlich erwiesen, gerade für die »Frühstörungen« (Lohmer et al. 1992). Diese Erfahrungen wurden dann, neben anderen Ansätzen, in einen von S. O. Hoffmann (Mainz) geleiteten Arbeitskreis eingebracht. Dessen Aufgabe bestand in der Entwicklung und Institutionalisierung eines Manuals zur operationalisierten psychodynamischen Diagnostik (OPD) mit den Achsen Krankheitserleben, Beziehung, Konflikt und Struktur (Arbeitskreis OPD, 1996; Rudolf et al., 1995). Unser Ziel war es unter anderem, psychodynamisch arbeitenden Therapeuten im Bereich der Diagnostik eine angemessene Alternative zur vorwiegend psychiatrisch orientierten Diagnosepraxis des ICD-10 bzw. DSM-IV zu geben und gleichzeitig ein valides und reliables Forschungsinstrument zu entwickeln. Nach der ersten multizentrischen Studie mit recht ermutigenden Ergebnissen sind weitere Studien begonnen worden bzw. geplant (Freyberger et al., 1996).

allem die affektgesteuerte Verknüpfung der Inhalte wie der Selbst- und Objektrepräsentanzen und schließlich die Verfügbarkeit stabiler Repräsentanzen in Belastungssituationen – Themen, die in Zusammenhang mit Fragen des Strukturwandels im Laufe einer psychoanalytischen Behandlung stehen.

2. Beobachtungen zum Fallmaterial

Anhand des analytischen Fallmaterials[10] eines bei Behandlungsbeginn ca. 25jährigen Patienten mit Transvestitismus sollen Veränderungen in speziellen Gedächtnisfunktionen des Patienten anhand unterschiedlicher Gedächtnismodelle nachvollzogen werden – mit dem Versuch, die unten aufgeführten Fragen zu beantworten. Dieses Vorgehen basiert auf der Annahme, daß in Träumen wesentliche Prozesse des Zugangs zu den im Gedächtnis »gespeicherten« Erinnerungen und deren Verarbeitung nachgezeichnet werden. Dabei soll versucht werden, die jeweils modellgeleiteten Hintergrundannahmen zu explizieren und Stellung zu nehmen zur Veränderung des manifesten Traums in dem vorgelegten Material, das neben dem Fallbericht und den Träumen selbst (Tagebuch des Patienten) aus Einfällen der Analytikerin, Tagesrestaufzeichnungen sowie Auslösern zu prägenden Ereignissen in der Übertragung besteht. Aus der Sicht beider Perspektiven, der Psychoanalyse und des Zustandswechsel-Modells von Koukkou und Lehmann, sollen die Fragestellungen diskutiert werden.

10 Für die Überlassung und offene Darstellung des Fallmaterials, das ebenfalls in diesem Buch veröffentlicht wird, möchte ich Marianne Leuzinger-Bohleber danken.

2.1 Wie verändert sich die Erinnerungsfähigkeit im Laufe der psychoanalytischen Behandlung? Untersucht anhand des ersten und letzten Traumes in der Analyse

Erinnern ist eine aktive seelische Tätigkeit, eine Ich-Leistung, ihr Gegenstück ist die Amnesie, die sich in Vergessen oder Verdrängung bzw. anderen Abwehrprozessen äußern kann. Es kann – aus situativen oder strukturellen Gründen – eine Diskrepanz zwischen dem Wunsch zu erinnern und der Fähigkeit dazu geben. Erinnern heißt, bewußt werden zu lassen, was vorher unbewußt war. Gewachsene Erinnerungsfähigkeit im psychoanalytischen Sinne beinhaltet somit

1. die Fähigkeit, aktuelle Stimmungen und Affekte angenehmer, lustvoller wie ängstigender, schmerzlicher oder beschämender Natur früheren Auslösern zuordnen zu können, mögen sie drei Minuten oder 30 Jahre zurückliegen (»Analyse«);
2. die Fähigkeit zur Verknüpfung von Einzelereignissen in den Erlebnissen, auch Ergebnissen innerseelischer Tätigkeit wie Reflexion oder Balance des Selbstgefühls bzw. das Träumen (»Rekonstruktion« und Herstellung von »Kohärenz«);
3. die Fähigkeit, Verdichtungen zum Beispiel von Deckerinnerungen zu entflechten und ihre Auslöser lokalisieren, benennen, sie in die eigenen Geschichte integrieren und sie in Objektbeziehungen verwenden zu können (»Synthese«).

Davon zu unterscheiden ist der globalere Aspekt der Restrukturierung in der Analyse, zu der auch die Fähigkeit zählt, Distanz von quälenden oder traumatischen Erinnerungen der Vergangenheit zu finden und sich an Gegenwart und Zukunft zu orientieren. Erinnern per se ist, wie eingangs erwähnt, mehr als Mittel zum Zweck denn als Hauptziel der Analyse zu verstehen. Die Neuorientierung durch die Analyse würde aus meiner Sicht beinhalten, den Umgang mit dem Erinnern ichsynton einsetzen und flexibel gestalten zu können – man erhält die Kompetenz zum »Spazierengehen in der eigenen Geschichte«, wie Andreas Hamburger im Verlauf der Kolloquiumsdiskussionen bemerkte. Nun zum Fallmaterial:

Zum *Anfangstraum* zeigt der Patient bei beginnender positiver Übertragung gute Motivation für Erinnerungsversuche, aber es zeigt sich die deutliche Blockierung seiner Fähigkeit, sich zu erinnern, aufgrund der durch den Traum reaktivierten, mit überwältigenden affektiven Spannungen besetzten Beziehungen zwischen Selbst- und Objekt-Teilrepräsentanzen. Anstoß zum Traum war in der vorangegangenen Behandlungsstunde die Ausgangssituation, in der der Patient alle Probleme gebündelt mitbrachte: seinen Fetisch, seinen Wunsch nach einem empathischen Objekt und seine machtvolle sadistische Seite, die in narzißtischer Kränkung und Haß begründet liegt. Damit löst er in der Gegenübertragung der Analytikerin Tendenzen der emotionalen Annäherung ebenso wie Beunruhigung, Angst und Distanzierung aus.

Die Erinnerungsfähigkeit des Patienten wirkt deutlich blokkiert durch Abwehrmechanismen wie Verdrängung, Verleugnung und Spaltung: Beim Patienten fällt passives Nichtmehr-Wissen und aktives Abschweifen auf. Die Affekte wirken daher großteils abgespalten, diffus und global oder verschoben. Er reagiert aufgrund der latenten negativen Übertragung irritiert auf Versuche der Analytikerin, Verknüpfungen herzustellen.

Im *Endtraum* findet sich eine ambivalente, vorwiegend positiv getönte Übertragung des Patienten auf die Analytikerin mit integrierten personalen Zügen. Die Erinnerungsfähigkeit, im Sinne der oben erwähnten Kriterien von Analyse, Kohärenz und Synthese, ist auffallend gewachsen: Die Blockierungen sind deutlich reduziert, die Abwehr wirkt gereift und flexibler. Dies manifestiert sich zum Beispiel darin, daß der Patient von selbst nach Abbrüchen der Assoziation auf angstbesetzte bzw. schmerzliche wie lustvolle Themen zurückkommen kann. Seine Affektivität hat ein breites Spektrum an Ausdrucksmöglichkeiten erhalten. Die Interaktion mit der Analytikerin wirkt direkt und spontan, deutlich an der Szene, in der Patient und Analytikerin wie zum Anfangstraum »an dasselbe denken«: Nun kann der Patient von sich aus mit einer gewissen Ambivalenztoleranz den Übertragungs- und Beziehungsaspekt reflektieren. Lotte Köhler wies zu Recht in einem Diskussionsbeitrag darauf hin, daß der Patient insgesamt mehr im Hier und Jetzt lebt, also den leidvollen »Reminiszenzen« nicht mehr so nachhängen muß.

2.2 *Wenn man den Traum als Indikator für Veränderungen im Umgang mit dem Unbewußten (Bewußtmachen von Unbewußtem) nimmt – welche Unterschiede sind in den Träumen feststellbar? Wie wirkt sich die Arbeit mit Traummaterial auf die Traumgestaltung aus?*

Im *Anfangstraum* und im Wachzustand sind verschiedene komplexe unbewußte Beziehungskonflikte aktiviert. Sie werden jedoch nur sehr eingeschränkt dem Bewußtsein des Patienten zugänglich: Im Vordergrund stehen beide grundlegenden Angstpole um Nähe und Distanz in vorwiegend dyadischen Beziehungen – eine hilfreiche triangulierende dritte Objektrepräsentanz ist aktiviert, wirkt jedoch vergleichsweise flach und wenig emotional besetzt. Es existiert jedoch zum Ausgleich eine Verschmelzung mit bewundernden Selbstobjekten bzw. der Analytikerin in der Übertragung.

Im *Endtraum* ist ebenfalls eine Vielzahl unbewußter Beziehungskonflikte aktiviert; diese sind jedoch stärker miteinander verbunden und plastischer affektiv besetzt. Wiederum treten die Angstpole Nähe/Distanz in den Vordergrund, die Dyade ist jedoch geöffnet zur dritten Ebene der Objektrepräsentanzen hin, die dem Selbst in der angsterregenden dyadischen Enge einen neuen sicheren Freiheitsgrad verschafft. Auf bewußter Ebene kann der Patient die Traumelemente benennen und verknüpfen – er wirkt dabei emotional berührt und auf die Analytikerin bezogen.

2.3 Welchen Erklärungsgehalt haben vorhandene theoretische psychoanalytische Modelle für die Veränderung des manifesten Trauminhalts und die in den Analysesitzungen stattfindende Arbeit?

Basierend auf den im Abschnitt 1.2 und 1.3 vorangegangenen Überlegungen zur Objektbeziehungstheorie und ihrem Repräsentanzenmodell des Gedächtnisses stelle ich im folgenden vereinfachend die Teilrepräsentanzen mit ihren emotionalen »Ladungen« und ihren affektiven Beziehungen zueinander dar, und zwar in Anlehnung an Arbeiten von Slipp bzw. Rinsley. Slipp hat das »Viererset der Repräsentanzen« mit seinen Teilrepräsentanzen zur Verdeutlichung der Psychodynamik der Beziehungen von Depressiven schematisch gefaßt (1991). Rinsley hat einen ähnlich differenzierten Zugang bei Borderline-Patienten ausgearbeitet (Rinsley, 1978). In der vorliegenden Arbeit wird jeweils Objekt mit Selbst und dem verbindenden Beziehungsaffekt als eine funktionelle Einheit abgebildet, während ich versuche, die begleitenden Abwehr- bzw. Integrationsvorgänge anhand des klinischen Materials zu beschreiben.

Ich werde also die Repräsentanzen bzw. ihre Teilrepräsentanzen einschließlich der Beziehungsaffekte funktionell als »Speichereinheiten« darstellen. Das impliziert in meiner Auffassung, daß beispielsweise, wie hier im Traum, *Teilbereiche einer komplexen Gesamtrepräsentanz* als »positive Teilrepräsentanz« mit der jeweiligen Beziehungsinteraktion und den dazugehörenden Affekten, die das Selbst und das Objekt verbinden, im »Gedächtnisspeicher« aktiviert werden.

Der Zustand der Spaltung der Selbst- und Objektrepräsentanzen stellt sich schematisch in Abbildung 1 dar.

Die Integration der Teilrepräsentanzen zeigt sich in der schematischen Darstellung von Abbildung 2 als *Annäherung* der positiven und negativen Anteile jeweils innerhalb der Selbst- und der Objektrepräsentanzen. Das Ausmaß der Spaltung im Sinne einer Abwehrleistung bzw. die sich abzeichnende *Integration* der Teilrepräsentanzen bzw. der Affekte werde ich entsprechend im Kommentar kennzeichnen.

O–	Negative Objekt-Teilrepräsentanz/ negativer Beziehungsaffekt
Negative Beziehungsinteraktion	
S–	Negative Selbst-Teilrepräsentanz/ negativer Beziehungsaffekt
	Spaltung
O+	Positive Objekt-Teilrepräsentanz/ positiver Beziehungsaffekt
Positive Beziehungsinteraktion	
S+	Positive Selbst-Teilrepräsentanz/ positiver Beziehungsaffekt

Abbildung 1

O+	Positive Objektrepräsentanz/ positiver Beziehungsaffekt
Annäherung	
O–	Negative Objektrepräsentanz/ negativer Beziehungsaffekt
	Integration
S+	Positive Selbstrepräsentanz/ positiver Beziehungsaffekt
Annäherung	
S–	Negative Selbstrepräsentanz/ negativer Beziehungsaffekt

Abbildung 2

Es kommt im *Anfangstraum* zu folgenden voneinander getrennten Traumsequenzen samt Assoziationen, zu denen sich spannungsreiche Beziehungen zwischen verschiedenen deutlich gespaltenen positiven und negativen Selbst- und Objektrepräsentanzen mit verschiedenen parallel existierenden, voneinander getrennten weiblichen Objekt-Teilrepräsentanzen (»Mutter, »Jungfrau«, »begehrte Frau«) darstellen lassen:

O– Negative Objekt-Teilrepräsentanz	*Mutter:* überfordernd, übergriffig, verlacht sadistisch, perfektionistisch – will in eine sexualisierte Dyade ziehen, da sie ohne Mann ist
S– Negative Selbst-Teilrepräsentanz	*Selbst:* peinlich beschämt, schuldig, abhängig
———	Spaltung ———
O– Negative Objekt-Teilrepräsentanz	*»Jungfrau«:* restriktiv sexuell kontrollierend, anklammernd, ohne Selbstbewußtsein
S– Negative Selbst-Teilrepräsentanz	*Selbst:* schuldig wegen sexueller Wünsche, trotzigen Verlassens und Trennung
———	Spaltung ———
O+ Positive Objekt-Teilrepräsentanz	*»Begehrte Frau«:* intellektuelle Frau/Analytikern als brillante Rednerin
S+ Positive Selbst-Teilrepräsentanz	*Selbst:* wünscht verschmelzende Identifizierung mit dem guten Teilobjekt

Abbildung 3

Der Weg zwischen den roten Häusern im Traum zeigt das Lebensarrangement des Patienten mit seinen negativen weiblichen Objekt-Teilrepräsentanzen. Daneben erscheint noch eine dritte positive weibliche Teilrepräsentanz mit Tendenz zur verschmelzenden Identifizierung, ein Übertragungsaspekt zu Beginn der Analyse. (In dieser Darstellung fehlen weitere »gute« Objekt-Teilrepräsentanzen, die den Gegenpart zu den negativen Objekt-Teilrepräsentanzen bilden, über die der Patient sicherlich verfügt. Sie treten in diesem Abschnitt des Traummaterials jedoch nicht in Erscheinung, wohl aber in den späteren Episoden). Der Patient versucht sein Selbst, das mit seiner unsicheren männlichen Identität fast gleichgesetzt ist, angstfrei zwischen den aufgeteilten, aktiv getrennt gehaltenen gespaltenen weiblichen Objekt-Teilrepräsentanzen »Mutter« und »Jungfrau« einzubringen.

Der Traum aktualisiert das Versagen dieses Schutzes; negative Objektrepräsentanzen werden übermächtig und entblößen das Selbst, das sich zum Schutz verkleiden muß. Diese Episode läßt sich wiederum schematisch als Teilrepräsentanzen darstellen, wobei die Abwehr Regression auf das transvestitische Symptom beinhaltet:

O+ Positive Objekt-Teilrepräsentanz	*Mutter:* wünscht sich ein Mädchen
S+ Positive Selbst-Teilrepräsentanz	*Selbst:* fühlt sich in »Mädchenkleidern« sicher und angenommen

Abbildung 4

Da diese Abwehroperation nicht ausreicht, weil die Situation zur Krise in der Geschlechtsidentität führt, müssen weitere beruhigende positive Teilrepräsentanzen aus defensiven Gründen aktiviert werden, wobei die Abwehr Regression auf eine narzißtische Allmachtsphantasie beinhaltet:

O+ Positive Objekt-Teilrepräsentanz	*Objekt:* idealisierend, bewundernd
S+ Positive Selbst-Teilrepräsentanz	*Selbst:* genießt Bewunderung durch grandiose Körperbeherrschung und übermenschliche Fähigkeiten beim Tanzen und Davonfliegen

Abbildung 5

Im *Endtraum* lassen sich die Repräsentanzen mit ihren affektiven Beziehungen wie folgt darstellen. Es wird deutlich, wie sich innerhalb einer Repräsentanz positive und negative Anteile (zum Beispiel O– und O+) angenähert haben und die Selbst- und Objektrepräsentanzen in sich besser integriert sind:

O+ Positive Objektrepräsentanz	*Mutter:* »Mutterladen« mit Angeboten
Annäherung	
O– Negative Objektrepräsentanz	*Mutter:* Verführung mit unpassenden »Frauenfetischen«
■ ■ ■ ■ ■ ■ ■ ■ ■ ■ ■ ■	Integration ■ ■ ■ ■ ■ ■ ■ ■ ■ ■ ■
S+ Positive Selbstrepräsentanz	*Selbst:* hat eigene Vorstellungen darüber, welcher Schutz angemessen ist, kann sich abwenden
Annäherung	
S– Negative Selbstrepräsentanz	*Selbst:* ist enttäuscht?

Abbildung 6

Diese Ausgangsszene aktiviert, wohl auch aufgrund des nahenden Analysenendes, Angstaffekte:

O+ Positive Objektrepräsentanz	*Mutter*/Analytikern: kann Unabhängigkeit begrüßen, aber auch mütterliche Sorge zeigen – sie ist Zentrum der Sehnsucht nach einem festen Ort
Annäherung	
O– Negative Objektrepräsentanz	*Mutter*/Analytikerin: verlangt Disziplin bei der Annäherung – dabei drohen Trennung, Verlassenwerden, Liebesverlust
■ ■ ■ ■ ■ ■ ■ ■ ■ ■ ■ ■ ■	Integration ■ ■ ■ ■ ■ ■ ■ ■ ■ ■ ■
S+ Positive Selbstrepräsentanz	*Selbst:* kann sich erneut ohne Zeitdruck annähern, aber auch verweigern
Annäherung	
S– Negative Selbstrepräsentanz	*Selbst:* fühlt sich schuldig wegen der Impulse zu verweigern, abzuwerten, sich in sexueller Autonomie zu entziehen; hat Angst, es nicht allein zu schaffen

Abbildung 7

Die darin enthaltenen Affekte wie Sehnsucht, aber auch Angst, Wut und Enttäuschung aktivieren weitere, nun durch Objektbesetzung und Integration ergänzte Repräsentanzenmuster:

O+ Positive Objektrepräsentanz	*Mutter*/Analytikerin: kann Unabhängigkeit begrüßen, aber auch mütterliche Sorge zeigen – Zentrum der Sehnsucht nach einem festen Ort
Annäherung	
O– Negative Objektrepräsentanz	*Mutter*/Analytikerin: gefährliches feindliches und blockierendes »Claustrum«, das festhalten und verschlingen will
Annäherung	
O+ Positive Objektrepräsentanz	*Vater:* hilfreicher Mann/Kollege, läßt sich etwas abschauen bei der Rettungsarbeit, bietet Schutz – schätzt berufliche Fähigkeiten und wünscht sich Annäherung
■ ■ ■ ■ ■ ■ ■ ■ ■ ■ ■ ■ ■	Integration ■ ■ ■ ■ ■ ■ ■ ■ ■ ■ ■
S+ Positive Selbstrepräsentanz	*Selbst:* kann kompetent Zentrum der Handlung sein, das Verlorengeglaubte und Bedrohte retten, die männliche Identität sichern, ist zuversichtlich, es in der neuen Identität allein zu schaffen, und wird es den Konkurrenten zeigen
Annäherung	
S– Negative Selbstrepräsentanz	*Selbst:* voll Angst gelähmt, unter Zeitdruck, muß verzweifelt aufgeben und kann das gute Objekt nicht erreichen

Abbildung 8

Die Repräsentanzen wirken deutlich differenzierter als bei Behandlungsbeginn, denn sie sind mit Attributen und Affekten reich ausgestaltet und durch tiefe Assoziationen des Patienten mehrfach in der emotionalen Matrix abgesichert. Besonders ist auf die in dieser Traumsequenz schematisch dargestellte übertragungsbedingte Fusion der Objekt-Teilrepräsentanzen der Mutter und der Analytikerin hinzuweisen. Im Traum wird der Status der Beziehungen zwischen den in Annäherung befindlichen Repräsentanzen dargestellt, der zwar die dyadischen Kernkonflikte zentral reaktiviert. Auch konstelliert er die Ambivalenz im Trennungs-Autonomie-Konflikt sowie die Beschädigungsdrohung für das Selbst klarer. Psychodynamisch ist jedoch nun »der Weg zwischen den Hügeln durchs Gebirge« klarer gekennzeichnet vom Wunsch, zum Objekt durchzukommen. Die bedrohliche und die schutzspendende mütterliche Objekt-Teilrepräsentanz scheinen ein Stück näher zusammengerückt; dies weist mit Hilfe der kräftigen triangulierenden, eindeutiger männlichen Funktion der positiven Vaterrepräsentanz auf den Weg der Integration der Selbst- und Objektrepräsentanzen des Patienten hin.

In *selbstpsychologischer Sichtweise* erfolgt im *Anfangstraum* eine rasche, im Kern überwältigende Annäherung an ein Objekt, das sich als unempathisch, überstimulierend und schließlich narzißtisch kränkend erweist. Wegen der Fragmentierungsgefahr des Selbst folgen daher kompensierende Schutzbewegungen zugunsten des beschädigten Selbst im Sinne der funktionellen Rehabilitation. Das Selbst wendet sich dem sicherheitspendenden Fetisch-Objekt zu, kann sein Größenselbst durch Verschmelzung mit bewundernden Selbstobjekten in narzißtisch-exhibitionistischen Aktionen (auch in der Übertragung) stabilisieren, um sich schließlich in einem narzißtischen Höhenflug zu distanzieren, der seinerseits wiederum Fragmentierungsängste wecken könnte.

Im *Endtraum* erfolgt wiederum eine Annäherung an das inzwischen deutlich gereifte weibliche Selbstobjekt, das neben sicherheitspendenden noch potentiell bedrohliche Aspekte aufweist. Diese Situation mobilisiert aktive Heilungsversuche durch die Verschmelzung mit einem omnipotenten männlichen Selbstobjekt. Mit Übernahme von Selbstobjekt-Funktionen zeigen sich kreative Lösungsversuche, die für eine deutlich gefestigte Selbstkohärenz sprechen und den Prozeß der angstfreien Annäherung bzw. der Verschmelzung mit dem weiblichen Selbstobjekt, aber auch die Möglichkeit der autonomen Selbststeuerung in Aussicht stellen.

Fassen wir zusammem. Nicht nur hat die Erinnerungsfähigkeit des Patienten zugenommen, sondern es haben sich – aus der Sicht verschiedener psychoanalytischer Schulen – weitere Kriterien für den Verlauf einer erfolgreichen analytischen Arbeit im Sinne einer strukturellen Veränderung erfüllt: das Bewußtmachen von Unbewußtem, die Differenzierung und Integration der Selbst- und Objektrepräsentanzen und die Reifung der Selbstobjekte, die Zunahme an Ich-Stärke mit erweiterter Affekttoleranz. Die Beziehungsmuster haben sich differenziert, es existiert ein erweiterter Handlungsspielraum und ein größeres emotionales Spektrum. Affektvielfalt und Affektintensität im Traum nehmen zu, das Auftreten von manifester Angst (die eventuell zum Erwachen führen würde) nimmt ab. Die Problemlösungsstrategien werden strukturierter, erfolgreicher und vielfältiger.

2.4 Welcher zusätzliche Erkenntnisgewinn wird durch Anwendung des neuropsychophysiologischen Modells von Koukkou und Lehmann gegenüber psychoanalytischen Theorieansätzen erzielt?

Es lassen sich zum *Anfangstraum* (Abbildung 9) und entsprechend zum *Endtraum* (Abbildung 10) jeweils für den Traumzustand wie für den Wachzustand unterschiedliche Beobachtungen über teils parallel, teils different aktivierte Frames (Skripts, Engramme) machen.

Von besonderem Interesse ist hier die funktionelle Bedeutung des Schlafens und Träumens. Dazu schlagen Koukkou und Lehmann im Rahmen ihres Modells vor, daß »funktionelle Hirnzustände während des Schlafs funktionell vergleichbar sind mit wachen funktionellen Hirnzuständen während der

Traumzustand	Gleichzeitige Aktivierung traumatischer *und* beruhigender Gedächtnisinhalte, Balance in Richtung auf *Angstaffekt* verschoben
Wachzustand	Zugang zu den »Speichern« teilweise *blockiert*. Assoziationsstrom eingeengt zugunsten von Engrammen *dysphorischer/ angstbesetzter* Zustände

Abbildung 9: Anfangstraum

Traumzustand	Gleichzeitige Aktivierung traumatischer *und* beruhigender Gedächtnisinhalte, Balance in Richtung auf *Sicherheitsaffekt* verschoben
Wachzustand	Zugang zu den »Speichern« teilweise *blockiert*. Zugang zu aktuellen und frühen »Speichern« geöffnet zugunsten von Engrammen *angstbesetzter, aber nicht überwältigender und entspannter* Funktionszustände

Abbildung 10: Endtraum

Ontogenese, das heißt, im Schlaf ähnelt die Organisationsform des neuronalen Netzwerks derjenigen während der Entwicklung«. In den Begriffen des Zustandswechsel-Modells formuliert, erfolgt bei Aktivierung eines früh in der Kindheit angelegten Speichers, etwa durch einen REM-Phasen-Traum, ein Kopierprozeß, der den Speicherinhalt in einen neuen (erwachsenen) höheren und damit leichter lesbaren Speicher »abschreibt«, der dann beim Aufwachen dem Wachbewußtsein unter Umständen zugänglich ist. Der Begriff legt nahe, daß »Kopieren« ein »Identisch-Abschreiben« sei. Aus meiner Sicht müßte aber davon ausgegangen werden, daß dabei auch Veränderungen im Sinne von Strukturierung mittels der Fähigkeit des Erwachsenen zur Symbolbildung etc. zu berücksichtigen sind. Die durch Prozesse des Schlafs bedingten Veränderungen der Organisationsform des neuronalen Netzwerks sollen somit einer funktionellen »Regression« entsprechen. Dabei werde Wissen über die frühen Entwicklungsphasen zugänglich, das über die weiterlaufenden Funktionseinheiten des Kommunikationskreises mit neuen Erfahrungen verglichen und damit neu eingeordnet und umorganisiert werden könne. »Die in der Wachheit erinnerbaren Effekte dieser Umorganisation des Wissens sind die Träume« (Koukkou und Lehmann, 1980; vgl. auch ihren Beitrag in Band 1). Anhand des Fallmaterials zeigt sich, in der Sprache des Modells gesprochen, daß in den Träumen des Patienten zwar zu Beginn früh im Leben angelegte »Speicher« aktiviert werden, die auch am Ende der Behandlung noch Wirkung zeigen, aber nun Vergleiche mit den neuen Erfahrungen möglich werden, die dann neu eingeordnet werden können.

3. Überlegungen zu beiden Gedächtnismodellen aus psychoanalytischer und neurophysiologischer Sicht

Psychophysiologische Forschungen haben gezeigt, daß es im menschlichen Gehirn Kurzzeit- und Langzeitspeicher für Informationen gibt. Um das Gelernte zu behalten, muß es vom Kurzzeitspeicher in den Langzeitspeicher überführt werden. Dazu wird eine permanente Modifikation in der DNA des corticalen Neurons niedergelegt. Zum Thema Informationsverarbeitung, Lernen und Sicherinnern im Schlaf bzw. Traum findet sich bei Koella der Hinweis, »daß der REM-Zustand nicht nur die Produktion und das Erleben des Traums an sich, sondern auch dessen Speicherung im Langzeitgedächtnis fördert, während der NREM-Schlaf einen hemmenden Effekt hat« (Koella, 1973). Aus neurophysiologischer Sicht werden in den Traumphasen neue Informationen sortiert, mit alten verglichen und im Langzeitgedächtnis abgespeichert. Nachts im Schlaf werden demnach die Speicher umgeschichtet und dabei ein Teil der Informationen bzw. Speicherinhalte in den physiologisch wichtigen REM-Traumphasen aktiviert. Overton beschrieb 1972, daß zustandsabhängiges Lernen nur im REM-Schlaf, nicht im NREM-Schlaf stattfindet (zitiert nach Koella, 1973). Das Zustandswechsel-Modell der Gedächtnisfunktionen von Koukkou und Lehmann beschreibt den Zugang zu den Langzeitspeichern als vom Grad des »emotionalen Arousal« abhängig, der im Wach- wie im Schlaf- bzw. Traumzustand unterschiedliche Öffnungen der »Speicherschleusen« bedingt. Interessant an dieser Stelle dürfte die Beobachtung psychoanalytischer Traumaforscher sein, entsprechende traumatische Erinnerungen könnten im Kontext einer zustandsabhängigen Situation, in der das Trauma erlitten wurde, bewußt werden (Krause, 1997; Person und Klar, 1997).

Ein Vorteil des Zustandswechsel-Modells liegt meines Erachtens darin, daß es versucht, funktionelle Zustände und Bahnen zu beschreiben, nicht primär anatomische Strukturen. Dieses Modell ermöglicht daher in Ansätzen eine Zusammenführung mit psychoanalytischen Gedächtnismodellen, die ebenfalls funktionelle Zustände beobachten und beschreiben, wie zum Beispiel die Verdrängungsschranke, Spaltungs- und Dissoziationsvorgänge, Erinnern unter emotionaler Beteiligung oder das Bewußtwerden von Unbewußtem. Eine Gefahr könnte jedoch darin bestehen, daß biologisch-evolutionär entstandenen psychophysiologischen Strukturen und Funktionen zuviel »anthropo-psychomorphe« Interpretation zugemutet wird und umgekehrt wesentliche Prinzipien der Psychoanalyse nivelliert werden. Vorausgesetzt, diese Fragen sind geklärt oder es ist zumindest beschrieben worden, worin unter anderem die Aufgabe dieser Arbeitsgruppe bestand, könnten folgende Punkte vorläufige Ansätze für den Entwurf eines (vorläufig leider noch nicht existenten) gemeinsamen Grundmodells des Gedächtnisses und der Traumentstehung bilden:

1. Abhängig vom Konfliktstatus könnte man davon ausgehen, daß im bewußten wie im unbewußten Zustand bestimmte Repräsentanzen aktiviert sind, zum Beispiel im entspannten Zustand positive Selbstrepräsentanzen, verbunden mit positiven Objektrepräsentanzen und den dazugehörenden posi-

tiven Beziehungsinteraktionen und Affekten wie Anerkennung, Zufriedenheit und Selbstkohärenz.

2. Im Zustand konflikthafter Besetzung würde eine negative Aufladung der Selbst- und Objektrepräsentanzen mit negativen Affekten, wie Wut, Angst, Scham etc., resultieren, die in den Gedächtnis-»Speichern« »Resonanzen« mit früher erlebten, ähnlichen affektiven Zuständen aktivieren. Im regressiven Schlafzustand beim Träumen würden dann diese »Speicher« bei der »Umschichtung« in den Langzeit-»Speicher« geöffnet und mit alten Erfahrungen verglichen. Das Resultat ist die Aktivierung der früheren affektbesetzten Repräsentanzen via Umbildung/Neuauflage zum Beispiel in Form eines Angsttraums.
3. Wenn sich die Selbst- und Objektrepräsentanzen zum Beispiel im Laufe einer analytischen Behandlung stabilisieren, Ich-Stärke und Selbstkohärenz gewachsen sind, werden die ursprünglichen affektgeladenen Repräsentanzen zwar noch aktiviert, die Affekte treffen aber auf stabilere Selbst-Kerne, so daß es zu einer Umbildung und kreativen symbolischen Lösung im Traum bzw. im Wachzustand anstelle einer Angstüberflutung kommen kann.
4. Die analytische Situation selbst kann durch die entspannte regressionsfördernde Situation im Liegen und vor allem durch die zunehmend angstfreie und vertrauensvolle Übertragungsbeziehung für einen optimalen Zustand der Aktivierung und Öffnung von Schleusenfunktionen in Gedächtnis-»Speichern« sorgen. Dies fördert nicht nur neues Material und Verknüpfungen zu Bewußtsein, sondern ermöglicht im Sinne des zustandsabhängigen Lernens auch die Differenzierung und Integration der Selbst- und Objektrepräsentanzen und damit die Selbstkohärenz des Patienten.

4. Rückblick auf die interdisziplinären Kolloquien des Gedächtnisworkshops der Köhler-Stiftung

4.1 Die Arbeitsgruppenziele

Die Thematik führte zu einer Inkubation der Theorieansätze der Psychoanalyse und der Neurowissenschaften. Es ging darum, das Funktionieren des menschlichen Gehirns miteinander zu klären und für unser Wissen mittels der Metapher der Brükkenbildung eine gemeinsame Sprache zu finden. Zum interdisziplinären Dialog gehört neben faszinierenden Einblicken in fremdes Terrain auch, das Nicht-Verstehen immer wieder passager zu ertragen. Es war eine ständige Herausforderung, die eigenen theoretischen Vorstellungen und das klinische Verstehen des psychoanalytischen Prozesses mit den Kernaussagen des Zustandswechsel-Modells zu vergleichen – ein Lernprozeß, der insofern hilfreich war, als er zur thematischen Auseinandersetzung wie zur Diskussion vielfältige Anregungen bot, wie er auch die Ausblendungen bewußt werden ließ, die beim Denken innerhalb eines Modells passieren können. Abschließend möchte ich nur einige Aspekte hervorheben, die aus meiner Sicht besonders deutlich das Verständnis der Problematik umreißen.

Beim Versuch, im nachhinein mein Modell zur Arbeit des Gedächtnisses zu rekonstruieren, das ich bis zum Beginn der Workshops implizit benutzt habe, komme ich zu folgendem vorläufigen Ergebnis: Mit fortschreitendem Eintauchen in die Welt der Psychoanalyse verstärkte sich meine Tendenz, alle Vorstellungen über das Gedächtnis aus psychoanalytischer Sicht prinzipiell von anatomischen und neurophysiologischen Kenntnissen, etwa im Sinne von Mark Solms, freizuhalten (»Wir können niemals einen Gedanken in einem Stück Gewebe finden«, Solms, 1994). Daß de facto dennoch in der psychoanalytischen Theorie Vorstellungen über das Gedächtnis existieren, gerät dabei leicht aus dem Blickfeld: stehen doch hinter ihren basalen Annahmen über die freie Assoziation und die Bedeutung des Sicherinnerns und Vergessens, von Verdrängung, Versprechen und anderen Fehlleistungen sowie der infantilen Amnesie wesentliche Gedächtniskonzepte. Grundlegend sind Zusammenhänge von Kindheitstraumata und Prägung bzw. Fixierung in spezifischen vulnerablen Entwicklungsphasen. Im Zentrum stehen Theorien über Funktion des Unbewußten, über die psychische Struktur und Identität eines Menschen, über Struktur und Funktion der Selbst- und Objektrepräsentanzen (wie in Abschnitt 1.2 dargestellt) und schließlich über Übertragung/Gegenübertragung während der Behandlung. Nicht zuletzt beschäftigt sich die Psychoanalyse auch implizit mit Gedächtnisprozessen beim Analytiker selbst, der ja innerlich seine Erinnerungen und Phantasien dem Arbeitsprozeß zur Verfügung stellt.

Wenn man es so fassen will, ermöglicht die Psychoanalyse subtile Beobachtungen über Funktionen des Gedächtnisses und liefert dafür einen theoretischen Bezugsrahmen, der einzelne Leistungen als Ergebnis der Gedächtnisarbeit hinsichtlich struktureller und motivationaler Gesichtspunkte des Seelenlebens einordnen kann. Sehr gründlich hat das bereits Rapaport in seinem 1944 unter dem Titel *Emotions and Memory* erschienenen Buch unternommen. Er beschreibt dort die Rolle der affektiven Organisationsfaktoren beim Funktionieren des Gedächtnisses (Rapaport, 1994).

Die Gründe, bei Vorliegen einer »Frühstörung« der Persönlichkeit das Gedächtnismodell der Objektbeziehungstheorie dem der Strukturtheorie vorzuziehen, habe ich oben dargestellt. Bei der Anwendung des von mir dem Fallmaterial zugrunde gelegten Modells der Repräsentanzen wurde jedoch deutlich, daß einige der theoretischen Grundannahmen dieses Modells besser paßten als andere und daß ich im klinischen Denken dazu neigte, dann auf andere Modelle »umzusteigen« und Anleihen bei der Selbstpsychologie zu machen.

Dabei hat die Psychoanalyse kein Modell für die kleinste Einheit des Gedächtnisses, die »Speichereinheit«. Sie arbeitet vielmehr mit einem Modell der »black box«, indem sie sehr subtil beobachtet, was in diese hineingeht und was herauskommt. Auch heute kursieren noch allgemein gebräuchliche Metaphern, deren Modelle sich jeweils abhängig vom Zeitpunkt ihrer Entstehung voneinander unterscheiden (Assmann, 1997) – Metaphern vom Einprägen, Eingravieren und Verwischen der Erinnerung, als handelte es sich um Wachstafeln, oder vom Fixieren, von der Schärfe der Abbildung oder dem Verblassen, als wären es Photographien; schließlich existieren auch Metaphern aus dem Computerzeitalter vom Kodieren, »Speichern« und Löschen der Erinnerungen – dies ungeachtet der Tatsache, daß ja eigentlich aus der klinischen Erfahrung die interne Bearbeitung von Erinnerungen im Sinne einer Umwandlung und persönlichen Legendenbildung als Teil der narrativen Lebensgeschichte mehr als augenfällig ist. Nach der Teilnahme an den Workshops fällt ein solcher Sprachgebrauch nun schwerer, da nach derzeitiger Auffassung Erinnerung in den neuronalen Netzwerken jedesmal neu konstruiert wird und somit einen kreativen, dynamischen und interaktiven Prozeß darstellt. Welche Vorstellungen zum Modell von Koukkou und Lehmann lassen sich nun festhalten?

4.2 Die Vorteile der Sichtweise des Zustandswechsel-Modells (ZWM)

1. Das ZWM nimmt eine Entwicklungsperspektive ein, das heißt, es gibt Modellvorstellungen für das Anlegen und Funktionieren von Speichern seit der frühen Kindheit.
2. Das ZWM beschreibt funktionelle Prozesse. Physiologische Zustände des Gehirns, wie zum Beispiel die funktionell verschiedenen Arbeitsgedächtnisse oder die funktionelle Regression im Schlaf, werden beim ZWM ins Zentrum gerückt und (meßbar im EEG) differenziert interpretiert: REM-Zustand heißt nicht nur träumen, sondern auch Wissen reorganisieren, indem Speicher geöffnet werden, kopiert und neue Speicher angelegt werden, um beispielsweise zu der Aussage zu kommen: Erwachsenen ist es eher im REM-Zustand möglich, frühe infantile Speicher zu lesen als im Wachzustand.
3. Das ZWM kann Aussagen über intrapsychische Prozesse machen: Basale strukturelle Veränderungen in der Persön-

lichkeit eines Menschen, wie sie in einer Analyse beabsichtigt sind, bestehen nicht darin, daß alte Speicher gelöscht, sondern daß neue Speicher mit differenzierenden, strukturell ähnlichen Erfahrungen angelegt werden. Schließlich werden über derartige Rekategorisierungen auch die Erfahrungen in der Analyse selbst zu Gedächtnisinhalten.

4.3 Die Widersprüche zwischen Zustandswechsel-Modell und psychoanalytischen Auffassungen

1. Auch wenn »niedrige«, das heißt früh im Leben angelegte Speicher nicht dem Bewußtsein zugänglich sind, sind sie nach psychoanalytischer Auffassung aktiv, sowohl im Wach- wie im Schlafzustand. Das dynamische Unbewußte »arbeitet«, das heißt öffnet und schließt Speicher auch dann, wenn ein Zustand ein »spezifischer« ist, das heißt, wenn er mit den Bedingungen der Neurose zu tun hat. Das ZWM macht, soweit ich es verstehen kann, über diese wesentliche Aktivität des unbewußten Seelenlebens keine spezifischen Aussagen.
2. Es gibt völlig unterschiedliche Auffassungen von Vigilanz/Arousal. Während ein Arousal-Zustand im ZWM zum Schließen der Speicher führt, könnte nach psychoanalytischer Auffassung dieser Zustand beispielsweise als Angstaffekt benannt werden. Entsprechend dem psychoanalytischen Verständnis regressiver Prozesse könnte dies statt eines Versiegens von Assoziationen (Schließen der Speicher im ZWM) auch eine Reizüberflutung aus den Speichern bis hin zur psychischen Dekompensation bewirken. Damit könnte gerade entgegen den Auffassungen des ZWM primärprozeßhaftes Material aufsteigen, würden also frühe Speicher einbruchsartig geöffnet werden.
3. Die wesentliche Komponente des ZWM, der jeweilige »Zustand«, beeinflußt jeweils alle Hirnfunktionen (je nach »arousal« sind bestimmte Speicher des neuronalen Netzwerks offen oder zu). Es müßte gelingen, diese Zustände spezifischer im Sinne der Psychoanalyse zu definieren. Mo-

dellvorstellungen über die Arbeitsweise der Vernetzungen der Speicher könnten da hilfreich sein (siehe meinen abschließenden Exkurs zum Multiple-Code-Modell).

4. Nach psychoanalytischer Auffassung wird der Zugang zu verdrängten Erinnerungen nicht nur durch Entspannung, sondern auch durch aktuelle ähnliche affektive Zustände wie die aus der Zeit der eingeprägten Erinnerung erleichtert – dieses Faktum wird jedoch im ZWM noch nicht ausreichend repräsentiert.

4.4 Exkurs zur Multiple-Code-Theorie von Wilma Bucci

Immer wieder tauchten bei Fragestellungen über »models of the mind« im Rahmen der Workshops in meinen Überlegungen Querverbindungen zu den Arbeiten der amerikanischen Psychologin Wilma Bucci auf, die einen anderen Zugang zum Gedächtnis gewählt hat: über die Referenzverbindungen zwischen den einzelnen als verbale und nonverbale (sensorische, motorische etc.) Kategorien im verbalen bzw. nonverbalen »Format« gespeicherten Codes (Dual-Code- bzw. Multiple-Code-Theorie). Das Multiple-Code-System kennt drei Formate der Repräsentation: Dem verbalen Format stehen die symbolischen nonverbalen Formate bzw. die subsymbolischen nonverbalen Formate gegenüber. Letztere sind modalitätsspezifisch und beinhalten zum Beispiel die Stimmqualität und die emotionale Färbung. Bei Bucci ist das Konstrukt der Verdrängung (als Funktion des dynamischen Unbewußten) anders dargestellt – als »referential activity«, eine aktive seelische Leistung, die Referenzverbindungen zwischen den einzelnen Speichern unterbricht oder herstellt. Es ist ein dynamisches Prinzip, das auf andere Weise erklärt, warum spezifische Abwehrleistungen auftreten (Bucci, 1985; umfassende Darstellung in Bucci, 1997) . Ihr Interesse gilt der »referential activity« unter anderem als einer Funktionsleistung des Gehirns, die nonverbale Codes mit Wortvorstellungen bidirektional verknüpft und die je nach Ausprägung der Verdrängung hoch oder niedrig ausfallen kann. Aus meiner Sicht ergeben sich

Berührungspunkte mit den Fragen des Workshops dort, wo es darum geht, zu verstehen, warum im Wachbewußtsein nicht immer alle Speicher gleichzeitig zugänglich sind. Erinnerungen können zum Beispiel durch starke Empfindungen wach werden, auch durch Töne, Geruch oder Geschmack, wobei zunächst die Worte dafür fehlen mögen. Nach Buccis Theorie können die Referenzverbindungen zwischen einzelnen Speichern (zum Beispiel zwischen der verbalen Objektrepräsentanz und affektiv hochbesetzten, nonverbal angelegten Repräsentanz-Anteilen) als Ergebnis der Verdrängung unterbrochen sein, nach Buccis Verständnis eine aktive Tätigkeit des Gehirns. Dies resultiert bei der Untersuchung der gesprochenen Sprache (zum Beispiel eines Transkripts einer Analysestunde) in einer an Affekten und an Verbindungen zu den nonverbalen Schemata armen Sprache, der es an Konkretheit, Bildhaftigkeit etc. mangelt – meßbar eben als »referential activity«, die signifikant niedriger liegt als in Vergleichstexten. Bucci unterscheidet theoretisch zwei Möglichkeiten:

1. Eine Referenzverbindung ist im Laufe der Entwicklung irgendwann entstanden, aber zeitweise (situationsbedingt, aus neurotischen Abwehrgründen wie bei Vergessen oder Verdrängung bzw. Spaltung und Dissoziation bei »Frühstörungen«) funktionell unterbrochen.
2. Eine Referenzverbindung ist im Laufe des bisherigen Lebens nie angelegt worden, das heißt, es existiert noch kein Wort für ein spezielles Gefühl (diese Kategorie erscheint besonders relevant für »Frühstörungen«).

Meinem Verständnis nach könnte die Theorie von Bucci ein Detail des Zustandswechsel-Modells von Koukkou und Lehmann näher beleuchten – das zwar unter anderem Bedingungen für das Öffnen oder Schließen von Speichern angibt, aber über die Verbindung von Speichern untereinander, das heißt über die ganze Welt der Assoziationen, keine vergleichbar konkreten Aussagen macht.

Bibliographie

Ambühl, H.-R. (1996): Wo negative Erlebnisse Spuren hinterlassen. In: P. Buchheim, M. Cierpka und T. Seifert (Hg.): *Lindauer Texte. Erinnern und Entwerfen im psychotherapeutischen Handeln*, Berlin: Springer, S. 171-183.

Arbeitskreis OPD (1996): *Operationalisierte Psychodynamische Diagnostik: Grundlagen und Manual.* 1. Auflage. Bern: Huber.

Assmann, A. (1997): Zur Metaphorik der Erinnerung. Ein Rundgang durchs historische Museum der Imagination. In: E. P. Fischer (Hg.): *Gedächtnis und Erinnerung. Mannheimer Forum* 97/98, München: Piper, S. 111-166.

Bacal, H. A., und K. A. Newman (1994): *Objektbeziehungstheorien – Brücken zur Selbstpsychologie.* Stuttgart: fromann-holzboog.

Behrends, R., und S. Blatt (1985): Internalization and psychological development through the life cycle. *Psa Study Child* 40:11-39. Zitiert nach: L. M. Zelnik und E. S. Buchholz (1991): Der Begriff der inneren Repräsentanz im Lichte der neueren Säuglingsforschung. *Psyche* 45: 810-846.

Beres, D., und E. Joseph (1970): The concept of mental representation in psychoanalysis. *Int. J. Psycho-Anal.* 51: 1-9. Zitiert nach: L. M. Zelnik und E. S. Buchholz (1991): Der Begriff der inneren Repräsentanz im Lichte der neueren Säuglingsforschung. *Psyche* 45: 810-846.

Bretherton, I. (1993): From dialogue to internal working models: The co-construction of self in relationships. In: C. A. Nelson (Hg.): *Memory and Affect in Development. 26th Minnesota Symposion on Child Psychology.* Hillsdale, N.J.: Lawrence Erlbaum.

Bucci, W. (1985). Dual coding: A cognitive model for psychoanalytic research. *J. Am. Psa. Ass.* 33, 3: 571-608.

– (1997): *Psychoanalysis and Cognitive Science. A multiple code theory.* New York: Guilford.

Freud, S. (1923b): *Das Ich und das Es. GW*, Bd. 13, S. 237-289.

– (1926d): *Hemmung, Symptom und Angst. GW*, Bd. 14, 111-205.

– und J. Breuer (1893): Über den psychischen Mechanismus hysterischer Phänomene. Vorläufige Mitteilung. *GW*, Bd. 1, S. 81-98.

Freyberger, H. J., B. Dierse, W. Schneider, B. Strauß, G. Heuft, H. Schauenburg, D. Pouget-Schors, G. H. Seidler, J. Küchenhoff, P. L. Janssen und S. O. Hoffmann (1996): Operationalisierte psychodynamische Diagnostik (OPD) in der Erprobung – Ergebnisse einer multizentrischen Anwendungs- und Praktikabilitätsstudie. *Psychoth., Psychosom. med. Psychol.* 46: 356-365.

Granzow, S. (1994): *Das autobiographische Gedächtnis.* Stuttgart: Quintessenz.

Hartmann, H. (1939): Ich-Psychologie und Anpassungsproblem. *Int. Z. Psa.*, 24: 62-135.

Horstkotte, G. (1982): Entwurf einer psychoanalytischen Gedächtnistheorie. *Zschr. psychosom. Med.* 28: 219-230.

Kernberg, O. (1980): *Borderline-Störungen und pathologischer Narzißmus.* Frankfurt am Main: Suhrkamp.

– (1989): *Objektbeziehungen und Praxis der Psychoanalyse.* Stuttgart: Klett-Cotta.

– (1993): Psychoanalytische Objektbeziehungstheorien. In W. Mertens (Hg.): *Schlüsselbegriffe der Psychoanalyse.* Stuttgart: Verlag Internationale Psychoanalyse.

Koella, W. (1973): *Physiologie des Schlafes.* Stuttgart: Kohlhammer.

Köhler, L. (1990): Neuere Ergebnisse der Kleinkindforschung. Ihre Bedeutung für die Psychoanalyse. *Forum Psychoanal.* 6: 32-51.

Koukkou, M., und D. Lehmann (1980): Psychophysiologie des Träumens und der Neurosentherapie. Das Zustands-Wechsel-Modell, eine Synopsis. *Fortschr. Neurologie Psychiatrie*, 48, 6: 324-350.

–, und D. Lehmann (1989): Informationsverarbeitende Prozesse und kognitiv-emotionale Entwicklung: Eine psychophysiologische Betrachtung. In: H.-M. Weinmann (Hg.): *Aktuelle Neuropädiatrie 1988.* Berlin: Springer, S. 376-386.

–, und M. Leuzinger-Bohleber (1992): Psychoanalysis and neurophysiology: A look at case material from the two theoretical perspectives. An interdisciplinary understanding of some basic psychoanalytic concepts. In: M. Leuzinger-Bohleber, H. Schneider und R. Pfeifer (Hg.), *Two Butterflies in my Head. Psychoanalysis in the interdisciplinary scientific dialogue.* Heidelberg: Springer, S. 133-177.

Krause, R. (1997): Trauma und Erinnerung. Vortrag in München am 6. 6. 1997. In: R. Krause (Hg.): *Allgemeine psychoanalytische Krankheitslehre.* Bd. II. Stuttgart: Kohlhammer.

Lohmer, M., G. Klug, B. Herrmann, D. Pouget und M. Rauch (1992): Zur Diagnostik der Frühstörung. Versuch einer Stand-

ortbestimmung zwischen neurotischem Niveau und Borderline-störung. *Prax. Psychother. Psychosom.* 37: 243-255.
Markowitsch, H. J. (Hg.). (1997): *Über welche Hirnareale wird der Abruf aus dem episodischen Gedächtnis gesteuert?* Göttingen, Bern, Toronto, Seattle: Hogrefe, Verlag für Psychologie.
Mertens, W. (1990): *Einführung in die psychoanalytische Therapie.* Bde. 1-3. Stuttgart: Kohlhammer.
– (1992): *Kompendium psychoanalytischer Grundbegriffe.* München: Quintessenz.
Moore, B. E., und B. D. Fine (1990): *Psychoanalytic Terms and Concepts.* New Haven/London: The American Psychoanalytic Association/Yale University Press.
Moser, U., und I. von Zeppelin (1996): Die Entwicklung des Affektsystems. *Psyche* 50 1: 32-84.
Person, E. S., und H. Klar (1997): Diagnose Trauma: Die Schwierigkeit der Unterscheidung zwischen Erinnerung und Phantasie. *Psychother. med. Psychol.* 47: 97-107.
Rapaport, D. (1994): *Gefühl und Erinnerung.* Frankfurt am Main: Fischer.
Rinsley, D. B. (1978). Borderline psychopathology. A review of aetiology, dynamics and treatment. *Int. Review Psycho-Anal.* 5: 45-54.
Rudolf, G., P. Buchheim, W. Ehlers, J. Küchenhoff, A. Muhs, D. Pouget-Schors, U. Rüger, G. H. Seidler und F. Schwarz (1995): Struktur und strukturelle Störung. *Zschr. psychosom. Med.* 41: 197-212.
Silber, A. (1989): Panic attacks facilitating recall and mastery: implications for psychoanalytic technique. *J. Am Psa. Ass.* 37: 335-364.
Slipp, S. (1991): Depression. The double bind on achievement. In: S. Slipp (Hg.): *Object Relations. A dynamic bridge between individual and family treatment.* Northvale, N.J., London: Aronson, S. 115-146.
Solms, M. (1994): Towards an anatomy of the unconscious. Manuskript zum Vortrag vor der Psychoanalysis-Neuroscience Study Group London am 4. 6. 1994.
Speidel, H. (1978). Über den Symbolbegriff in der Psychoanalyse. *Psyche* 32 4: 299-328.
Stern, D. N. (1992): *Die Lebenserfahrung des Säuglings.* Stuttgart: Klett-Cotta.

Suttie , I. D. (1935): *The Origins of Love and Hate*. London: Kegan, Paul, Trench, Trubner. Zitiert nach: H. A. Bacal und K. A. Newman (1994): *Objektbeziehungstheorien – Brücken zur Selbstpsychologie*. Stuttgart: frommann-holzboog.

Wirtz, U. (1996): Traumatische Erfahrungen – Erinnern und Integrieren. In: P. Buchheim, M. Cierpka und T. Seifert (Hg.): *Lindauer Texte. Erinnern und Entwerfen im psychotherapeutischen Handeln*. Berlin: Springer, S. 136-152.

Zelnick, L. M., und E. S. Buchholz (1991): Der Begriff der inneren Repräsentanz im Lichte der neueren Säuglingsforschung. *Psyche* 45, 9: 810-846.

Theres Arbenz-Hutter

Wahrnehmen: ein theoriebildender Prozeß

Das Gedächtnis als *agent provocateur* auf der Suche nach passenden Verhältnissen zwischen Traum und Wirklichkeit

1. Auf der Suche nach der sichtenden Instanz in der Wahrnehmung. Der Verweis auf das Andere. Vom Spiegelbild zum Verweis auf den Gang durch die Welt

Seit Jahrhunderten hat das Leib-Seele-Problem *homo sapiens* beschäftigt, den *denkenden* Menschen, der – wörtlich aus dem Lateinischen übersetzt – der »schmeckende« (Schischkoff, 1957) heißt und im übertragenen Sinn derjenige ist, der mit einer »Empfindung« für das Wesentliche ausgestattet ist und deshalb »weise« genannt werden darf. So jedenfalls lautet die geläufige Kurzformel für die Natur des Menschen nach alttradierter Sprachregelung, und so steht es noch im Jahre 1957 geschrieben im *Wörterbuch der Philosophie*, dessen Vorwort zur 19. Auflage in München-Schwabing verfaßt worden ist – just an dem Ort, wo rund zwei Generationen später wir Psychoanalytiker und Neurowissenschaftler uns trafen, um über die neuesten Versuche zu debattieren, für die Natur des Menschen eine Formel zu finden, die nach aktuellem Stand des Wissens eine passende wäre.

Homo faber hatte es in knapp 40 Jahren zustande gebracht, das Interesse von all dem abzuziehen, was während Jahrhunderten unter dem *Primat der Philosophie* an bleibenden Aussagen sorgfältig gesammelt und zur Erinnerung aufgezeichnet worden war für all jene, die aus dem geschichtlichen Verlauf des Zivilisationsprozesses Auskünfte schöpfen wollen, um sich ein *Bild* zu machen von der Vielfalt getätigter Anstrengungen, die sich wandelnden Menschen- und Weltenbilder in faßbaren Formeln festzuhalten. Narziß' Interesse für dieses sein Spiegelbild scheint jäh erloschen. Er ist fasziniert von den Versprechungen der neuesten Technologien, die es möglich gemacht haben, der Menschennatur so imposant auf den Leib zu rücken und diese im Bild zu bannen wie noch nie zuvor. Welcher nach seinem Abbild Hungernde wäre gefeit gegen den neuen Mythos der Neuromythologie (Leuschner, 1997) mit ihren Versprechungen, die Leib-Geist-Korrelation dereinst am Monitor dem schauenden Auge direkt vorführen zu können? Die technischen Fortschritte haben es möglich gemacht, am lebenden Gehirn die feinsten chemischen und physiologischen Veränderungen zu beobachten. Mit computerisierten EEGs, mit verschiedenartigen Scannern und Rechnern gelingen fast täglich neue Einsichten in die Struktur und Arbeitsweise dieses Organs, das alle Erwartungen erweckt, dereinst die wahre Formel für die Natur des Menschen zu liefern. Die Funktionsweise des Gehirns ist bereits zum Primat geworden und hat auch im übertragenen Sinn das Feld erobert: Stand bis vor kurzem noch das »*Herz*« als Metapher für jene Menschennatur, die mit einer Empfindung fürs Wesentliche ausgestattet ist in einer Welt, die man sich von Liebe getragen dachte, so stehen im aktuellen Informationszeitalter »*brain*« und »*megabrain*« als Markenzeichen für *homo sapiens* – und als solcher darf jeder gelten, der mit dem Know-how für das Wesentliche ausgerüstet ist in einer Welt, die man sich vom Informationsaustausch getragen vorstellt. Narziß entpuppt sich hinsichtlich seines Spiegelbilds als Wendehals, und man kann sich fragen, warum er so leicht fahnenflüchtig wird, wo es doch um sein Innerstes geht? Warum nur nimmt ihn sein neuestes Spiegelbild am Monitor im Labor des Hirnforschers so sehr in Bann, daß er bereit ist, in der Funktionsweise des Hirnorganischen den Souverän seiner »Herzensangelegenheiten« zu sehen? In der Tatsache der Beobachtbarkeit der Leib-Seele-Korrelation kann das Faszinosum nicht liegen. Sie ist banale Alltagserfahrung und jedem zugänglich, der beispielsweise beim Auftauchen einer gar gruseligen Vorstellung gleichzeitig einen kalten Schauer über seinen Rücken fahren spürt. Der ganze Zauber der neuen Mythologie wird auch nicht allein von der Imposanz des Spiegelrahmens ausgehen: Sich in Big Brother gespiegelt zu sehen mag sich zwar großartig ausmachen – sich in den geistigen mäandernden Strömungen zu spiegeln, welche die Zivilisationsgeschichte durchlaufen, steht an Großartigkeit des Spiegelungsaufwandes in nichts nach. Dennoch ist die eine Spiegelung etwas ganz anderes als die andere und führt zu ganz anderen Aussagen hin. *Homo sapiens* hat kurz vor der Jahrtausendwende die Wahl. Zwei Denkdisziplinen werben hier ganz offensichtlich um ihn, weshalb von diesen zwei Sichtweisen rund um Fakten und Fiktionen zur Natur des Menschen jetzt ausführlich die Rede sein wird.

Vorerst aber zu einer Schwierigkeit, welcher der Leser in den zwei vorliegenden Bänden begegnet und welche die Orientierung nicht einfach macht. Zwar ist im Dialog mit dem Fokus »Wahrnehmen und Gedächtnis« ein gemeinsamer Nenner gegeben, und es scheint dem Gedächtnis in der Wahrnehmung der Primat zugespielt. Die beiden Disziplinen im Gespräch beziehen jedoch ihre Daten über die Menschennatur aus je ganz anderen Quellen, gehen je ganz andere Wege des Schließens auf den Gegenstand zu und tun dies in je ganz anderer Absicht. Das heißt, die Spiegelung von Wahrnehmen und Gedächtnis findet in je anderen Denkwelten statt, was das Gespräch erheblich erschwert, aber erst eigentlich interessant macht. Nun sei aber mit der Wahl der Spiegelung das Entscheidende beileibe noch nicht ausgemacht; darauf jedenfalls verweist Coelhos Parabel über den Alchemisten (Coelho, 1988), gemäß welchem es möglich ist, den Geist der Welt respektive die Weltenseele – deren Teil die *eigene* höchstpersönliche Seele ist – in allem Sein zu finden, vorausgesetzt, daß man ernsthaft danach sucht. Das bedeutet also, den Blick vom Spiegelbild zu lösen und sich auf den eigenen Lebensweg machen – auf die Schätze zu, welche die Welt birgt und welche ein jeder von uns letztlich und eigentlich erst im Bodenschatz der *eigenen Erfahrungen* finden wird, wenn er den Weg der Suche bereits abgeschritten hat. Und noch immer sind die versprochenen Schätze nur jenen von uns vorbehalten, die jetzt nicht müde geworden sind, zu graben. Die Weisheit dieses Märchens bringt die psychoanalytische Sichtweise exakt auf den Punkt, setzt sich diese in praxi doch gerade dafür ein, daß Narziß auf dem langen Weg durch die Verwirklichungsgeschichte seines Lebens *die Bodenschätze der Erfahrung auch aufgreift und jene Bilder entdeckt, welche seine eigene, höchstpersönliche Sicht von innen heraus* bilden; in dieser macht die Psychoanalyse den Souverän in der Wahrnehmung aus. Nun ist es aber so: Die eigenen Lebenserfahrungen, die den Boden für unsere fortschreitende Lebensgeschichte ausmachen und aus denen jene Bilder hervorgehen, die in ihren komplexen Integral unsere persönliche Sicht konstituieren, umfangen neben Freud viel Leid, neben Heilem viel Unheiles. Ein jeder weiß es aus eigener Erfahrung: Die Erfahrungsbildung erweist sich als langwierige und ausgesprochen janusköpfige Angelegenheit. Die Ausbeute läßt nicht nur lange auf sich warten, sie läßt sich zudem immer erst im nachhinein machen. Die Anstrengungen fördern neben edlem Gestein viel Unedles ans Tageslicht, neben Gold viel schweres Blei, neben Sinn viel Unsinniges, neben Geist viel Ungeist – und der Schatzgräber wird das eine nicht finden können, ohne dem anderen zu begegnen. Man kann nur verstehen, wenn manch einer auf diesem steinigen Weg abtrünnig wird, Schaufel und Pickel wegwirft und nach etwas Erfreulicherem in der Wahrnehmung Ausschau hält. Und da kommt der neue Mythos wie gerufen, welcher der Funktionsweise des Gehirns die Lebensgestaltung zuspielt; mit Machleidt (vgl. seinen Beitrag in Band 1) wird man den Primat für Wachstum und Entwicklung dem naturgegebenen Phasenverlauf der Gefühle überlassen können – mit Koukkou und Lehmann (vgl. ihren Beitrag in Band 1) dem Informationsverarbeitungsprozeß, den die Gehirnprozesse von sich aus geschehen lassen (dazu Näheres in Abschnitt 4). In den Zeiten historischer Katastrophen, insbesondere nach dem größten Bruch in der Zivilisationsgeschichte seit Menschengedenken eine verlockende Vision, der Funktionsweise und den Strukturen des Gehirns alle Verantwortung für unser Werden und Vergehen abtreten zu können und in der Beschaffenheit der natürlichen Wahrnehmungsausstattung jenen Schatz auszumachen, den man so mühevoll gesucht hat. Und hierin liegt wohl gerade das Faszinosum des neuen Mythos: Die Neurobiologie beschwört die *Intaktheit* unserer Ausstattung, sie besiegelt die Unbeschadetheit des Gehirns mit Beobachtungsdaten und bietet so ein Spiegelbild an, in welchem sich die Menschennatur wiedererkennen kann, ohne jene häßlichen Spuren entdecken zu müssen, die sie selbst im Gang durch die Zeit hinterlassen hat. Die Modelle der Neurobiologie lassen all das Unschöne ins Reich des *Vergessens* sinken. Von der Intaktheit der hirnorganischen Prozesse wird unmittelbar auf die Möglichkeiten geschlossen, wie wir als Unschuldige ab ovo und ab heute in eine heile Zukunft hineinschreiten können. Nun ist aber der Spiegel der Geschichte im Falle *homo sapiens* der objektive Spiegel für Wachstum und Werden in seiner Art und Tendenz, und wenn er auch immer beides zeigt, das Intakte *und* das andere – die Psychoanalyse meint, die Wahrheit sei uns als ganze zumutbar, sie wirke im Interesse des Gewinns der fortschreitenden Ausbildung der Souveränität des Ich, sie sei einziges Motivans, daß der Mensch sich in den geschichtlichen Prozeß einmische, um seinen höchstpersönlichen Einfluß geltend zu machen. Freud verspricht sich demgemäß vom Studium der Wahrnehmungsfunktionen den Gewinn der Möglichkeit

»... der Einsicht in Zusammenhänge und Abhängigkeiten ..., die in der Außenwelt vorhanden sind, in der Innenwelt unseres Denkens irgendwie zuverlässig reproduziert oder gespiegelt werden können und deren Kenntnis uns befähigt, etwas in der Außenwelt zu ›verstehen‹, *es vorauszusehen und möglichweise abzuändern*« (Freud, 1940a, Auslassung und Hervorhebung d.V.).

Wenn es in der psychoanalytischen Theorie/Praxis-Verschränkung darum geht, die selbsttätige Souveränität des Ich in der Wahrnehmung zu begünstigen, so nicht im Interesse, dieser Majestät die Unschuld oder die Reinheit zuzuordnen, auch nicht primär darum, für die Kontinuität ihres Wohlbefindens besorgt zu sein – und schon gar nicht darum, daß sie sich letztlich die Krone aufs Haupt setze, um diese nach Hause zu tragen. Psychoanalytische Pragmatik zielt immer darauf ab, daß sich progrediente Souveränität in der Wahrnehmung für den Fortgang der eigenen Lebensgeschichte und das Fortschreiten des geschichtlichen Prozesses einsetzt, was mit Freud heißt: *Wahrmachen*, das heißt, die Wahrnehmungsfunktionen der

Veränderung der Welt da draußen dienstbar machen. Im metapsychologischen Konzept der Instanz »Ich« zeigt sich dasselbe Engagement der Freudschen Psychoanalyse am Gegenstand: Betont wird die immanente Tendenz des »Ich«, die Welt abändern zu wollen – sowohl die da drinnen wie auch die da draußen –, zudem beides in Wechselwirkung. In seinem spezifischen Ich-Welt-Verhältnis konstituiert sich das »Ich« als eine vermittelnde Instanz zwischen den Funktionsabläufen des »Es« und des Über-Ich/Ich-Ideal.

Das Es entspricht den psychobiologischen Manifestationen, die von sich aus geschehen – Über-Ich und Ich-Ideal entsprechen den Manifestationen ahnenden Bewußtseins. Sie entspringen der Vorstellungskraft dessen, was geschehen könnte oder sollte – was wünschenswert wäre, sei es aus Pflicht oder aus Neigung. Das Freudsche »Ich« ist eine schielende Instanz: Sein Auge oszilliert im Hin und Her zwischen dem, was an objektivierbarem Geschehen von sich aus geschieht, und dem, was sich an Wünschbarem entfalten könnte, wenn die gegebenen Verhältnisse in der Welt *anders* wären, als sie es sind. Aus dieser Dialektik heraus schreibt das Freudsche »Ich« seine Entwicklungsgeschichte *mit* seiner Welt. Peter Hamm trifft genau, was die Psychoanalyse mit der Souveränität der Instanz »Ich« intendiert, auf daß diese gute Wahrnehmung schreibe:

»Gute Geschichten schreibt nur, wer das Leben anders sieht als andere – wer sieht, daß das Leben anders sein sollte, als es ist« (Hamm, 1997, S. 88).

Im Freudschen »Ich« wirken immer Manifestationen *objektiven Geistes und Manifestationen subjektiven Geistes*. Als ein je anderes werdendes Bewußtsein verweisen sie aufeinander: In einem wirkt der Verweis auf die Realität, wie sie ist – im anderen wirkt der Verweis auf die Möglichkeit einer *Korrektur*. Das Freudsche »Ich« läßt sich so ausdeuten: Es lebt aus der Differenz zweier Bilder heraus. Das eine zeigt die Welt so, wie sie ist, das andere zeigt sie so, wie sie sein könnte. Im »Ich« verweisen die so gewordene Realität und die gewünschte Wirklichkeit aufeinander und bedingen sich gegenseitig. Im »Ich« geschieht Wahrnehmen im Hin und Her von Traum/Wunsch/

Erwartung und Wirklichkeit. Gemäß Gerald M. Edelman (1992) ein eminent geistig-evolutives Geschehen, welches da aus dem alten Strukturmodell, dem Drei-Instanzen-Modell (vgl. den Beitrag von Leuzinger-Bohleber), zum Vorschein kommt und sich in seiner Art mit der neurodarwinistischen Sichtweise durchaus kompatibel erweist. Edelman legt Geist im Ausleseprozeß definitorisch fest als eine Wirkkraft, die sich in der besonderen Wesensart eines Geschehens manifestiert, das die Tendenz in sich birgt, auf ein *anderes* zu verweisen; in der neurodarwinistischen Konzeption tendiert Geist in dieser seiner Wirkung auf die Ausbildung von Varietas zur Auswahl und Erprobung im Fortgang des schöpferischen Werdens. Gemäß Edelman würde sich im Freudschen »Ich« ein eminentes Anwachsen von Geistigkeit manifestieren – man erkennt nachgerade eine Verdoppelung von geistigen Bewußtseinswelten in einer Wechselwirkung des gegenseitigen Aufeinander-Verweisens. Diese offensichtliche Ergänzung zweier Denkwelten, der psychoanalytischen und der neurodarwinistischen, legitimiert einen neuen Fokus im Dialog im Sinne einer Hypothese: Könnte es sein, daß Geist danach sucht, zwischen Traum und Wirklichkeit, zwischen Geschichte und Gegengeschichte, zwischen Subjektivität und Objektivität aufgehoben zu werden, um so vom sich entwickelnden Ich durch die Lebensgeschichte getragen zu werden? Die Ausgestaltung einer passenden Lebensgeschichte wäre dann das zum eigenen Bewußtsein passende Andere: das eigene Sein! Wenn auch keine erhärtete These, so immerhin eine schöne Vision für die Organisation der Wahrnehmung, auf diese Weise Traum *und* Wirklichkeit in der eigenen Lebensgeschichte aufgehoben zu sehen.

2. Der Verweis auf das Noch-nicht in der Wahrnehmung. Über die Souveränität, das Andere im Gleichen zu erkennen

Mit schönen Visionen ist noch keine Wahrnehmung geschrieben und für *homo sapiens* die Wirklichkeit noch nicht gemacht. Man weiß: Narziß bleibt gern an schönen Bildern hängen – am

Bild traumhafter Vorstellungen seiner selbst genauso wie am Bild verlockender Beschreibungen für seinen Gang durch die Welt. Mit den jeweiligen unterschiedlichen metapsychologischen Wahrnehmungsmodellen (die ja immer Beschreibungen spekulativer Art sind), wie sie auf beiden Seiten des Dialogs vorliegen, kann man unsere Wahrnehmung zwar mehr oder weniger verzücken, ihre Entwicklungsgeschichte ist aber damit weder in Gang gebracht noch geschrieben. Nun aber will die Psychoanalyse gerade dies, daß nämlich der einzelne seine Wahrnehmungsgeschichte auch wirklich vollziehe – und zwar ein jeder möglichst selbsttätig aus seiner eigenen Souveränität heraus; soweit sie sich dafür einsetzt in ihrer *Theorie-Praxis-Verschränkung*, erweist sie sich als ein Angebot, das die Nachbardisziplin ausklammert. *Psychoanalyse in praxi setzt die Wahrnehmungsentwicklung des einzelnen in Gang*, erhält ihre fortschreitende Entwicklung aufrecht und tut dies im therapeutischen Setting, das ihre Forschungsstätte ist und ihre Datenbank bedeutet und worauf sie letztlich alle ihre Modelle zur Überprüfung bezieht. Man wird sehen, daß sich psychoanalytische Reflexion in praxi dem *Noch-Nicht* in Wachstum und Entwicklung weit mehr verschreibt als den Rekonstruktionen des Vergangenen, wenn diese auch für ihr Engagement als Mittel zum Ziel unverzichtbar bleiben. Um was aber geht es im »Setting«, das heißt in der psychoanalytischen *Arbeitsbeziehung?* Ein Blick in die Werkstatt, in welcher dem »Ich« Erfahrungen seiner höchstpersönlichen Wahrnehmungsorganisation aus eigener Anschauung heraus vermittelt werden, damit es diese »kennenlerne, voraussehe und möglicherweise abändere«. Gemäß den Konzepten der Theorie der Technik geht es um folgendes:

1. Die Wahrnehmungsproduktionen, welche das interaktive »Ich« laufend hervorbringt, sollen beobachtet, erkennbar gemacht und gespiegelt werden, und zwar in all ihrem Facettenreichtum subjektiver Eigenart.
2. Dabei soll das Augenmerk spezifisch auf die Sukzession (Morgenthaler, 1978) dieser Produktionen gerichtet werden, das heißt auf das *Nacheinander* ihres Erscheinens, damit zum ersten Spiegel auch das Spiegelbild des zeitlichen Ab-

laufes in der Wahrnehmung erscheine und erkenntlich gemacht werde. Nun kommt hinzu, daß

3. diese *zwei* so gewonnenen *Bilder* in je ein Auge gefaßt werden (das Bild des »Wer bin ich?« und das Bild des »Wohin gehe ich?«), um diese letztlich auf dem Hintergrund des Verlaufs der eigenen Lebensgeschichte erscheinen zu lassen.

Man kann sich das Procedere durchaus in der Art des stereoskopen Sehens denken, wenn das »Ich« sich nun vor seinem inneren Auge als *Figur durch den Raum seiner Zeit schreiten sieht* und dabei ermessen kann, welche Figur es da macht! Um genau diesen Aspekt aber geht es jetzt – nämlich nicht darum, das magische Auge zu würdigen, sondern darum, daß der »Stachel« im Fleisch für Wachstum und Entwicklung nutzbar werde, wenn Narziß die *wirklichen* Dimensionen seiner selbst im Hier und Jetzt seines eigenen Denk-, Fühl- und Handlungsstils im Umgang mit seiner Welt erkennt. Im idealtypischen Fall richtet sich das erkennende Auge jetzt auf das *Noch-nicht* in der Souveränität der eigenen »Ichleistungen«, und dieses wird zum Ansporn für deren Weiterentwicklung – gemäß der Freudschen Psychoanalyse letztlich im Interesse ihrer Einsetzung für den geschichtlichen Fortgang. Im Kontext ist nun interessant, daß die Spezifität des dargelegten Procedere in praxi ein Geschehen in Gang bringt und aufrechterhält, das mit Edelmans neurodarwinistisch- evolutionstheoretischer Sichtweise durchaus kompatibel ist. Zurück zu den drei Schritten: Was bringen sie für die fortschreitende Entwicklung der Wahrnehmung, und inwieweit begünstigen sie die Manifestationen eines Geistigen, das auf die Ausbildung von Varietät verweist, im Interesse von Auswahl, Fortpflanzung und Mehrung der eigenen Art?

1. Soweit es im »Setting« darum geht, die höchstpersönlichen Wahrnehmungsbildungen in ihrer Eigenart und Varietas erkennbar werden zu lassen, um sie sine ira et studio in ihrer Mannigfaltigkeit auch so zu reflektieren, wie sie sich zeigen – seien sie nun intakt oder nicht, tüchtig oder schmächtig, heil oder unheil, bunt oder blaß, brauchbar oder unbrauchbar *für das eigene Werden* – so wird das »Ich« als

»Schöpfer seiner eigenen Wirklichkeiten« sich in jenem Licht und Schatten sehen können, welche seine höchsteigenen Wahrnehmungsgeschöpfe auf ihn werfen. Damit wird dem »Ich« die Möglichkeit gegeben, die unterschiedlichsten Facetten seiner *inneren Möglichkeiten an Produktionsmustern* auszuloten – einerseits im Interesse der Auswahl, andererseits im Interesse eines evolutionären Prozesses der eigenen Wahrnehmungsfunktionen, und zwar so: Wenn sich der Schöpfer und seine Geschöpfe im Spiegelkabinett des psychoanalytischen Erkenntnisprozesses begegnen, wird in der Wahrnehmung ein Prozeß eingeleitet und gefördert, der ein gegenseitiges Schließen und Rückschließen zwischen Produktionsstätte und Produkt ermöglicht: Damit wird in der Wahrnehmung jener *Reflexionsraum* eröffnet, in welchem die Psychoanalyse die Instanz »Ich« ansiedelt – ein Denkraum, aus dem jene eminent geistigen Manifestationen hervorgehen können, die bewirken, daß die Wahrnehmungsfunktionen sich mit uns und wir uns mit ihnen entwickeln.

2. Wenn nun die Theorie der Technik will, daß der Blick im ganzen Procedere auf die Sukzession der Wahrnehmungsschöpfungen gerichtet werden soll, um sie in ihrer Eigenart *als Abfolge in der Zeit* erkennbar werden zu lassen, so können die spezifischen *Tendenzen*, die ihrer Entwicklung unterliegt, in Erscheinung treten. Und soweit nun
3. hinzu kommt, daß die momentanen Tendenzen des Werdens im Hier und Jetzt in ihrer unterschiedlichen Art und Eigenart abgebildet werden auf der Hintergrundtendenz des gesamten lebensgeschichtlichen Verlaufs, wird es dem erkennenden »Ich« ermöglicht, die Suchtendenzen eigenen Werdens in ihren laufenden momentanen Abweichungen vom Insgesamt des lebensgeschichtlichen Erfahrungsprozesses zu *unterscheiden*. Wenn also die persönlichen Suchbewegungen in ihren spezifischen Abweichungen von der fortlaufenden kontinuierlichen Tendenz im Laufe von Wachstum und Entwicklung erfaßt und erkennbar gemacht werden, kann die höchsteigene *Intentionalität* in der Ausrichtung des Werdens mitten in die Gefilde des Noch-nicht

hinein erschlossen werden. In dieser Intentionalität eigenen Werdens zeigt sich das *Erfahrungspotential*, das jeden von uns einzigartig macht, unsere eigentliche Hoheit ausmacht und unser Kapital in der Wahrnehmung bedeutet, das die Psychoanalyse ausschöpfen und dem bewußten »Ich« zur Verfügung stellen will, damit es dieses im Interesse seiner eigenen Entwicklung und der Entwicklung seiner Art einsetze, souverän investiere und mehre!

Man sieht: Das psychoanalytische Setting ist nachgerade durchwirkt vom wechselseitigen Aufeinanderverweisen zweier Perspektiven, welche Manifestationen von Geist im Sinne Edelmans zur Wirkung bringen: Die eine verweist (durch die Art und Eigenart des werdenden Seins hindurch) das werdende Bewußtsein auf das eigene schöpferische Potential, um aus der Vielfalt der Möglichkeiten von schon geschaffenem Sein auf noch nicht Entwickeltes zu schließen. Dieser Verweis gilt der Fülle des Noch-nicht in der Wahrnehmung genauso wie der Fülle des schon Verwirklichten, das sich zur Wahl und Auswahl anbietet als Baumaterial für die Zukunft, zur Erprobung und Bewährung. Die andere Perspektive verweist (durch die sich manifestierenden Abweichungen der suchenden Tendenzen auf dem Boden der eigenen Lebensgeschichte hindurch) werdendes Bewußtsein auf die Vielfalt der Möglichkeiten, eigene Wege durch Raum und Zeit zu suchen und zu finden. Dieser Verweis gilt der Variantenvielfalt, eigenes Sein in Raum und Zeit der eigenen Lebensgeschichte einzubinden – und soweit dies zur Bewährung und Erprobung geschieht, ist Psychoanalyse in praxi nachgerade durchwirkt von der Tendenz, Varietät eigenen Seins im Laufe der eigenen Lebensgeschichte hervorzubringen, zu mehren und in die Phylogenese hineinzutragen. Bei all dieser Kompatibilität mit dem Neurodarwinismus bleibt die Freudsche Psychoanalyse aber mit der Denkwelt der in Band 1 vorgestellten Modelle seitens der Neurowissenschaft unvereinbar im Hinblick auf das Leib-Seele Problem:

Indem die Psychoanalyse dem »Ich« just die suchenden Abweichungen vom kontinuierlichen Fortgang seines Werdens ins Bewußtsein hebt, öffnet sie Tür und Tor für ein eminent *psychologisches* Geschehen, das die rein psychobiologischen Vorgänge registrierenden Gewahrwerdens auf ein anderes hin transzendiert; sie bildet zum Bewußtsein kontinuierlichen Wachstums ein anderes Bewußtsein hinzu, das sich das im Werden Begriffene zu Ende denkt und sich Alternativen imaginiert. Hier erschließt die Psychoanalyse die inneren Welten der Phantasien und des rein Seelischen. An dieser Stelle mutiert Bewußtsein im Sinne registrierenden Gewahrwerdens zur *Imaginationskraft* – ein Vorgang, der es erst ermöglicht, daß werdendes Sein und werdendes Bewußtsein zueinander in ein reflektierendes Verhältnis kommen im Sinne von *Selbstreflexion.* In diesem Geschehen, das die Psychoanalyse als gegeben postuliert, kann man den *Quantensprung* in der Wahrnehmung ausmachen, von dem an verschiedenen Stellen in Band 1 und 2 die Rede ist. Hier kann man auch die Wiege subjektiven Geistes ausmachen, der sich nie ganz und gar an das objektive Geschehen veräußert – der immer einen Teil in der Wahrnehmung für sich zurückbehält in der Wahrung des Interesses, die eigene Souveränität nicht mit Stumpf und Stiel an den Primat »objektiven Geschehens« abzutreten. Von all dem aber will die Nachbardisziplin nichts wissen, und sie wird nicht müde, dies zu bekräftigen mit ihrem Verdikt: »Im Gehirn gibt es keinen Homunculus!«

Trotzdem: Was beide Denkwelten hier verbindet, ist die mit Edelman gestellte Frage, *wie Geist im Körper entsteht* – und auf beiden Seiten des Gesprächs muß man post festum die delikate Antwort schuldig bleiben. Ein jedes der Modelle im vorliegenden Band stellt sich aber diesem Problem auf seine Weise direkt oder indirekt. Mit Edelman läßt sich noch immer fragen, wie sich der Verweis auf ein anderes aus dem biologischen Sein herausbildet. Mit Freud läßt sich fragen, wer das »Ich« gebiert und wie dieses als souveräner Herr seiner eigenen Wünsche zum Knecht des Zivilisationsprozesses mutiert. Und mit der Kognitionspsychologie, die unter dem Informationsansatz die ozeanische Reizfülle des Sinnesaustauschs beschwört (vgl. Mertens, 1994), läßt sich die Frage anschließen, wie Neptunus, der Herr der Meere, sich mit seinem Dreizack – der hier für Denken, Fühlen und Handeln steht – aus den Informationsfluten erhebt und es zustande bringt, in diesem unermeßlichen

Sinnesfluten den Organismus zu sinnvollen Handlungsaufgaben zu führen, wovon dieser auf Gedeih und Verderb abhängt. Die Gretchenfrage im Leib-Geist-Problem bleibt also ungelöst, und sie kann nun dem *homo divinans* zugespielt werden, was das Schlechteste nicht ist. Er ist der »ahnende« innerhalb der Gattung Mensch – der in einer beseelten Welt lebende und also per definitionem geeignet, zu dem, was Faktum ist, ein *anderes* hinzuzudenken. Mit ihm und seinesgleichen also ein Exkurs in die Kognitionspsychologie – auf die Suche nach den Geheimnissen der Leib-Geist-Korrelation – in Form eines reinen Gedankenspiels.

Zur Zeit der kognitiven Revolution, die ganz im Banne der Wunschmaschine stand (Turkle, 1984), lag es nahe, Wahrnehmungsmodelle im Rahmen der Computermetapher zu kreieren. Das Wirken von Geist dachte man sich in Analogie der mythischen Maschine und diese direkt in den Körper, das heißt in das Gehirn hinein!

Wahrnehmung erscheint in diesen Modellen ganz im Licht eines Informationsverarbeitungsprozesses. Der Sinnessignalaustausch wird in seiner ozeanischen Unermeßlichkeit erfaßt und als ein Ansturm von Reizinformationen auf den Organismus Mensch beschrieben, welcher die Kapazität wahrnehmenden Bewußtseins bei weitem übersteigt (Mertens, 1994). Wie nun aber Wahrnehmung unter dem Primat des »pattern-matching« beschreiben, wenn es darum geht, mitten in diese amorphen Sinneswogen hinein sich ein Geistiges zu denken, das ordnend-differenzierend ans Werk geht, so, daß Denken, Fühlen und Handeln sich sinnvoll konstituieren? Mit Baschs Definition von Wahrnehmung soll man sich das reine Wunder so vorstellen:

»Wahrnehmen heißt, aus der Fülle der Reize ein *Muster* selegieren und dieses zur *Figur* auf dem unermeßlichen Ozean von Sinnesempfindungen machen, in dem wir uns befinden« (Basch, 1977, S. 239 f., zitiert nach Mertens 1994, Hervorhebung d.V.).

Geht es in der Wahrnehmung darum, dem Gefühlten *Denkfiguren* zuzuordnen? Was sich da erahnen ließe, wäre ein eminent Geistiges, das Basch allenfalls voraussetzt. Wer erahnen will, welch geistig-schöpferisches Potential in der Wahrnehmung im Sinne Baschs wirkt, muß bereit sein, gerade jetzt noch einmal abzutauchen ins amorphe Getöse der Sinnessignalwogen und sich ernsthaft fragen, wie er es anstellt, Muster zu erkennen und Figuren zu machen. Es geht jetzt nämlich darum, innerhalb der Reizfluten eine einzelne Strömunglinie auf die Gesetzmäßigkeit ihres Verlaufs abtastend zu erahnen, bis sie schließlich als ein Zeichen von Sein in der Form eines Musters abbildbar erkennbar wird und vom Hintergrund der ozeanischen Fluten abgehoben werden kann. Nun kommt hinzu, daß dieses Muster in kristalliner Form festgehalten werden soll in der Intention, eine Figur zu machen. Dies wiederum hat zur Voraussetzung, daß die *Differenz Muster/Figur* bereits erfaßt worden ist, und hier liegt wohl das Geheimnis, das in der Wahrnehmung gemäß Basch – und wahrscheinlich ganz generell – verborgen ist: *Das Erfassen von Muster/Figur* erweist sich für die Wahrnehmung als außerordentlich entscheidend, wenn man sich das so denkt:

Das Muster ist ein Abbild von Zeichen in geregelter Anordnung und mit gesetzmäßigem Verlauf. Auf dem Hintergrund des Musters abgebildet erscheint die Figur als ein *Anderes im Gleichen*: Wie die Zeichen im Muster ist auch die Figur ein Zeichen – ein Zeichen aber, das sich von den Zeichen im Muster unterscheidet, indem es sich gerade *nicht* in das Muster einfügt, sondern just davon abhebt. Mit dem Erfassen der *Figur in Differenz zum Muster* können Zeichen von Sein unterschieden werden bezüglich der Frage: Erscheinen sie in geregelter Anordnung im Raum und gesetzmäßiger Abfolge in der Zeit oder nicht? Mit Basch und über diesen hinaus weitergedacht: *In der Wahrnehmung offenbart sich die immanente Intention, Zeichen des Seins in ihrer Differenz als ein Anderes im Gleichen zu eruieren und bildhaft erkennbar zu machen im Hinblick der Frage: Haben sie eine Zuordnung in Raum und Zeit schon gefunden oder noch-nicht*? In der Differenz Muster/Figur läßt sich der Verweis erschließen, der durch ein schon geortetes Sein hindurchgeht auf ein in Raum und Zeit noch-nicht geortetes hin. Soweit dieser Verweis Neptunus gilt, kann man ihn nun vor dem ahnenden Auge sehen, und man braucht nicht viel Aufwand an Phantasie, sich das Bild auszumalen, wie er die Zeichen des Fühlens und die Zeichen des Denkens im Dreizack verbindet, indem er für beide handelt. Wenn er jetzt an Land steigt, um diese promessi sposi in der Welt da draußen zu orten, ist er vielleicht unterwegs, für die beiden den schönsten Verlauf durch die Welt zu finden. Ob kognitiv-affektive Verknüpfung die schönste Verbindungsgeschichte wäre? Vielleicht noch nicht!

Noch einmal darf im Diskurs die Phantasie spielen. Der nächste Exkurs führt ins Reich der schönen Künste, wo die besten Geschichten und Gegengeschichten geschrieben werden für Denken und Fühlen in einem gemeinsamen Gang durch das Leben und durch die Welt – wer weiß, ob nicht zur Auswahl und zur Erprobung für die lesende Menschheit gedacht? Es mag im Kontext verwundern: Im Rahmen der literaturwissenschaftlichen Studie, um die es im folgenden geht, spricht Peter von Matt (1995) just von den *Figuren*, die sich *nicht* in ein Verlaufsmuster einer Geschichte zwingen lassen. In visionärer Ausstrahlungskraft heben sie sich vom Muster der Hintergrundgeschichte immer wieder ab, um mit voller Ausstrahlungskraft eines Noch-nicht die lesende und erzählende Menschheit in ihren Bann zu nehmen. Das Noch-nicht in der Wahrnehmung zielt darauf ab, die ganze Dynamik an sich zu reißen: Es strahlt heraus aus der *reinen Denkfigur* für einen Verlauf durch Raum und Zeit und bürgt für das *Zeitlose* in der Zeit: Die reine Vision, der reine Traum kehrt wieder aus der Veräußerung an die Zeit und verlangt nach reiner Inkarnation!

3. Von der Souveränität des Traums: Der Rückverweis von der Veräußerung an die objektive Wirklichkeit auf die Hoheit subjektiven Seins

In von Matts Studie steht geschrieben:

»Es ist die unbestreitbare Aufgabe der Literatur, vom gesellschaftlichen Ganzen zu reden und in dessen Verlängerung vom Ganzen der Welt. Ebenso unbestreitbar kann dies die Literatur nur, indem sie von den intimsten menschlichen Konstellationen spricht und aus ihnen heraus erzählt: Mann und Frau im *Flug und Sturz der Liebe*, Eltern und Kinder im *dramatischen Gefüge von Symbiose und Trennung* ... Die Pflicht, vom Ganzen zu reden, und die Unausweichlichkeit, dies nur über das Private tun zu können, begründen zusammen die Symbolhaftigkeit jeder Familie in der Literatur, den allgemein gesellschaftlichen Repräsentationscharakter sowohl der Mitglieder wie des akuten Konflikts« (1995, S. 59, Hervorhebung d.V.).

Man mag erstaunt sein zu hören, daß Literatur in der Pflicht steht, das Ganze des Mensch-Welt-Gefüges für unsere Erinnerung zu horten, und daß sie dies nur kann, indem sie die persönlichsten Einbindungsgeschichten des Denkens und Fühlens in die allererste unserer Wirklichkeiten hinein künstlerisch aufbereitet und in schöpferische Gestalt kleidet. Indem Literatur dies tut, waltet sie also als Hüterin unserer Erinnerung, und es dürfte auch für die psychobiologische Sichtweise unbestritten sein, daß das Gefüge im Rahmen von »Zucht« und »Aufzucht« der Natur des Menschen Zeugnis ablegt für die *conditio humana* – soweit immer der Nesthocker Mensch in diese Verhältnisse hineingeboren wird, um hier seine Wahrnehmungsfunktionen auszubilden und heranreifen zu lassen. Worauf es hier aber ankommt: Gemäß von Matt birgt der Geburtsort unserer Wahrnehmung höchst bewegte Verhältnisse, die in ihrem dramatischen Verlauf den Boden für unsere Entwicklung ausmachen; von Matt suggeriert hier ein Bild des Werdens, das just im Widerspruch steht zu dem, was die Nachbardisziplin in ihren psychobiologischen Modellen entwirft – das pure Gegenteil eines grundsätzlich störungs- und konfliktfreien Anwachsens im Mensch-Welt-Gefüge. Was mag denn so dramatisch sein im Ganzen, wenn wir mit unserem neptunischen Dreizack den Wunsch in das erste Beziehungsgefüge hineintragen, unser Denken und Fühlen hier handelnd zu vermählen? Und mit welchem Recht wird hier die Dramatik dieses Geschehens zum Symbol des Ganzen erkoren, das da Werden und Vergehen heißt in seiner Verlängerung in das größere Ganze der Welt?

Für von Matt ist die Symbolhaftigkeit des Schmelztiegels familiärer Brutstätte offenbar Selbstverständnis. Und wie steht es mit uns? In wem von uns leben nicht jene Spuren weiter, welche die Launen des Gemüts und des Geistes hinterlassen haben, die unser erstes Beziehungsgefüge belebten – und wer unter uns hat sie nicht hautnah erfahren und in seiner Seele eingeschrieben –, die Irrungen und Wirrungen von Liebe und Trennung in jenem Nest, das uns im idealtypischen Fall immer *mehr* bedeutet hat, als nur Futterstätte für Informationen zu sein zwecks optimalem Anwachsen in die Welt hinein? Und wer kann in dieser Verlängerung ins größere Ganze der Welt nicht auch ganz selbstverständlich das Ganze der Dramatik der *conditio humana* ausmachen, um die es immer geht, wenn wir unser hochpersönliches Denken, Fühlen und Handeln in der Welt da draußen einsetzen wollen und diese gemäß ihren eigenen Ansprüchen oder Launen nicht so will, wie wir dies wollen? Wer kennt ihn nicht, den *Wunsch*, der ab ovo in einem jeden Beseelten haust, daß unser spontanes Sein – so, wie es sich unmittelbar äußert – Aufnahme fände in der Welt da draußen und unsere hochsubjektive Art und Eigenart zustimmende Anerkennung? Und wer wüßte nicht, daß dieser Wunsch mehr Traum bleiben muß denn Wirklichkeit werden kann? Ein jeder kennt doch das bewegte und bewegende Schicksal dieses Traumes, wenn die Realität an sich uns in eigener Hoheit entgegentritt mit ihren festgefügten Gesetzen, Regeln, Normen, Sitten und Gebräuchen und uns gerade dadurch *affiziert*, daß sie uns in unserem spontanen Zugriff zur Welt *fördert und hemmt, aufnimmt und zurückweist*; daß sie uns Raum und Zeit anbietet für unser eigenes Denken und Fühlen und auch daß sie uns genau dies auch immer wieder verwehrt! Von Matt kann seitens der psychoanalytischen Sichtweise nur Zustimmung finden: Auch sie legt Zeugnis ab vom dramatischen Schicksal des humanspezifischen Wunsches im Ich-Welt-Gefüge; auch sie kennt den Widerspruch im Subjekt (Parin, 1978; Parin und Parin-Matthèy, 1986), der sich durch all die Widerfahrnisse in die Seele hineinschreibt, die sich ereignen im Zusammenstoß mit der Welt, wenn immer diese die Unmittelbarkeit und Direktheit subjektiven Denkens, Fühlens und Handelns *bricht*. Und mit Ricœur (1965) gilt es genauso:

»Der Wunsch im Freudschen Sinne ist niemals bloße Lebensregung, da er seit je in der intersubjektiven Situation steht. Daher kann man sagen, daß alle Dramen, welche die Psychoanalyse enthüllt, auf der Linie zwischen ›Befriedigung‹ und ›Anerkennung‹ liegen« (S. 486).

Nach so viel Zustimmung zurück zu von Matts Studie: Sie geht der literarischen Aufarbeitung dieser Kernthematik unserer Existenz nach und ist eine Reise durch die ganze Zeitachse von der Antike bis in die Gegenwart hinein, was sie gerade für unseren Kontext so brisant macht: Wir können uns gleichsam selber um die Ecke zuschauen, wie wir schon seit je Söhne und Töchter waren, welche die Welt *anders* sahen – wie immer sie auch war; wir können uns über die Schulter zuschauen, wie wir seit eh und je schon unsere Geschichten *anders* schreiben wollten, als die Welt uns glauben machen wollte, was gut für uns sei; und wir können durch alle zeitbedingten Geschichten und Gegengeschichten den reinen subjektiven Traum huschen sehen, wie er sich durch die Gefilde der Zeit schlängelt, um in eigener Gangart in die Welt hineinzuschreiten – um alle Hindernisse herum! Und letztlich können wir uns immer davon überzeugen lassen: Der Traum kommt nie ganz ungeschoren davon, alles Ränkeschmieden mit unserem Wunsch endet letztlich immer darin, daß subjektiver Geist »Haare« lassen muß – wann immer, wo immer und wie auch immer er in welche objektive Wirklichkeit hineinschreitet.

Wie immer er seine Wege bahnt und seine Kurven anlegt, um heil davonzukommen – die objektiven Geschehnisse holen ihn früher oder später, so oder anders, ein und verlangen mehr Anpassung als uns lieb sein kann – und jede Geschichte liefert eine Erklärungsgeschichte dazu, warum es gerade in diesem Falle ausgerechnet so kommen mußte! Gerade dies ist das Zeitlose am Stoff, den von Matt untersucht und der an keiner Stelle der Zeitachse an Aktualität einbüßt – der die lesende und erzählende Menschheit offenbar unaufhörlich in Atem hält, seit es sie gibt: Jede neu auftauchende Vision eines Subjekts, das sich einen Weg bahnen will, ohne unter die Fuchtel des objektiven Zeitgeistes zu geraten, zieht das ganze gebündelte Interesse der lesenden und erzählenden Welt auf sich mit der Frage: Was wird geschehen? Was wird die Geschichte bringen? Jedesmal ein Stück Leben, und jedesmal so, als wär's ein Stück unseres eigenen Wunschs. Jedesmal aber das Immergleiche in neuer Variante – ein unermüdliches Spiel mit immer wieder neuen Spielformen im Umgang mit dem Ernst des Lebens. Schriftsteller haben – so scheint es – in ihrer fleißigen Bemühung für die Schatzgräber in der Wahrnehmung die herrlichsten Latifundien angelegt. Der »Schöpfer seiner Wirklichkeiten« findet hier Baumaterial in Hülle und Fülle zur Auswahl und Erprobung und braucht sich nicht einmal die Hände schmutzig zu machen bei diesem schönen Tun der ›Nachlese‹; obendrein erhält er Ansporn, sich mutig an sein Werk zu machen, wenn immer sein subjektiver Wunsch in seinem Herzen sich regt. Er braucht sich von der Übermacht der objektiven Welt nicht allzu sehr beeindrucken zu lassen, *weil sie sich hier in all ihren Wandlungen zeigt*: Die Zeugnisse der Literatur über die verschiedensten Einbindungsversuche subjektiven Geistes in eine sich laufend wandelnde Welt hinein relativieren die Übermacht dessen, was unserem Wunsch gegenüber gesetzt ist. So ehern sind die Gesetze, Regeln, Normen, Sitten und Gebräuche denn auch wieder nicht, wie es uns die jeweilige objektive Wirklichkeit weismachen will – im Gegenteil: Sobald sie sich auf der Zeitachse als zeitbedingte erweisen, verlieren sie gegenüber dem Wunsch an Gewalt – währenddem der Wunsch plötzlich zur unverrückbaren *Konstante* wird: Die Gesetze, Sitten, Regeln und Normen verändern sich, je nach aktuellem Stand des Irrtums, im Laufe der Zeit – als *das Zeitlose im ganzen* aber erweist sich der Traum, unsere momentane subjektive Wirklichkeit mit unserer momentanen objektiven Wirklichkeit zu verbinden. Dieser Wunsch treibt das Ganze an, und falls der Schöpfer seiner Wirklichkeit ihm nachfolgt, um mit ihm seine Lebensgeschichte zu schreiben, so wäre dies eine Möglichkeit, subjektiven Geist in die schöpferische Evolution hineinfließen zu lassen. Was wir vom Angebot der Literatur lernen könnten für den Kontext, wäre das: Warum nicht auf das bißchen Anerkennung seitens zeitbedingten Beifalls beim Ganzen verzichten? Dies wäre ein Akt *eigentlicher Mündigkeit seitens des »Ich« in der Wahrnehmung* im Interesse der Emanzipation des humanspezifischen Wunsches. Die Literatur bietet reichhaltigstes

Zeugnis von Desaster *und* Hoffnung für den Fortgang unserer Existenz, falls wir aus ihren Erklärungsgeschichten unsere Schlüsse ziehen, wie wir unsere eigene Welt »verstehen, voraussehen und möglicherweise abändern« könnten.

Entscheidend ist folgendes: Von Matt richtet den Fokus rund um die Aufarbeitungen des Stoffs, der unser Leben bedeutet, just auf den Aspekt, in welches Verhältnis eine Erzählung die ihr zugrunde liegende Vision bringt mit dem herrschenden Ordnungsgefüge ihrer relevanten Zeit:

»Da es in dieser Arbeit um die grundsätzliche Frage geht, wie sich das Bild zur Norm verhält, die Vision zur Regel, der Traum zum Gesetz und wie die Literatur von diesem Verhältnis, aus diesem Verhältnis lebt – sei's im Dienste des Traums, sei's im Dienste des Gesetzes –, muß diese Arbeit auch gesteigert interessiert sein an dem Vorgang, daß aus einer weitläufigen Erzählung eine Vision springt, die, als Hieroglyphe fortlebend in der allgemeinen Seele, ihrerseits wieder Erzählungen hervorruft und vorantreibt« (1995, S. 25).

Was von Matt dem Kulturträger Literatur als Ganzes im Sinne von »Pflicht« zuordnet, dem entsprechen im psychoanalytischen Denken auf der individuellen Ebene die Leistungen des »Ich«. Diese Instanz mit ihrem schielenden Auge geht hervor aus dem Verhältnis der Welt, wie sie ist, und der Welt, wie sie sein könnte, und lebt in diesem Verhältnis von schon Gewordenem und noch nicht Entwickeltem im Zwischen von Traum und Gesetz! Gemäß Freuds nüchternem aufklärerischen Denken hätte es hier das Verhältnis im Sinne brauchbarer Kompromisse zu gestalten. Abschnitt 1 erwog dagegen die Möglichkeit, daß es darum gehen könnte, *Traum und Wirklichkeit in einer passenden Lebensgeschichte aufzuheben*, was ein anderes wäre als die Pragmatik von Kompromißbildungen dies ist. Das Frappante ist nun dies, daß diese Erwägung mit von Matts Untersuchung Auftrieb erhält. Im folgenden wird sich zeigen: Man hat allen Grund anzunehmen, daß unser Gedächtnis *mehr* »dream-driven« zu denken ist denn »failure-driven« – daß *homo sapiens* zwar ein Träumer ist, aber dennoch tief im Faktischen wurzeln muß. Von Matt sieht das Erzählen von Geschichten aus dem Verhältnis von Traum und Gesetz hervorgehen. Es läßt sich homolog ausweitend sagen, daß unsere Verbindungsgeschichten mit unserer Welt – die unser eigenes Leben schreiben – aus dem Verhältnis unserer subjektiven und objektiven Wirklichkeit unserer selbst hervorgehen, daß unsere Existenz sich in diesem Verhältnis konstituiert und aus diesem Verhältnis fortschreibt. So läßt sich auch für unser »Ich« in der Wahrnehmungsorganisation weiter sagen, daß es in der Pflicht steht, *beiden* Bewubtseinswelten zu dienen, die sich im Subjekt eingeschrieben haben. Das »Ich« in der Wahrnehmung soll beiden Wirklichkeitsanteilen gerecht werden, die unsere Existenz ausmachen. Es muß für den reinen Traum und für die Welt der reinen Fakten die Möglichkeiten von Verbindungsgeschichten ausloten. Wenn diese Suche nach dem Verhältnis zwischen Traum und Gesetz mit von Matt in der Welt der Dichtung allemal von der Vision ausgeht und nicht von dem, was Faktum ist, so liegt der Grund nicht darin, daß die Poesie den Träumern unter uns das Wort reden will. von Matts Studie belegt die Tatsache, daß die Visionen es sind, die immer wieder neue Schöpfungen von Verbindungsgeschichten vorantreiben, und nicht das, was Faktum ist. Visionen und Träume sind bezüglich Verbindungsgeschichten für unser Sein primäres *movens* – sie bedeuten den Motor des Ganzen, was da der optimalen Verhältnissuche gilt zwischen den zwei Wirklichkeiten, die unsere Welt bedeuten; sie amten in souveräner Hoheit eines *agent provocateur*, der ein ganz Besonderes sucht. Was mag es sein? Bei von Matt zeigt sich folgendes: Die Vision will immer wieder neu Erzählung werden und

»über die Erzählung einen Platz finden … in der sittlichen Ordnung, einen *Sinn* machen im Gefüge des Gesetzes. Die Erzählung schlägt die Brücke vom Bild zum Gesetz, dergestalt, daß die Gewalt des Bildes gebändigt wird im Nachweis, warum es so habe kommen *müssen* … Man muß den Kupplerdienst genau studieren, den die Literatur da zwischen Bild und Gesetz, Vision und Regel, Traum und Norm leistet. Es ist ein schielendes Unterfangen. Offiziell steht es in der Pflicht des Gesetzes, in Wahrheit aber ist es dem Bild verpflichtet, will es dieses wieder herausholen aus dem Orkus, hereinholen in die Gegenwart« (1995, S. 26, Hervorhebung d.V.).

Man mag erstaunt sein, wie sich da die Verhältnisse zwischen Traum und Gesetz entpuppen und was in diesem Verhältnis hier gesucht wird, wenn die schöne Kupplerin dem *homo sapiens* bei seinem Spagat zwischen Traum und Gesetz unter die Arme greift, der da seinen Lebensbogen spannen soll in Form einer Lebensgeschichte, welche die Brücke schlagen muß vom Traum zur Wirklichkeit:

Es geht erstens darum, die Gewalt des Traums – die Übermacht subjektiver Wirklichkeit – zu bremsen; und zweitens geht es darum, daß subjektiver Geist Sinn finden möge in den festgefügten Ordnungswelten. Ein scheinbarer Widerspruch tut sich auf: Hier wird Zeugnis abgelegt von der gewaltigen Dynamik des Traums, die gebrochen werden muß, und trotzdem läßt die schielende Kupplerin im Verhältnis zum Gesetz dem Traum gegenüber Gnade vor Recht walten. Warum diese Nachsicht gegenüber unserer subjektiven Wirklichkeit und ihrer schöpferischen Urgewalt? Will Literatur Ausgleich schaffen in einer Welt, wo jene eisernen szientistischen Tendenzen anwachsen, welche die »nur« subjektiven Wirklichkeiten verachten und dadurch die kreative Evolution kultureller Art blokkieren? Amtet dieser Kulturträger der Technokratie der totalen Information entgegen, die für den Informationsjäger und -sammler unserer Zukunft fürchten läßt, daß seine subjektiven Welten des Träumens und Erzählens keinen Raum mehr finden in der Realität da draußen? Man kennt die bange Frage, die durch den aktuellen Zeitgeist huscht: Ob *homo sapiens* zunehmend bedroht wird? *Ob subjektive Wirklichkeiten und objektive Wirklichkeiten immer mehr auseinanderdriften?*

Mit von Matt kann man hoffen, daß dem nie so wird, solange es immer die lesende und erzählende Menschheit gibt. Sie wird am entscheidenden *verbindenden* Netz, das unsere Welt im Innersten zusammenhält, weiterspinnen und unsere zwei Wirklichkeiten in Verbindungsgeschichten verweben und sich durchwirken lassen. Hier werden sie zwar immer zwei getrennte Welten bleiben, sich aber wechselseitig bedingen und so unser ganzes kreatives Evolutionspotential weiterhin hervorbringen. Unermüdlich wird hier das *rein Gedachte*, das einer jeden Erzählung zugrunde liegt, wieder hervorspringen als reines Bild und mit ihm der Traum, den es birgt! Mit ungebrochener Kraft wird es aus dem Verlauf durch eine Geschichte hervorleuchten. In unmittelbarer Ausstrahlungskraft wird es sich von jedem Prägungsmuster seitens des Geistes seiner Zeit wieder abheben, als könnte ihm kein Zeitmuster etwas anhaben! Und genau in dieser Unmittelbarkeit, mit welcher die reine Denkfigur aus ihren Veräußerungen an die Geschichte aus dieser wieder hervortaucht, wird sie in aller Zukunft wieder spontan verstanden werden – denn mit von Matt gilt: »Bild ist, was mein Leib versteht.«

Das Verstehen des Visionären im Bild »ereignet« sich »im spürenden Ganzen, dem ich Ich sage« (S. 52). von Matt beschwört nachgerade die Souveränität des Bildes, der reinen Denkfigur, und ihren Traum, den sie birgt: Er strahlt aus jedem Einbindungsversuch in einen erzählenden Text hinein aus diesem wieder hervor – unberührt durch alle Veräußerungsvorschläge an die Welt da draußen. Das reine Bild kehrt wieder in die Welt des reinen Fühlens zurück und wird hier sofort erkannt, das heißt wiedererkannt als das strahlende Noch-nicht, das alles weitertreibt.

»Weil das Verstehen des mythischen Bildes über das Gefühlsganze des Leibes läuft, ist das Bild … in der Geschichte dauerhaft über alle Epochen hin. Die Menschen ändern sich, sagt man mit guten Gründen, nicht aber ändert sich in den paar überblickbaren Jahrtausenden der Kulturgeschichte ihr Leib, die gegliederte Hand nicht mit den empfindlichen Fingerspitzen und nicht der Aufbau des sehenden Auges« (1995, S. 51).

Solange unsere psychobiologischen Verhältnisse so bleiben, wie sie es sind, und solange *homo sapiens* Raum und Zeit findet, seinen Visionen nachzuspüren, wird subjektiver Geist zwar geschoren im Laufe seiner Veräußerung im Fortgang der Geschichte – aber er wird als reines Denkbild ungeschoren wieder zurückkehren in den Schmelztigel, wo alles einmal seinen Anfang nahm im Ozean der Sinnesempfindungen, als sich die Differenz eines rein Gedachten und eines rein Gefühlten in unser »Ich« einschrieb. Nur sind die Verhältnisse mit dieser Rückkehr doch *andere*, als sie es vorher waren: Jetzt verweist das Bild in seiner Differenz zum Muster nicht allein ein in Raum und Zeit Geortetes auf ein in Raum und Zeit Noch-nicht-Geortetes. Das wiederkehrende Bild verweist nun aus seinen Veräußerungen an die objektiven Geschehnisse auf die Subjektivität des rein Gedachten zurück. Subjektiver Geist ruft sich in Erinnerung, damit er in der Welt da draußen nicht ganz verlorengehe!

Der Verweis gilt mit jeder Rückkehr der progredienten Selbstbehauptung subjektiven Geistes im Verlauf der eigenen Lebensgeschichte – und dies erweist sich als der Stoff, der unsere Wahrnehmungswelten im Innersten zusammenhält.

Soweit unser Gedächtnis bereit ist, die Wiederkehr der reinen Vision ebenso ins Auge zu fassen wie das Bild des fortschreitenden Verlaufs durch die Welt, läßt es unser Auge oszillieren im Zwischen der Welt, wie sie ist, und der Welt, wie sie sein könnte. Damit erweist sich *das Gedächtnis als ein agent provocateur für eine schöpferische Evolution in der Richtung eines Suchprozesses nach einem passenden Verhältnis zwischen subjektiver und objektiver Wirklichkeit.* Soweit dies zur Erprobung und Bewährung geschieht, kann man Wahrnehmung als einen subjektiven Theoriebildungsprozeß beschreiben, der nach Möglichkeiten für ein kreatives evolutionäres Verhältnis zwischen Traum/Vision und Wirklichkeit sucht, um dieses zu »verstehen, vorauszusagen und möglicherweise abzuändern«.

Das Beste wäre gefunden, wenn der reine subjektive Traum eines Individuums und die reine objektive Wirklichkeit seiner relevanten Welt in der Gestalt einer passenden Lebensgeschichte aufgehoben wären.

4. Von der Souveränität der Gefühle, über die Hoheit des Wissens zu einem Ausblick auf ein höheres Prinzip: Versuch und Irrtum

Der Exkurs in die Literaturwissenschaft hat die Verhältnisse im Ich-Welt-Gefüge in dramatischem Licht erscheinen lassen – als ein Spannungsfeld im Zwischen von zwei *getrennten* Welten, wo im Miteinander und Gegeneinaner der Sinn auszuloten wäre eines Füreinander. Im ganzen schönen Spannungsfeld soll es aber gleich Kurzschluß geben. Machleidt redet der reinen

Subjektivität das Wort, und dies in einer Absolutheit, ob der man staunen mag:

»Das Postulat, es gebe zwei Wirklichkeiten, eine ›objektive Realität‹ ›da draußen‹ und eine subjektive derart, wie ich die objektive Realität anschaue und wahrnehme bzw. innerlich ›abbilde‹ und erinnere, dieses Postulat wird in dem psychobiologischen und konstruktivistischen Wirklichkeitsverständnis als Fiktion erkannt« (Machleidt, 1997, S. 11, Hervorhebung d.V.).

Dürfen in der neurobiologischen Sichtweise jene Funken nicht mehr sprühen, wenn die »Idee« wie ein Blitz einschlägt beim Gewahrwerden einer Chance, *meine* Welt in die Welt da draußen einzubinden? Nein, so spielt das Ganze gemäß psychobiologischer Betrachtung nicht, denn:

»Die Trennung in eine vom Subjekt unabhängige ›an sich‹ seiende Wirklichkeit (Realität) und eine subjektive Wirklichkeit wird aufgegeben. Jedes Subjekt kennt nur *seine* Welt, in der die anderen als seine Objekte vorkommen« (ebd.).

Ist es nicht schade um all die schönen Funken zwischen dir und mir, wenn uns nur noch die *totale Einverleibung* verbleibt? Wohin mit der schönen Erinnerung an eine Begegnung zwischen mir und dir, als mich deine Welt noch in Spannung versetzen konnte als eine Welt ›an sich‹ und jenen Hunger/Interesse erst weckte, der hier als Initialzündung fürs Ganze steht, das gemäß Machleidt darin enden *muß*, daß ich Dich mir mit Stumpf und Stiel zu eigen mache? Ist dies Zeugnis eines innigen oder eines verschlingenden Verhältnisses zur Welt, wenn alles im Subjekt eingesperrt bleibt, um sich *nie* mehr zu veräußern? Wenn innigste Einverleibung unsere Geschichte schreibt – erinnern wir uns dann am Ende an deren Anfang nicht mehr? Vom Hunger/Interesse her gesehen hieße das zwar geglückte Aneignung! Wie sieht aber unser Glück aus, wenn es in jedem Nachher jedes Vorher vergißt, das seine Bedingung war?

Im ›Gefühlsmodell‹ sind solche Fragen ohne Relevanz. Um eine Ethik des Erinnerns und Vergessens braucht man sich hier keine Gedanken zu machen, denn

»ob jemand gut oder schlecht erinnert, über ein gutes oder schlechtes Gedächtnis verfügt, hängt letztlich von der Funktionsbereitschaft kortikaler Begriffsneurone ab. Und für deren ›So-Sein‹ kann schließlich niemand etwas« (ebd., S. 10).

Ein Freibrief für jeden, der im Zieleinlauf Erfüllung – dem Erreichen seiner hedonischen Befindlichkeit – von der Souveränität »seines« Gegenstandes nichts wissen will. Ein Blick in den Spiegel, der uns das Machleidtsche »Gefühlsmodell« anbietet: Er reflektiert Wahrnehmung als eine Partenogenese. Sie zeugt sich selbst und gebiert sich selbst im Spannungsfeld enorm schöpferisch-dramatischer Gefühlskaskaden, die nichts an sprühenden Funken missen lassen, von denen die Dichtung Zeugnis ablegt. Nur bleibt das ganze Drama im Gehirn von *homo sapiens* eingeschlossen – wie der Konstruktivismus dies so will. Neptunus feuert in seiner Selbstherrlichkeit für sich ganz allein das, was im Insgesamt der geschätzten 10^{27} Verbindungen gemeinsam abgeht – und wie jeder Geburtsakt, ist auch dieser mehr von Schmerz geschrieben denn von Freude. Das autopoietische System, das hier Werden heißt, wird in stürmischer Bewegung gehalten von den Gefühlswogen, die allerdings phasisch gestaltet sind und das Ganze orchestral intonieren. Der Ozean im Sinne Baschs hat sich aus seiner amorphen Gestalt zu einem imposanten musikalischen Opus gemausert. Ein jedes von insgesamt der fünf Empfindungsfelder bildet in je eigener Souveränität sein Solo in der ganzen Sinfonie und hat es darauf abgesehen, aus der Hintergrundmusik hervorzutreten, um in eigener Gestalt ein Zeichen zu setzen für den Ort des Geschehens, das sich hier aufbaut auf ein Ganzes hin:

»Wahrnehmung ist ein aktiver, kreativer und kognitiv-emotiver Prozeß. Eine *geglückte* Wahrnehmung impliziert analog zum Erinnern eine vollständige Gefühlskaskade vom Initialgefühl zum Erfüllungsgefühl« (ebd., S. 19).

Und so sinfoniert sich das Ganze zusammen:

1. Am Anfang aller Ereignisabläufe steht die erwartungsvolle Leere, welche die Hungergefühle intonieren – mit all ihren eigenen Klangfarben von Sehnsucht, Wunsch, Trieb, Verlangen und Interesse. Das Zeichen für das *Vorher* wird hier gesetzt.

2. Die Annäherung an das, dem der ganze Wunsch gegolten hat, signalisiert die Angst; sie setzt das Zeichen für Beengnis, Scham und Bedrohung vor dem nächsten Schritt, durch den das ganze Opus seine Wandlung erfährt:
3. Aggression, Kampf, Ärger und Schmerzen intonieren, um was es nun im eigentlichen geht in der Grenzüberschreitung – im *aggredi* an die Welt: Das Ereignis Aneigung kann beides bedeuten – *Strukturwandel oder Strukturzerstörung*, dafür legen Furcht und Schmerz ihr Zeugnis ab.
4. Und immer folgt das Zeichen des *Danach* in den Mollklängen der Trauer; sie setzt ihr Zeichen und bedeutet, daß Werden durch Wandlung und Zerstörung in beiden Fällen immer auch Sterben heißt: Verlust des Vorher-Gewesenen.
5. Falls die ganze Sinfonie zur Aufführung gelangt, kann sie im Schlußakkord der Freude enden, die das Zeichen setzt für eine Neuschöpfung: ein geglücktes Ganzes in der Wahrnehmung – ein *Erlebnisganzes, das ein Handlungsganzes* umhüllt.

Soviel zur Souveränität der Gefühle, die den Prozeß der Verinnerung steuern: Die Aneignung der Welt, *die Strukturwandel und Strukturzerstörung* bedeutet. Das Modell beschwört lebendige Gefühle und nicht tote Räume und setzt damit die ganze Dramatik des Werdens frei: Hier ereignet sich *erlebtes Leben*, und dieses setzt seine markanten Zeichen für glücklich Ge wandeltes *und* für Zerstörtes, für Leere *und* für Engnis, für Kampf *und* Ärger genauso wie für Alleinsein *und* Verlust, wenn es um die Aneignung von Welt geht in einem höheren Interesse: mit dem Ziel nämlich, eine Neuschöpfung hervorzubringen! Die lebendigen Gefühle weisen in diesem geheimnisvollen Geschehen den Weg; sie *orten* das Werden in Vorher und Nachher – sie setzen das Zeichen für die Mitte, durch die sich die Wandlung vollzieht oder die Zerstörung. Diese lebendigen Gefühle sind es, die daran erinnern, daß Werden immer auch Vergehen heißt: Abschied und Verlust – also nie nur Wohlbefindensregulierung bedeuten kann. Schwer verständlich ist, weshalb die psychobiologische Sichtweise im homöostaseregulierenden Prinzip so hartnäckig die treibende Kraft für alles Sein und Werden sieht – Machleidt nicht anders als Koukkou und Lehmann (1997) in ihrem Modell. Dabei gibt gerade *sein* psychobiologischer Schöpfungsbericht Anlaß, den Schöpfer seiner Wirklichkeiten weit konfliktvoller und störungsanfälliger zu sehen als einen freudigen Sieger, auf den Narziß in diesem Spiegel festgelegt wird. Hier gilt für das Ganze *die explizite Teleologie der Aufrechterhaltung des hedonischen Tonus* – über alle Schrecknisse dieser Gefühlskaskaden hinweg. Als störend werden diese markanten Zeichen nur empfunden, »wenn sie in ihrer überwertigen (hypertrophen) ›neurotischen‹ oder ›psychotischen‹ Form erlebt werden« (ebd., S. 16).

Gehört Narziß, dem Sieger, die Welt? Ist die Prädominanz geglückter Neuschöpfungen die Regel in der Aneignung von Welt? Kann man sie zum alleinigen Gesetz erheben? Ist die Geschichte freudvoller Erfüllung Normalfall? Wohl nur unter der Bedingung, daß die Realität ›an sich‹ vergessen bleibt. Wohl nur unter der Voraussetzung, daß es in der Wahrnehmung *nie* zu jener Entwicklung kommt, wo Narziß und all seine Geschöpfe sich im Vis-à-vis eines reflektierenden Verhältnisses begegnen (von welchem im Abschnitt 3 die Rede war). Man kann die Bedingungen für die Wahrnehmung zwar so setzen, wie Machleidt dies tut – aber zwingend ist das nicht! Zudem ist es auch nicht nur zum Guten für *homo sapiens*. Dazu später. Zur Frage nach dem Gewinn.

Homo sapiens kann ihn einstreichen, wenn er sich in seiner bequemen Hängematte der auserwählten Erinnerungen an »Erfülltes« wohlig »über Wasser hält«; das Getöse der Gefühlskaskaden, die auch *Zerstörung* markieren, muß ihn nicht aus seinem Frieden mit sich werfen. Zudem braucht er nicht an Land zu gehen, um zu erfahren, was die Realität »an sich« von ihm und seinen Taten hält, und er braucht die Welt nicht wahrzunehmen, wenn sie sich seinem Zugriff entgegenstellt. Und obendrein: Er kann sich in der Gewißheit wiegen, daß er sich an jenem Ort in sich selber aufhebt, *wo die Verhältnisse in der Wahrnehmung eine Empfindung für das Wesentliche zeigen*: eine geglückte Neuschöpfung. Eine immense Leistung in der Entwicklung der Wahrnehmung – und darob freut sich *homo sapiens* zu Recht –, wenn sich die Gefühlswelt in unserem Atelier des Inneren so weit ausgebildet hat, daß die Gefühle ein Ganzes erkennen. Man kann nur zustimmen, wenn Machleidt die Funktionsweise und die Strukturen des Gehirns in ihrem schöpferischen und gleichzeitig erkennenden Potential der emotiv-kognitiven Prozessierung hervorhebt – nachgerade lobt. Mit Peter Hamm heißt es, daß Loben die schönste Art zu sprechen sei – es heiße zustimmen, und die eigene Stimme werde durch Zustimmen gestärkt. Doch gleichzeitig wendet er ein:

»Denn wofür lobt man denn gemeinhin die Dichter? Doch dafür, daß sie – kurz gesagt – aus Schmerz Genuß machen, aus Schrecken Schönheit« (Hamm, 1997).

Man sieht Machleidt die Funktionsweise des Gehirns gerade für *diese* seine Leistung loben, daß es letzlich die *hedonische Position über allen Schrecken und Schmerz hinausheben kann*, der aus dem Kampf des Hungers mit seinem Gegenstand hervorgeht – wenn immer aus diesem Verhältnis heraus jene Wandlung geschieht, die alle Tragik des Aneignungsprozesses ob der *Ausstrahlungskraft* eines neu gewordenen geglückten Ganzen vergessen läßt. In diesem Geschehen sieht man den Verweis, daß der ganze schauerliche und schmerzliche Kampf, den der Aneignungshunger mit der Welt ausficht, Sinn ergibt im gesetzten Fall, daß ein geglücktes Ganzes als Neuschöpfung hervorgeht. Dies allerdings wäre mit Edelman das Wirken eines Geistigen, wenn hier das von der Biologie eisern vertretene Prinzip der Homöostaseregulierung auf ein anderes verweist: auf das schöpferische Prinzip, welches durch das spürende Erfassen hindurch das Hervorbringen eines geglückten Ganzen intendiert. Was aber ist ein geglücktes Ganzes?

Bei Machleidt erweist sich das gesuchte Geschöpf als ein *Erlebnisganzes, welches das Ereignis Tat umhüllt.* Was bedeutet dies für den Kontext? Erstaunlicherweise nichts anderes als just eine Weiterentwicklung des nur rudimentär Angelegten in der Wahrnehmungsdefinition von Basch: Aus wiederkehrenden Mustern phasisch gestalteter Gefühlsverläufe wird eine Figur gemacht, die Wandlung durch Handlung bedeutet. Sie hebt sich vom düsteren Verlauf der dunklen Gefühlsmuster ab als ein *reines Bild* eines geglückten Ganzen. Eine Handlungsfigur, die im goldenen Licht erscheint und deren mystischer Kern von Wandlung erzählt. Nur bleibt die Außenwelt ausgesperrt aus dem Gehirn, und so erfahren wir nicht, wie eine Verbindungsgeschichte entstehen könnte, die den Bezug dieser Schöpfung zum gesellschaftlichen größeren Ganzen herstellt. Was Wandlung in der Verinnerung ist, was letztlich »Sublimation« bedeutet, gibt der Blick ins Labor der Neurowissenschaft nicht frei; wir bleiben vor dem Geheimnis weiterhin stehen, das auch die Konzepte der Psychoanalyse letztlich nicht zu lüften vermögen. Wir sind nun aber reicher durch die Erfahrung der Kompatibilität von Machleidt mit Basch und von Matt und bereichert durch die Ahnung, daß sich Wandlung vollzieht im Ereignisbogen, der sich aufspannt über mir (Hunger/Wunsch) und dir (meinem Objekt). Ein Ereignis schlägt hier die Brücke zwischen Vorher und Nachher, das Verinnerung heißt, durch welche jenes geglückte Ganze hervorgeht, das alles an sich bindet, was im autopoietischen System die Welt zusammenhält. Wenn es aber in diesem System verboten ist, daß die gewandelten Geschöpfe sich von ihrem Schöpfer trennen, um sich in der Realität »an sich« zu behaupten – und ginge es nur darum, eine zweite Meinung zu ihrem So-Sein einzuholen –, so sei es hier wenigstens gestattet, dieser subjektiven Wirklichkeit des reinen Empfindens dasjenige des reinen Denkens noch gegenüberzustellen: Gemäß Aristoteles findet die Erfahrung eines Ganzen über die Läuterung der Gefühle letztlich auf der Ebene der reinen Erkenntnis statt. Er bestimmt:

»Ganz ist, was Anfang, Mitte und Ende besitzt. Anfang ist, was selbst nicht notwendig auf ein anderes folgt, aus dem aber ein anderes wird oder entsteht. Ende umgekehrt, was selbst aus anderem folgt, aus Notwendigkeit oder in der Regel, ohne daß aus ihm etwas weiteres mehr entsteht. Mitte endlich, was nach anderem und vor anderem ist« (Aristoteles, Von der Dichtkunst, S. 401).

Aristoteles bestimmt das Ganze in dieser Art für die Dichtkunst, im Interesse des Vermittelns der reinen Freude an der Erkenntnis: Die epische Erzählweise soll so gestaltet sein,

»... daß sie sich auf eine einzige, geschlossene und vollständige Handlung beziehen soll, mit einem Anfang, Mitte und Abschluß, damit das

Ganze wie ein organisches Wesen die entsprechende Freude hervorbringt« (ebd., S. 425).

Wenn es bei Machleidt um das reine Empfinden eines geglückten Ganzen geht, so bei Aristoteles letztlich um das reflektierende reine Erkennen: das Aufzeigen eines Denkbildes eines Ganzen, das Glück und Unglück umfassen kann. Was in Wirklichkeit bloß mit großen Schmerzen betrachtet werden kann, bereitet im Kunstwerk Vergnügen:

»Ursache davon ist eben dies, daß das Lernen nicht nur für die Philosophen das erfreulichste ist, sondern ebenso auch für die anderen Menschen; doch kommen diese nur wenig dazu. Darum also haben sie Freude an Bildern, weil sie beim Anschauen etwas herausfinden und lernen ...« (ebd., S. 395).

Aristoteles will vermitteln, daß Glück und Unglück nicht durch unsere »Qualifikation« gegeben sind, sondern durch unsere *Taten*.

»Qualifiziert sind die Menschen je nach ihrem Charakter, glücklich oder unglücklich sind sie aber auf Grund ihrer Handlungen« (ebd., S. 399).

Der Vollzug der Handlung hat es in sich, daß Glück in Unglück umschlagen kann. Diese Peripetie ist im Falle der griechischen Tragödie *der bevorzugte Stoff*, den es zu lernen gibt: Menschliches Schicksal birgt immer die Möglichkeit, daß durch Handlung der Umschlag von Glück in Unglück geschieht – daß der Held wider Erwarten und zudem folgerichtig ins eigene Verderben stürzt –, im Falle der Tragik ohne Schuld und Schlechtigkeit, sondern aus Zufall oder Unwissenheit: Was Pathos im Sinne der griechischen Tragödie vermitteln will, ist die Katharsis in der Erkenntnis, das heißt die ›Reinigung‹ der schrecklichen Affekte durch die Einsicht, daß die conditio humana so *ist*, wie sie ist: *Klüger sind wir immer erst nach gemachter Erfahrung*, und: Irrtum ist immer vorbehalten, wenn es um Neuschöpfungen geht und nicht lediglich um Reproduktionen des Schon-Gehabten-Bewährten!

Von wieder anderen Verhältnissen in der Wahrnehmung erzählt das »Zustandswechsel-Modell« mit seinen Implikationen für Wachstum und Entwicklung, das Koukkou und Lehmann vorlegen. Und wieder kann man staunen, welch starkes Wort hier gesprochen wird:

»... alle Formen menschlicher Konflikte am Ende des 20. Jahrhunderts (Konflikt zwischen Generationen, Nationen, Religionen und Geschlechtern sowie auch zwischen Menschen und anderen Partnern in Natur und Leben) müssen gesucht werden in *irrtümlichen Annahmen über die menschliche Natur*, welche der Mensch formuliert hat während seiner historischen Bemühungen, die organisierenden Prinzipien und den Zweck seines eigenen Verhaltens zu erklären, und welche aus verschiedenen historischen Gründen eine breite Akzeptanz gefunden haben in Form von erkenntnis- oder wissenschaftstheoretischen und/oder philosophischen-religiösen Positionen. Wir sind in der glücklichen Lage, viele andere Autoren zitieren zu können, die direkt oder indirekt zu den gleichen Schlußfolgerungen gekommen sind: Selye (1952) zum Beispiel sagte, daß die Gründe der Konflikte der Menschheit nicht mehr in der menschlichen Natur selbst gesucht werden sollen, sondern hauptsächlich in den verschiedenen theoretischen Erklärungen der menschlichen Natur« (Kapitel 2 im Beitrag von Koukkou und Lehmann in Band 1).

Sollen wir auf Erklärungsversuche unserer selbst verzichten – oder worauf wollen die Autoren hinaus? Gilt hier die Maxime »Du sollst Dir kein Bildnis machen«; oder wäre das Übel nur darin zu sehen, daß Narziß dazu neigt, sich erstens falsche Bilder zu machen und zweitens sich darin noch wohlzugefallen, und dies seit eh bis kurz vor dem bevorstehenden Jahrtausendwechsel? Und wenn dem schon so ist, wie hier bezeugt wird – daß nämlich unsere Natur dazu neigt, sich auch falsche Bilder zu machen neben richtigen – wie kann man dann den Schluß ziehen, daß unsere Natur nicht selbst den Grund für dieses unser Tun mitliefert? Zwingend jedenfalls ist der Schluß nicht, den Koukkou und Lehmann mit so vielen Autoren offenbar gemeinsam ziehen. Trotzdem ist man neugierig zu erfahren, was sie vorschlagen, um allem Übel in der Menschheit endlich den Garaus zu machen. Wie wollen sie die Verhältnisse im Ich-Welt-Gefüge gestalten, so, daß »falsche Bilder« grundsätzlich keine Chance mehr haben, den Weg in die Speicher unseres Gehirns zu finden?

Die Autoren spielen den Primat dem *»richtigen Wissen«* zu im

Sinne eines Informationsverarbeitungs-Knowhows im Interesse einer funktionalen Einheit Organismus-Mensch/Welt (vgl. auch Koukkou und Lehmann, 1989, 1994). Subjektive und objektive Wirklichkeit gelten hier zwar als getrennt, aber sie vermählen sich laufend durch die Wissenskreisläufe, die auf die Aufrechterhaltung der psychobiologischen Gesundheit (Wohlbefinden) im Verlauf von Wachstum und Entwicklung abzielen. Auch hier gilt, wie bei Machleidt, daß grundsätzlich störungs- und konfliktfreies Werden Normalfall ist, sofern die von Natur aus gegebene psychobiologische Funktionsweise des Gehirns unser aller Geschichte schreibt. Wie sieht ein Ich-Welt-Gefüge aus, das ein rein funktionales ist und in welchem grundsätzlich keine Störungen und Konflikte auftreten?

Voraussetzung ist, daß der Organismus Mensch (das Subjekt) sich mit seiner relevanten Realität »an sich« zu einem dyadischen Gefüge zusammenschließt in Form eines selbstregulierenden geschlossenen Systems. So kann man davon ausgehen, daß das System nur jenes Wissen weiterzirkulieren läßt, welches es selbst als richtig anerkennt. Richtiges Wissen heißt hier *Anpassungswissen*. Vorausgesetzt, das Individuum Mensch wird sein Verhältnis zur Welt als reine Anpassung an die objektiven Gegebenheiten ausgestalten und ab ovo in alle Zukunft hinein dabei bleiben, kann es damit rechnen, daß es sich durch alles Werden hindurch vom wissensosmotischen Austausch im Gleichgewicht tragen lassen kann. Die Prämie Störungs- und Konfliktfreiheit gilt, solange sich wahrnehmendes Bewußtsein von der Nabelschnur ›Infofeedbackschlaufe‹ allein ernähren läßt. Diese infundiert das Wissen, das ein denkend-fühlend-handelndes Wesen braucht, um *alle seine Handlungsabläufe* in geschmeidigen Gleichklang mit den im System geltenden Gesetzen zu organisieren. Die Gesetze gelten absolut – die Nabelschnur will nie durchschnitten sein: Keine Träume, keine Visionen, die das hier etablierte System auf ein anderes hin transzendieren. Die Verhältnisse bleiben für immer, wie das System dies will: dyadisch geregelt und ausschließlich funktional gestaltet. Im Interesse ihrer Bewahrung wird die reine Anpassungsleistung vom Subjekt gefordert. Wohin führt uns Wachstum und Entwicklung auf diesem Weg? Zwar wissens-

und zustandsabhängig, aber doch stetig zum Idealtypischen hin – was hier heißt: Wir funktionieren »automatisch« und grundsätzlich störungsfrei. Soll dies das Ende der Geschichte sein? Wird *homo sapiens* sich damit glücklich schätzen und hierin das Ganze für Wachstum und Entwicklung erkennen – oder vielleicht *noch-nicht*? Wird er nicht, wenn er dyadische und funktionale Verhältnisse einmal beherrscht, weitersuchen, um andere Verhältnisse zu finden, die vielleicht störungs- und konfliktanfälliger sein könnten, aber verlockender, als eine automatische Anpassungsgeschichte dies ist? Was, wenn sich ein Subjekt jetzt ein bißchen Widerstand hinzudenkt, und ginge es nur darum, ein Quentchen Varietät auszubilden im Angepaßten all überall?

Genau hier liegt die Schwierigkeit: Denkerisch schließt das Modell Erwägungen in dieser Richtung aus: Den Homunculus im Gehirn gibt es nicht! Das Modell sieht keine Instanz vor, welche die im dyadischen System gegebenen psychobiologischen Verhältnisse grundsätzlich auf ein anderes hin in Frage stellt. Der Wahrnehmende bleibt ohne Möglichkeit eines selbstgewählten Bezugs zum Gesetzten, so, daß ein Prozeß in Richtung Veränderung des Systems denkerisch ausgeschlossen bleibt. Hier muß die Entwicklung der Wahrnehmung stehen bleiben!

Die beiden psychobiologischen Sichtweisen – ein »Gefühlsmodell« (Machleidt) und ein »Wissensmodell« (Koukkou und Lehmann) suggerieren je ganz andere Verhältnisse in der Wahrnehmung. Was sie vereint, ist der Primat der Homöostaseregulierung und die Betonung, daß grundsätzlich störungs- und konfliktfreies Sein und Werden unserer Natur gemäß sei. Paradiesische Voraussetzungen gelten hier als Grundannahme für die Beschreibung eines Verlaufs durch unsere Wirklichkeit. Hier erscheint das Bild des alten Paradiesmythos. Aber ist die Suggestion glaubhaft, daß der Sündenfall ausgeschlossen werden kann? Das »Wissensmodell« von Koukkou und Lehmann setzt in diesem Interesse die Gesetze im System als absolut. Gibt es da noch eine Kraft – eine Vision –, die aus diesem Modell herausspringt, die als Hieroglyphe (von Matt) in der allgemeinen Seele Erzählung hervorruft und weiter vorantreibt? Müssen hier nicht die Verhältnisse immer dieselben bleiben und Systemwandel verhindern? Auch aus Machleidts Modell springt eine Variation des archaischen Paradiesbildes hervor – allerdings an einer anderen Schnittstelle des alttestamentlichen Schöpfungsberichts. Man sieht *homo sapiens* in der Arche Noah goldener Erinnerungsbilder an geglückte Geschöpfe freudig ruhen und in diesem Netz als Auserwählter über die Sintflut getragen, die alle Schrecknisse des Mißglückten tilgt; man sieht den Schöpfer in sein eigenes Werk eingreifen *nach* der Vertreibung aus dem Paradies und sich am Guten nur erfreuen.

Die beiden Visionen, die sich aus den neurowissenschaftlichen Modellen ergeben, reizen das magische Auge, in ihrer Differenz zu oszillieren: Wenn man in den Visionen des Zustandswechsel-Modells das *Know-how* erblickt zur Zubereitung des Bodens, den das schöpferisch-bildende Tun im Sinne Machleidts erst durchstoßen muß, um zu gedeihen, kann man sich diese Vermählung ins gesellschaftliche Ganze hinein verlängert so weiterdenken, daß es in der Apotheose der Erkenntnis eines vollendeten lebendig-geschöpften Ganzen enden kann – zur reinen Freude für uns alle! Wer jetzt in diesem erbaulichen Bild das ganze und richtige Bild der Verhältnisse in der Wahrnehmung noch nicht anerkennen will, der muß ein Störenfried sein! Warum den Diskurs nicht mit diesem Ausblick schließen?

Weil unsere Natur so ist, wie sie ist: Unser Denken, Handeln und Fühlen kann nur selten in der ganzen Herrlichkeit einer Schöpfungshymne aufgehen. Auf dem Weg der alltäglichen Erfahrungsbildung unter den Irdischen zeigt es sich durchaus häufig, daß nämlich die Vollendung einer Neuschöpfung auf der Strecke bleiben muß. Oft präsentiert sich ein Schiefes oder Krummes, ein Unangepaßtes dem Gehirn als sein Werk. Die ganze herrliche Orchestrierung muß dann in sich zusammenfallen. Die Frage ist nun diese: Was passiert mit all den »Störfällen«, wenn man das Verarbeiten allein auf die Basis der Erhaltung der *Wahrnehmungsidentität* von Geglücktem und Heilem stellen will? Was muß mit all dem geschehenen, das sich der zu erwartenden Wahrnehmung in die Quere stellt, wenn damit nicht *grundsätzlich* gerechnet werden will? Es muß immer das Unvorhergesehene bleiben, es kann nicht verstanden, vorausgesehen und möglicherweise abgeändert werden. Es muß zwangsläufig in den Orkus des *Nicht-Wahrgenommenen* verwiesen werden! Das homöostaseregulierende Prinzip begünstigt im Falle seiner Prädominanz in der Regulierung der Wahrnehmung auf spezifische Weise die *Produktion von Unbewußtheit*, die dem Ganzen in der Wahrnehmung schadet. Für die Betrachtung im Kontext ist nun folgendes entscheidend: Wie wird *homo sapiens* reagieren, wenn er in der beschriebenen Gleichgewichtsregulierung der beiden Modelle oder in deren Vermählung sich in einem Automatismus des So-Werdens-an-sich einrichtet, in jenen Fällen, wo das Ausgeschlossene – das Unbewußte – sich zurückmeldet: als *agent provocateur*? Als *erinnerte Wirklichkeiten*, die Narziß noch nicht zur Kenntnis genommen hat. Wenn aus dem Orkus Bilder hervorspringen, aus denen das Mißglückte, Unangepaßte, Widersprüchliche, Unvollendete sich zurückmeldet – um Platz zu finden und Sinn zu ergeben in einem Ordnungsgefüge?

In Wahrnehmungsverhältnissen, die auch *Irrtum anerkennen* und die Tatsache, daß wir dazu neigen, uns zu *täuschen* und an falschen Bildern hängenzubleiben, muß neben dem homöostaseregulierenden noch einem anderen Prinzip die Hoheit zugespielt werden: dem Prinzip von Versuch und Irrtum. Dieses übernimmt die Führung, wenn es um Erfahrungslernen und Einsichtsbildung geht. Wenn immer das Gedächtnis jene Bilder zurückbringt, welche die Homöostase stören oder uns in Konflikt bringen mit unserer Begrenztheit in der Wahrnehmung. Jetzt heißt es innehalten im Automatismus des Weiterfahrens auf den eingefahrenen Geleisen und überprüfen! Ist die Wahrheit zumutbar oder nicht, kann die Enttäuschung verkraftet werden oder nicht – können die eingespielten Regeln verändert werden oder nicht? Ist Lernen durch Erfahrung im Hier und Jetzt möglich oder nicht? Wenn ja, heißt es »Störung«, »Ungleichgewicht«, Konflikt aushalten, um der Chance willen, die Verhältnisse anders zu gestalten, als sie sind.

Allerdings: Dies verlangt die Einsetzung des »Ich« für die schöpferische *Weiterentwicklung* im Interesse aller und die nötige Tragkraft dazu. Zudem das, was man ein Einsehen nennt! Eine Bewährungsprobe für den »Schöpfer seiner Wirklichkeiten«. Der alte Paradiesmythos erzählt davon: von einem Verhältnis zwischen dem Schöpfer und seinen Geschöpfen, das beinahe definitiv in die Brüche gegangen wäre an dieser Stelle. Jener archaische Gott hat sich letzlich bewährt: Er hat seinen Irrtum eingesehen, für den er mit viel Ärger bezahlen mußte. Dazu mehr im nächsten Abschnitt. Vorerst zum Gewinn, der aus dem Dialog mit der Nachbarwissenschaft hervorgehen kann:

Die Krönung der Wahrnehmungsentwicklung ist mit der herrlichen Vermählung zweier organisierender Prinzipien noch nicht erreicht: Die Verbindung des schöpferischen Prinzips mit dem homöostaseregulierenden Prinzip als dynamische Interaktion, gedacht zwischen *wissendem und fühlendem* Zugang zur Welt, kann das Ganze die Wahrnehmungsverhältnisse allein nicht ausmachen. Die Suche auf ein Geistigeres hin im Prozeß der Vergesellschaftung verlangt einen weiteren Bewährungsprozeß: an der Stelle nämlich, wo sich Handeln gemäß der beiden vermählten Wirkkräfte als »Irrtum« erweist. In entscheidenden Lebensbelangen bedeutet Irrtum grundsätzliche Diskontinuität unseres Seins und dies immer eine heftige Erschütterung. Bewährung an dieser Stelle heißt: die Bilder respektive die Erklärungen unseres So-Seins neu zu überdenken und dem Prinzip Versuch und Irrtum in jeder Erfahrungsgeschichte den Vorrang zuzuspielen gegenüber dem Wohlbefinden im Hier und Jetzt. Nun geht es darum, die Wahrnehmungsbildung vorantreiben im Interesse eines sich immer weiterentwickelnden Erkenntnisprozesses – eines subjektiven Theoriebildungsprozesses, der uns weiterführt in den Erklärungsversuchen über »unsere organisierenden Prinzipien« und den »Zweck« unseres »Verhaltens«. Es würde heißen, das schöpferische Prinzip in den Dienst des Prinzips von Versuch und Irrtum zu stellen und am Primat »richtigen« Wissens mit der nötigen Vorsicht Zweifel anzumelden – auch in einem Gleichgewichtssystem. Dies aber verlangt, die Bilder idyllischer Verhältnisse der *conditio humana* genauso zu würdigen wie Bilder vom häßlichen Sein und alles, was im Kontinuum dazwischen liegt. Dies geschähe im Interesse des Verstehens, Voraussehens und Abänderns auf ein Anderes hin, das ein Heileres sein könnte fürs gesellschaftliche Ganze.

5. Wachstum zwischen Tücke und Chance. Spekulationen über den Sinn der Ontogenese

Was könnte der Sinn des Ganzen sein, wenn wir in der Wahrnehmungsorganisation den Primat der subjektiven Erfahrungsbildung zuspielen – obwohl sich doch in Abschnitt 4 gezeigt hat, daß Erfahrungsbildung nie in erhebenden Erkenntnissen ruhen bleibt, daß Erleben und Erfahren uns stets aufs neue durch unser konkretes Handeln hindurchtreiben und dadurch immer wieder unser Glück und Unglück schreiben (Aristoteles). Das Ganze ist wohl nicht umsonst – denn im Falle von Lernen gilt: Im nachhinein sind wir klüger! Das System bringt im Falle von subjektivem Erfahrungslernen die Progredienz von *Intelligenz und Klugheit* hervor. Wie steht es damit heute? Zwar springen uns im Zeitalter der totalen Information Lern-Bilder überall an – aber feilschen sie nicht weit mehr um sofortige Aneignung denn um Reflexion? Gemäß Aristoteles ist Lernen durch Erfahrung zwar das Erfreulichste für uns Menschen, doch er meint, wir kämen nur wenig dazu. Das Resultat des Zivilisationsprozesses könnte ihm recht geben und würde es legitimieren, den Grund in der Natur unserer Wahrnehmung selbst zu suchen. Sie stellt uns nämlich vor das Problem, daß der Prädominanz des Geistigeren keine allzu großen Chancen winken: Während die Möglichkeiten reinen Denkens zwar schier unbegrenzt scheinen, bleibt die konkrete Lebenserfahrung für uns alle im Laufe einer Lebensspanne sehr begrenzt. Konkretes Handeln wird zudem limitiert durch die Begrenztheit des eigenen Zeitgeistes in seinen festgefügten Gesetzen, Regeln und Normen!

Das Fatale liegt am Umstand, daß reiner Geist Haare lassen *muß*, wenn er sich über das Erleben und Erfahren handelnd in die Wirklichkeit einbringen will, das heißt, er verbraucht sich selbst! Ein Glück also immer, wenn Visionen uns zufallen und anspornen, wie von Matt dies beschreibt. Will man *intelligente Systeme* hervorbringen, so muß das reine Denken die Geschichte der Korrelation mit dem Leib-Gewordenen (Fühlen und Handeln im Sinne von Machleidt) immer wieder aufs neue überprüfen, fortschreiben und umschreiben. Diese Rückbindung des reinen Denkens an das So-Sein heißt aber unter dem Aspekt freien und ungebundenen Denkens immer *Einengung durch einen Kontext und Festlegung auf diesen.* So herrlich sind also die Verhältnisse in der Natur der Wahrnehmung nicht, daß man sie in ihrem ganzen verlockenden Potential bedenkenlos spielen lassen kann: Unsere Wahrnehmungsfunktionen sind wohl tüchtiger – experimentier- und lernfähiger, als wir dies zulassen. Sie bergen durchaus ihre Tücken, denn vollkommen sind sie nicht! Solange Geist im Fleische wohnt, ist es immer eine Anstrengung, die trägen Massen des So-Gewordenen wirklich in Bewegung zu setzen. Es bedeutet stets weniger Aufwand, sich mit dem So-Gewordenen zu arrangieren. Die Natur unserer Wahrnehmung ist so beschaffen, daß man sich in einem psychosozialen Arrangement mit seiner Wirklichkeit in gemeinsamen Frieden wiegen *kann* – selbst wenn beiden Beteiligten klar ist, daß dieser noch-nicht die klügsten Verhältnisse verwirklicht. Dies liegt an der Tatsache, daß die Natur unserer Wahrnehmung uns beides offen läßt: Sobald sich der Friede von seiner trügerischen Seite her zeigt, können wir *die Augen öffnen oder schließen.* Es steht uns frei, ob wir neues Bewußtsein und neues So-Sein schaffen oder ob wir Unbewußtheit produzieren. *Nicht-Wahrnehmen* ist uns häufiger zugänglich, als es im Interesse forschreitender Klugheit gut für uns ist. Der Unschuldige werfe den ersten Stein! Wer kennt den Impuls nicht, dem homöostaseregulierenden Prinzip den Vorrang zuzuspielen und der Schwerkraft des So-Gewordenen die Gesetzgebung zu überlassen, wenn neue Bewußtseinsbildung und die Schaffung neuen Seins uns mehr Einsatz abverlangt, als uns lieb ist (und dies einmal ganz abgesehen von jenen Fällen, wo uns die Tragkraft wirklich fehlt, Entwicklung voranzutreiben; auch dies liegt in unserer Natur und schreibt mit an unserem Geschick). Nur reger, lernfreudiger und visionärer Geist zieht im Falle der freien Wahl beim Auftreten eines Störfalls (eines

Irrtums oder eines grundsätzlichen Konflikts) Wahrnehmen dem Nicht-Wahrnehmen vor und treibt das Ganze über Versuch und Irrtum weiter voran in Richtung Einsichtsbildung. Reger Geist träumt einen anderen Traum als die Fortschreibung der immergleichen Verhältnisse unter Bewahrung des Wohlbefindens: Solange er lebendig bleibt, will er durch das Erleben und Erfahren von Irrtümern, Tücken und Konflikten hindurch sich *wandeln.* Seiner Wirkung wird es immer vorbehalten bleiben, die negativen Erfahrungen nicht einfach zu tilgen, sondern bei ihrem Bild zu verweilen, um den Reflexbogen reinen Denkens neu aufzurichten über diesem Hier – vom Vorher zum Nachher, das ein anderes wäre: ein klügeres. Auf die Großartigkeit unserer Wahrnehmung ist seitens der Neurowissenschaft hingewiesen worden; zu Recht. Auf unsere Begrenztheit in ihrer Nutzung im Rahmen des Erfahrungslernens aber verweisen uns uralte Quellen, aus einem ganz anderen Kulturraum und aus ganz anderer Zeit, und dies aus gutem Grund. Ein Blick zurück!

Das 1. Buch Mose – die Genesis – hält uns zwei Erinnerungsbilder vor Augen, als wären sie für die Verhältnisse in der Wahrnehmung gemacht. Zwei Schöpfungsberichte stehen hier nebeneinander: Der eine erzählt vom ungebrochenen Vollzug auf ein einzig geglücktes Ganzes hin: Der Herr spricht: Es werde! Und es wird mit jedem Akt Vollendung. Schöpferischem Geist ist in seiner Allmacht keine Grenze gesetzt. Das Entscheidende in der Differenz zum anderen Schöpfungsbericht mit dem Untertitel »Paradies« liegt in der Tatsache, daß sich aus diesen vollkommenen Verhältnissen nichts weiteres mehr entwickelt. Der andere Schöpfungsbericht zeigt einen Schöpfergott, der an das Prinzip des Erfahrungslernens gebunden ist: Hier kommt Entwicklung in Gang, sie schreibt sich dramatisch fort und ganz unter der Ägide des Noch-nicht! Hier entwickeln sich Intelligenz und Klugheit im Ansatz. Aber die Tragik will es, daß im System *unkluge Gesetze* herrschen, welche dieses Gedeihen im Keim ersticken lassen. Der alte Mythos erzält von einem schöpferischen Geist, der gemäß dem Talionsgesetz handelt und Geschöpfe hervorbringt, die ihm gleich tun: Talion ist das Gesetz, das Gleiches mit Gleichem vergelten will – es handelt gemäß der Regel Aug' um Aug' und läßt immer auf Strukturzerstörung weitere Zerstörung folgen und nicht Strukturwandel. Der archaische Gott erkennt schließlich seinen Irrtum und tilgt den angerichteten Schaden, um dieser »Schlechtigkeit« ein Ende zu bereiten. Wie kommt es dazu?

Vor den Augen des fehlbaren Schöpfungsgeistes will sich nichts zu einem Vollendeten entwickeln. Im Gegenteil. Das Werk gebärdet sich so, daß es dem Schöpfer unentwegt vor Augen führt, daß etwas fehlt: Das Noch-nicht ist hier der Antrieb im Ganzen. Dem Boden fehlt der Mensch, der ihn bebauen sollte. Als Adam geschaffen ward, fehlt die »Männin« Eva, die er als Gehilfin für sein Tun benötigt. Der Schöpfer gesellt sie hinzu in der Intention, daß beide *ein* Leib werden (man erinnert sich an das Modell Machleidts, wo ein Erlebnisganzes und ein Handlungsganzes *ein* leibgewordenes geglücktes Wahrnehmungsganzes bedeuten!). Paradiesische Verhältnisse sind die Folge des Ganzen, und sie schreiben sich fort unter der Bedingung der Einhaltung eines Wahrnehmungstabus: Gesetz ist hier, daß die Geschöpfe auf die Früchte vom Baum der Erkenntnis verzichten. Ausgerechnet die Schlange ist es, die an diesem Gesetz zum Wohle des Ganzen ihre Zweifel anmeldet: Sie gilt in dieser Erzählung als das »klügste« der Tiere, das der Herr geschaffen. Mit dem Auftritt der Klugheit beginnt erst die Dramatik des Ganzen, die den friedlichen Verhältnissen ein Ende schafft: Die Schlange verführt Eva und Adam, von jenem Baum zu essen, der »klug« macht. Durch den Genuß seiner Früchte erlangt man das Differenzierungsvermögen. Dieses aber hatte der Schöpfergeist im Paradies für sich allein vorbehalten. Den Übergriff auf seine alleinige Hoheit (reines Denken?) beantwortet er ganz als *rächender und zürnender* Gott. Er verstößt die Geschöpfe, die das geistige Potential des Differenzierens beanspruchen, aus seinem Paradies und erkürt auf verhängnisvolle Weise einen Sündenbock: Die Schlange – das Symbol für Klugheit, die er verflucht:

»Auf deinem Bauche sollst du kriechen und Staub fressen dein Leben lang. Und ich will Feindschaft setzen zwischen dem Weibe und zwischen deinem Nachwuchs und ihrem Nachwuchs; er wird dir nach dem Kopfe treten, und du wirst ihn nach der Ferse schnappen« (Das erste Buch Mose, Genesis, Der Sündenfall, S. 3).

Leider sollte es genau so geschehen, obwohl dieser rächende Gott mildernde Maßnahmen getroffen hatte: Die ausgestoßenen Geschöpfe wollte er einbinden in den Affekt der Scham. Wohl im Interesse, daß diese ihr großartiges Wahrnehmungspotential auf schamvolle Weise nutzen sollten! Aber nichts dergleichen geschah – im Gegenteil: So schamlos der Schöpfer die Klugheit verflucht hatte, so schamlos schrieben seine Geschöpfe ihre Geschichte fort. Vor dem Auge des Schöpfers entwickelte sich dennoch einiges zum Guten. Der Schöpfer erblickte es in Abels Werk und als er dieses mit Wohlgefallen betrachtete im Unterschied zum Handeln Kains, zeigte sich erst eigentlich der Error im System. Kain rächt sich an Abel – weil der Schöpfer in diesem das »Bessere« erkennt – mit einer Mordtat, wie es dem archaischen Handeln gemäß ist. Federführend ist in diesem Geschehen der Neid: Er nimmt im schöpferischen Wettspiel der Varietas nur den eigenen Nachteil wahr und nicht den Vorteil fürs Ganze. Neid erstickt eine fortschreitende Ausdifferenzierung innerhalb der Varietas im Keim: Seine Orchestrierung schreibt immer Zerstörung (zum Beispiel im Neidfraß!) und vereitelt damit die Möglichkeiten einer Wandlung des Eigenen auf ein Anderes hin: Seine Logik ist zwar nicht falsch – er bringt eine unliebsame Differenz zu eigenen Ungunsten in der Varietas zum Verschwinden –, aber diese Logik ist dennoch nicht klug: gemäß dieser Denkweise ist das Bessere immer der Feind des Guten! Also macht der Hunger/das Interesse im Objekt den Feind aus, schreibt Strukturzerstörung! So regelt Talion die Verhältnisse in der Wahrnehmung immer auf Kosten eines »Geistigeren« im Sinne Edelmans. Solange Gleiches mit Gleichem vergolten wird, wird auf Zerstörung wieder Zerstörung folgen und nicht Wandel auf ein anderes hin. Das Gesetz der Rache schreibt jene Dramen fort, die sich so abwickeln: Findet *mein Wunsch* (*meine Wirklichkeit*) keine Anerkennung, so soll auch *dein Wunsch* (*deine Wirklichkeit*) keine Anerkennung finden! Die Produktion dieser Geschichtsschreibung dürfte jeder aus eigener Anschauung kennen. Im alten Schöpfungsbericht können wir uns noch einmal über die Schulter zuschauen und uns erkennen – und letztlich aufatmen: Eine Korrektur an diesem Ganzen ist durchaus möglich.

Der archaische Schöpfer jedenfalls kommt zur Einsicht, daß das Dichten und Trachten des Fleisches auf Erden vorzugsweise in Richtung des schnellen Ausgleichs geht gemäß Neid und Rache; er bereut sein Werk und tilgt den angerichteten Schaden durch die Sintflut – gibt aber dem Guten eine zweite und bessere Chance. Er rettet Noah und sein Haus, das eine Auswahl an Tieren bergen soll – die Guten und Reinen in der Überzahl! Interessanterweise bindet der Schöpfer an diesen zweiten Versuch folgendes Versprechen:

Er stiftet einen *Bund* zwischen sich und allen lebenden Wesen auf Erden, mit dem Versprechen, die Bildungen des Fleisches nie mehr zu tilgen. Als Zeichen dieses Bundes verweist er auf den »Bogen in den Wolken«: Er soll für alles Weitere *das Zeichen* sein für das Bündnis, das aufgerichtet sei »zwischen mir und allem Fleisch, das auf Erden ist« (Das erste Buch Mose, S. 8). Natürlich ist es nicht zwingend, den alten Paradiesmythos so zu lesen – Tatsache aber ist, daß man dies so kann, und so ist es auch legitim, folgende Gedanken anzuschließen. Was wäre die Voraussetzung in der Wahrnehmung, die Zeichen des hier verbrieften Bündnisses zu lesen? Es hieße für den Fall, daß dem eigenen Hunger/Interesse ein Objekt entgegentritt, um seine eigene Souveränität als ein Anderes zu behaupten, dieses Andere in der Wahrnehmung nicht zu tilgen, sondern sich mit ihm zu verbinden: in dir und in mir ein je Anderes wahrzunehmen im Gleichen – eine sich abzeichnende Differenz in der Varietas aufzunehmen, um sie für das Spiel der schöpferischen Evolution zu nutzen. Offenbar hat die Ontogenese vorgesorgt, daß der Nesthocker Mensch – der lange Brüter – seine Wahrnehmungsinstrumente in genau dieser Tendenz durch Übung ertüchtigen und aufs herrlichste wetzen und schleifen kann: Jedenfalls ist dies gemäß der Sicht der Psychoanalyse so mit ihrem Konzept der kindlichen Allmachtsvorstellungen, die hinanreifen sollen – insbesondere in der Überwindung des Ödipuskomplexes, den die Freudsche Theorie mit ihren reichlichen Ausdeutungen über der alten griechischen Sage aufrichtete – als ein Bild des Werdens, das heutzutage gern als antiquiert beiseitegeschoben wird.

Ödipus, der Ausgesetzte, traf gemäß der Erzählung Sophokles auf ein Elternpaar, das ihm entgegentrat und rief: Weiche! Ödipus rächte sich für diese Schmähung seiner eigenen Hoheit durch die verhängnisvolle Tat: die Ermordung des eigenen Vaters und die Ehelichung der eigenen Mutter – ohne zu wissen, daß es sich in seinem Gegenüber um das eigene Schöpferpaar handelt. Die Psychoanalyse denkt sich das Aufeinandertreffen der Hoheit des Kindes mit der Überlegenheit der Souveränität des vereinten Elternpaars genauso: als einen Stolperstein – aber auch als Bewährungsprobe und Chance für Wachstum und Entwicklung: Sie sieht in diesen Verhältnissen der evidenten Differenz zu ungunsten des »unreifen« und abhängigen Kind-Gottes Tücken und Chancen auf dem Weg zu seiner vollen Ausreifung. Der Stolperstein, wenn das Kind der Souveränität der Eltern Platz machen sollte, läßt sich eo ipso nicht leicht ausräumen – er macht den Wahrnehmungsfunktionen arg zu schaffen. Dies gilt nicht nur für die Neurotischen unter uns – auch nicht nur im Falle böser Eltern: Er gereicht uns auch nicht *nur* zum Nachteil! Im Kern denkt sich die psychoanalytische Sichtweise das Ganze so: Im Laufe von Wachstum und Entwicklung werden wir mit zwei grundsätzlich verschiedenen Bildern konfrontiert, die beide unsere Wirklichkeit spiegeln. Das erste entspricht ganz der Beschreibung der Ich-Welt-Dyade von Koukkou und Lehmann. Als schwache, kleine, abhängige Wesen entwickeln wir unser Denken, Fühlen und Handeln ganz in Richtung eines dyadischen Verhältnisses mit der pflegenden Mutterfigur. Im Idealfall werden wir auch prächtig gedeihen, wenn wir uns hier laufend anpassen, weil die Mutter dafür sorgt, daß alles zum Wohle unseres Werdens geschieht. In dieser unserer ersten Wirklichkeit sind das Kind und die Mutter die schöpferische Einheit, die all das Werden hervorbringt. Kein Nesthocker kommt aber darum herum, sein erstes Denkbild »Ich und der herrlichste Platz in der Welt« zu überprüfen. Jeder wird im Laufe seines Werdens in dieser intimen Dyade sich recken und strecken und seine denkerischen Schlüsse ziehen – und keiner kommt in seiner Entwicklung darum herum, daß sich zum ersten Bild unserer Wirklichkeit ein anderes in Differenz setzt: das Bild von Vater und Mutter als Schöpferpaar! Für manche Majestät in Form eines kindlichen Schöpfergottes eine arge Provokation – ein Rauswurf aus der ersten Denkfigur – eine arge Widerfahrnis. Eine Schlechtigkeit seitens der Welt wider die Allmacht des Kindes! Ihm soll nicht der herrlichste Platz gehören in der Welt, den es sich ausgedacht hat, und diese seine erste Welt soll das Ganze nicht sein, wo doch hier alles zu seinem Wohlgefallen verlief, weil es das Zentrum hier war? Es soll nun hier weichen, wenn das Schöpferpaar Mutter und Vater in eigener Souveränität im Gesichtsfeld erscheint? Es soll lernen, sich als das Dritte zu erkennen in einem Gefüge, und in diesem größeren schöpferischen Ganzen drei Wesenheiten sich ausdenken? Die Provokation beim Aufeinandertreffen zweier Weltbilder, mit denen sich ein jeder Nesthocker auseinandersetzen muß, ist diese: Sie eröffnet in ihrem Zwischen den Raum für Wachstum und Entwicklung. Beide Welten sind Teil der eigenen Wirklichkeit – zu beiden Wirklichkeiten wird man sich in Relation setzen: die rein subjektiv gedachte Allmacht in der schöpferischen Dyade und die objektive Bedingtheit der eigenen Schöpferherrlichkeit im Anblick der überlegenen Souveränität der prächtigen Elternimago. Und nun können die Funken sprühen im spannungsgeladenen Vis-à-vis. Wie könnte diese Wahrnehmung der Differenz des Potentials an Souveränität genutzt werden, die den eigenen Nachteil so unübersehbar macht, wenn nicht als *movens* für die Ausbildung der eigenen Souveränität? Reger Geist wird nun die Wahrnehmungsfunktionen wetzen und schleifen und sich an den Funken entzünden lassen, welche die Diskrepanz der eigenen Unausgereiftheit und Abhängigkeit im Vis-à-vis der vereinten Souveränität der Eltern zu überwinden trachten. Geist wird lange Zeit noch im Zwischen der beiden Bilder sich entflammen können, um all das hervorzubringen, was nun an Bewußtseinsbildung geschieht. Zwei Weltbilder werden erlebt und erfahren, die beide als wirklich gelten. Beide stiften ein je anderes Verhältnis zur Welt. Jedes der beiden impliziert je andere Gesetze für Denken, Fühlen und Handeln. Zudem öffnet sich in ihrem Zwischen ein Denkraum für die Bewegungen des oszillierenden Auges, das unterwegs ist, ein anderes zu suchen als das hier schon Verwirklichte. Wenn die Biologie für all das, was nun geschieht, so viel Zeit vorgesehen hat bis zur vollen Reifung, so ist anzunehmen, daß sie ein Interesse hat an dem, was daraus hervorgeht. Wohin führt der Prozeß – aller Wahrscheinlichkeit nach?

Es ist anzunehmen, daß der junge Sproß, dem eben das erste Widerfahrnis wie beschrieben in den Leib gefahren ist, vorerst seine Denkbewegungen in Richtung Dichten und Trachten lenken wird – seinen Geist also einüben wird im Erfinden und Herausfinden von möglichen Erklärungsgeschichten: Warum das widerfahrene Ungemach sich so ereignen mußte, wie es dies nun einmal tat? Es ist anzunehmen, daß er danach trachten wird, einen Missetäter dingfest zu machen – den bösen Vater, die verräterische Mutter und dergleichen mehr. Es wird wohl dazu führen, daß Ränke geschmiedet werden, wie das Erlittene ausgeglichen werden könnte so schnell es nur geht – sei's zum Lachen oder zum Weinen. Man kann sich durchaus darauf verlassen, daß das Gehirn in der Lage ist, reiche Latifundien an Liebes- und Lügengeschichten anzulegen, welche darauf angelegt sind, die spannungsgeladene Kluft zwischen einem Kind und dem neu entdeckten größeren Ganzen einer prächtigen Elternimago wieder abzubauen – den Klinikern ist der Elaboratenreichtum in dieser Richtung vertraut. So beginnt es also im Bewußtsein des jungen Bewußtseins zu keimen, bis daß da bald ein phantasievolles Innenleben kreucht und fleucht – dies das *eine*. In seinem Gefolge dürfte man beobachten können, daß das Bewußtsein das Elaborieren im Land der unbegrenzten Möglichkeiten – der Träume, der Phantasien, des Fiktiven und Virtuellen – durchaus als Freiheit des Geistes lieben und schätzen, hegen und pflegen lernt. Die weitere Entwicklung wird aber die Einsicht mit sich bringen müssen, daß dieses *Innen* nicht *Außen* bedeutet: daß die Gesetze der inneren rein gedachten Welt Freiräume offenhalten, welche die Gesetze der äußeren Welt verbauen. Noch einmal gilt es für das sich bildende Bewußtsein, sich zu zwei verschiedenen Welten in Beziehung zu setzen: zu einer inneren des freien Elaborierens, der nun das Wollen gilt und zu einer äußeren, die mit ihren harten Gesetzen der Bewährung für Elaborationsversuche das Müssen bedeutet. Man kann sich aber kaum einen Nesthocker denken, der nicht das *eine* tun und genauso das *andere* nicht lassen wird. Wie ist all das Tun, das im Inneren also weitergärt, zu werten? Ist es als sinnvoll zu erachten oder nicht – als funktional oder als dysfunktional? Führt es zu einem Ganzen oder nicht? Die Frage ist auch rein quantifizierend berechtigt: Wieviel Seele braucht der Mensch? Wenn nun der Ball an die Phylogenese weitergespielt wird, so darum, weil ich als Klinikerin in der Beantwortung dieser Frage voreingenommen bin. Was also hat die Phylogenese davon, wenn mit der Ontogenese so viel Zeit und Raum für die Hege und Pflege von Psycho-Logos gewährt wird? Man kann nur spekulieren.

Wenn sich suchender erfinderischer Geist weiträumig ertüchtigen kann, im Zwischen von Verhältnissen des Gleichgewichts und des Ungleichgewichts frei und froh elaborieren kann – und sich nicht allzusehr von den Erfordernissen harter Bewährung an die Kandarre genommen erleben muß –, wird er lebendig bleiben und gedeihen können, derweil er sich mit den faktischen Verhältnissen vernünftig arrangieren lernt: So können Affektlogik und Vernunftlogik im Laufe der Ontogenese unabhängig voneinander operieren und sich langsam in ein hochindividuelles interagierendes Verhältnis einspielen: auf ein möglicherweise Besseres hin, um sich in der Adoleszenz – der zweiten Zeit der »Aufzucht«, wenn Bio-Logos sich energisch meldet – ertüchtigt und erstarkt zusammenzuschließen und sich mit vereinter Kraft dem Dritten zu stellen – dem Prinzip Versuch und Irrtum! Wenn *homo sapiens* jetzt auf den Weg in den Erfahrungsprozeß der Phylogenese geschickt wird, so wird er für den Ernstfall gut gerüstet sein: für den Sprung in die Wirklichkeit, in der es nun darauf ankommt, daß die individuell elaborierten Visionen, Bilder und Träume in möglicherweise bessere Verhältnisse gebracht werden zum Geist ihrer Zeit. Jetzt heißt es drei Prinzipien handhaben: das homöostaseregulierende, das schöpferische und das Prinzip des Erfahrungslernens in lebendiger Interaktion! Als Grundlage dafür ist nun ein *Muster* ausgebildet: das Erfahrungsbild eines gesellschaftlichen Ganzen, dessen Insgesamt von drei verschiedenen Organisationszentren angefeuert wurde: von Vater und Mutter und Kind mit ihrem je eigenen Denk-, Fühl- und Handlungsstil. Man kann nur hoffen, daß dieses ausgereifte Paradigma genutzt wird, wenn immer eine neue Generation die Erfahrungsräume ihrer Zeit betritt, um andere Geschichten zu schreiben, die klügere sein könnten fürs gesellschaftliche Ganze.

6. Von der Souveränität eines Träumers. Die frappante Differenz in der Problemlösung zwischen Initialtraum und Endtraum eines psychoanalytischen Prozesses

Die Interpretation von Ricœur (1965), die die Freudsche Psychoanalyse philosophisch ortet, besagt, daß alle Dramen, welche die Psychoanalyse enthüllt, auf der Linie zwischen »Befriedigung« und »Anerkennung« liegen. Diese entsprechen den dramatischen Geschichten (von Matt), welche der mythische Kern des Traumes schreibt auf dem Weg seiner Verwirklichung durch die Ordnungsgefüge der relevanten Welt hindurch. Gemäß Ricœur erfaßt die Psychoanalyse exquisiterweise die *Niederlagen*, welche der Wunsch in der *Unmittelbarkeit* seiner Enthüllungen im Verhältnis zur Welt erfahren *muß*, und setzt diese Bedingungen als konstitutiv für Wachstum und Entwicklung in Richtung *Humanisierung* des Wunsches. Mit Hegel denkt Ricœur, daß die Niederlage der Unmittelbarkeit des Wunschs (Traums/der subjektiven Wirklichkeit) Voraussetzung dafür ist, daß werdendes Selbstbewußtsein die Erfahrung der Selbständigkeit der »Gegenstände« in der Welt da draußen macht. In der *Praxis des psychoanalytischen Reflektierens*, das immer in der intersubjektiven Situation stattfindet, erkennt Ricœur eine Analogie zu Hegels Vorstellung der Verdoppelung des Bewußtseins: In der psychoanalytischen Sichtweise zeigt sie sich darin, daß der Wunsch auf *Vater und Mutter* gerichtet ist und *diese* zum Paradigma werden für die Selbständigkeit der

Realität »an sich«. Die psychoanalytische Vorstellung erkennt im Subjekt insofern ein doppeltes Bewußtsein, als sie im »Ich« das Wirken von zwei verschiedenen Wünschen beschreibt: Der eine ist der Wunsch, die Objekte der Welt (Vater und Mutter) zu *haben* – der *andere* Wunsch ist es, so zu *werden*, wie diese es sind: selbständig und souverän! Beide Wünsche sind gemäß Ricœur *nie dieselben*; sie können sich gegenseitig nähern und vermischen – aber nur als zwei unterschiedliche, wenn auch verschlungene Vorgänge.

»Mir scheint also, daß man der Situation leidlich gerecht würde, wenn man sagte, daß die Psychoanalyse diesen intersubjektiven Vorgang der Verdoppelung des Bewußtseins ständig voraussetzt« (Ricœur, 1965, S. 490).

Zu welchem Ziel? Die implizite *Teleologie* der Freudschen Psychoanalyse sieht Ricœur in der *Dialektik der Identifizierung* verwirklicht: Die Prozesse der Identifikation gelten in der Psychoanalyse als Konstitutive für Wachstum und Entwicklung. Die Bewegungen zwischen *Be-setzungen* und *Ent-setzungen* rund um das Schicksal des Wunschs, das dieser auf der Suche nach Anerkennung erfahren muß, liefern die Bausteine für das »Ich«, das die Erfahrung macht, daß Befriedigung nur durch diese *andere* Geschichte hindurch vermittelt werden kann: d*urch die Geschichte der Anerkennung*, welche sich durch das So-Gewordene hindurchschreiben *muß*. Diese Erfahrung konstituiert gerade das, worauf die Psychoanalyse es abgesehen hat (vgl. Abschnitt 2): die progredienten *Ein-setzungen* des Selbstbewußtseins in seinem Umgang mit der Welt. Entscheidend an Ricœurs *Interpretation* ist im Kontext folgendes: Die Bewegungen im Zwischen von Besetzen und Entsetzen über die Erfahrung, daß die Welt uns *fördert und hemmt* – daß sie *uns Platz schafft und uns zuruft: »Weiche!«* – führen zur *Humanisierung* und zur *Erziehung* des Wunschs. Man erinnert sich an von Matts Sichtweise, daß die literarische Erzählung von der Bändigung der Gewalt des Wunschs/Traums spricht, derweil sie die Brücke schlägt in die Welt hinein, damit der Wunsch hier Sinn finde. Bemerkenswert ist, daß Freud aufgrund eines Irrtums zur psychoanalytischen Theorie/Praxis-Verschränkung fand.

Anfänglich richtete Freud seinen aufklärerisch gesinnten Forschungsimpetus ganz auf seinen *Gegenstand*: Das *Forschungsobjekt* galt als ein Gegenstand der beobachtenden Untersuchung. Es waren jene »neurotischen« Geister, die den Sprung in die Phylogenese nicht recht schaffen wollten, weil sie sich in der Nachgeburt der Ontogenese verfangen hatten. Freuds Tendenz ging in die Richtung, dem jeweils verstrickten »Ich« die volle Souveränität zurückzugeben, indem er die Fakten untersuchte, die zur Verwicklung geführt hatten. Freud suchte nach dem »fehlenden« richtigen Wissen – in der Annahme, es reiche, über dieses zu verfügen, damit die »bettlägrig« gewordene Hoheit, das »Ich«, ihr Bett wieder nehmen und wandeln würde. Freud mußte sich arg getäuscht sehen, und dies immer wieder. Eine Zeitlang führte sein Forschungsweg in friedlicher Kooperation mit seinem Gegenstand zum Erfolg, und immer führte dieses Einvernehmen früher oder später zu einem Ereignis, das dem Vorhaben in die Quere kam: Die Forschungsobjekte gebärdeten sich zunehmend widerspenstiger gegenüber dem faktengenerierenden Prozeß, der hier *objektive Wirklichkeit* schrieb im Setting. Sie markierten *Ent-setzen* und mobilisierten *Ein-setzen* ihres höchstpersönlichen Selbstbewußtseins dem objektivierenden Beobachtungsvorgang gegenüber. Wie das?

Das aus dem Forschungsprocedere heraus *auftauchende Selbstbewußtein* zeigte sich selbsttätig in der Art, daß es im Hier und Jetzt der intersubjektiven Situation die Chance wahrnehmen wollte, den eigenen Traum – der ja seine Niederlagen bereits erfahren hatte – nicht noch-einmal darniederliegen zu lassen, sondern einzubringen ins Vis-à-vis mit dem interessierten Forscher, der vielleicht ein anerkennender wäre, wer weiß? Jedenfalls wurden Versuche in der ereignishaften Art in aller Regel gewagt, um auf der Linie Befriedigung–Anerkennung eine neue Erzählung zu schreiben mit einem Ausgang, der ein *anderer* wäre als die längst bekannte erfahrene eigene Schicksalsgeschichte. Freud wurde als Vermittler besetzt, um durch die höchstpersönliche Inkarnation seines So-Seins hindurch die andere Geschichte zu erfahren: die Anerkennung. Man weiß, daß Freud diese Ereignisse in ihren ersten Erscheinungen als äußerst unliebsam empfand – daß er sie letztlich zum *eigentlichen Gegenstand* für das psychoanalytische Reflektieren erhob und gar ein technisches Instrumentarium nachlieferte zur Begünstigung eben dieses »unmöglichen Berufes« spricht dafür, daß er lernfähig und bereit war, die *Hoheit seines Gegenstands* grundsätzlich anzuerkennen. Er erkannte in ihm ein Subjekt, dessen höchstpersönliche Sichtweise sich nur zeigen kann im Verwirklichungsversuch, das eigene So-Sein mit der objektiven Wirklichkeit denkend, fühlend und handelnd zu vermählen. Die Psychoanalyse nennt diese Ereignisse im Setting »Übertragung«: Die Linie Befriedigung–Anerkennung wird auf das Vis-à-vis im analytischen Prozeß übertragen als ein Versuch, subjektive Wirklichkeit in eine Welt hineinzutreiben, die eine bejahende sein könnte. In der »Übertragung« offenbart sich jedesmal der individuelle Odem eines Selbstbewußtseins, das die »toten Räume« in einem ausschließlich wissensorientierten Umgang mit der Welt, wie sie ist, neu belebt und beseelt gemäß der kreativen Imaginationskraft, wie sie anders sein könnte. In der Übertragung zeigt sich nicht die platte Phantasie, welche die Welt lediglich fingieren will, sondern die hoffnungsvoll verspielte Verführung, die das So-Gewordene bewegen will, weil sie sich ein Ja seitens der Welt imaginieren kann.

Soviel zum Odem, der eine psychoanalytische Beziehung in Bewegung setzt und aufrechterhält im Interesse der Mehrung lebendigen Selbtbewußtseins, dem die reine Wissenskontrolle immer ein äußeres bleibt. Soviel zu regem Geist, der im analytischen Setting Raum und Zeit bekommt, die Phantasie spielen zu lassen – subjektive Theorien zu bilden und zu überprüfen, wie eine die subjektive Wirklichkeit abweisende Welt auf eine annehmende hin bewegt werden könnte – durch alle Risiken von Versuch und Irrtum hindurch.

Nun zur entscheidenden Frage: Wie gelingt dies dem Träumer, dem diese Ausführungen hier letztlich gelten? Auf welchen Wegen und Umwegen spielt er sich in die analytische Beziehung hinein? Die sorgfältige Dokumentation im Anhang gibt auf dankenswerte Weise Einblick in einen Beziehungsverlauf, der sich mühsam einspielt, weiterentwickelt und immer wieder steckenbleibt, weil er unter einem äußerst ungünstigen Stern steht! Der junge Mann, der noch als Adoleszenter gelten darf, macht die ersten Erfahrungen in seiner relevanten Welt mit einer großen Hypothek. Die ontogenetische Erfahrung hat ihn zu einer verhängnisvollen Schlußfolgerung geführt, die verkürzt auf den Punkt gebracht heißt: Ein Mann kann sich bei einer Frau nicht wohlfühlen. Dies ist Gesetz im relevanten Zeitgeist (zu der Zeit, da der Analysand Student ist, sieht er die Frauenrechtsbewegung in einem Geschlechterkampf gipfeln); dies ist Gesetz im Beziehungsverhältnis, aus dem sein Bewußtsein hervorgegangen ist (die Mutter dominiert den Vater und dieser muß schwach bleiben), dies ist Gesetz im halbherzigen Beziehungsversuch zur Freundin und ihrer Mutter! Grund genug, um an der Gültigkeit dieses Gesetzes nicht mehr zu zweifeln und es als hart geprüfte Realität anzuerkennen. Der halbherzige Versuch auf ein *Anderes* hin mit der Freundin und deren Mutter wird abgebrochen, nachdem der Analysand bestätigt gefunden hat, daß sich sein Traum auch hier nicht verwirklichen läßt: Er wird als Mann sowohl von der Freundin als auch von deren Mutter eingeengt und kontrolliert. Nichts kann er der Frauenwelt recht machen. Sein Spielraum ist eng – ein Eigenleben nicht denkbar! In dieser Welt schreibt der Hunger der Frau Geschichte, der Mann fungiert gleichsam als ihr Gegenstand! Kein Wunder also: Der Versuch bleibt halbherzig und wird abgebrochen. Die Analytikerin wird über die Halbherzigkeit dieses mißglückten Versuches informiert. Sie ist erstaunt über die Formulierung, mit welcher der Analysand in diesem Kontext sich äußert. Er hat das Verhältnis zur Freundin so gestaltet, daß sich daraus kein sexuelles entwickeln sollte – aus Angst vor einer möglichen »*Empfängnis*«. Die Formulierung ist tatsächlich merkwürdig – im wahren Wortsinn! Worauf könnte sie hinweisen im gegebenen Kontext? Man darf sich durch die konkretistische Einbindung in die Sexualorganisation einer Perversion den Blick nicht verstellen lassen. Sie ist nur das Äußere, das auf ein *Anderes* hinweist: Die Angst vor möglicher »Empfängnis« seitens des Analysanden signalisiert weit mehr als die Gefahr einer nur biologischen Befruchtung! Solange Beziehungsverhältnisse herrschen zwischen Mann und

Frau, wie sie für die relevante Welt dieses Analysanden nun einmal gelten, muß der Mann schöpferische Verhältnisse für gefährlich halten und aller Vernunft nach ausschließen – denn aller Voraussage nach könnte daraus nur ein Schiefes hervorgehen. Ist es also nicht naheliegend, auf eine geistige Insemination zu verzichten innerhalb eines Beziehungsverhältnisses, wo ein Mann weiter nichts als Kontrolle, Tyrannei und Nörgelei »empfangen« kann: Soll ein Leib dieses »Ungeistige« umfangen, wenn er es als solches zu erkennen vermag? Der Analysand handelt gemäß seiner subjektiven Theorie, die einer Prüfung durch seine relevante Welt nur standhalten kann. Soviel über den unguten Stern.

Daß der junge Mann kurz vor der Kapitulation steht, ein Geistigeres zu suchen in einer Wirklichkeit, die seine subjektive Wirklichkeit schmäht, zeigt sich auf fatale Weise in seinem transvestitischen Symptom. In diesem wiederholt er auf verhängnisvolle Weise die schicksalsbedingte Geschichte *des Traums*, als Mann bei einer Frau aufgehoben zu sein. Seine Wirklichkeit hat diesen Traum *zerstört*. Wie wird das im Symptom sichtbar, wenn er Frauenkleider trägt? Der Transvestitismus führt ihm das geltende Gesetz vor Augen: daß es so kommen *muß*, wenn immer er sich als Mann in ein Verhältnis mit einer Frau einbinden will. Die Bindung an die Frau muß eine totale werden, der Mann muß seinen individuellen suchenden Geist aufgeben: Er muß sich kleiden wie sie – sein Geist muß sein wie ihr Geist, damit er Anerkennung findet. Handeln nach dem gegebenen Gesetz bedeutet aber, die eigene Identität zerstören zu müssen. Freier Denkraum für suchenden Geist muß in der totalen Einbindung verlorengehen. Die Differenz Mann-Frau wird eliminiert. Kein vernünftiges Bewußtsein läßt sich auf solche Verhältnisse ein. Wie rettet sich der Transvestit? Durch sein Symptom. Es symbolisiert die totale Einbindung an die Frau, macht zugleich aber das Gegenteil wahr. Hierin liegt der Kompromiß dieser Bildung: die totale *Ent-Bindung aus einem faktisch verwirklichbaren Verhältnis* als Mann zur Frau. In seinem Symptom ist der Mann an die Wäsche nur der Frau in dieser fatalen Weise gebunden und damit vom Lebendigen eines gegenseitigen Verhältnisses befreit.

Wenn aber totale Einbindung gleichzeitig totale Loslösung bedeutet, so ist für suchenden Geist eine Patt-Situation hergestellt: Der Spielraum für die Suche eines möglicherweise Geistigeren im Zwischen von Bindung und Freiheit im Geschlechterverhältnis ist in einen Nicht-Raum pervertiert. Was kann der verborgene Sinn solcher Lösungen sein, welche man in der klinischen Praxis immer wieder vor Augen geführt bekommt, wenn sich das Phänomen zeigt, daß ein Bewußtsein sich selber schachmatt setzt – weit über eine perverse Sexual-Thematik hinaus? Gemäß meiner klinischen Erfahrung konnte ich die Beobachtung machen, daß ein Bewußtsein immer nur dann zu dieser scheinbar so absurden Strategie greift, wenn es bei seinen Versuchen, seine Träume wahrzumachen, immer wieder in jene äußerst qualvolle Bedrängnis geraten mußte, daß seine relevante Wirklichkeit alle seine abtastenden Versuche in Richtung Freiraum zur Erfüllung eines Geistigeren mit Error quittiert.

In der neunten Stunde vertraut der Analysand seiner Therapeutin an, daß ihm sein Symptom lieb ist. In dieser Kompromißbildung fühlt er sich wohl. Für ihn ist es ein Ort, wo er nicht mehr verletzt werden kann. Er hat seinen suchenden Geist in lebendigen Verhältnissen zu Frauen soweit aufgegeben, um ein Verwundetes nicht immerzu weiteren Verletzungen auszusetzen. Das in seiner Welt geltende Prinzip Versuch und Irrtum hat ihn in diese Engnis getrieben, in der er nun ein Totes hütet. Welches sind hier die Verhältnisse für seine Wahrnehmungsorganisation?

Vom schöpferischen Prinzip kann er sich allenfalls ein Schiefes erwarten. Suchender Geist ist im Nicht-Raum festgehalten. Die Tragik dabei ist: Von hier aus wird keine Wirkkraft in die Ausgestaltung auf Varietät hin in lebendige Wirklichkeit einfließen. Das einzige, was dem Mann noch bleibt, ist die Wissenskontrolle. Dieser *muß* er denn auch alles unterwerfen, so daß einem bange wird, ob in der Analyse nicht alles aufkeimende Leben zerstört werden muß (siehe Protokoll!) Aber gerade *mit* dieser neunten Stunde kommt Hoffnung auf: Der junge Mann tritt seiner Analytikerin näher. Er vertraut ihr das Verhängnis seines Symptoms an. Er muß sich also mit dem Gedanken tragen, doch ein neues Verhältnis zu wagen. Er kann dies aber nur dank massiven Schutzvorkehrungen. Wie sind diese? Er redet in einer gestelzt abstrakten Sprache, die der Analytikerin keinen Spielraum mehr offen läßt. Die Situation ist jetzt hochgefährlich, wenn alle Hoffnungen nochmals aufs Spiel gesetzt werden, die gemäß seinem Apriori aller Wahrscheinlichkeit nach schon verloren sind. Die Analytikerin verabschiedet sich aus dieser Stunde, die mit *kalten abstrakten Erörterungen* angefüllt worden sind, zum Glück mit der Bemerkung: »Offenbar gibt es zu diesem Thema vieles, das Sie näher anschauen wollen« – eine leise *Ermunterung* an das Bewußtsein des Analysanden, sich aus seiner Patt-Situation herauszulösen. Ein Angebot seitens der Analytikerin, sich für eine andere Form der therapeutischen Beziehung offen zu zeigen. Und siehe da: Der spürende Leib des Träumers kann das *reine Bild* der Frau umfangen, die einen Mann in seiner geistigen Suche verstehen könnte – als Vision. Der Träumer läßt sich von dieser Vorstellung *inseminieren* – unter dem Schutz der Bettdecke in der Geborgenheit seines nächtlichen Gebettetseins bei sich zu Hause. Jetzt befaßt sich *sein Gedächtnis* mit einer möglichen Intention: die schöne Vorstellung zu verwirklichen, die nächste Stunde als Gelegenheit zu nutzen, ein möglicherweise geistigeres Verhältnis zur Frauenwelt wahrzumachen, sich als Analysand bei der Analytikerin wohlig zu betten und als Schutz eben diese Decke mitzubringen, unter der er jetzt liegt, anstelle seines Symptoms.

Er träumt also seinen *ersten Traum*: Sein wieder freigewordener, aus den Einbindungen ins tranvestitische Symptom *probeweise* herausgelöster Geist macht sich auf die Suche zwischen zwei roten Häusern. Sie stehen als zwei Bilder für je ein Erfahrungsgebilde, unter deren Dach die Verhältnisse zur Frauenwelt ruhen – in einen, *so wie sie sind* mit Freundin und Mutter – im anderen, so wie sie *anders sein könnten* in der therapeutischen Beziehung mit der Analytikerin. Das Traum-Ich sucht im Zwischen nach neuen Lösungen für sein Drama auf der Linie Befriedigung–Anerkennung und tastet sich vorsichtig in einen *Übertragungsversuch* hinein. Man kann sich überzeugen: Hier ist kein schwaches »Ich« am Werk – aber ein schwer verletzter

Wunsch, der das Risiko einer erneuten Verwundung ausschließen *muß*. Wie sich schützen, wenn nicht durch die schon erprobte Art, die alles schachmatt setzt aus Verzweiflung? *Das Symptom* genauso wie die *abstrakt-gestelzten Erörterungen*, die jede lebendige Bewegung in der intersubjektiven Situation vermeiden? Genauso, wie sich der Träumer *jetzt* in seinem Schlaf unter der Decke geschützt und dabei wohlig fühlt, weil ihn hier keine kontrollierende Frau behelligen kann – genauso müßte es in einer Welt sein, die seinen Wunsch anerkennt. Also die Dekke *übertragen* in die therapeutische Beziehung hinein! Welch göttlicher Einfall – den Seinen gibt's der Herr im Schlaf! Das Traum-Ich hat sein Problem gelöst: Der Analysand kann den Versuch wagen, die Analytikerin bejahend zu stimmen gegenüber seinem Wunsch, sich wohlig einzubetten im Prozeß, indem er *nicht alles vorzeigt*, was sich jetzt in ihm regt. Und schon liegt er also in Gedanken im anderen Haus – auf der analytischen Couch unter dieser Decke, die ihn vor der Wissenskontrolle schützt. Kann er mit dem Respekt der interessierten Analytikerin rechnen, wenn er sich vor ihrem Wissenshunger abgrenzt und sich dabei obendrein noch wohlig fühlt? Der aufkommende Zweifel nagt am »Ich« und tut seine Wirkung. Er verwandelt den ganzen schönen Frieden in ein einziges Schreckbild: Aller Voraussage seiner »alten« Erfahrungen gemäß käme er da bald in eine böse Schieflage und würde auf dem Heuboden enden (»G'heu« ist im Schweizerdeutschen eine Metapher für ein ›Durcheinander‹, für Unbrauchbares). Seine ganze schöne Lösung würde im »Stroh-Dummen« enden. Warum? Soweit er die Frauen kennt und sich die Analytikerinnen ausdenkt, müßte er seinen neu gefundenen Freiraum und sein höchtpersönliches Potential gleich wieder abliefern; seine Schutzvorkehrung würde ihm »weggedeutelt« und, was schlimmer wäre: Die Analytikerin würde ihm zu Leibe rücken – ihr Hungerneidfraß würde sich seine Wohligkeit glatt einverleiben, sie würde mit ihm schlafen wollen! Nun aber hat das Traum-Ich endgültig genug: Das wäre ja gelacht, wenn er sich all dem aussetzen würde, was er hier *befürchtet*. Wie peinlich und welch ein Hohn für ihn! Und schon kriecht ein Racheimpuls in ihm auf und schreibt die Traumgeschichte für die phantasierte zugefügte Beschämung weiter gemäß dem Motto: Beschämst Du mich, so beschäme ich Dich! Sieht die Analytikerin nicht aus wie eine Mississipilady mit ihren Locken und Rüschenkleidern? Die Identifikation mit Hohn und Spott übernimmt nun die weitere Regie des Ganzen. Er wird dieser Therapeutin gehörig auf der Nase herumtanzen – er weiß, daß er das kann, und schon ist das letzte Traumbild gemacht, in das diese ganze Lösung einmündet als Schlußbouquet, das er dann auch der Analytikerin in der nächsten Stunde in Form eines freudigen Lächelns überreicht: Die letzte Einstellung in den Traumsequenzen zeigen den Träumer auf dem *Vorderdeck* des Mississipidampfers *tanzen* (die Nase der Analytikerin), und hier fühlt er sich wohl – denn diesbezüglich ist er ein Könner, das weiß er.

Er versteht es meisterhaft, die Therapeutin zu frotzeln – das heißt *davonzufliegen* und sich dem analytischen Zugang entziehen; zudem verfügt er über eine Taktik, dieses Spiel zu *verdekken*. Wer sich dafür interessiert, kann im Protokoll nachlesen, wie geschickt sich da einer ins Never-Never zurückzieht, um ellenlange elegische Betrachtungen über nichts und wieder nichts anzustellen – so, daß jedes sinnvolle Analysieren blokkiert bleiben muß. Talion regelt das Geschehen aufgrund reiner Befürchtungen aller Realitätsprüfung in der Wirklichkeit vorweg: Da du meinen Wunsch aller Wahrscheinlichkeit nach *nicht* anerkennen wirst, werde auch ich deinen Wunsch *nicht* anerkennen. Man sieht im ganzen Traumprozeß regen Geist am Werk; man sieht ihn über die Bewegungen des Be-setzens und Ent-setzens sich einsetzen – aber leider so, daß die »*Überprüfung*« einer neuen Lösung in der Realität »an sich« *verworfen* wird nach dem Motto: Der Schnellere ist der Klügere und überläßt es Talion, alles weitere in Richtung Stukturwandel im Keime zu ersticken. Ist Vorbeugen besser als Heilen? Nicht immer! Eine »Überprüfung« im Setting hätte zwar ein echtes Wagnis bedeutet, wäre aber klüger gewesen; sie hätte direkt zu einer Erfahrung geführt und im Falle der Bestätigung der massiven Befürchtung zu der Möglichkeit einer intelligenten Handlung: Warum eine Analyse nicht abbrechen, wenn eine Analytikerin wirklich so gefräßig, übergriffig und sträflich possessiv ist und zudem nur aus *Eigeninteresse* heraus handelt? Wenn man davon ausgeht, daß man Bindungen wieder lösen kann, so wird man der Phantasie eher jene spielerischen Proberäume gewähren, um Lösungen zu finden, wie man die Welt in eine bejahende umstimmen könnte. Therapeutische Bündnisse sind freiwillig gewählte und beiderseits auflösbar, wenn man sich von ihnen nur Strukturzerstörung und nicht Wandel auf eine schöpferische Evolution hin versprechen kann! Kluge Therapeuten-Patienten-Paare sehen dies so vor. Nun war dies aber in diesem Falle nicht nötig, der Prozeß wurde weitergeführt von beiden Seiten, so daß letzlich eine brauchbare Erfahrungsbildung daraus entstehen konnte, wie der Endtraum dies zeigt.

Wieder führt das Traum-Ich den Träumer zwei Bilder in ihrer Differenz vor Augen. Das eine zeigt seine *eigene Wahrnehmungsorganisation*, wie sie *vor* dem analytischen Prozeß sich gestaltete; das andere zeigt ihm, wie sie sein könnte *nach* der gemachten Erfahrung im analytischen Prozeß. Das Interessante im Kontext ist folgendes: Die Differenz der Bilder läßt sich auf ein *Anderes im Gleichen* abtasten, und genau dies tut das Traum-Ich, und zwar so: Das eine Bild symbolisiert die Erfahrungsbildung als Produkt der ontogenetischen Entwicklung. Was hatte sie im Falle dieses Träumers hervorgebracht?

Das Traum-Ich versetzt sich noch-einmal in diese Verhältnisse des *Vorher* hinein, um das Bild des *Nachher* in seiner Differenz zu erfassen. So steht der Träumer im ersten Bild also wieder am Ort seiner Herkunft, und zwar vor einer Auslage von Strumpfhosen in einem *Lebensmittelgestell*: Dieses »speichert« die Wäsche seiner Wahl für den Transvestitismus. Der Analysand vergewissert sich, daß er gerade in dieser Wahl das *Passende* nicht hat finden können – nämlich ein *Mittel für ein lebendiges Verhältnis* zwischen Mann und Frau. Die Auswahl der Wäsche verändert die Bedingungen des Transvestitismus nie – sie erzeugt keine Variationen im Mann-Frau-Verhältnis; die Wäschestücke als Mittel für Werden im Sinne eines Strukturwandels bleiben untauglich, so bunt, geschmeidig und wohlig sie sich auch immer ausmachen. Sie verändern nur das äußere

Szenario, während die inneren Bewegungen der gleichzeitigen totalen Ein-bindung und Ent-bindung durch das andere hindurch (das Symbol für die Frau) sich gegenseitig auslöschen. Im Symbol Lebensmittelgestell kommt diese Einsicht zu einer überzeugenden Darstellung: Dieses Gestell ist fix montiert – ganz im Unterschied zum Velo, mit dem das »Ich« im anderen Traumbild unterwegs ist in Richtung Analysestunde. In der Differenz zum Lebensmittelgestell zeigt sich das Fahrrad auch als ein Gestell – das Fahrgestell –, dieses aber bleibt nicht an einen einzigen toten Erfahrungsraum fixiert. Es ist *bewegbar* und vermittelt Fortbewegung in Raum und Zeit. Ein passenderes Mittel zum Leben – fürwahr! In seiner Differenz zum Konstrukt *Strumpfhosengestell* hebt sich das Bild »Fahrgestell« ab als eine Vision, wie suchender Geist aus seiner Patt-Situation zu befreien und aus seinen toten Räumen der Travestie in die lebendige Erfahrungsbildung mit der Welt der Frauen hineinzutragen wäre. Auf welchem Boden der Erfahrung soll dies aber geschehen?

Grundsätzlich erfüllende Erfahrungen hat der »Träumer« mit dem Weiblichen *noch-nicht* (noch-immer-nicht!) machen können! Ein glücklicher Einfall bringt jetzt die rettende Idee: Er »hat ja noch die Analysestunde«; sie kann ihm nach Beendigung des therapeutischen Prozesses als Boden der Erfahrung dienen. Die Analysestunde wird zum Paradigma für einen Verlauf, der ihm als Erinnerungsbild im Gedächtnis bleiben wird – als Muster für ein brauchbareres Mann-Frau-Verhältnis als jedes bisher erlebte. Wie aber könnte diese Vision in Wirklichkeit umgesetzt werden? Die »Analysestunde« markiert im Ganzen des analytischen Prozesses eine *Sequenz des Unterwegsseins*; genau dieses will nun das Traum-Ich zum Lebensparadigma erheben – das Unterwegssein –, ihm sollen die Besetzungen und Einsetzungen gelten. Der Analysand hat für sein Lebensproblem die Lösung des *»Philobaten«* gefunden, welcher das *Unterwegssein besetzt als seinen Ort im Leben*, wo er aufgehoben ist: Es ist die Lösung desjenigen, der die *Sehnsuchtsstrecke* mehr besetzt als das Ankommen am Ziel – dem ersehnten »Liebesobjekt«. Diese Lösung wird meiner klinischen Erfahrung nach immer dann getroffen, wenn aller Erfahrung nach Ankommen am Ziel nicht Vollendung bedeuten kann. Auf diese Weise – das sagt sich der Träumer im Traum selber – wird er durchkommen in seinem Leben. Die Sehnsuchtsstrecke zur Frau hin wird er in der Wirklichkeit des gelebten Lebens in unterschiedlichster Variabilität einbinden und damit seine Erfahrungen machen können. Eine Möglichkeit hat er fürs erste gefunden: Im Dienste der Kirche wird er als *Wegbereiter* sich engagieren können für jene, welche das Ziel »geglückte Vollendung« über ihren konkreten lebensgeschichtlichen Kontext hinaus transzendieren wollen. Er hat ein Vehikel gefunden, das seinen Traum und damit sein individuelles Bewußtsein in den Ausleseprozeß der Phylogenese hineintragen kann – immer unterwegs auf das Ziel seiner Sehnsucht hin.

An der Stelle aber, wo ein Durchkommen schier unmöglich erscheint – wo sich ein Riß im Kontinuum der Wegstrecke auftut –, wird er sich an seinen Schicksalsgenossen, den Männern, orientieren und wie diese das *Fahrrad hochhalten*. Das heißt, er wird die *reine Idee* der Möglichkeit eines Beweglichen über allem bewahren – immer dann, wenn die Wegstrecke blockiert wird, was hartes Durchkämpfen bedeutet. Dies wird er mit zuversichtlicher Voraussage bewältigen können. Allerdings bleibt eine bange Sorge bestehen. Wird die Frauenwelt in der Zwischenzeit auf die Männerwelt warten – Sehnsuchtsort bleiben? Der Träumer hofft es. Ein bedeutungsvoller Traum – ohne Zweifel!

Für den Kontext dieser Arbeit liegt das Bemerkenswerte darin, daß das Gedächtnis dem Träumer die *Umstrukurierung seiner eigenen Wahrnehmungsorganisation* vor Augen führt – ganz im Sinne einer Neuformulierung eines Handlungskonzepts für das eigene Leben.

Für den Träumer liegt die außergewöhnliche Bedeutung des Traumgeschehens darin: Sein Lebenstraum, schon für tot erklärt, kann wieder leben. Sein suchender Geist ist wieder mit dem nötigen Lebensodem durchwirkt – frei geworden für Suchen und Finden. Ein Gleichgewicht im Sinne einer »vollständig geglückten Wahrnehmung« gemäß Machleidt wird er in seinem Leben immer dann leibhaftig spüren können, wenn die drei Prinzipien, von denen in dieser Arbeit die Rede war (das homöostaseregulierende, das schöpferische und das Prinzip Versuch und Irrtum), auf jene Weise zusammenspielen, daß Suchen *Finden* bedeutet. Diese Augenblicke der Glücksempfindung werden sich in der Wirklichkeit dieses Träumers aber wohl kaum je zu einer barocken Schöpfungshymne erheben. Vielmehr dürften sie in jene Wehmutsklänge eingebettet sein, die aus dem Lied Paolo Contes (1989) hervorgehen, um im Äther nachzuklingen:

»Die Trommeln des Paradieses:
Ihr Jungfern aus längst vergessenen Zeiten
in den Gärten die rauschen
laßt ihn hören ich bitte Euch die Trommeln des Paradieses...«

Bibliographie

Aristoteles: *Vom Himmel. Von der Seele. Von der Dichtkunst*. Zürich: Artemis, 1950.

Basch , M. (1977): Developmental psychology and explanatory theory in psychoanalysis. *Annual of Psychoanalysis* 5: 229-263.

Coelho, P. (1988): *O Alquimista*. Rio de Janeiros: Editora Rocco Ltda. Deutsch: *Der Alchemist*. Zürich: Diogenes, 1996.

Conte, P. (1989): WEA Musik GmbH.

Edelman, G. M. (1992): *Göttliche Luft, vernichtendes Feuer. Wie der Geist im Gehirn entsteht*. München: Piper 1995.

Freud, S. (1940a): *Abriß der Psychoanalyse. GW*, Bd. 17, S. 63-138.

Hamm, P. (1997): *Aus der Gegengeschichte*. München/Wien: Hanser.

Koukkou-Lehmann, M. (1994). Eine kurze Zusammenfassung der Aussagen des Zustands-Wechsel-Modells (ZWM) betreffend normalem und neurotischem Verhalten und psychoanalytischer Behandlung. Manuskript vom 7. 11. 1994 für die Köhler Stiftung, München.

– und D. Lehmann (1989): Informationsverarbeitende Prozesse und kognitiv-emotionale Entwicklung: Eine psychobiologische Betrachtung. In: H.-M. Weinmann (Hg.): *Aktuelle Neuropädiatrie 1988*. Berlin: Springer, S. 376-386.

– und D. Lehmann (1997): Ein systemorientiertes Modell der

Funktionen des menschlichen Gehirns und die Ontogenese des Verhaltens. Eine Synthese von Theorien und Daten. Manuskript für die Köhler-Stiftung, 16. 1. 1997.

Leuschner, W. (1997): Über Neuromythologie. *Psyche* 51: 1104-1114.

Machleidt, W. (1997): Spurensuche. Vom Gefühl zur Erinnerung. Die psychobiologischen Spuren des Gedächtnisses. Manuskript für die Köhler-Stiftung, München.

Matt, P. v. (1995): *Verkommene Söhne, mißratene Töchter. Familiendesaster in der Literatur*. München/Wien: Hanser.

Mertens, W. (1994): Einige Aspekte der psychoanalytischen Gedächtnistheorie von den Anfängen bis zur Gegenwart mit einem Ausblick auf einige Befunde der Kognitionspsychologie. Manuskript für die Köhler Stiftung, München.

Morgenthaler, F. (1978): *Technik. Zur Dialektik der psychoanalytischen Praxis*. Frankfurt am Main: Syndikat.

Parin, P. (1978): *Der Widerspruch im Subjekt*. Frankfurt am Main: Syndikat.

– und G. Parin-Matthèy (1986): *Subjekt im Widerspruch. Ethnopsychoanalytische Studien*. Frankfurt am Main: Syndikat.

Ricœur, P. (1965): *Die Interpretation. Ein Versuch über Freud*. Frankfurt am Main 1969.

Selye, H. (1952): *The Story of the Adaption Syndrom*. Montreal: Acta Inc. Medical Publishers.

Schischkoff, G. (1957) (Hg.): *Philosophisches Wörterbuch*, Stuttgart: Kröner.

Turkle, S. (1984): *Die Wunschmaschine. Vom Entstehen der Computerkultur*. Reinbek bei Hamburg: Rowohlt.

Zürcher Bibel. Die Heilige Schrift des Alten und des Neuen Testamentes. Verlag der Zürcher Bibel, Zürich 1942.

Anhang
Stundenprotokolle einer fünfjährigen Psychoanalyse mit einem transvestitischen Patienten

1. Aufzeichnungen des Patienten

Erste Traumdeutungsstunde

Ich habe mir vorgenommen, alle Träume zu erzählen, da sie allein eine von meinem Verstand kleinstmöglich verzerrte Darstellung meines Unterbewußtseins erlauben.
Straße, zwei rote ältere Backsteinhäuser. Ich war bei Rahel zu Besuch. Sie wohnte in dem einen Haus. Ich sollte eine Bettdecke ins andre Haus bringen, in dem Frau Weber wohnte. In der Wohnung wußte ich nicht, wohin ich sie legen sollte. – Plötzlich lag ich dann auf einem schrägen Bett. Frau Weber wurde zutraulich. Sie legte sich zu mir aufs Bett, ich wollte aber nicht. Dann war das Bett plötzlich auf einer Erhöhung/(Heuhaufen), und Webers Nachbarn liefen vorbei und beschimpften Frau Weber, da sie mit mir unter einer Decke lag. – Ich wollte mich rechtfertigen, war in einem auf einer Seite offenen Zimmer. Leute sahen mir beim Ankleiden zu und lachten mich aus, da ich mich als Frau verkleiden wollte. Ich wollte nicht, daß die alle zusahen, und hatte Angst. Ich vergaß auch ein Kleidungsteil, so daß ich mich erneut umkleiden mußte. Dann hatte ich den Eindruck, daß ich den Leuten, die mich auslachten, nun etwas vormachen sollte. Ich wollte tanzen. Eine Autoscooterhalle war die Tanzfläche; sie war erhöht wie eine Galerie und verschnörkelt wie ein Mississippi-Dampfer. Ich tanzte durch die Luft fliegend.
Ende!
Dieses Durch-die-Luft-fliegen ist ein Symbol, das öfters vorkommt. Ich neige dann dazu, abzustürzen, das heißt, ich habe Mühe mit Fliegen, mich über dem Boden zu halten.
Früher hatte ich nie ein gutes Verhältnis zu Annas Mutter. Sie wollte schon nicht, daß ich einziehe, ich hatte kein eigenes Zimmer, sollte in Haushalt und Garten helfen, wurde von A. in all meinem Tun beobachtet, konnte also mich nicht mehr frei entfalten. Ich hatte den Eindruck, daß sie mein Problem nicht annimmt. Sie verbot mir indirekt, indem sie sich verletzt zeigte und wir daraus dann eine Szene entwik-

kelten, das Tragen von Kleidern und die Selbstbefriedigung. So gut für mein Sprechen es auch war, daß wir diskutierten, so sehr hat mich das Streiten genervt. Bis ich auszog und beim X. eine bescheidene Unterkunft fand. Doch die Repressionen, die mich unfrei machten, blieben. Jeden Tag ging ich zu Anna. Ich hatte selber einen Haushalt zu machen, Schule, Aufgaben, Freundin. Bis ich das dann nicht mehr aushielt. Wir beendeten unsere Freundschaft.
Doch auch Annas Vorschriften aus Angst vor Liebesentzug waren verständlich. Karin Struck beschreibt sie (die Ängste, Leiden usw. ausführlich). Ihre gestörte Vater-Tochter-Beziehung, ihre große Abhängigkeit von der Laune ihrer Mutter, ihr Minderwertigkeitskomplex, ihre Angst, nichts zu können, nichts zu sein. Das brachte Schwierigkeiten mit mir, mit zu Hause, mit ihren Mitstudentinnen, mit der Umwelt. Marcuses These von den Proletariern, also Revolutionäre, von denen sie nichts wissen wollte, weil sie vor ihnen Angst hatte und sich keineswegs verstanden fand.
M. L. fragte, ob ich das alles mit dem roten Backsteinhaus verbinde? Nein, das Haus war eher W.s Elternhaus. M. L.: Ob ich noch etwas von dem Schiff wüßte? Ich kann mir das nicht erklären.
Nach diesem Traum ist mir die Klinik eingefallen und die Leute (Löwen), die meist nicht machen, was ich sage.

Letzte Traumdeutungsstunde

Ich habe einen Traum gehabt: Ein Laden. Ich stehe vor dem Strumpfregal .... finde aber nicht die entsprechenden Strümpfe, gehe wieder raus. Ich habe noch ca. 3/4 Stunden Zeit, bis die A. beginnt. Szenenwechsel: Ich erwache und stelle fest, daß ich die A. verschlafen habe. Eigentlich müßte ich jetzt M. L. anrufen und sagen, was los ist, sonst macht sie sich vielleicht unnötig Sorgen. Irgend etwas in mir sträubt sich, hemmt mich. Wenn ich nun aber schon die erste Stunde verpaßt habe, muß ich unbedingt sehen, daß ich die zweite nicht verpasse. Sie, M. L., und die Stunde sind diesmal in Kirchheim. Mit dem Fahrrad sollte ich es mit der obigen Zeit schaffen. Doch ich gerate in der Ebene auf einen felsigen Berg ... kann nicht rüber. Die Wege sind eng und gefährlich; die Situation macht mir Angst. In der kleinen Hütte stand ein junger Mann mit langen Haaren, ein Freak, der hat am angstmachenden Felsen etwas zu tun. Ich befinde mich nun schon sehr in zeitlicher Verzögerung, denn in der kurzen Zeit (die kurze Zeit????), die mir noch bleibt, reicht nicht aus, noch rechtzeitig nach Kirchheim zu kommen, obwohl es schon am Horizont sichtbar ist.

Ich bin voll Angst, gelähmt ... und finde, nachdem ich den Freak bei der Arbeit beobachtete, ich könnte auch mein Fahrrad, das mittlerweile irgendwo oben zwischen den Felsen war, selbst herunterholen. Sie nicht erreichen. Nicht nur sie: Auch alle anderen Frauen bisher. Mich gar nicht öffnen. Vorgeben, als wollte ich nach K. kommen. Das beschäftigt mich. Habe ich auch ihr etwas vorenthalten; im Sinne von heute morgen. Ist daher die A. doch nicht so erfolgreich gewesen? M. L. Ich habe gleich zwei A.-Stunden verpaßt. In Wirklichkeit habe ich nie eine verpaßt. Ist diese Angst, dann nicht mehr gerngehabt zu werden, so groß? – Männerthema: M. L. heimlich etwas beobachten und nachahmen?! Was wohl? – (Erst gestern merkte ich bewußt, was sie wohl gemeint hatte!) – der Wunsch, einem Mann etwas abschauen zu können. Das ist ja so schwer. Die meisten Männer, die ich kenne, haben auch ihre Schwierigkeiten, so daß es da nichts nachzuahmen gibt. Sonst: Vor allem handwerklich bin ich schon immer ein heimlicher Beobachter gewesen und habe die Dinge beobachtet und kann sie dafür jetzt. Allerdings gibt es auch Bereiche, wo ich nicht so gut beobachten kann. Kirchheim: Ich bin drauf und dran, ein neues Stück Identität aufzubauen. Als ich am Mo beim Personalfest war, sind wir irgendwie auf die noch nicht besetzte Stelle gekommen ... und er würde es begrüßen, wenn ich vielleicht die halbe Stelle in der Klinik mit einem anderen Mann teilen könnte. Ich hatte die Idee schon seit einigen Tagen und neulich mal ein wenig gestritten deswegen mit E. Nur: Das gehört, obwohl es mir jetzt eingefallen ist, nicht so unbedingt zu dem Traum. Viel wichtiger ist es für mich schon, sie zu erreichen ... oder eben nicht anzukommen.

2. Aufzeichnungen der Analytikerin (auch nach nachträglichem Tonbandprotokoll)

Kontext der ersten Traumerzählungsstunde

Die Traumerzählungsstunde ist eingebettet in die Anfangssequenz der Analyse. Ich hatte dem Analysanden nach den drei Abklärungsgesprächen eine Adresse eines Kollegen gegeben, den er sich als »evtl. Alternative zu einer Behandlung bei Ihnen« anschauen wollte. Offenbar fühlte sich der Kollege durch den Patienten derart fasziniert, daß er ihm gleich einen Analyseplatz anbot, was der Analysand als »Überrumpelung« erlebte. Er sagte dazu: »Bevor ich so richtig kapierte, was mit mir geschah, hatte der mich schon auf die Couch gelegt ...« Nach fünf Stunden bricht er die Behandlung ab und meldet sich wieder bei mir. – Er erzählt mir von dieser Erfahrung in einem 4. Interview. Auf mich wirkt diese Erfahrung wie ein Signal, wie vorsichtig ich mit dem Patienten umgehen muß. Ich lasse ihm einen großen Spielraum bei der Entscheidung, eine Analyse anzufangen. Er schlägt schließlich vor, nach den längeren Sommerferien die Analyse vierstündig zu beginnen.

Zum näheren Kontext der 1. Traumerzählung eine kurze *Zusammenfassung der 9. Stunde:*

Der Analysand kommt mir entgegen, er hat offenbar meinen Schritt erkannt, als ich zum Wartezimmer gehe, er lacht mich an, strahlt, geht die Treppe hoch, legt sich ohne zu zögern auf die Couch.
»Ich habe mich heute das erstemal getraut, in ›meinen Kleidern‹ zu Ihnen zu kommen, das hat mich sehr beschäftigt.«
Er erzählt die ganze Analysenstunde von »seinem Problem«, dem Transvestitismus. Kleider zu tragen gebe ihm ein Gefühl der Geborgenheit. Auch halte er sein »Glied in verkehrte Richtung« beim Onanieren – auch dies gebe ihm das Gefühl der Geborgenheit und »das Gefühl, ich kann nicht verletzt werden«. (Mir fällt bei dieser Erzählung ein, daß ich kürzlich bei Devereux von einem Ritus in Australien gelesen habe, bei dem Eingeborene ihren Penis verstecken als Schutz vor Kastration.)
Er führt in einer auf mich umständlich wirkenden Sprache aus, er befürchte, er könnte die Analyse als Ausrede benutzen, seine »Triebe auszuleben« (Gefahr einer negativ therapeutischen Reaktion??), aber auch, seine Triebe könnten »sich automatisch verändern« (Angst vor Autonomieverlust?). Er möchte »wie eine Frau leben«, leidet aber auch unter diesem Wunsch. Er vergleicht sich mit Homosexuellen, die könnten mit einem Partner »einen Weg finden, ihre Triebe zu befriedigen«. Wie es da wohl sei mit seinem Transvestitismus. Er finde es schwierig, eine Lösung zu finden (was will er mir damit wohl sagen?? Soll ich seine »transvestitische Partnerin« werden??). Eine Operation (Geschlechtsumwandlung) könne er sich nur schwer vorstellen, denn er fühle sich eigentlich doch als Mann. (Diese Aussage beruhigt mich, da ich bei Stoller gelesen habe, daß solch ein Grundgefühl Transsexuelle von Transvestiten unterscheide.) Er schwanke zwischen einem Wunsch, sein Symptom zu akzeptieren: (es wäre ja schlimm, wenn durch die Analyse sämtliche Widersprüche verschwinden würden), andererseits leide er eben doch sehr darunter, »anders zu sein«. Er schildert daraufhin seine Phantasien, welche se-

xuellen Spiele er mit Mädchen machen könnte (ohne diese aber konkret zu verraten).
Er vergleicht sich mit den SS-Leuten, die er verurteile, obwohl er sich vorstellen könne, daß er Ähnliches wie sie auch tun könnte. Er verstehe nämlich die SS-Leute teilweise.
(Obschon diese Exkurse abgespalten, gestelzt und rationalisierend wirken, entsteht bei mir eine Ängstlichkeit, ob ich den – für mich darin spürbaren – sadistischen Impulsen des Analysanden in der Behandlung gewachsen sein werde. Ich frage mich, ob es ihm – wie den SS-Leuten – gelingen werde, »das Leben in der Analyse« zu zerstören.)
Ich sage dazu nur am Schluß der Stunde: »Offenbar gibt es bei diesem Thema vieles, was Sie hier gerne näher anschauen möchten.«
Während der ganzen Stunde habe ich Mühe, dem Analysanden konzentriert zuzuhören, obschon er mir »Wichtiges« erzählt. Er redet in einer abstrakten, theoretischen Sprache, wie wenn er ein wissenschaftliches Problem abhandeln würde. Ich fühle mich mehr und mehr ohnmächtig, merke dies an Phantasien, in denen ich mich plötzlich frage, ob der Analysand nicht doch homosexuell sei und »ob Homosexualität nicht entgegen aller psychoanalytischen Thesen genetisch bedingt ist«. Ich erschrecke nachträglich über diese »kalten Gedanken«, die sich mir gegen meine Überzeugung aufdrängen und etwas »Gegenaggressives« haben. Ich bin während der ganzen Stunde praktisch stumm, außer einigen »hhms«, mache nur die oben erwähnte abschließende Bemerkung. Ich muß mir nach der Stunde vergegenwärtigen, daß ich – trotz allem – den Analysanden faszinierend finde und daß er mir sympathisch war, als er mich im Wartezimmer anlächelte.

Persönliches Stundenprotokoll der Analytikerin. 10. Analysestunde

Vorbemerkung: Das Stundenprotokoll beruht auf einer Tonbandaufzeichnung: Ich habe jeweils sofort nach der Analysestunde meine Eindrücke davon auf Band gesprochen. Ich versuchte, jeweils möglichst wörtliche Formulierungen des Analysanden wiederzugeben und auch meine Phantasien und Gegenübertragungsphantasien in Stichworten festzuhalten.

Stundenprotokoll: Diese Stunde hatte eine komische Anfangssequenz. Der Analysand kam 15 Minuten zu früh ins Institut (die Analyse fand

in meinem Beratungszimmer im Universitätsinstitut statt). Er sah mich daher auf meinem »Töffli« (Motorrad) ankommen. *Mir ist dies nicht recht; ich geniere mich, bin befangen, als ich den Patienten aus dem Wartezimmer abhole.* Er hingegen macht einen unbefangenen, fröhlich-unbeschwerten Eindruck, »gleitet« wie üblich die Treppe hoch, so daß ich mich frage, ob er mich überhaupt gesehen hat. Er legt sich auf die Couch und beginnt sogleich mit der Bemerkung: »Ich habe mir vorgenommen, alle Träume hier zu erzählen, da dies einen Einblick in mein Unbewußtes bietet.« *(Mir fällt einmal mehr die gestelzte Sprache auf, ich denke, daß der Patient damit seine Unsicherheit und Angst abwehrt, bin natürlich neugierig auf seinen ersten Traum.)*
»Ich gehe durch eine Straße zwischen zwei roten Häusern und habe eine Decke in der Hand. In einem Haus wohne ich mit meiner zweiten Freundin Rahel. Ich gehe ins Haus, in dem Rahels Mutter wohnt, und sehe ein schiefes Bett. Es steht auf einem Heustock. Ich liege dann plötzlich in diesem Bett, und Rahels Mutter beugt sich über mich. Dann kommen viele Leute und lachen, ja, sie lachen Frau Weber aus, sie habe mit mir geschlafen. Dies ist mir sehr peinlich, wir verstecken uns beide unter der Decke. Ich rechtfertige mich dann, dies stimme nicht, stehe auf, bin aber ohne Kleider, gehe weg, ziehe Frauenkleider an und bin dann plötzlich auf dem Vorderdeck eines Mississippidampfers, auf dem alles so verschnörkelt ist. Dort tanzen viele Leute. Ich muß demonstrieren, ›was ich kann‹, tanze auch und fliege dann davon.«
Er assoziiert: »Ich träume oft, daß ich fliege. Ich fliege oft ruckartig, wie eine Art Flugzeug, habe dann Angst, ich könnte runterfallen, kann mich aber oft auffangen und fliege wieder rauf.«
L.-B.: Hatten Sie auch in diesem Traum das Gefühl, runterzufallen? *(Der Analysand reagiert irritiert und unwillig auf meine Frage, ich denke, ich hätte besser nichts gesagt und meine Neugierde für mich behalten.)*
A.: »Nein, aber ich weiß dies nicht mehr so genau« – nach einer kurzen Pause: »Komisch, daß ich zu Frau Weber ein so … Verhältnis habe – in Wirklichkeit habe ich mich oft sehr schlecht mit ihr verstanden. Ich habe in Berlin bei ihr gewohnt. Ihr Mann war vor einem Jahr gestorben. Ich mußte in der Stube schlafen. Es war alles zu eng, und ich konnte ihr nichts recht machen. *(Analoge Ängste auch bei mir?)* Es war eine schwierige Zeit. – Auch die Beziehung zu Rahel war schwierig. Sie kritisierte immer an mir herum. Ich habe Schuldgefühle, daß ich die Beziehung zu ihr abgebrochen habe. Ich habe viel von ihr profitiert, sie konnte brillant verbalisieren. Wir haben nie miteinander geschlafen, ich hatte Angst vor Empfängnis *(komische Formulierung für einen Schweizer)*. Sie überforderte mich, wollte immer, daß

ich bei ihr bin – ich konnte nicht öffentlich leben *(Angst vor Einvernahme und Abhängigkeit in der Analyse?)*. Zu der Zeit war die Universitätsreform. Ich machte zusammen mit 3 Studenten die mündliche Prüfung. Rahel gab das Studium auf, sie leidet unter der Reform.«
L.-B.: »Sie fühlte sich nicht wohl im ›roten Haus‹?«
A. *(für mein Gefühl wieder etwas irritiert)*: Sie machen Verbindun gen ...«
L.-B.: »Ja, es interessiert mich, was Ihnen zum Traum einfällt.«
A.: »Meine jetzige Freundin hat mir ein Foto von einem roten Haus gezeigt, das Haus, in dem sie wohnt, ist rot.« (fast ohne Pause) »Ich schlafe mit Frau Weber, habe jetzt eine bessere Beziehung zu ihr. Ich konnte ihr nichts recht machen. Im Garten habe ich ihr ein Beet umstechen müssen, das wurde ganz schief. Sie hat mich deswegen ausgelacht *(Angst vor Beschämung auch auf meinem ›Bett‹??)* Heute hat Frau Weber wieder einen Mann, darum habe ich jetzt eine bessere Beziehung zu ihr *(ödipale Konflikte und Ängste??)* Sie hatte Angst, der Kuppelei angeklagt zu werden, weil ich bei ihr wohnte und mit ihrer Tochter befreundet war – ich wollte dies gar nicht, vielleicht kommt dies daher *(was meint er mit ›dies‹?)* – ich hatte kein Privatleben mehr, es war verboten, seine Probleme auszuleben *(zu onanieren?)* – ich kam mir nicht angenommen vor. In dieser Zeit habe ich somatisiert – ich bekam Magenschmerzen – alles war mir zuviel. – Ich habe dann die Beziehung abgebrochen und bin zu einem Mann gezogen *(Flucht vor der Mutter hin zum Vater? Homosexualität weniger gefährlich als Heterosexualität??)* Er war geschieden und hatte sein Haus für sich allein *(Autonomieproblematik?)* Ich hatte wenig Geld und mußte bei ihm auch noch arbeiten. Darum kam ich oft spät ins Bett und habe mich nachmittags verschlafen, kam dann zu spät zur Freundin, und dann gab es Streit. – Nach der Trennung ging es mir besser als ihr, ich habe wieder eine neue Freundin gefunden, sie blieb allein. Das hatte auch damit zu tun, mit den politischen Dimensionen, sie war ein Arbeiterkind, hat darunter sehr gelitten und daher auch den Sprung zu Uni nicht geschafft (es folgt ein langer theoretischer politischer Exkurs in marxistischer Terminologie zu Marcuse u.a.). *(Mir fällt auf, daß ich im Laufe dieses Exkurses immer müder werde, abschweife, der »Heustock« hat bei mir Assoziationen zu Ferien bei meinen Großeltern reaktiviert, daran denke ich jetzt, an Gerüche,Spiele im Heu etc. Zu meinem Erstaunen schließt A. irgendwann seinen Exkurs ab, macht eine kurze Pause und spricht dann ebenfalls vom »Heustock«.)*
A.: »Alles ist erhöht, das Bett steht auf einem Heustock« (kurze Pause).
L.-B.: »Und auf dem Schiff sind Sie ebenfalls erhöht?«

A.: »Das Schiff erinnert mich an eine Scooterbahn, auf dere letzten Chilbi (Jahrmarkt) ging ich aus Trotz nicht zu der Freundin hin, sondern auf die Scooterbahn. Es ist ein Mississippidampfer, wie ich ihn mir vorstelle, ein Ball, die Leute tanzen darauf – tanze ebenfalls, bin ganz exponiert – und fliege dann davon – alle bewundern mich.«
L.-B.: »Ja, wir werden sicher nochmals auf den Traum zurückkommen, heute müssen wir Schluß machen ...«
A.: »Sie haben schöne Sonnenblumen hier« (zeigt auf die Vase) – verabschiedet sich strahlend.
Gegenübetragung: *Ich war zunächst sehr gespannt auf den Traum; es fiel mir vieles dazu ein (Beschämungsproblematik, ödipale Verführung, Exhibitions- und Autonomieproblematik, narzißtische Abwehr usw.). Als der A. zweimal irritiert auf eine Intervention von mir reagierte und monoton, pausenlos vor sich hin sprach, wurde ich immer müder, schweifte ab, war aber erstaunt, fast ein wenig verwirrt, daß er den gleichen Einfall »Heustock« wie ich in meinen Tagträumen hatte – sein »Kompliment« am Schluß der Stunde (Sonnenblume) wirkte wie ein Werben (eventuell auch eine Abwehr der Trennung?) auf mich.*

Kontext der letzten Traumerzählungsstunde

Die letzte Traumerzählung taucht Anfang einer neuen Woche (mit vier Stunden an zwei Tagen) auf. Selbstverständlich steht sie im Kontext des bevorstehenden Abschlusses der Behandlung.

Ich fasse kurz die *616. Stunde* zusammen:
»Ich habe einen komischen Traum gehabt, mub jetzt überlegen, was alles so drin war ... (nach einer kurzen Pause). – Ich bin in unserer Wohnung gewesen und habe ein Fest gemacht. Es ging bunt zu und her. Während der Vorbereitung des Festes haben Leute die Fassade des Geschäftshauses angemalt und beschriftet. Ich habe gefunden, das dürften die nicht machen, und ihnen gesagt, sie sollten dies gefälligst lassen. Ich habe befürchtet, daß man mir sonst die Wohnung kündigt. Aber ich konnte nichts ausrichten bei dem Mann, der da war. Es war, glaub ich, jener, der mit mir in E. arbeitet. Und wirklich, dann kam die Kündigung. Und ich habe so richtig geweint danach. Dann kam mein Vater und hat mich getröstet. Er ist mir über die Backe (Wange) gefahren und hat gesagt, es sei doch alles nicht so schlimm.« – Er assoziiert zum Traum: »Das Wichtigste scheint mir, daß ich so ungehemmt weinen kann und von meinem Vater getröstet werde. Auch früher schon konnte mein Vater viel eher trösten als meine Mutter. Er

konnte überhaupt seine Gefühle viel besser zeigen als sie. Er konnte auch so etwas wie Zärtlichkeit zeigen, die nicht grad sexualitätsverdächtig war wie bei meiner Mutter. – Der Mann, der da noch vorkommt, macht in H. das Praktikum. Er ist Unterassistent und fühlt sich sehr wichtig. E. (seine jetzige Freundin) arbeitet mit ihm zusammen, findet ihn aber eingebildet. – Noch zum Bemalen – das erinnert mich an das Sprayen bei der Theateraufführung. Das macht mir so richtig Spaß, und ja, das Radio hat mein Hörspiel ja akzeptiert, das freut mich riesig. – Aber vielleicht ist es doch noch etwas verboten, sich auf diese Weise öffentlich so zu zeigen.« – Analytikerin: »Das war ja ein wichtiges Thema in der Analyse – auch in letzter Zeit, ob Sie etwas Kreatives, Gutes leisten können ohne mich, oder ob ich Ihnen dies übelnehme.« Analysand: »Ja, und dann auch das Fest – wie ein Abschiedsfest – aber es darf wohl doch nicht zu lustig zu- und hergehen, irgendetwas muß passieren, daß ich dann traurig bin und weinen muß, weil ich die Wohnung hier verliere«. – Analytikerin: »Wir haben in den letzten Wochen gespürt, welche Mischung von Gefühlen der Abschluß der Analyse für Sie mit sich bringt. Vielleicht sind im Traum einige davon dargestellt: Freude und Stolz über die gewonnene Autonomie, aber auch Wut und Ärger über den ›Unterassistenten‹ [ich war zu der Zeit noch Assistentin], Trauer und die Sehnsucht, getröstet zu werden.«

Im weiteren geht es nochmals um die Frage, warum zwei Männer im Traum auftauchen, der autoritäre Kollege und der Vater. Der Analysand befaßt sich mit seiner Sorge, daß er – unter anderen immer noch aus Angst vor der männlichen Destruktivität – es noch nicht geschafft habe, im Koitus mit einer Frau zu einem Orgasmus zu kommen – und daß ihm darin vermutlich gerade die Identifikation mit der milden, zärtlichen (»weiblichen«) Seite seines Vaters zu schaffen mache. Wir reden einmal mehr über seine Zweifel (die ich übrigens teile), ob er die Analyse schon abschließen kann, wenn er immer noch ein so zentrales Problem hat. – »Allerdings habe ich irgendwie so das Gefühl, die männliche Potenz könne ich nicht bei Ihnen ›lernen‹, sondern in der Auseinandersetzung mit E. [seiner Freundin] [ja, er lacht] und übrigens auch mit Männern meiner Generation, wie dem ›Unterassistenten‹«.

Daraufhin wechselt er das Thema. Seine Ehefrau, die er im zweiten Jahr der Analyse »scheinheiratete«, um ihr zu einem Schweizer Bürgerrecht zu verhelfen, sei nach der Scheidung von ihm dekompensiert und in eine schwere Krise geraten, vielleicht sogar psychotisch geworden. »Ihnen ist dies nun eingefallen, nachdem Sie geäußert haben, daß Sie denken, Sie müßten Ihr Potenzproblem allein, ohne mich,

lösen. Ob die ›Scheidung‹ von mir doch große Schuldgefühle macht und vielleicht darum die Angst entsteht, Sie könnten nach dem Abschluß der Analyse in eine schwere Krise geraten wie W., ja vielleicht sogar psychotisch werden?« – Der Analysand schweigt nachdenklich und stimmt meiner Vermutung schließlich zu. – Dann erzählt er bis zum Ende der Stunde von seiner Beziehung zu seiner jetzigen Freundin, bei der vieles so leicht und humoristisch sei, daß er große Hoffnung auf diese Beziehung setze. Vor allem spüre er eine starke sexuelle Anziehung zu ihr. Allerdings sei er auch konfrontiert mit heftigen Eifersuchtsgefühlen wegen ihres ehemaligen Freundes. »Wie damals auf meinen Mann, als Sie uns zusammengesehen haben.« – »Ja, und offensichtlich funktioniert seine sexuelle Potenz, sonst hätte er Sie ja nicht schwanger machen können ...« – »Auch dies wird eine Mischung von Gefühlen bei Ihnen auslösen, die Angst, ausgeschlossen zu sein, Neid, Eifersucht, aber vielleicht auch der Wunsch, mein Mann – und andere Männer Ihrer Generation – könnten Ihnen zeigen, wie man ›es macht mit den Frauen‹.«
Für mich ist dies eine beeindruckende Stunde. Ich fühle mich in gutem emotionalem Kontakt mit dem Patienten, teile allerdings auch das breite Spektrum seiner Gefühle, etwa die Sorge, wie es ihm nach dem Abschluß der Analyse wohl gehen wird, ob das Ende verfrüht ist etc. Ich bin nach der Stunde sehr nachdenklich, frage mich auch, ob die homosexuelle Problematik des Patienten in unserer Analyse genügend bearbeitet worden ist.

Stundenprotokoll der 617. Analysestunde

Information zum Kontext

Durch meinen Wegzug hat der Analysand jeweils zwei Stunden (morgens und abends) an zwei aufeinanderfolgenden Tagen. Er berichtet den Traum in der neuntletzten Stunde, zwei Wochen vor dem geplanten Analysenende.
Im letzten halben Jahr stand die Trennung von der Analyse im Zentrum des analytischen Prozesses, damit verbunden ein Wechsel zwischen Freude und Kritik an der Behandlung. Ein wichtiges Thema war, daß er während der Sommerpause endlich wagte, »den organischen Teil meines Problems« (wie er es nannte), die Phimose, operieren zu lassen. Dieser Anlaß führte nochmals zu einer Durcharbeitung seiner Kastrationsängste, die fast unverschlüsselt in mehreren Träumen auftauchten, sowie ödipalen Phantasien (u.a. ausgelöst durch

eine zufällige Begegnung mit mir und meinem Mann – und meine Schwangerschaft, die er lange verleugnete, die ihn aber offensichtlich auch sehr faszinierte und beschäftigte). Ein wichtiger Aspekt waren seine Sehnsüchte nach einer männlchen Identifikationsfigur, die ihm zeigen möge, »wie man es mit den Frauen so macht«, damit im Zusammenhang auch homosexuelle Wünsche und Konflikte. Doch ging es auch um Trauer und Ausgeschlossenheitsgefühle und um Ärger und Wut, daß er nicht der Vater meines Kindes ist, sondern eben »nur« mein Analysand, dessen Behandlung nun zu Ende geht. *(Für mich war es eine intensive Zeit. Immer wieder tauchten Zweifel auf, ob die basalen Konflikte des Analysanden genügend verstanden und durchgearbeitet worden waren und ob ich die Analyse, wie gemeinsam geplant, abschließen kann. Es war für mich schwierig zu entscheiden, ob diese Zweifel Teil einer nochmals wiederauflebenden Mutterübertragung waren, in der ich zur intropressiven, kontrollierenden Mutterfigur wurde, die »den Sohn« nicht loslassen kann und ihm nicht zutraut, daß er es selbst schafft, oder ob diese Zweifel bezüglich der stattgefundenen analytischen Arbeit begründet waren. Als »realen« Kompromiß vereinbarten wir, am Ende der Analyse wie geplant festzuhalten, aber nach einem halben und einem Jahr ein Katamnesegespräch durchzuführen und eventuell, wenn nötig, nochmals eine »Tranche« Analyse anzuschließen.)*

Stundenprotokoll (617. Stunde)

Er kommt fünf Minuten zu früh und klingelt. »Habe ich Sie rausgeschellt?«, fragt er spitzbübisch und lächelt. *(Er wirkt auf micht gelöst und humorvoll, flirtet ein bißchen mit mir. Ich registriere bei mir warme und erotische Gefühle ihm gegenüber und merke, wie gern ich ihn während der fünf Jahre gewonnen habe und daß mir der Abschied von ihm nicht leichtfällt, das Ende der Behandlung auch einen Verzuicht bedeutet.)* Er legt sich selbstverständlich und ruhig hin, schweigt etwa fünf Minuten und beginnt dann: »Ich habe einen bedeutungsvollen Traum gehabt – ich glaub, das war in X., wo ich aufgewachsen bin. Ich habe in einem Lebensmittelladen ein Gestell angeschaut, in dem Strumpfhosen lagen. Ich habe nicht das gefunden, was ich gesucht habe. Ich habe dann gewußt – oder sind das zwei verschiedene Träume? –, daß ich eine Analysestunde habe und noch drei viertel Stunden Zeit habe, um zu Ihnen zu kommen. Das war es so ungefähr, stimmt, ja, und dann war ich mit dem Velo unterwegs. Die Praxis war in Kirchberg oder Kirchheim. Ich dachte, in drei viertel Stunden könnte ich schon da sein, und bin weggefahren. Doch dann bin ich auf eine Brücke gekommen und habe gemerkt, etwas stimmt nicht. Ein Berg – Felsen – Höhlen – ich bin durch den Fels geschlüpft und bin gut vorangekommen. Dann waren da plötzlich viele junge Leute. Ich konnte nicht durch, habe aber den richtigen Stadtteil schon aus der Ferne gesehen. – Da fiel mir ein: Ich hatte die Stunde am Morgen schon verschlafen und Ihnen keinen Bescheid gegeben. Daher hatte ich den ganzen Tag ein schlechtes Gefühl und dachte, ich hätte Ihnen wenigstens Bescheid geben können, aber aus unerfindlichen Gründen war es mir nicht gelungen. Ja, und jetzt war es auch diesmal zu spät. Ich konnte mit dem Velo nicht durchkommen, es war zu gefährlich. Ich war ganz verzweifelt. Da habe ich einen etwa gleichaltrigen Mann gesehen mit langen Haaren, so ein Freak. Der Berg war nicht so hoch, und der hat sein Velo so hochgehalten. Da habe ich gedacht: Ich bin ungefähr gleich groß – ich könnte dies auch – und habe mein Velo runtergehoben und bin zu der Hütte gefahren, in der er wohnte. Ich hatte das Gefühl, Kirchheim sei nur noch eine halbe Stunde weg – ich könnte es noch schaffen.«

Assoziationen (nach einer kurzen Pause): »Mir kam in den Sinn: Habe ich Sie tatsächlich nicht erreichen können in der Analyse? Dies ist meine Angst. Die Angst, irgend etwas habe nicht funktioniert. Ich hatte schon im Traum das Gefühl, ich wolle die Analyse abwerten – ich hatte einen Konflikt: Ich wollte kommen, und gleichzeitig wollte ich nicht kommen! – Und so verpaßte ich fast auch noch die zweite Stunde!«

L.-B.: »In Wirklichkeit haben Sie in all den Jahren keine einzige Stunde verpaßt!«

A. (lacht): »Ja, vielleicht würde ich dies gern nochmals ausprobieren – und nicht so ein Muster-Analysand sein!« (Pause)

L.-B.: »Wir haben in den letzten Wochen oft gesehen, daß es für Sie vielleicht auch leichter wäre, Sie hätten mich in der Analyse gefühlsmäßig nicht erreicht, dann könnten Sie sich von mir leichter trennen, ohne schmerzliche Gefühle, wie früher von Ihren Freundinnen. Daß wir merken, daß ich für Sie nicht so leicht ersetzbar geworden bin, löst wohl auch zwiespältige Gefühle bei Ihnen aus. Sie haben letzte Woche gesagt, daß Sie hoffen, daß Sie die Analyse nicht allzusehr vermissen, sondern auch genießen können, daß Sie nicht mehr kommen müssen. *(Pause.)*

(Der Analysand wirkt auf mich sehr nachdenklich, auch ich bin am Sinnieren, ob ich etwas übersehe, besonders im Bereich der Aggressionen des Patienten, ob ich wirklich »irgend etwas nicht erreicht habe«. Einmal mehr taucht die Frage auf, ob ich es verantworten kann, die Analyse abzuschließen, auch wenn er noch nicht mit seiner Freundin zusammen einen Orgasmus erleben

kann. Ich fühle mich sehr unsicher, weil ich andererseits spüre, daß der Analysand wie ein Adoleszenter auf mich wirkt, der seine Sexualität selbst – ohne mich »im Nacken« – entdecken möchte. A. scheint sich mit ähnlichen Gedanken zu befassen.)

A.: »Es bleibt ja auch das Problem, ob ich es selbst schaffe, meine voll Orgasmusfähigkeit zu gewinnen – auch ohne Sie. Ich habe das Gefühl, ich muß dies selbst ausprobieren, aber dies macht mir auch ein schlechtes Gewissen Ihnen gegenüber – ich enthalte Ihnen etwas vor.«

L.-B.: »Wie gern hätten Sie Ihrer Mutter gegenüber etwas vorenthalten – Sie durften ja kaum ein Geheimnis für sich haben – sie hat Ihnen wenig Rückzugsmöglichkeiten, auch wenig Ausprobieren allein – gewährt und konnte Ihnen daher auch nicht das sichere Gefühl vermitteln: ›Ich schaffe dies schon allein!‹« (längere Pause)

A.: »Der Freak war ein gleichaltriger Mann – irgendwie war das ein beruhigendes Gefühl. Oben war es ungemütlich, die vielen Leute – und es war sehr gefährlich. Er schaffte das, konnte das Unheimliche überwinden, obschon es gefährlich war. – Die Ebene, ein Flüßchen war darin, dann eine Querstraße, ein Brückli [ein kleine Brücke, L.-B.] über den Fluß, auf beiden Seiten Hügel und ein Stadtteil. Die Felsen kamen bis zum Fluß runter. Ich wollte wegklettern. Es waren so viel Leute, und es war so unheimlich – aber nachher war es gar nicht mehr so schwierig. – Ich war sicher, ich würde es schaffen in der halben Stunde mit dem Velo. *(Die Traumbilder erinnern mich an sexuelle Phantasien über das weibliche Genitale, das Freud »das Unheimliche« nannte, und an den tiefen Autonomiekonflikt des Patienten [Velo]).*

Kirchheim – Kirchberg. Dies ist auf der Strecke nach Berlin. Ich weiß nicht, es fällt mir ein, daß ich mit E. [der Freundin] gestritten habe. Ich hatte keine Lust, mit ihr zu schlafen *(Nebenübertragung??).* (Pause) Doch die ›Kirche‹ – ich soll Kirchenjurist für Fragen der schweizerischen Entwicklungshilfe weden – ist natürlich ein guter Job, bin auch ganz stolz darauf, daß sie mir diese Stelle angeboten haben – und doch, mit der Kirche habe ich so meine Schwierigkeiten. Meine Freunde verstehen gar nicht so ganz, wieso ich mich mit der Kirche einlasse (erzählt dann von einer Sitzung, die er erfolgreich geleitet hat): Ich habe 1000 Franken verdient – bei einer halben Stelle wäre ich finanziell abgesichert. Doch meinen Freunden, denen wiill ich schon noch zeigen, wer ich bin!«

L.-B.: »Sie möchten sich in dieser Institution ›daheim‹ fühlen – in der Kirche ein ›Heim‹ finden, ohne sich aber damit einen ›Berg‹ von Problemen einzuhandeln.«

A.: »Ja, es ist eine Sehnsucht zu wissen, wohin ich gehöre, aber auch meinen Spielraum und mich selbst zu bewahren« *(Identitäts- und Autonomieproblem).*

L.-B.: »Beim Freak fühlten Sie sich wohl. Er zeigt Ihnen auch selbstverständlich, wer er ist, in welcher Hütte er lebt und wie er es macht mit seinem Velo.« *(Das Fahrrad spielte in den Träumen eine große Rolle, oft ein Symbol für Mobilität und Autonomie, doch auch verbunden mit dem Fahrradunfall mit fünf Jahren, das heißt mit Verletzungsängsten) –*

A.: »Ja, er hat lange Haare, wie Ihr Mann –«

L.-B.: »Und Sie gucken dem Freak etwas ab, wie er mit dem Velo umgeht – was möchten Sie wohl meinem Mann abgucken?« (Patient lacht)

A.: »Ja, ich bin eigentlich ein guter Nachahmer …« (nachher längeres Schweigen). *(Ich bin noch mit den Aggressionen gegen mich im Traum beschäftigt, habe den Einfall, ob A. unsere analytische Arbeit doch noch zerstören möchte. Ich muß an die zentrale Arbeit an diesem Thema in der Behandlung denken, in der es unter anderem um die unbewußte Überzeugung ging, der Patient zerstöre sein Objekt durch seine aggressiven Impulse. Daher habe ich das Bedürfnis, dies zum Schluß der Stunde anzusprechen.)*

L.-B.: »Vielleicht drückt der Freak, bei dem Sie sich im Traum so wohlfühlen, etwas von der Sehnsucht nach einer Sicherheit aus, die Ihnen ein männliches Vorbild geben könnte. Ist es vielleicht auch ein Trost, an meinen Mann zu denken und dadurch eine innere Verbindung zu ihm – und auch zu mir – aufrechtzuerhalten? Vielleicht sind auf der anderen Seite immer noch Enttäuschung und Wut über das Ende der Analyse da und auch die Befürchtung, die Gefühle könnten Ihnen erschweren, weiterhin den inneren Weg zu mir, zum ›Kirchberg‹ oder ›Kirchheim‹ der Analyse, zu finden? *(Er hatte einige Träume von Kirchen, in denen die Analyse stattfand.)* (Lange Pause)

A.: »Im Traum finde ich schließlich doch noch den Weg, aber manchmal habe ich schon Angst, ob ›es hält‹ oder ob es mir nach dem Ende hier wieder viel schlechter gehen wird.«

L.-B.: »Wir haben ja noch einige Stunden, hier nochmals genauer hinzuschauen. Heute müssen wir aufhören.«

Der Analysand wirkt auf mich nachdenklich, etwas bedrückt, als er sicher verabschiedet. *(Ich selbst bin ebenfalls nachdenklich, etwas traurig und wiederum unsicher, ob es gut ist, am Ende festzuhalten. Vor allem verunsichert mich, daß der Dialog zwischen uns immer noch sehr dicht und intensiv ist. Andererseits wirkt die Interaktion zwischen uns »irgendwie stimmig« – ich denke nicht, daß ich selbst etwas Wesentliches wegschiebe oder übersehe.*

Weiter frage ich mich, ob er mit der Freundin aktuelle Konflikte aus der Übertragung ausagiert. Wird er fähig sein, um die Analyse zu trauern? Und – kann ich ihn loslassen? Ich wünschte mir, mehr Erfahrung mit Beendigungen von Analysen zu haben, mich ebenfalls an einen »großen analytischen Vater« anlehnen zu können.)

Die Autoren

Theres Arbenz-Hutter, lic. phil., studierte Germanistik und Geschichte an der Universität Zürich und war als Gymnasiallehrerin tätig. Zweitstudium in klinischer Psychologie (Lizenziat). Psychoanalytische Ausbildung am Freud-Institut und am Psychoanalytischen Seminar Zürich (insbesondere bei Goldy Parin-Matthèy, Paul Parin und Fritz Morgenthaler). Seit 15 Jahren in eigener Praxis klinisch-therapeutisch und als Supervisorin tätig.

Dieter Bürgin, Dr. med., Ordinarius für Kinder- und Jugendpsychiatrie an der Universität Basel. Erwachsenen-, Kinder- und Jugendpsychiatrie, Psychoanalytiker und Lehranalytiker (Schweizerische Gesellschaft für Psychoanalyse). Dekan der medizinischen Fakultät der Universität Basel 1996/97. Veröffentlichungen zur Säuglings- und Kleinkindforschung sowie zur psychoanalytischen Konzeptbildung.

Andreas Hamburger, Dr. phil., Dipl. Psych., erstes Staatsexamen in Germanistik, Psychoanalytiker. Ehemals wissenschaftlicher Assistent an der Ludwig-Maximilians-Universität München und Leiter der Traumwerkstatt München. Zur Zeit in freier Praxis tätig. Veröffentlichungen zur psychoanalytischen Entwicklungspsychologie, Psychoanalyse der sprachlichen Sozialisation, Literatur und Psychoanalyse, Traumforschung.

Rosemarie Kennel, Dr. med., Fachärztin für Neurologie und Psychiatrie sowie für psychotherapeutische Medizin, Psychoanalytikerin und Lehranalytikerin am Frankfurter Psychoanalytischen Institut (Deutsche Psychoanalytische Vereinigung). Veröffentlichungen zur britischen Objektbeziehungstheorie, Neurobiologie und Psychoanalyse.

Martha Koukkou, Dr. med., Professorin für Psychophysiologie an den Universitäten Athen und Zürich, Psychiaterin und psychoanalytische Psychotherapeutin. Veröffentlichungen zur Hirnelektropsychophysiologie, zur Entwicklung der Hirnmechanismen neurotischer und psychotischer Symptomatik und zur Wirkung von Psychotherapie.

Dietrich Lehmann, Dr. med., Dr. med. h.c., Professor für klinische Neurophysiologie an der Universität Zürich (The KEY Institute for

Brain-Mind Research, Psychiatrische Universitätsklinik Zürich). Veröffentlichungen über hirnelektrische Felder, Hirnmechanismen normaler und pathologischer Perzeption, Kognition und Emotion.

Marianne Leuzinger-Bohleber, Dr. phil., Professorin für psychoanalytische Psychologie, Direktorin des Instituts für Psychoanalyse der Fachbereiche 01 und 04 der Universität Gesamthochschule Kassel. Ordentliches Mitglied der Deutschen Psychoanalytischen Vereinigung und der Schweizerischen Gesellschaft für Psychoanalyse. Veröffentlichungen zur klinischen und empirischen Forschung in der Psychoanalyse, zur psychoanalytischen Entwicklungspsychologie, zu Psychoanalyse und Literatur, Psychoanalyse und cognitive science.

Doris Pouget-Schors, Dr. med., Ärztin für psychotherapeutische Medizin, Psychoanalytikerin. Ehemals wissenschaftliche Mitarbeiterin an der Technischen Universität München, Abteilung Innere Medizin und Psychosomatik. Zur Zeit in freier Praxis tätig. Veröffentlichungen zur Psychosomatik, Psychotherapieforschung und zur operationalisierten psychodynamischen Diagnostik (OPD).

Sachregister